法 理

法哲学、法学方法论与人工智能

（2021年第2辑·总第10辑）

舒国滢 主编

图书在版编目(CIP)数据

法理.第10辑,法哲学、法学方法论与人工智能/舒国滢主编.—北京:商务印书馆,2022
ISBN 978-7-100-21394-3

Ⅰ.①法… Ⅱ.①舒… Ⅲ.①法理学—研究 Ⅳ.①D90

中国版本图书馆 CIP 数据核字(2022)第 118014 号

权利保留,侵权必究。

法　理

法哲学、法学方法论与人工智能

(2021年第2辑·总第10辑)

舒国滢　主编

商　务　印　书　馆　出　版
(北京王府井大街36号　邮政编码100710)
商　务　印　书　馆　发行
北京虎彩文化传播有限公司印刷
ISBN 978-7-100-21394-3

2022年5月第1版　　开本 787×1092　1/16
2022年5月北京第1次印刷　印张 22¾
定价:98.00元

主办单位：
中国政法大学法学院法学方法论研究中心
北京市天同律师事务所

主　编： 舒国滢（中国政法大学法学院）
副主编： 王夏昊（中国政法大学法学院）
　　　　　辛正郁（北京市天同律师事务所）

编辑委员会（以姓氏笔画为序）
　王　进（西北政法大学法治学院）
　冯　威（中国政法大学法学院）
　华小鹏（平顶山学院/河南财经政法大学）
　李红勃（中国政法大学法治政府研究院）
　朱明哲（中国政法大学比较法学研究院）
　刘　毅（北京理工大学法学院）
　杨　贝（对外经济贸易大学法学院）
　宋旭光（深圳大学法学院）
　汪　雄（中国政法大学法学院）
　柯　岚（华中科技大学法学院）
　郭　晔（北京师范大学法学院）
　梁迎修（北京师范大学法学院）
　雷　磊（中国政法大学法学院）

编辑部： 陶　旭　韩亚峰　吴国邦

目录

特稿

法学知识的性质与谱系
　　——"法学知识的性质与谱系"学术研讨会会议综述
　　　　　　　　　　　　　　　　　　　　　　　　王志勇　樊晓磊（3）

专题研讨1·社会理论法学

"社会理论法学"专题导引
　　　　　　　　　　　　　　　　　　　　　　　　　　　　陆宇峰（17）
法理学的第三支柱
　　——社会法律理论……………………………布莱恩·Z.塔玛纳哈（19）
前现代宗教规范何以介入现代司法调解？
　　——基于卢曼系统理论的"阿訇调解"研究………………胡宗亮（55）

专题研讨2·指导性案例研究

"指导性案例研究"专题导引
　　　　　　　　　　　　　　　　　　　　　　　　　　　　杨知文（85）

如何完善指导性案例的论证说理
　　——以指导性案例106号为分析对象 ………… 乌日力嘎（86）
指导性案例中社会自治规范的适用方式与效果提升 ………… 张　滕（103）

专题研讨3·互联网时代的隐私权保护悖论

"互联网时代的隐私权保护悖论"专题导引
　　……………………………………………………… 赵精武（121）
数字权利的四种话语
　　——权利基础上政治的承诺与弊病
　　………………………………… 卡里·卡尔皮宁　乌蒂·普库科（123）
超越隐私，超越权利
　　——导向一种信息治理的"系统"理论
　　……………………………………… 维克托·迈尔-舍恩伯格（146）

论文

集体本位对西方自由主义法权思潮的回应 ………… 冉富强（179）
霍布斯与康德？
　　——关于霍布斯自然法的几点认识 ………… 霍华德·沃伦德（203）
皇帝何以"号令"天下？
　　——中国古代政权控制力的成因阐释 ………… 杨海舟（211）
不可放弃的权利与自主相冲突吗？
　　——以斯泰纳的权利论证为切入点 ………… 吴佳训（226）
从波兰看欧盟线上公证的立法及其解释适用
　　……………………………… 艾娃·罗特-皮特兹科　等（250）

书评

如何通过法官法进行漏洞填补？
　　——评克莱默《法律方法论》 ………… 付举乾　王威智（269）
论作为环境法核心范畴的环境法法权
　　——《环境法的法权结构理论》述评 ………… 李小强（289）

案评

对赌裁判的发展与思索：资本维持、同股同权与法定抗辩
　　——从海富案、瀚霖案、华工案、银海通案的评析切入
　　..游　冕（307）
基于人权框架的尊严诉讼
　　——以美国法院判例为中心的考察 .... 约翰娜·卡尔布（329）

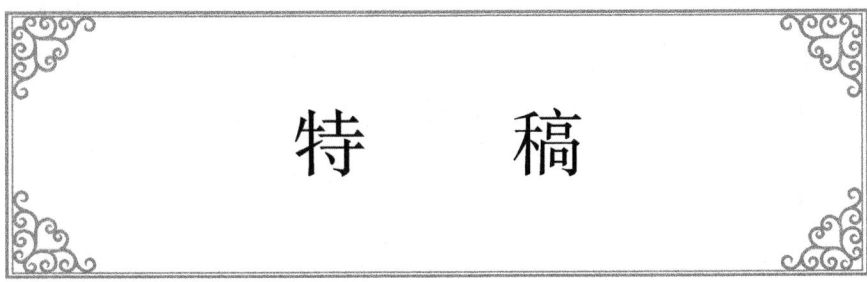

编者按

2020年9月5日,"法学知识的性质与谱系"学术研讨会在河南财经政法大学召开。会议由河南财经政法大学、北京师范大学法学院、中国政法大学法学院、商务印书馆有限责任公司、《法理》编辑部共同主办,北京华秀律师事务所协办,来自全国各高校和研究机构的法理学、宪法学、民商法学等学科及期刊界、出版界、法律实务界的八十名专家学者参加了此次会议。与会者围绕法学知识的性质与谱系、当代中国法学知识发展的评估、中国法学知识重构的前提等展开热烈讨论,拓展了对法学知识的性质与谱系的认识。为纪念本次研讨会,兹整理会议综述如下,以飨读者。

法学知识的性质与谱系

——"法学知识的性质与谱系"学术研讨会会议综述

王志勇 樊晓磊[*]

摘 要 法学知识的性质是法学中的一个基础层面的问题。从谱系学角度展开的探讨，对法学知识的性质的考察具有正本清源的意义。当代中国法学研究在质与量方面都取得了重大的进步，但也存在一些制约深入发展的瓶颈性难题。中国法学知识重构需要从动力、资源与难题展开前提性分析。中国法学知识重构的动力在于中国的法律实践以及中国学人的智识担当，中国法学知识重构的资源呈现为本土与西方并存的多元状态，中国法学知识重构中既有路径依赖的难题也有体系建构的难题。未来中国法学研究既要海纳百川、兼容并蓄，更要推陈出新、形成特色。

关键词 法学知识 知识性质 知识谱系 中国法学研究

引 言

法学知识的性质涉及法学学问的本质属性，法学知识在历史中的演变则构成了法学知识的谱系。正如本次会议的公告所言，从当下的法学知识生产格局来看，中

---

[*] 王志勇，河南财经政法大学法学院讲师，法学博士。樊晓磊，河南财经政法大学法学院副院长、律师学院执行副院长，副教授，法学博士。

国法学研究无疑已经进入到一个"集体欢腾"的时代，这似乎宣告着，作为一门独立学科的法学已经摆脱"幼稚病"的困扰，且就"向何处"的叩问给出了基本定型的回答。不可否认，改革开放以来的40余年是中国法学发展的"黄金期"，中国法学研究成果体量激增、质量凸显，取得了令人惊叹的成就。然而，在这种"高歌猛进"的表象背后，一些不容忽视的争歧仍旧存在且声势浩大，如法教义学与社科法学之争、部门法学与领域法学之争，等等；将它们归结起来，便无外乎是法学学科范畴、知识性质、内容谱系的争论。也就是说，即便是在法学知识织造昌繁图景的当下，我们也很难就"法学是什么"或者说"正宗法学是什么"这一问题达成共识；此即致使众多知识旨趣迥异的研究者均以"法学"为名展开殊途作业，其结果是"一千个研究者眼中有一千种'法学'"，法学学科的混沌与法学知识的冗余难以避免。为了解决这一难题，有必要诉诸史论及其脉络的严谨考证，即从法学起始的原点而下，视其发展至今之样态究竟为何；再以考据结果为坐标圈定"正宗法学"的范畴，锚定"法学相关学科"位置，实现中国法学的稳态发展与知识重构。基于此，拟召开"法学知识的性质与谱系"学术研讨会探讨相关问题。

2020年9月5日，"法学知识的性质与谱系"学术研讨会在河南财经政法大学召开。会议由河南财经政法大学、北京师范大学法学院、中国政法大学法学院、商务印书馆有限责任公司、《法理》编辑部共同主办，北京华秀律师事务所协办，来自全国各高校和研究机构的法理学、宪法学、民商法学等学科及期刊界、出版界、法律实务界的80名专家学者参加了此次会议。开幕式由河南财经政法大学校长高新才主持，北京师范大学法学院党委书记梁迎修，国务院参事、中国法学会宪法学研究会副会长、中国政法大学法学院院长焦洪昌，商务印书馆副总编辑陈小文，河南财经政法大学党委书记杨宏志，河南省法学会党组书记、常务副会长李承先分别代表各单位致辞。中国法学会党组成员、学术委员会主任张文显教授，中国法学会法理学研究会副会长舒国滢教授分别作了基调发言。与会学者既有老一辈德高望重的逻辑学家和法学家，如北京大学哲学系教授陈波教授、华东政法大学科学研究院院长陈金钊教授、上海师范大学哲学与法政学院院长蒋传光教授、郑州大学首批学科特聘教授王建国教授等；也有中生代学者中的杰出代表，如中国政法大学法学院王夏昊教授、南京大学法学院朱庆育教授、中国人民大学法学院陈景辉教授等；还有新生代学者中的杰出代表，如中国政法大学法学院雷磊教授、天津商业大学法学院副院长马驰副教授等。另外，《现代法学》副主编董彦斌、《东方法学》副主编吴以扬、《甘肃社会科学》杂志社法学编辑杨文德等也参与了会议。闭幕式由河南财经政法大学法学院副院长樊晓磊主持，中国政法大学法学院副院长雷磊做了学术总结，河南财经政法大学党委副书记华小鹏发表了闭幕致辞。本次研讨会共设有法学知识的性质与谱系、当代中国法学知识发展的评估、中国法学知识重构的前提：动力、资源与难题三个中心议题。与会专家学者从多学科、多视角、多领域阐明了相关议题。本次会议明确了法学知识的重要特征，阐释了法学知识的性质与谱系，加强了法学与其他学科的对话，促进了法学知识与法理实践的交融。

一、法学知识的性质与谱系

本次研讨会的主题有两个大背景：其一，法治中国建设的新征程中构建中国特色法学知识体系和法学学术体系和学科体系；其二，更直接的背景，也是顺利召开这次会议的直接动力，就是《法学的知识谱系》这本著作的面世。张文显教授提出，完整意义的法学包括法理学、法治学、法理学，也应当包括法学学，可是长期以来法学学却被忽视或者遮蔽在法理学体系之中，我们需要在未来的研究中更加注重和认真对待法学学。舒国滢教授则更为具体地指出，其关于"法学知识的性质与谱系"问题意识源自2005年。第一个标志就是邓正来教授提出的"中国法学向何处去"，每一个当时的中国法学家都会去思考邓正来教授的这个问题。第二个标志是同一年在北京大学召开的一次"法学的社会科学研究"研讨会。我们现在的法学研究遇到了很多问题，法学探讨变成了甲说、乙说、人人说，大家说的都有道理，谁也说服不了谁的乱象。在司法实践中，民法、刑法、行政法、包括宪法都会存在着刚刚说的现象，大家各执一词，谁也说服不了谁。这就是我们要反思的一个问题，也就是说在法学研究中有没有规准，不找到这样的规准和标准，就很容易导致以人来作为标准。这就促使我们去反思，当代中国现下的知识状况到底如何，它的走向是否顺应时代、是否健康。它没有用"西方"法学的知识谱系，也没有用欧洲大陆比如说以罗马法为基础的知识谱系。它其实是作为一个法学的观察者，把欧陆私法的这一套知识谱系作为样本来对照分析法学。我们当然可以研究中国的律学，但是，法学这一门科学是要解决问题的、是要面向实践的，要解决现下案子怎么判、立法怎么立，它会影响我们的国计民生、影响我们的日常生活，也就是说它是实践之学。律学有没有这样的实践价值，这是一个问题。这个问题促使其回到萨维尼时代，萨维尼时代的问题就是我们现在中国面临的很多问题。萨维尼面临的两大问题：一是要不要搞民法典，二是萨维尼为什么没有研究日耳曼法。萨维尼作为一个倡导历史法学派的学说的人，实际上他给自己埋了一个非常大的矛盾。萨维尼一边讲法是民族精神的体现，但他自己却不去研究其国家的民族法（日耳曼法），这个矛盾他怎么解决？萨维尼谈到了法律的双重使命，一个是法律是由民族心灵中产生，是普通老百姓创造出来的生命体；另外一个是，当法律发展到一定阶段，它就不能像野草一样疯长，而必须要有法律的监护者出场。所以，法学家对法学的成长至关重要，没有法学家就没有法学。经由对罗马法的整个历史一直到19世纪法学的考察，我们会发现，西方对法的认识有两派：一派是社会学家甚至是一些民主主义家，认为法律就是民族自己创造出来的，更多的讲是普通老百姓创造出来的。这个观点是要打折扣、打问号的，因为从整体来看，法学家创造了法律，法学家创造了法学的技术生命。萨维尼说，法律是由民族心灵中产生。这本身没有问题，但是在它继续生长的时候就不能野蛮生长了。所以，法学家创造了真正的法律，法学家加工、再造了法律。法律的技术生命必须靠法学家来完成并且由法学家来维护。从罗马法一直到当代还有德国民法学的研究，始终是把法律的根本东西称之为是怎么去处理日常生活中的纠纷问题，所以法律的根本是裁判规范，它的整个设计都是按照法律当中的一套裁判规范来设计的，它的概念、规则、原则全是按照裁判规则来设计。法学的道路不是一个简简单单的宏观体系设计问题，其实有好多基础问题需要解决。法学研究对象是裁判规范，其实这并不重要。法学研究的根本问题就是"法理"问题。法理不仅仅是研究法是什么学说的问题，它实际上是说诸如两个人打了架这里面就有理在，就有客观的东西在里面。比如说一个人闯到另外一个人家里，另外一个人能不能自卫，这不是一个学说问题，这个事情里面就有一个客观之理。法理应该首先从这个角度来认识。其次，所谓的法律学说、法律原则都是经过对这种客观之理的认识提炼出来的一个主观存在。法理是与裁判有关的根据，在这个意义上它并非是物质存在，所以它绝对不能用科学的那一套范式来研究，只能用它独特的范式来研究。它独特的范式就是诠释，价值性诠释是它最重要的一个学科特性。法学能否成为科学，这取决于我们对于科学的界定。如果我们把科学仅仅视为自然科学的范畴，以研究自然物、客观存在及其规律，那法学不属于这样的科学。法学既然是一门价值导向的评价性学问，它的科学的规准就有独特性。认识的统一性在法学上就是教义。法学之所以被叫教义学，就是因为法学必须要有统一性认识，没有统一认识就没有统一的处理问题的方式，就可能出现甲也说、乙也说、大家都说，甚至是胡说的局面。所以，法教义学主张要有统一的概念体系。比如，民法的知识基本上直接来自于德国的法，再往上追到罗马法。然而，刑法、行政法等，到目前为止还不能称之为教义学，还没有达到教义学的水准。中国现下遇到的问题在于，我们对于上述问题都没有统一认识。所以，我们还是要认真探讨教义学问题，对法教义学本身的认识已经足以让我们去反思我们的法学知识体系和生产过程。马驰从法学学科的科学性展开了阐述。他首先指出，现代的法学研究，其实面临着一个碎片化的初始，法理学这种碎片化的色彩比较浓厚。他进而指出，任何一个学科都具有客观性，法学客观性的特殊之处在于其承载体。自然科学的客观性载体是外部的自然规律，而法学的客观性载体可能是立法本身或者学说。学说里面包含了一种通说，通说本身包含了一些客观性的东西，尽管形式上是学说的形式。在学说之中，我们把法学的这种学说视为发现法学客观知识的一个素材，通过对素材的归纳、深入研究，然后去找到客观性的知识。胡昌明则提出了法学研究所应具有的特点，其中包括：法学研究产生的知识要具有永恒性；法学研究产生的法学知识要具有穿透性，要具有穿透理论、实践的力量。宋旭光提出，当下法学的知识范式主要来自西方，那么从知识源头梳理法学知识的谱系就具有非常重要的意义。例如，从知识源头梳理法学知识的谱系，对于诸如社科法学与法教义学的争论、修辞和逻辑在法律论证中的作用、法律论证的方法等问题的回应具有启发意义。王志勇试图回应法学在什么意义上才算是一门科学这个问题。他的答案是，在理想场景下的主体间的可批判性意义上法学是一门科学。就此，他提出如下论证：第一，法学与自然科学有区别。一是研究对象不同，自然科学研究的是物理世界，法学研究的是人间社会。第二个是研究方法，自然科学显然是一种实验、验证、检验，而法学研究本身就带有一定的价值性，无法做到价值无涉。第二，法学与偏好有区别。如果说仅仅是一个口味、偏好的话，那这样的争论就毫无意义，而且也根本不会引起争论，所以法学并非偏好。第三，法学知识中有一种共识，但这种共识并非简单多数人的那种共识，因为多数人的共识亦可谬。由此，理想场景下的主体间的一种可批判性就成为一种最佳的解释工具。赵静提出，首先，"理论"本身即可成为自身的意义所在，研究思想史满足了理论意义，谱系探索满足了人的智性需求，为我们开启了一场场智性对话。其次，当一个东西被称作"理论"时，其对立面一是"现实"、二是"实践"。任何理论都有一种"理想性"维度在内，对现实起到一种范导性作用。法学理论与法的现实与法的实践之间有不可分割的关系。法学并非和自然科学一样，是对"是什么"的研究，而是对"应然之理"的研究，法学就是通过对法理的研究，在社会生活世界中找到解答问题的规范依据。因此，法学一定具备"规范性"学问属性，但同时不能忽视法本身是一种社会现实；与"规范性"一脉相连的就是法学的"实践性"属性，法学知识的落脚点最终在实践层面，而哲学的最终归属也是实践哲学。郭栋则试图追问：法理学是法之理学还是法理之学。法理学三个字，挑出来可以组成四个词：法、法学、法理、法理学。就此，有两种组合方式：第一种是法-法学-法理学；第二种是法-法理-法理学。第一种是传统的理解方式，其中存在许多问题。在此基础上，他提出了第二种方式即法-法理-法理学。其中的"法理之理"分别可以指正当性理据、逻辑理路与规范性理由，由此"法理"分别可以指法律规范的正当性理据、法律条文的逻辑理路以及把法律作为行动的规范性理由。

二、当代中国法学知识发展的评估

改革开放以来，中国法学一路高歌猛进，无论是在方法上还是在成果上都取得了令人振奋的进步和持续稳健的发展。当然，发展不停步，创新无止境，中国法学在新时代也必然要在反思中继续前进、在总结中推陈出新。专家学者们对当代中国法学知识发展提出了自己的见解。陈金钊指出，法学现在确实需要向基础回归。我们讲法的阶级性、政治性、民主性、科学性，但我们忽视了法律的拟制性。所谓法律的拟制性，就是法学家通过逻辑给出法律假定。法律的拟制性主要是两方面：一个是法律本身的拟制，另一个就是对事实的拟制。对拟制性的遗忘，就是我们对基础性问题的忽视。法律的基础性是它的拟制性，法律的拟制性除了对法律主体、法律规范、法律概念的拟制，还有对法律思维的拟制。蒋传光教授指出，十八届四中全会提出要加强法学基础理论研究，法学研究的繁荣既是法学发展的基本路径，也是促进法治建设的重要动力。中国的法学研究如何立足于中国法治建设，为中国法治建设提供理论支撑和成熟的法学理论的引领；如何促进法学基础理论研究的繁荣发展，做到能够同西方对话，同时又形成自己特色的话语体系；这必须要在方法论上寻求出路。具体来讲，要实现这样一个目标，中国法学的研究首先一定要面对中国改革开放和法治实践所提出的问题，其次要面对中国传统法律文化资源，最后还要学习国外一些有利的法治理论，重视对国外先进法治经验的研究。基于这样的认识，中国法学理论研究取得了一些成就但也面临着一些问题。十一届三中全会以来，随着中国法治实践的研究，中国法学理论在研究方法和研究水平等方面都取得了有目共睹的成就，但是也必须要承认当前法学理论研究在学科的独立性和说理性、研究内容的水平和层次以及与中国法治理论与实践的结合度等方面也有着显著的差距。问题在于：其一，法治启蒙和思想解放的任务在当下的中国仍然没有完成；其二，指导我国法治建设的法学基础理论体系还不够成熟；其三，中国的法学基本理论还不能够适应中国法治建设实践的需要，不能够为中国的法治实践提供有效的解释工具。总的来说，在全面推进依法治国进入新时代的背景下，我们需要对法治理论和实践问题深入思考，需要结合新的法治实践对原有的基本理论和概念进行反思和重述。董彦斌则提出了"新中华法系"的概念。在比较法上面，我们没有一个恰当的词汇描述中国的法系与普通法系、大陆法系之间是一个什么样的关系。在上个世纪30年代，学者提出了"中华法系"的概括。中华法系的概念实际上是一种总结，就是说中华法系在2000年的传承波折当中所形成的法律体系状态。然而，今天，我们可以用一个名字来说，那就是"新中华法系"。雷磊围绕两对范畴展开论述："西方与中国""性质与谱系"。第一，就"西方与中国"，他指出，我国近代意义上的法学是源于清末修律，源自救亡图存，这么一个特殊的背景也决定了我们中国法学的研究有两个问题或者说两个缺陷：其一，不重视知识源流的梳理；第二，断章取义和拿来主义，这造成了我们的研究立场忽左忽右，要么膜拜西方法学，要么蔑视西方法学。至少我们中国的法学从清末修律开始，借由日本，引入主要是欧陆的知识，一直到现在为止遭遇了两次这样断章取义式的过程。第一次源于清末修律开始，一直到民国时代结束为止。在这个过程中，由于救亡图存的大背景和强烈的现实关怀，梁启超等人都会经常借用西方的术语来说自己的事情，其并没有把西方的源流式的东西呈现在中国学者面前。第二次断章取义可能就发生在中国法学照搬苏联法学的过程中，这里有意识形态方面的原因。经过这样的两次断裂或者说遮蔽的过程，真正的西方的法学究竟是什么，可以说在这100多年的时间里面，一直没有呈现清楚。接下来他以三个问题来回答一下西方与中国的问题。其一，中国法学界学西方学够了吗？远远不够，因为在西方的这套理论概念术语传入的过程中，在这跨语际的实践过程中，有很多东西可能被我们有意或者无意地篡改了。其二，法学中的西方与中国能够泾渭分明吗？就像法律东方主义也一定是带有西方视角的，所以两者不能泾渭分明。另一个方面原因在于，毕竟西方的这样一套基本的话语体系，我们没有办法摆脱它。离开权利义务、责任、法律关系、法律行为这样的一套术语，我们今天就根本没有办法进行交流。其三，产生于西方的法学知识必定带有特殊主义的印记吗？未必。当我们祛除政治化成分之后，以一种科学主义的态度观察，我们可能发现，虽然某些基本的知识、原理在发生学意义上的确是西方学者提出来的，但不意味着这套知识和原理只是适用于西方。有两种东西可以超过地方性或者说特殊主义印记：一是法学的一般概念和原理，二是一套共同的方法论。第二，就"性质和谱系"，他指出，如果说谱系是一种历史探究，性质就是一种分析方法。法教义学可能会在两种意义上被使用：一是作为实体意义上的法教义学，二是作为方法的法教义学。作为方法的法教义学包括两个部分：一是法学的经典作业方式，即对实在法的解释、建构和体系化；二是思维方式的特殊性。这就是为什么法教义学不能完全用法解释学的概念来代替，因为后者不能表达出法教义学思维方式上的一个特殊性，也就是对于现行法律规范、既有学说尤其是通说的尊重或者受一般性权威命题约束的特点。由此，可以推出如下两个结论：其一，因为法教义学能够教导给我们的不是一套实体的知识而是其作业方式，所以它就可以解答所谓的普遍性和一般性问题，它的稳定性在于这套方法而不在于其实体知识。所以，中国当下的一些批评不能成立。比如说移植法学的批评，移植法学的批评主要是把法教义学作为一套实体知识来对待。虽然不能照搬他国的实体法律知识，但是这不代表他国的基本作业方式和思维方式不值得尊重。在中国的环境之下去推进法教义学的研究，它能产生的特殊性是中国人自己的学说。然而，其背后与西方是相通的，就是那套作业方式和思维方式。其二，受权威拘束或者尊重实在法和通说。法教义学和神学教义学的不同主要在于如下三点：其一，神学对于教义持信仰的态度是一种信念权威，而法教义学对教义的尊重仅仅是一种认知权威。其二，神学教义学具有独断性，它是通过上帝，或者假借上帝之口下达的，要求绝对尊重和服从，而法教义学具有共识性，它是共同意见的产物。其三，神学基于统一文本和宗教世界观对世界做一体化的解释，而法教义学具有包容性，不属于任何特定版本的哲学，它是开放的。借用流行的一句话，法教义学是一种运作封闭但认知开放的系统。"运作封闭"是说它有自己的一套思维方式和作业方式，它有一套概念和原理。"认知开放"意味着它可以向法学及之外的其他学科保持一个吸纳和开放的姿态。除了法教义学，宽泛意义上的法学还有其他内容。例如，在19世纪中叶以前，它只包括了两个东西，法史学与法哲学。19世纪末期以后，更多的东西被添加进来了，这就是法社会学、法经济学等等。从19世纪中叶之后开始，又有法理论的分支，这样一套学说的旨趣在于摆脱外部学科对于法学的支配，同时要为法教义学提供一个共同的总论和自己的技术原理。所以，我们今天所熟悉的体系都是从那个时候开始研究的，其跟传统的价值导向比较浓厚的法哲学不同，当然，我们很难说它彻底摆脱了其他学科。不管怎么说，法教义学以外的这些研究的根底都是法理。它是要为现行法的解释活动提供一种基本原理和核心价值。所以，我们可以看到诸如这样两条线索的交织，可能在法学的发展过程中是一直存在的。这两个部分的关系，借用康德的话说，没有法教义学的法理是空洞的，没有法理的法教义学是盲目的。总而言之，中国法学知识的成熟在于，我们国人所提出的法理，也包括在中国的这个框架下所提出的智识意义上的法教义学陈述。邹治首先从司法视野发表了关于对法学知识的需求与评估的看法。他认为，目前中国法律体系基本形成，法官职业共同体基本形成，法律专业思维也基本成熟。在此背景下，司法更需要法教义学在法律解释、法律漏洞填补等方面的知识。另外，从司法的角度说，法学方法论还应该与部门法学联系的更紧密。王建国首先回顾了当代中国法学知识体系的演变，中国法学与中国传统、西方法学知识的勾连，尤其是当代中国法学知识体系与苏俄的关系。由此，当代中国的法学研究要处理好与中国传统、西方法学知识的关系。杨文德首先从词源学角度分析了知识的概念，进而对照分析中国当代法学知识。他指出，中国当代法学知识存在如下问题：总体数量上多但标志性成果少，长篇大论成果多但思辨性成果少，重复性成果多但整合性的触动心灵的成果少等。造成上境况的原因有：法学学科的细化导致学科的壁垒，法学教育的断裂，理论和实务隔离，期刊或者出版平台的异化等。就此，他提出如下克服措施：第一，回到谱系学、回到法的发生学；第二，要用全球史观的视野，整体、联系地看待法；第三，展开学科对话，不仅要展开法学与部门学科之间的对话，而且要法学学科与其他学科展开对话；第四，从法律移植转向法律本土化。张书友则试图回应一个问题：既然西方发展出一套成熟的法律知识体系，为什么中国没有？他提出，其中一个重要原因，即中国古代的法律理论的研究过多地把法的个别化问题和法律的形式问题纠缠在一起。在他看来，如果法学理论研究过分追随现行法律制度而不能保持适当距离的话，那么这种理论上所能企及的高度总是有限。郭晔提出，认识就是一个智力性的实践，它必然包括生产、增长与传播。她指出，我们的知识生产非常丰厚，但内生动力尚显不足；我们的知识在空间传播上效果明显，但在时间上对历史性传承还不够重视；我们的知识呈现出多元化、多样化的繁荣姿态，但在知识整合上还亟需努力。

三、中国法学知识重构的前提：动力、资源与难题

中国法学知识的增长需要我们持续不断的努力，中国法学的未来值得期待。张文显教授指出，我们既要关注于西方法学的知识谱系，又要尤其重视中国法学知识谱系，尤其是注重对中华优秀传统法律文化的创造性转化和创新性发展；我们既要深化法学知识谱系的研究，又要加强思想谱系、理论谱系的扎实研究。他强调，在世界法学谱系中，马克思主义法学的诞生标志着法学真正成为一门科学。一百多年来，马克思主义不断释放出强大的科学伟力和生命活力，我们必须始终坚持并不断推进马克思主义法学研究，尤其注重研究当代马克思主义、21世纪马克思主义的

最新成果，即习近平新时代中国特色社会主义思想，为深化和发展马克思主义法学做出我们应有的贡献。陈景辉提出，至少80、90年代在很长的一段时间里，法理学的工作是思想启蒙，思想启蒙工作结束了以后，剩下的工作实际上是法理学回头来反省法学这个学科和法律的这件事情。一方面，我们需要反省法律；另一方面我们需要反省法学理论。在英语里，这其实就是法律的本质与法理学的方法论。或者说，一个是法性质的问题，另一个是法理论性质的问题。法理学要提供一个一般性理论。中国人所发展出来的这个法理学也应该具备这种一般性，而不能说只适用于某一领域。冉富强提出，当代中国法学知识重构的动力主要有两个方面：一是中国法学学科体系建设的需要，二是当代中国法学教育、改革的需要。中国法学知识重构的资源有：其一，翻译引进西方法学经典、权威的教科书还有法学方法论的著作。其二，对已经形成了的中国特色社会主义法律体系开展系统性的、批判性解释。其三，最高人民法院公开的裁判文书、公报案例、指导案例以及基层法院判例等中所蕴含的观点。最后，中国法律思想的源流和精神实质。我们要创造性的进行转换，将之转换成当代中国法治建设的元素。中国法学知识重构的第一个难点在于，西方的法学主要是在西方自由主义之下这样一个法权的话语体系，其如何与马克思主义、中国传统文化进行结合这确实比较困难。中国法学知识重构的第二难点在于，公法概念体系的构建。杨贝提出，中国法学知识可以有两种理解，第一是把它作为一种地方性知识，这可能意味着是对某一个国家的法律的理解。另外一个是一般性意义上的理解，即中国人提出的法理学。法学知识作为一种实践知识，最终极的目的无非是让我们过上一种更好的生活。至于何为更好的生活，人们可能有不同的理解。我们在追求更好的生活过程中意识到现有的法学知识体系存在不足，所以我们要去重构。重构的第一个问题就是用什么重构。很简单，就是用现有的知识、制度和实践。她关心的第二个问题就是如何去重构。重构意味着顶层设计，既然是顶层设计，那么你很有可能在设计的时候就做出了价值选择。在此，借鉴其实是重构当中最难的一个问题。朱明哲从法学的手艺面相和科学面向入手分析了法学的实践面向。在他看来，手艺的面相是法律或法律人面对实践当中产生的问题时所产生的实用方法面相，它更多的体现在司法判决、判决说理中，这些面相比较粗糙、未经反思、非系统化，但是很好用。除了这个以外，法学更重要的面相就是科学的面相。科学的面相其实就是提供一个理性的证明。比如说法学方法论，实际上所谓的法学方法论就是说，如果我们在解释法律的时候遵守一些规则，我们可能会有更大的概率获得一个可靠的法律解释结果，但是这些规则首先是源于实践的。所谓法学是一种实践之学，从历史的角度看，大部分是因为罗马法家或日耳曼法学家等都是都是重要的法官或者是实务人士。这些源于实践的规则经过法理学家的整合、提炼，最终可以让我们更加方便地获取知识、避免走错路。面对不断发展的新的司法实践，法理学应该做什么呢？他提出，可以有三点作为：其一，重新思考不同位阶和性质的法律渊源在司法中，特别是在法律解释活动当中的作用；其二，科学的权威和司法的权威在实践当中互相争执、促进；其三，对既有法学体系打碎重构。王进提出，中国法学知识重构的动力分为两个部分，一个是内部，一个是外部。前者指法学研究者的兴趣，后者指实践的过程当中复杂的案例。我们现在所能运用的重构资源有以下几个：一是更为宏观的研究视野；二是中国快速发展过程中自身所积累的社会实践和司法实践；三是其他比如哲学等学科所提供给我们的最新成果；四是不断发掘的更多的历史材料；五是域外学者的研究。其中的难题在于我们要进行基础的双重作业，我们既要学习西方的理论，又要梳理我们自己的智力成果。王金霞指出，中国法学知识重构的动力、资源与难题，其首要的问题还是要回答什么是知识。知识不同于思想，具有科学性、一般性、普遍性、客观性等特点。依据知识来源的不同可以区分为中国传统的法学知识、西方的法学知识，苏联的法学知识、以及经常会被忽视的实践知识等。实践的知识又可以区分为从实践中提炼的知识、由实践所激活的知识等，还可以分为"活着"的知识和沉睡的知识等。如果追问知识的主体性问题，那么公共的知识应该是一种"类知识"。所以中国法学知识重构的资源是不同来源的知识，需要发现不同知识来源中的"类知识"，动力和难题则都是怎么从实践中提炼和激活知识。张振华提出，中国法学时至今日似乎还停留在重构甚至是前重构阶段。中国法理学、中国法学的知识谱系的重构面临重大难题，这就需要我们不仅要对中国传统哲学、中国传统法学还有思想史以及制度史等都要有深刻的理解，同时也需西学背景。陶旭提出，当我们对比法学与科学时，我们需要认真反思自然科学的客观性。韩亚峰则强调了法学需要认真对待科学性、确定性等概念。

代结语

改革开放40年来，我国的法学研究取得了较快发展，出现了不少的法学家，产生了一批有一定影响的法学作品。不过，我们也应该注意到，我们今天进入一个充满巨变的时代，各种利益与价值都在发生冲撞，各种法学思考与观念都在发生对抗，我们生活在一个众语喧哗又莫衷一是的法学话语语境下。"法学幼稚"的指责仍不绝于耳，各种打着"科学"旗号的"伪学术"仍旧存在。真正的法学家应该关注最为根本的法学问题，厘清法学知识的性质与谱系，从而建立既具有中国特色又能够与世界上其他国家的法学理论进行对话的法学知识体系。法学是一门实践性学科，我们该如何为法学寻求到坚实的"实践"根基呢？这是一个永恒的话题，也是一个开放的话题，每个人都可能从不同角度提出自己的观点。在某种程度上，我们今天的会议其实都是在谈论这个问题。我们希望关于法学根本问题的讨论持续下去，这可能需要很多年甚至数代法律学人的努力。我们也坚信，今日辛勤播种，他日终将繁花似锦。

专题研讨 1 · 社会理论法学

"社会理论法学"专题导引

陆宇峰（华东政法大学科研处处长、教授）

由于在《清华法学》2017年第2期发表了一篇相关文章，我被要求主持本期的"社会理论法学"专题。借此机会，我谈谈两篇专题文章的读后感。

郭晓明翻译的《法理学的第三支柱：社会法律理论》，毫无疑问是世界级的法理学名篇。在这篇文章中，塔玛纳哈教授表达了对当代法理学陷入自然法与实证主义法学二元对峙的强烈不满，认为二者都因不把法律作为"社会制度"加以研究而错失了法律的本质。他比较客气地说，自然法是规范性的，法律实证主义是分析性/概念性的，社会法律理论是经验性的，三者的互补有助于形成全景域的法律理论视角。但他也不那么客气地说，由于缺乏对法律的社会语境和历史维度的关注，分析法学与自然法存在许多盲区，而社会法律理论却"可以将自然法和法律实证主义理论吸收进自己的理论框架"，由此为法理学的未来指明了方向。

如果人们都能够像塔玛纳哈那样，认识到社会法律理论实际上是一个从孟德斯鸠起步，中间经过历史法学、利益法学、社会学法学、实用主义法学、法律现实主义，直至当代的法与经济学、批判法学、商谈论法学、系统论法学的源远流长的分支，代表着把法律作为社会现象加以经验观察的"现代"传统，就不难理解他在字里行间暗含着的对于当代法理学的"退步"隐忧。在他看来，作为社会法律理论的一脉，历史法学早在19世纪末，就证明了自然法理论是"先入为主的伪科学"，同时也"使法律实证主义显得如此狭隘"。我很荣幸在2017年的那篇文章中，持有与塔玛纳哈相近的关于法理学历史的看法。而且我跟他一样，论证了社会理论法学是一种"科学"。当然,他的理解更为全面:"自然法根植于道德哲学,法律实证主义立基于分析哲学,而社会法律理论建基于科学"。

但我不同意塔玛纳哈关于"社会法律理论"遭到忽视的部分讨论。一方面,在美国,法律现实主义已经成为其法律文化的底色,在欧洲,以系统论法学为代表的社会理论法学也方兴未艾。"社会法律理论"缺少的,只不过是当代法理学教科书的篇幅。另一方面,法理学教科书较少讨论"社会法律理论"诸流派,也绝不是因为它们在塔玛纳哈的论文之前缺乏统一的"学术上的名称",而是有其他的社会历史原因。塔玛纳哈正确地解释了历史法学的衰落与行政型国家的发展之间的联系,但他没有继续讨论社会学法学、法律现实主义的衰落与"二战"之间的联系以及法经济学的衰落与新自由主义退潮之间的联系。实际上,正是由于形形色色的"社会法律理论"都从社会视角出发观察法律,而经验性的社会视角又往往与特定的时空、特定的国家、特定的意识形态相互纠缠,因此特定的"社会法律理论"总是难免随着时代而起落。但这就是社会理论法学的命运吗?还是说,应当致力于寻找一种兼具经验视角、时空适应性与一般理论品格的社会理论法学?我想,这比给法学流派命名重要得多。

有鉴于此,我也推荐读者认真阅读胡宗亮的论文《前现代宗教规范何以介入现代司法调解?——基于卢曼系统的"阿訇调解"研究》。卢曼的一生,都在致力于建构具有普遍性的宏观理论,其目标之一,就是打造足以用来观察和解释所有"社会中的法"的概念工具。他的努力是否成功?读者可以跟随胡宗亮,检验系统论法学对于宁夏银川"阿訇调解"制度的解释力。不论如何,胡宗亮把"阿訇调解"制度纳入一组组富有张力的社会场景中加以讨论,将之视为现代法治环境下前现代法律类型的运行问题,法律系统与宗教系统的结构耦合和相互悖论转移问题,以及法律自主性与可接受性问题,已经从研究的起点丰富了对于调解的认识,本身就要归功于系统论法学和社会理论法学对法律本质的深刻理解。话说回来,这大概才是塔玛纳哈教授真正的批评:在高度复杂的当代社会,主流法理学却丧失了发现问题、提出问题、阐明问题的基本能力。

法理学的第三支柱

——社会法律理论*

布莱恩·Z.塔玛纳哈** 著

郭晓明*** 译

摘 要 人们通常认为，法理学是由自然法和法律实证主义这两大经典的对立支派构成的，随后还相继出现了法律现实主义、法律与经济学、批判理论、法律实用主义等一大群现代流派。我在本文主张三大（而非两大）法理学支派已经存在并且对抗了数个世纪之久。但是，第三大支派并不为人们所知，其原因在于这派思想在流传的过程中被赋予不同的标签。由于存在着各种各样的困惑，人们无法理解三大支派之间的深层联系。关于这一我所谓的"社会法律理论"的第三支派，核心的见解和关注顺着孟德斯鸠延续到历史法学、社会学法学、法律现实主义到现今。我认为这一第三支派提供的是一种对立-互补的视角。通过与自然法和法律实证主义

---

* 本文原文为英语，题名为"The Third Pillar of Jurisprudence: Social Legal Theory"，原载于《威廉玛丽法律评论》（*William & Mary Law Review*）2015 年第 56 卷第 2235—2277 页。我要感谢美国威廉玛丽学院法学院邀请我做 2014 年威斯讲座（Wythe Lecture）以及《威廉玛丽法律评论》的编辑邀请我发表这篇修改稿。我还要感谢参加讲座的听众以及乔治城大学法学院的研讨会向我提出的有益的批评意见。

** 布莱恩·Z.塔玛纳哈（Brian Z. Tamanaha），美国圣路易斯华盛顿大学法学院约翰·S.雷曼（John S. Lehmann）法学教授。

*** 郭晓明，中国人民大学人权研究中心研究员，法学博士。

相结合，全景域的法律理论视角得以形成，即自然法是规范性的；法律实证主义是分析性/概念性的；社会法律理论是经验性的。（有人认为以经验为基础的理论不是理论。我通过大量的澄清回答了这一常见的质疑。）在本文，传统的法理叙事被重新用来揭示不同理论学派之间的联系。同时，本文关注了关于法律的本质这一核心问题，后者在当前被自然法和法律实证主义边缘化了。

关键词 法理学 法律哲学 法律与社会 法律现实主义 法律发展 法律史

引　言

当当代法学家思考"什么是法律？"这样一个问题的时候，他们的分析框架通常建立在法律实证主义和自然法之间的宏大论争之上。在一则关于"法律的本质"的百科全书条目中，安德雷·马默（Andrei Marmor）论道：

> 在过去数个世纪的进程里，两大对立的哲学传统出现了，它们对关于法律本质的传统问题给出了不同的答案。更早的哲学传统可以追溯至中世纪基督学晚期，它被称作自然法传统。自19世纪初以来，自然法理论受到法律实证主义传统的强烈挑战，后者得到了像是杰里米·边沁和约翰·奥斯丁这些学者的宣扬。①

在最近一篇题为"法律的本质"的文章中，马默只谈及了自然法学者和法律实证主义者之间的论辩。②

这两种理论在法理学的标准阐释中居于显要位置，③即它们凌驾于其他纷繁庞杂的理论进路。④法理学教科书中的常见安排是先从自然法和法律实证主义说起，

---

① Andrei Marmor, The Nature of Law, *Stan. Encyclopidea Phil.* (May 27, 2001), http://plato.stanford.edu/entries/lawphil-nature [http://perma.cc/JAD8-TVWL] (last updated Feb. 25, 2011). 虽然承认社会学进路，但拉里·索勒姆（Larry Solum）的分析同样聚焦于自然法学派和法律实证主义学派。Larry Solum, Legal Theory Lexicon 065: The Nature of Law, *Legal Theory Blog* (May 11, 2005), http://lsolum.typepad.com/legaltheory-lexicon2008/05legal-theory-le.html [http://perma.cc/UD83-89FM] (last visited Apr. 11, 2015).

② *The Nature of Law: Philosophical Issues in Conceptual Jurisprudence and Legal Theory* (Kenneth Einar Himma ed., 2011).

③ Opcit. at v.

④ See generally Brian Bix, *Jurisprudence: Theory and Context* (6th ed. 2012).（讨论了各种法理学理论以及在有影响力的重要文本中围绕这些理论的争论）

然后依次是法律现实主义,还有一系列当代思潮。[1]这一顺序是按时间和主题排序的,即自然法理论起源于古典时期;[2]法律实证主义兴起于19世纪,以挑战自然法;[3]法律现实主义兴起于20世纪20年代和30年代,旨在揭穿形式主义的法律观;[4]20世纪50年代末哈特与富勒之间的辩论标志着法律实证主义的复兴;[5]在20世纪70年代,德沃金挑战哈特的统治地位,[6]法律与经济学从经济学的角度审视法律,[7]激进左翼的批判法律研究抨击主流的法律自由主义。[8]现在摆在我们面前的还有一大堆这些学派的衍生或变种,其中自然法和法律实证主义最为突显。

我在这篇文章中指出,法理学的第三支柱是存在的。尽管由于变幻莫测的标签和智识形式而未得到当今学者的承认,但这一与自然法和法律实证主义相匹敌的支派已经存续了数个世纪。[9]尽管缺乏一个公认的名称和身份,但学者们把这一理论支流的不少核心观点视为理所当然,即作为一种法律的理论视角,学者们几乎找不到与此相对应的卓越成果。

与题目所暗示的相反,我的论点并不是说每一个现有的法律理论都能够被塞进这三个法理进路中的任何一个;我也不认为这是分类现有法律理论的唯一方法。[10]我的主张更多限于:相较于自然法和法律实证主义,这一第三理论支流是一个长期存续且逻辑连贯的替代视角,法律的理论探讨将从中获益。[11]承认法理学的第三支派将创建一个有助于吸收当前处于法律本质讨论边缘的见解,这些见解包括法律制

---

[1] See, e.g., Robert L. Hayman, Jr. et al., *Jurisprudence Classical and Contemporary: From Natural Law to Postmodernism* (2d ed. 2002); Jeffrie G. Murphy & Jules L. Coleman, *Philosophy of Law: An Introduction to Jurisprudence* (rev. ed. 1990); Frederick Schauer & Walter Sinnott-Armstrong, *Philosophy of Law: Classic and Contemporary Readings with Commentary* (1996).

[2] Murphy & Coleman, *Philosophy of Law: An Introduction to Jurisprudence* (rev. ed. 1990), p. 12.

[3] Opcit. p. 19.

[4] Hayman, Jr. et al., *Jurisprudence Classical and Contemporary: From Natural Law to Postmodernism* (2d ed. 2002), pp. 159-160.

[5] Murphy & Coleman, *Philosophy of Law: An Introduction to Jurisprudence* (rev. ed. 1990), pp. 36-39.

[6] Opcit. pp. 39-46.

[7] J. M. Kelly, *A Short History of Western Legal Theory*, 1992, pp. 437-441.

[8] Murphy & Coleman, *Philosophy of Law: An Introduction to Jurisprudence* (rev. ed. 1990), pp. 51-55.

[9] 不同于这种处理方式的有 Raymond Wacks, *Understanding Jurisprudence* (3d ed. 2012)。作者在书中提倡将"法律与社会理论"和"历史法学和人类学法学"分列两章。我的处理方式与他不同,因为我将这两个学派置于一个传统之中,而他将这两个学派作为两个不同的进路处理。我所论及的这类传统还在近期其他作品中提到过。(Hanoch Dagan & Roy Kreitner, The Character of Legal Theory, 96 *Cornell L. Rev.* 671, 2011, pp. 675-677)

[10] 另一个不同的三组区分,see Robin West, *Normative Jurisprudence: An Introduction*, 2011(分析了自然法、法律实证主义和批判法律研究)。

[11] See infra Part V-VI.

度、法律功能、法律效果、法律变迁、法律实践、法律发展、法律多元化、法律文化等等。① 这一被称作"社会法律理论"（social legal theory）的法理传统的终极特点是一种关于法律本质的社会视角。②

一、十九世纪的三大竞争支派

首先，我将试图放松传统假设的束缚，即马默只鉴别了两大竞争的法理支派并对自然法予以高度重视，③ 一个世纪以前的法学家肯定会对此颇感惊讶。罗斯科·庞德（Roscoe Pound）在1911年写道：

> 直到最近，根据对待法律本质的观点和处理法律科学的立场，法学家能够被分为三大组，我们可以把这三组分别称作哲理法学派（自然法）、历史法学派和分析法学派。④

在19世纪末，历史法学派与法律实证主义的名望不相上下，⑤ 而自然法理论陷入了长期的沉寂。⑥ 正如法律史学家 J. M. 凯利（J. M. Kelly）所言：

> 延续自古代世界的自然法信仰直到宗教改革之后才被启蒙运动的理性和科学精神所掩盖。然而，如果我们审视自然法信仰在19世纪的任何踪迹的话，我们会发现在天主教会根深蒂固的教义（从未弃置亚里士多德-托马斯的传统）以外的任何地方，我们都难以捕捉到它的踪迹。⑦

这一说法太过笼统，因为它忽略了学生们在这段时期的权威课程中是能够学到

---

① See infra Part IX.
② See infra Part VI.
③ Marmor, The Nature of Law, *Stan. Encyclopidea Phil.* (May 27, 2001).
④ Roscoe Pound, The Scope and Purpose of Sociological Jurisprudence, 24 *Harv. L. Rev.* 1911, p. 591.
⑤ See Roscoe Pound, Book Review, 35 *Harv. L. Rev.* 1921, p. 774; see also Melville M. Bigelow, A Scientific School of Legal Thought, 17 *Green Bag* 1, 1905, p. 1.
⑥ Bigelow, A Scientific School of Legal Thought, 17 *Green Bag* 1, 1905, p. 1.
⑦ Kelly, *A Short History of Western Legal Theory*, 1992, p. 333.

自然法思想的，[①] 但是当时的法理学者很少论及自然法理论，这点凯利是正确的。[②]

自然法在19世纪末如此不受哲学界的欢迎，以至于人们有时认为再提出反驳自然法的学术论点是多余的。[③] 著名的牛津大学教授詹姆斯·布莱斯（James Bryce）在《历史与法学研究》中谈道："我们现在很少听到'自然法'这一术语。它好像已经从政治和实证法领域消失了。"[④] 自然法在数十年的时间里长期处于休眠状态。在一篇1915年的论文里，作者特别指出："总有人时不时告诉我们自然法的复兴正在进行或是即将来临，"他接着又说："我们几乎从未见到……这一性质上的新转变。"[⑤]1940年，朗·富勒（Lon Fuller）哀叹自然法在当时被普遍看作是"老生常谈的幻象"（cobwebby illusion）。[⑥] 他写道：

> 我相信那些被划分为自然法学派且又多遭无视的思想家的作品在当今具有重大的价值。在我看来，当前这一实证主义趋势所带来的最令人遗憾的影响之一就是导致人们忽略这一批重要的且成果丰硕的文献。[⑦]

历史法学是一个可畏的竞争对手，因为它不仅让曾经的自然法黯然失色，还对其进行了强有力的批判，[⑧] 即"历史主义传统下的所有思想家都认为自然法学说不合理地把18世纪欧洲的价值观普遍化了，就好像这些学说适用于所有时代和文化。"[⑨] 身为19世纪历史法学的先驱，弗里德里希·冯·萨维尼（Friedrich von Savigny）提出以历史的视角作为克服这一自然法倾向的良方，即"历史的精神乃是抵御那些自我妄想之徒的唯一保障，这种自我妄想不仅在某些人身上还在一切民族和时代不

---

① See Knud Haakonssen, *Natural Law and Moral Philosophy*, 1996, pp. 310-341.
② See Jeremy Waldron, The Decline of Natural Right, in *The Cambridge history of Philosophy in the Nineteenth Century (1790—1870)* 623,626-627 (Allen W. Wood & Songsuk Hahn eds., 2012).
③ Id. 虽然自然权利思想不同于自然法，但前者源自于后者，且两者基于相联系的原因都衰落了。Id. p. 640.
④ James Bryce, *Studies in History and Jurisprudence*, 1901, p. 604. 布莱斯区分了包括形而上学（自然法）学派、分析法学派、历史法学派和比较法学派在内的四种法学派，后两种法学派是相互联系的，并均立基于孟德斯鸠和梅因。See Frederick Pollock, The History of Comparative Jurisprudence, 5 *J. Soc'y Comp. Legis.* 74, 1903, pp. 75-84.
⑤ A. W. Spencer, The Revival of Natural Law, 80 *Cent. L. J.* 346, 346 (1915).
⑥ Lon L. Fuller, *Law in Quests of Itself* 104 (1940).
⑦ Opcit. p. 101.
⑧ See Charles Groves Haines, *The Revival of Natural Law Concepts*, 1930, pp. 69-71.
⑨ Frederick Charles Beiser, *The German Historicist Tradition*, 2011, p. 13.

时重演。那些人相信他们自己的独特之处就是一般人性的共同特征。"① 作为历史法学的另一位奠基人物,亨利·梅因(Henry Maine)把他对自然法的质疑追溯至 18 世纪中期,"孟德斯鸠这本书虽有其缺点,但仍是按照历史的方法进行研究。在这一方法确立之前,'自然法'从未有一刻确立过它的理论基础。"②

传统的法理叙事只强调历史法学在 20 世纪初期终结,而自然法理论在 20 世纪中期复兴,进而忽视这些智识历史的细节。③ 法律史学家和理论家哈罗德·伯尔曼(Harold Berman)写道:"在美国,人们认为历史法学已经消亡。"④ 一部领先的法理学教材宣称:"历史法学已基本消失。"⑤

我将在本文证明,那种观点尽管看似正确,但在本质上是错误的。虽然这一标签遭到误用,但是历史法学家所支持的核心理论命题(即阐明法理学第三股支流的命题)仍在延续和传播。⑥ 这些理论命题并非始于历史法学,也并非由历史法学独有。

二、作为社会制度的法律

孟德斯鸠《论法的精神》出版于 1748 年,这部备受赞誉的著作包含着这样一段极富创造性的话:

> 法律应当与业已建立或意欲建立的政体性质和原则相吻合,无论是组建政体的政治法,亦或是维系政体的公民法。法律还应该顾及国家的自然形态,气候的寒冷、酷热或温和,地势的特性、位置和面积,以及农夫、猎人或牧人等民众的生活方式。法律还应当顾及基本政治结构所能承受的自由度,居民的宗教信仰、偏好、财富、人口,以及他们的贸易、习俗和礼仪。最后,法律还应当彼此联系,包括法律的起源、立法者的目的以及这些法律赖以建立的各种事

---

① Friedrich Carl von Savigny, *Of the Vocation of Our Age for Legislation and Jurisprudence* 134 (Abraham Hayward trans., Littlewood & Co. 1831).
② Henry Summer Maine, *Ancient Law,* John Murray ed., 1920, p. 91.
③ See Murphy & Coleman, *Philosophy of Law: An Introduction to Jurisprudence* (rev. ed. 1990), pp. 36–37.
④ Harold J. Berman, The Historical Foundations of Law, 54 *Emory L. J.* 13, 2005, p. 18.
⑤ Bix, *Jurisprudence: Theory and Context* (6th ed. 2012), p. 276.
⑥ See infra Part IV.

物秩序。我们应当从所有这些方面去思考法律。①

"这些法律应当量身定做，仅仅适用于特定的国家；倘若一个国家的法律适用于另一个国家，那是罕见的巧合。"②

孟德斯鸠提出了一种描述性和规定性的法律阐释，即作为一种社会制度的法律是与周围环境相适应的，且如果法律体系和社会要运作良好，它应当与社会相匹配。法律是由社会塑造的社会制度，它反过来亦塑造社会。法律源发于并反映着特定社会内部相关的政治、宗教、贸易、习俗、道德观、风俗习惯、温度、地理以及其他一切事物。社会学家艾米尔·涂尔干（Emile Durkheim）写道，孟德斯鸠"非常清楚地看到，所有这些要素构成一个整体，如果不参考其他要素而分开处理，我们就无法理解这些要素。"③孟德斯鸠强调的是"社会现象的相互关联性"。④

除了把法律描绘为社会制度，孟德斯鸠通过假设一种自然主义-科学的法律视角（naturalistic-scientific perspective on law）还提出了一个很有影响力的例子，以区别于当前哲学或宗教的思辨或理想化模式。⑤他批判了霍布斯的自然状态和社会契约论是没有根据和多余的神话。在他看来，人类社会不需要解释。⑥从本质上讲，我们是生活在社群中的社会性存在（social-sexual beings）。⑦法律最好通过科学方法来理解，即收集大量基于历史和当前社会的信息，展开密切的事实观察，运用归纳和演绎推理，观察联系和模式，构建理想类型，并针对社会-法律安排（social-legal arrangements）阐述一般性主张。⑧涂尔干认为孟德斯鸠是一位理论家，因为后者"第一次确立了社会科学的基本原则"，⑨并"开创了一个我们现在称之为比较法的新的研究领域。"⑩

---

① Montesquieu, *The Spirit of the Laws* (Anne M. Cohler et al. eds. & trans., Cambridge Univ. Press 1989), 1748, pp. 8–9.

② Opcit. p. 8.

③ Emile Durkheim, *Montesquieu and Rousseau: Forerunners of Sociology*, 1960. p. 56.

④ Opcit. p. 57.

⑤ Opcit. pp. 56–57.

⑥ Montesquieu, *The Spirit of the Laws* (Anne M. Cohler et al. eds. & trans., Cambridge Univ. Press 1989), 1748, pp. 6–7; see also Michael Zuckert, Natural Law, Natural Rights, and Classical Liberalism: On Montesquieu's Critique of Hobbes, 18 *Soc. Phil. & Pol'y.*, 2001, 227, 228.

⑦ Montesquieu, *The Spirit of the Laws* (Anne M. Cohler et al. eds. & trans., Cambridge Univ. Press 1989), 1748, pp. 6–7.

⑧ Isaiah Berlin, Montesquieu, in *Against the Current 130*, (Henry Hardy ed., 2001), pp. 138–139.

⑨ Durkheim, *Montesquieu and Rousseau: Forerunners of Sociology*, 1960, p. 61.

⑩ Opcit. at 51.

创作于启蒙运动自然法思想的鼎盛时期,孟德斯鸠表达了一种(在某种意义上)具体运用自然法的多元主义观点,即他坚持认为尽管理性是普遍的,但法律规定不可能是统一的,因为由于周围环境上的差异,法律对理性的要求各不相同。因此,孟德斯鸠的观点是:基于不同政治-经济-文化-生态复合体的社会将具有不同的条件和目的,由此,法律在结构和内容上也会有所不同。① 认同自然主义视角的当代哲学家大卫·休谟(David Hume)巩固了这一开创性的见解:

> 我们一般可以说,一切关于财产的问题都是服从于民法的权威,民法根据每个社会的适宜条件对自然正义的规则进行扩大、限制、修正和改变。法律与每个社会的政府构成、习俗、气候、宗教、商业、社会状况等有永恒的关系,或应当有这种关系。一位聪慧且博学的已故作家(孟德斯鸠)曾详尽地谈到这个问题,并从这些原理出发建立起一套政治知识体系,这一体系充满独创、光辉且不乏可靠性的思想。②

从稀缺环境下人性的基本特征(社会存在、自私自利、对同类的有限仁爱)出发,休谟详细阐述了他自己对法律的解释,即法律是被用来改善社会的可变制度安排(variable institutional arrangement)。③

孟德斯鸠的观点不仅反驳了自然法理论的普遍性,还巧妙地反击了法律实证主义。通过锁定影响法律的有效社会动因,孟德斯鸠取代了把立法者的意志作为主要法源的做法。④ 哲学家以赛亚·柏林(Isaiah Berlin)在一篇关于孟德斯鸠的短论中表达过这一要点:

> 他的全部目的在于证明法律并非是凭空产生的,法律不是上帝、神父或国王实在命令的产物;和其他一切社会事物一样,法律表达着在某个特定时代、在地球表面某个特定部分、在某个特定社会中不断变化的道德习惯、信念和一般态度,法律受到物质和精神影响的支配,人类通过法律所处的地区和时期与这些影响因素相接触。⑤

---

① See Berlin, Montesquieu, in *Against the Current* 130, (Henry Hardy ed., 2001), p. 158.
② David Hume, *An Enquiry Concerning the Principles of Morals* 93 (Tom L. Beauchamp ed., 1998).
③ Opcit. pp. 83-103, 170-175.
④ Durkheim, *Montesquieu and Rousseau: Forerunners of Sociology*, 1960, pp. 40-44.
⑤ Berlin, Montesquieu, in *Against the Current* 130, (Henry Hardy ed., 2001), pp. 153-154.

他强调法律的有机发展与变动社会的需要是联系在一起的。①

由于接受过法律培训并当过十年地方法官，孟德斯鸠对法律有着直接的了解。②他警告说，与主流的道德和社会规范相冲突的立法性法令（legislative enactments）有可能会失败，并可能需要专制的力量才能施行。③关于孟德斯鸠，朱迪丝·施克莱（Judith Shklar）曾经这样写道：

> 立法者从孟德斯鸠的作品中获得的经验教训是：他们应当理解法律首先是由他们所支配的社会整体的一部分以及政府有意为之的工具。因此，法律的精神是一个混合体，它既是有意识的人类设计，也是制约某一社会所有规则的深层环境。④

孟德斯鸠的法律与社会观（view of law and society）被批评过于依赖决定论且太过保守——这一指责经常被用来针对法律和社会的整体理论（holistic theories），但正如柏林所指出的，孟德斯鸠的理论还被"社会革命者和激进派呼吁，即法律应当持续回应不断变化的社会需求，并且不受制于某些仅对逝去的时代有效的过时原理。"⑤

三、法律的社会理论：以历史法学为中心

当历史法学在19世纪初兴起之时，孟德斯鸠的见解处于核心位置。作为当代极少数把孟德斯鸠的作品与历史法学相联系的学者，彼得·斯泰因（Peter Stein）说得很清楚："19世纪的历史法学建立在法律与经济和社会环境的联系的基础上。"⑥哈罗德·伯尔曼提出了相同的要点：

---

① Opcit. pp. 156-157.
② See Judith N. Shklar, *Montesquieu,* 1987, pp. 1-5.
③ See Montesquieu, *The Spirit of the Laws* (Anne M. Cohler et al. eds. & trans., Cambridge Univ. Press 1989), 1748, pp. 308-33; see also Berlin, Montesquieu, in *Against the Current 130,* (Henry Hardy ed., 2001), p. 155. 孟德斯鸠坚持持有一个严格的观点，即法律解释成文的法律，并进而不要把社会势力的影响扩张至司法解释的领域。Berlin, Montesquieu, in *Against the Current 130,* (Henry Hardy ed., 2001), p. 154.
④ Shklar, *Montesquieu,* 1987, p. 69.
⑤ Berlin, Montesquieu, in *Against the Current 130,* (Henry Hardy ed., 2001), p. 156.
⑥ Peter Stein, The Tasks of Historical Jurisprudence, in *The Legal Mind: Essays for Tony Honré* 293, 304 (Neil MacCormick & Peter Birks eds., 1986).

历史学家强调在特定社会的习惯和传统中,法律的"实然"和"应然"渊源(两者均主张法律规则和正义的意义)——包括法院以往的判决和法学家的作品——要到社会中的特性、历史和价值中去寻找。①

弗里德里希·冯·萨维尼在1814年出版的《论立法与法学的当代使命》中对德国民法典的制定提出了质疑。这本书被视为历史法学的开山之作。萨维尼批判自然法"坚信存在着一种自然之法或理性之法,一种适合于所有时代和情形的理想立法。"②他批判法律实证主义的主张是"所有的法律,就其具体形式而言,均以最高权力所制定的明示法律为基础。"③为了反驳这些观点,他指出法律是社会中各种力量的非计划产物(unplanned product):

在信史所能涉及的最早人类时代,法律会被发现和语言、礼仪以及基本的组织结构一样,已然具备了某种固有的特质,尤其对于特定的民族而言。不仅如此,这些现象并不是孤立的存在,它们不过是某一独特民族所特有的禀赋和取向。虽然表面上看来具有各不相同的特性,但这些禀赋和取向在本质上是不可分割的。④

他认为法律的渊源或是"基底"(seat)是"民族的共同意识"。⑤法律"首先是通过民族的习俗和信仰发展起来的"。⑥然后,法学家将它们逐渐发展为法律教义。法律的产生"因此是基于内部默默运作的种种力量,而非法律制定者的恣意"。⑦萨维尼推崇孟德斯鸠,因为后者证实了法律是受到民族独有环境束缚的,于是乎,不同社会的法律多样性是有可能存在的。⑧

鉴于法律与社会之间的各种联系,萨维尼坚持认为人们能够制定一部切断"一切历史联系"并开启"全新生活"的新法典是愚蠢的。⑨这一想法是一种误导,因

---

① Berman, The Historical Foundations of Law, 54 *Emory L. J. 13*, 2005, pp. 13–14.
② Savigny, *Of the Vocation of Our Age for Legislation and Jurisprudence* 134 (Abraham Hayward trans., Littlewood & Co. 1831), p. 23.
③ Opcit.
④ Opcit. p. 24.
⑤ Opcit. pp. 28, 24.
⑥ Opcit. pp. 28, 30.
⑦ Opcit. p. 30.
⑧ Opcit. pp. 57–58.
⑨ Opcit. p. 132.

为现有的法律源自于过去,同时法学家的思想是受到先存思维方式影响的。萨维尼写道:

> 彻底消除当世法学家思想的痕迹和模式是不可能的,完全改变现有各种法律关系的本质也是不可能的。不同时代和年代具有稳固持久的有机联系,这是由上述双重不可能性所决定的。既非绝对的终点,亦非绝对的起点,连续不断的发展只有在这两点之间才是可信的。①

严格意义上讲,这并不是一个保守的观点。相反,从历史的视角出发,改变是意义重大的。然而,它提醒我们关注"某一社会的文化发展(包括法律文化)所含有的连续性要素。"② 社会是在不断变化的,法律也是。萨维尼写道:

> 但是,法律与民族的存在和性格之间的这一有机联系在时代的进程中同样是显而易见的。这里,再一次地,法律类似于语言。对于法律来说,如同语言,并无绝对断裂的时刻;法律受制于和所有其他流行趋势相同的运动和发展。……法律随着民族的成长而成长;法律随着民族的壮大而壮大;最后,法律随着民族丧失其民族性而消亡。③

萨维尼的法律理论有两大核心论点:一是法律是社会的产物,二是法律随着社会的变化持续不断地演变。因此,法律给特定社会的历史带来了深刻的持久影响。④

作为历史法学的第二大人物,亨利·梅因在19世纪下半叶的作品中同样明确承认孟德斯鸠(而非萨维尼)的影响。⑤ 梅因批判自然法和法律实证主义过于抽象,且对法律的思索缺乏历史意识。⑥ 他把他的作品描述为是科学取向的,他的法律理

---

① Opcit.
② Berman, The Historical Foundations of Law, 54 *Emory L. J.* 13, 2005, pp. 18-19.
③ Savigny, *Of the Vocation of Our Age for Legislation and Jurisprudence* 134 (Abraham Hayward trans., Littlewood & Co. 1831), p. 27.
④ 通过关注法律与社会之间的联系,这一阐释忽略了萨维尼的其他思想,尤其是他主张法律概念能够被化约为一套逻辑或是几何系统。See opcit. pp. 38-41.
⑤ See Maine, *Ancient Law*, John Murray ed., 1920, pp. 133-134.
⑥ See opcit. pp. 79-83, 123-129; see also Peter Stein, *Legal Evolution: The Story of an Idea,* 1980, pp. 89-90; Paul Vinogradoff, *The Teaching of Sir Henry Maine*, 1904, pp. 4-6. 针对梅因对这些学派的批判的出色研究,see Stephen G. Utz, *Maine's Ancient Law and Legal Theory,* 16 Conn. L. Rev. 1984, p. 821.

论是以证据为基础的。

梅因关注的是社会组织及其在法律中的表现。他论道，原始社会以家庭为中心，家庭聚集起来形成家族和部落，而家族和部落接着又聚集成抽象程度更高的组织。所有这些组织形式都通过共同的家族谱系联系在一起，法律安排是由群体内部的身份关系所决定的。[1] 相反，现代社会是以个人为中心的，法律关系取决于自愿的合意。因此，梅因在其著名的对比中写道：

> 所有进步社会的运动在某一点上是一致的。这一显著之处在于：在运动发展的过程中，家族依附的逐步消灭以及取而代之的个人义务的增长。"个人"不断地代替了"家族"，并成为了民事法律所考虑的单位。前进是以不同的速度完成的。……但是，不管前进的速度如何，变化不受抵制和畏缩的影响。……我们不难看到：究竟是个人与个人之间的什么关系逐步替代了源自"家族"的各种权利义务上的相互关系形式。这一代替关系就是"契约"。在以前，"人"的一切关系都被概括在"家族"关系之中，把这种社会环境作为历史上的一个起点，从这一起点开始，我们似乎是在不断地向着一种新的社会秩序阶段移动，在这一新的社会秩序中，所有这些关系都源自于"个人"的合意。……我们可以说，所有进步社会的运动，到此处为止，是一个从"身份到契约"的运动。[2]

梅因的表述呈现出法律与社会之间的复杂联系，即两者的演变互为因果，两者的形态相互渗透，两者实则相同的过程。

梅因写道，现代法律制度的挑战在于，社会习俗的改变快于法律，进而导致两者之间始终存在着差距。"法律是稳定的，而我们所谈到的社会是进步的，人民幸福的或大或小取决于缺口缩小的快慢程度。"[3] 有三种机制可以被用来缩小这一缺口，它们的出现按照历史先后顺序分别是："法律拟制、衡平和立法。"[4] 其中，前两种机制在多数情况下被法官隐秘地利用，而第三种机制则被立法者公开地使用。[5]

关于法律拟制的讨论，梅因于1861年所撰写的内容具有前瞻的现实性。他论

---

[1] See Maine, *Ancient Law,* John Murray ed., 1920, pp. 131-137.
[2] Opcit. pp. 163-165.
[3] Opcit. p. 29.
[4] Opcit.
[5] See Opcit. pp. 32-34.

道，法律拟制是被用来"掩盖或假装掩盖某条法律规则已经发生变化这一事实，即法律规则的文字保持不变，但规则的运作已经有所调整。"① 梅因说"假装掩盖"是因为律师和法官都知道法律已经被改变了。法律拟制是明知的伪装（knowing pretence）。"我们在英国早已习惯通过在理论上不改变现存判例一丝一毫的机制去扩张、变更和改进法律。这一虚拟立法得以实现的过程与其说是不可感知的，倒不如说是不被承认而已。"② 这一精心设计的伪装使法律能够在表面上维持其稳定性的同时，判断潜藏在条文背后的法律教义需要作出哪些调整以跟上社会的节奏。

作为当代的德国"梅因"，鲁道夫·冯·耶林（Ludolph von Jhering）舍弃了萨维尼神秘的"共同意识"，并强调把习惯作为法律的潜在渊源。③ 耶林的做法是把法律发展描述为对立个人和群体之间的斗争，后者为了他们的目的和利益寻求法律的支持。法律是被当作工具而创制和使用的。耶林写道：

> 随着时间的推移，无数的个人利益和整体的阶级利益与现行法紧密地绑定在了一起。不在最大程度上减损这些利益，现行法就无法被废止。因此，每一个这样的企图——出于对自我保护法则的天然服从——都将招致来自被威胁的既得利益方的最强烈的抵抗，以至于斗争。大凡斗争都是如此。问题不取决于理性的份量，而在于对抗势力的强弱程度。④

耶林乐观地认为，个人的利己主义（富含道德意蕴）和社会目的共同促成法律秩序的形成。这一过程对个人和社会整体都是有益的。

尽管很少被当今的法理学者提及，但作为当时重要的法律人物，耶林的重大贡献在于清晰表述了一种彻底的工具主义法律观，后者反映了那个时代的新观念。这一观念（独立于耶林的思想）在20世纪的进程中将处于支配地位。⑤ 他将诉诸法律的手段视为法律随着社会不断演化背后的重要动力。耶林同样追随着孟德斯鸠的脚步。在一篇关于《为权利而斗争》的评论中，我们能够在文中激情洋溢的开场白里看到这一点："关于法律的起源和发展问题，这是自孟德斯鸠以来最为成功、最

---

① Opcit. pp. 30-31.
② Opcit. p. 35.
③ "人们一直认为耶林既是历史法学派的集大成者亦是其终结者。" Carl Joachim Friedrich, *The Philosophy of Law in Historical Perspective* 154 (2d ed. 1963).
④ Rudolph von Jhering, *The Struggle for Law* 10-11 (John J. Lalor trans., Hyperion Press, Inc. 1979) (1915).
⑤ See Brian Z. Tamanaha, *Law as a Means to an End: Threat to the Rule of Law*, 2006.

富创新、最为重要的一部作品。"①

耶林拒斥社会契约论是虚构的,他转而精妙地把法律解释为有组织的武力(organized force),"无论谁追本溯源某一民族的法律结构,他看到的都将是无数强者给弱者立法的例子。"② 休谟同样论道:"当今现存的或是历史仍有记载的几乎所有政府起初都建立在篡夺或是征服或是两者之上,它们毫不掩盖地无视来自人民的公正应允或是自愿臣服。"③ 耶林声称:"武力直接通过其自身产生法律,作为其自身的尺度,法律演化的过程就是关于武力的政治。因此,武力并不给法律让位,而只是在保持法律原有位置的同时,给其自身增添了法律这一附属要素。所以,法律武力(legal force)得以形成。"④ 随着时间的推移,法律在许多地方从强权者的工具演变为对强权者施加的限制,并在程序中获得正当性,尽管法律在不同地方的演变程度各不相同。即便法律经历着这样的转型,武力仍然是法律的必备要素。

这些 19 世纪的历史法学巨擘都信奉孟德斯鸠关于法律在社会中的整体构想,并在此基础上增添了自己的理路和思路。萨维尼提倡有机的法律-社会图景,他把社会定位为法律的泉源,并强调法学家的思想是集体意识与法律之间的关键纽带。梅因将法律的演化和社会的演化描述为同一过程的两个方面,并解释了法官在立法的同时,是如何改变法律以跟上社会步伐的。耶林放弃了作为内在秩序的法律图景,取而代之的是作为工具的法律。其中,个人和社会群体通过影响和利用这一工具来促成他们的利益。

历史法学在 19 世纪末的鼎盛时期把自然法理论视为一种先入为主的伪科学,同时,鉴于世界各地从过去到现在所呈现出的各种法律制度,历史法学使法律实证主义显得如此狭隘。

四、社会学法学的延续

约在 20 世纪初,历史法学派从法理学领域逐渐沉寂。其为何会有这样的命运是有争议的,这是各种因素共同作用的结果。其开创者没有展开系统的理论阐

---

① *The Struggle for Law*, 20 Alb. L. J. 444, 444 (1879) (book review).
② Rudolph von Jhering, *Law as a Means to an End*, (Isaac Husik trans., 1914), p. 185.
③ David Hume, Of the Original Contract, in *David Hume's Political Essays* 43, 47 (Charles W. Hendel ed., 1953). 当代许多人类学家和政治科学家也提出过类似的观点。See, e. g., Charles Tilly, War Making and State Making as Organized Crime, in *Bring the State Back In* 169 (Peter Evans et al. eds., 1985).
④ Jhering, *Law as a Means to an End*, (Isaac Husik trans., 1914), p. 187.

述。作为梅因直接的法理承继者，弗雷德里克·波洛克（Frederick Pollock）和保罗·维诺格拉多夫（Paul Vinogradoff）没能继续推动这一学派。① 耶林的批判使萨维尼名誉扫地。历史法学是德国一般历史主义传统的一部分，后者在这一时期的衰落表明更广泛的智识因素发挥着作用。② 一些法学家和历史学家认为，历史法学通过与进化论相结合亦告终结，当人们由于频发的社会冲突和世界大战而对人类进步的必然进程丧失信心的时候，进化论在19世纪以后就不再流行了。③ 此外，世纪之交见证了迅速而全面的社会变革，这让历史法学这一看似回溯型（backward-looking）的法学流派显得更无关紧要且更没有吸引力。④ 新的、争论激烈的经济、劳动和社会福利领域立法以及行政型国家（administrative state）的发展，使得关于习惯和有机发展的讨论显得不合时宜。⑤

为什么历史法学显然已经过时？尽管值得深思，但这一问题让我们偏离了一个更为重要的关注点，即历史法学所提出的关于法律与社会的核心理论观点仍在不断发展。奥地利法学家欧根·埃利希（Eugen Ehrlich）在其1913年的作品《法律社会学基本原理》中大力提倡一系列与历史法学完全相同的立场。⑥ 通过呼应孟德斯鸠，埃利希断言："由于法律本质上是一种社会生活形式，所以法律只有通过社会势力的运作方式才能够得到科学的解释。"⑦ 埃利希还称赞萨维尼，他写道：

---

① 尼尔·达克斯伯里（Neil Duxbury）认为历史法学（被他称作"比较法学"）并没有在英国法学中延续下来，因为它缺乏独有的理论议题。Neil Duxbury, *Frederick Pollock and the English Juristic Tradition* 90-91 (2004). "这些人（梅因、维诺格拉多夫和波洛克）肯定有那些牛津大学的法理教授，但是他们对这一主题的思考体系化不足，且只关注他自己的理论成就是否具有持久的影响。" *Id.* pp. 91.

② See Frederick C. Beiser, *The German Historicist Tradition*, 2011.

③ 卡尔文·伍德沃德（Calvin Woodward）指出历史法学在英美已告终结，其原因有三：（1）对进化观念的排斥；（2）第一次世界大战结束后对德国观念的排斥；（3）社会福利国家的兴起而对自由放任思想（与梅因相关）的排斥。See Calvin Woodward, A Wake (or Awakening?) for Historical Jurisprudence, in *The Victorian Achievement of Sir Henry Maine: A Centennial Reappraisal* 217, 220-28 (Alan Diamond ed., 1991); see also Stein, The Tasks of Historical Jurisprudence, at 296. 唐纳德·埃利奥特（Donald Elliot）猜测进化论在1920年至1970年间从法理学消失的主要原因是人们当时对社会达尔文主义的强烈抵制。E. Donald Elliott, The Evolutionary Tradition in Jurisprudence, 85 *Colum. L. Rev.* 38, 1985, pp. 59-60.

④ See Berman, The Historical Foundations of Law, 54 *Emory L. J.* 13, 2005, pp. 17-19.

⑤ See Brian Z. Tamanaha, The Unrecognized Triumph of Historical Jurisprudence, 91 *Tex. L. Rev.* 615 (2013) (reviewing David M. Rabban, *Law's History: American Legal Thought and the Transatlantic Turn to History (2013)*).

⑥ Eugen Ehrlich, *Fundamental Principles of the Sociology of Law* (Walter Moll trans., 1936).

⑦ Eugen Ehrlich, Montesquieu and Sociological Jurisprudence, 29 *Harv. L. Rev.* 582, 584 (1916).

在对萨维尼和普赫塔的学说进行评价的时候，人们应当记住正是这两位学者首次将发展的理念引入法律渊源理论，也正是他们看清了法律的发展与整个民族史之间的联系。①

埃利希作品中的一个突出主题是法律与社会势力之间在不断变化中的活跃互动。②这一主题强调："法律发展的重心自古以来就不在于国家活动，而在于社会本身，这个重心在当代也必须到那里去探寻。"③社会在不断地变化，法律也随之改变。"法律之所以始终处于变动不居的状态，是因为人们不断诉诸法律（其目的在于调整人与人之间的关系）去解决新的任务。"④新的立法公开地改变法律，但是大量法律变革是通过司法解释来完成的。通过采用精妙的区分和拟制，司法解释"在旧的相框中安放进一幅全新的图画"。⑤"在影响涉及法律关系的法律和社会判断中，这种富含无限后果的变革可能无时无刻都在起作用。然而，就此而言，我们也不是必须要去改变成文法的某一条文。"⑥在埃利希看来，法律变革的决定动因是那些为满足新的社会和经济需求而修改法律形式、起草法律文书或是构建新的法律观点的众多法律人。⑦法律从不停歇，埃利希写道："法律科学的永无止境的任务是解决不断变化的生活需求与既定法律文本之间的冲突。"⑧埃利希使我们明白，孤立地看待法律是法学家常犯的错误："问题不在于简单地知道规则的含义，而在于了解规则是如何存续和起效的，是如何与不同生活关系相适应的，是如何被规避的，又是如何成功地挫败规避的。"⑨

在《法律社会学基本原理》中，另一个突出主题是埃利希提出社会生活充满着多种由规范支配的秩序，这些秩序与社会联结（social associations）紧密联系且独

---

① Ehrlich, *Fundamental Principles of the Sociology of Law* (Walter Moll trans., 1936), pp. 443.
② See generally Brian Z. Tamanaha, *A Vision of Social-Legal Change: Rescuing Ehrlich from "Living Law"*, 36 Law & Soc. Inquiry, 2011, p. 297.
③ Ehrlich, *Fundamental Principles of the Sociology of Law* (Walter Moll trans., 1936), p. 390.
④ Opcit. p. 399.
⑤ Opcit. p. 397; see also opcit. pp. 436-471.
⑥ Eugen Ehrlich, Judicial Freedom of Decision: Its Principles and Objects, in *Science of Legal Method: Selected Essays by Various Authors* 57 (Ernest Bruncken & Layton B. Register trans., 1917); see also Benjamin N. Cardozo, *The Paradoxes of Legal Science*, 1928, pp. 1-30.
⑦ Ehrlich, *Fundamental Principles of the Sociology of Law* (Walter Moll trans., 1936), pp. 341-345, 433.
⑧ Opcit. p. 402.
⑨ Ehrlich, *Judicial Freedom of Decision: Its Principles and Objects,* Science of Legal Method: Selected Essays by Various Authors 57 (Ernest Bruncken & Layton B. Register trans., 1917), p. 78.

立于国家而存在。这一"活的法律"(埃利希的著名提法)与国家的官方法律相互影响,它往往比国家法律更有效,是国家法律规范的渊源,还能够产生多种共存的法律和准法律秩序。[1] 为了理解国家法律的运作和效果,人们必须关注渗透于社会场域中的各种规范秩序。

埃利希被大陆法学家忽视了,但他在美国找到了接受其作品的读者。奥利弗·温德尔·霍姆斯(Oliver Wendell Holmes)、罗斯科·庞德和卡尔·卢埃林(Karl Llewellyn)都对埃利希的作品充满热情。在与弗雷德里克·波洛克的一次通信中,霍姆斯把《法律社会学基本原理》一书称作是"当世大陆法学家关于法律主题的最佳作品。"[2] 卢埃林在1915年宣称:"我认为这是最近已经完成的最好的成果。"[3] 他称赞埃利希向我们展示了:

> 意识到法律是活的和发展的是不够的,我们更应当意识到法律是人类生活的一部分。这不仅意味着法律应当疏离与人类无关的事务,从一定意义上讲,法律是一切人类事务不可分割的一部分。[4]

卢埃林承认,当他发现埃利希的时候,他"感到有些沮丧不堪,因为埃利希理解得太透彻了。"[5]

传统的法理学叙事一直声称历史法学正走向消亡并被社会学法学所取代。[6] 这并不正确。它们是源自同一法理传统的不同派系,[7] 而非像许多人所说的那样是由

---

[1] See generally *Living Law: Reconsidering Eugen Ehrlich* (Marc Hertogh ed., 2009).

[2] Stefan Vogl, Eugen Ehrlich's Linking of Sociology and Jurisprudence and the Reception of His Work in Japan, in *Living Law: Reconsidering Eugen Ehrlich*, pp. 95-96 (quoting Letter from Oliver Wendell Holmes to Frederick Pollock (Dec. 29, 1919), in 2 Holmes-Pollock Letters 34 (Mark DeWolfe Howe ed., 1941)).

[3] N. E. H. Hull, Roscoe Pound and Karl Llewellyn: *Searching for an American Jurisprudence* 110 (1997) (quoting Letter from Roscoe Pound to Oliver Wendell Holmes (July 22, 1915), in The Roscoe Pound Papers (on file with the Harvard Law School Library)).

[4] Opcit. pp. 108-09 (quoting Letter from Roscoe Pound to Oliver Wendell Holmes (July 22, 1915), in *The Roscoe Pound Papers* (on file with the Harvard Law School Library)).

[5] Opcit. p. 291 (quoting Karl Llewellyn, *Appendix on Allocation of Responsibility* [for The Cheyenne Way], in The Karl Llewellyn Papers (on file with the University of Chicago Law School Library)).

[6] See, e. g., Harold J. Berman, The Historical Foundations of Law, 54 *Emory L. J.* 13, 2005, p. 18; Bix, *Jurisprudence: Theory and Context* (6th ed. 2012) 4, p. 276; and accompanying text.

[7] 需要强调的是,除本文所关注的法律的社会理论外,历史法学家和社会学法学家在许多方面各不相同。他们出自不同的年代,前者更趋于保守,即支持更缓慢和有机的法律变革;后者更提倡通过立法的高速变革。See Berman, The Historical Foundations of Law, 54 *Emory L. J.* 13, 2005, pp. 18-19.

前者通过不断形变为后者而告终结。① 保罗·维诺格拉多夫于 1920 年出版的《历史法学导论》涵盖了历史学、心理学、社会学、经济学以及政治理论，因为这些科目与社会–法律发展（social-legal development）密切相关。罗斯科·庞德见证了这一转变："起初，涵盖面更广的历史法学被当作比较人种学法学（comparative ethnological jurisprudence）。但很快它便承继了社会学法学的称谓和某些特征。"② 当时一位法国的法律哲学家也注意到历史法学和社会学法学具有共同的核心："就像历史法学派一样，（社会学法学派）在演变过程中和连续的变革中去思考法律，并将这些变化与社会自身所经历的变化联系在一起。"③ 哲学家迈克尔·奥克肖特（Michael Oakeshott）同样指出："关于法律本质的经济学和社会学理论，两种解释针对历史法学的特征持有相同的预设，因此无法与历史法学的解释完全区分开来。"④

法律的历史理论与社会学理论之间的联系可以延伸到孟德斯鸠。他把法律看作是社会中历史的产物，并在方法论上将历史学和社会学结合在一起。正如卡尔·贝克尔（Carl Becker）所描述的那样，孟德斯鸠审视了"所有民族在所有时空中的思想、习俗和制度，并把它们一一罗列。"⑤ 通过探索历史知识，他构建了基本社会安排的理想类型然后用社会学的术语分析他所发现的现象。⑥ 以赛亚·伯林（Isaiah Berlin）指出孟德斯鸠把法律视为社会产物的阐释"给伟大的德国历史法学和各种法律的现代社会学理论奠定了基础。"⑦

五、法律的社会理论：在法律现实主义和当代法律思想内部

历史法学所拥护的法律的理论观点不仅由社会学法学延续，这些观点还在不断

---

① 关于这一观点更充分的阐述，see Tamanaha, A Vision of Social-Legal Change: Rescuing Ehrlich from "Living Law," 36 *Law & Soc. Inquiry* 297 (2011), pp. 628-629.

② Pound, The Scope and Purpose of Sociological Jurisprudence, 24 *Harv. L. Rev.* 1911, p. 614. 虽然庞德描述的是德国派系，但他强调类似的扩张在英国支派已经发生。

③ Joseph Charmont, Recent Phases of French Legal Philosophy, *Modern French Legal Philosophy* 65 (Arthur W. Spencer ed., Franklin W. Scott & Joseph P. Chamberlain trans., 1916). 约瑟夫·查蒙（Joseph Charmont）论道，历史法学派还从功利论中借用了"制度"这一概念，后者是"满足社会利益的工具。" *Id.* 这些学派都反对自然法理论。

④ Michael Oakeshott, *The Concept of a Philosophical Jurisprudence: Essays and Reviews*, 1926—1951, p. 151 (2007).

⑤ Carl L. Becker, *The Heavenly City of the Eighteenth-Century Philosophers*, 1932, p. 100.

⑥ See John Alan Baum, *Montesquieu and Social Theory* 97-119 (1979); Ernst Cassirer, *The Philosophy of the Enlightenment* 209-216 (Fritz C. A. Koelin & James P. Pettegrove trans., 1951).

⑦ Berlin, Montesquieu, in *Against the Current* 130, (Henry Hardy ed., 2001), p. 154.

传播并最终在广度和深度上得以巩固。奥利弗·温德尔·霍姆斯在《普通法》中表露了相同的观点：

> 法律的生命不在于逻辑，而在于经验。人们在特定时代的内心需求、主流的道德和政治理论、对公共政策的直觉（无论是公开宣布的还是下意识的）、甚至是法官与其同仁所共有的偏见，在决定赖以治理人们的规则方面的作用都比三段论推理大得多。法律蕴含着一个国家数个世纪发展的故事。①

在十多年前，耶林曾作出过相同的论述：

> 让我们识破魔法，这一束缚思想的幻象。所有欣然把法理学变成法律数学的逻辑崇拜都是错误的，它们源自对法律的误解。生活不因概念而存在，概念为生活而存在。有资格存续下来的不是逻辑，而是由生活、社会互动和正义感所吁求的那些东西，无论它在逻辑上是必然的还是不可能的。②

就像耶林，霍姆斯将法律承认的过程描述为相互竞争的个人与社会利益之间的斗争（虽然耶林有意作出了更偏乐观的诠释）。霍姆斯写道：

> 这种对社会利益团结的默认假设很常见，但在我们看来是虚假的。到了最后，人们事实上都更袒护自己的利益而不是他们邻居的利益。和其他任何形式的集体行动一样，立法也是如此。……当前任何拥有至高权力的人肯定与其他竞争失败的人存在着利益冲突。立法应当或多或少反映那些更强大的利益。正如人类或野兽的所有其他手段，立法最终必须有助于适者生存的法则。③

立法"必定是一种由拥有权力的机构向其他人的肩上施加令他们反感的负担的工具。"④ 霍姆斯写道："认为立法以牺牲一个阶级为代价袒护另一个阶级，这一谴责是不够充分的，因为多数或所有立法都这样做，尽管立法的真正目的是最大多数的

---

① O. W. Holmes, Jr., *The Common Law, 1881*, p. 1.
② Paul Vinogradoff, *Introduction to Historical Jurisprudence* 142 n. 1 (1920) (quoting Rudolph von Jhering, *Geist des Romischen Rechts*, III, at 302 (1866)).
③ Oliver Wendell Holmes, Jr., The Gas-Stoker's Strike, 7 *Am. L. Rev.* 582, 583 (1873).
④ Opcit.

最大利益。"①

基于发表于《哈佛法律评论》的两篇题为《社会学法学的范围和目的》的文章，②庞德比任何美国法学家都认可社会学法学。庞德完全从功能主义的意义上去描述法律：

> 我乐于把法律看作是一种满足社会需要（存在于文明社会中的诉求、要求和期望）的社会制度，即只要这些需要或是诉求能够由有政治组织的社会尽可能以最小的牺牲通过施行人类行为命令而得到满足。③

透过历史的长弧观察法律，庞德看到了"一种不断变得越来越有效的社会控制。"④

法律哲学家莫里斯·科恩（Morris Cohen）和法律现实主义之父菲力克斯·科恩（Felix Cohen）在1951年写道，法官通过相当于司法立法（judicial legislation）的创造性解释一直在不断地调整法律（普通法、制定法和宪法）。⑤科恩说道："这些变化是由工商业生活条件的改变而促发的。因此，法院也有意无意地改变着法律。"⑥科恩批评了"两个关于法律的自相矛盾的绝对主义概念。一个认为法律是主权者的意志，另一个认为法律是永恒的真理或是不变的正义。"⑦虽然两个概念在采取缓和且非对立的表述时都能够提供有用的信息，但法律实际上应当被理解和评价为一种实现社会目的的工具。科恩写道："问题不出在固定不变的法律和社会理论之间，而在于下意识设定的社会理论与得到详细考察和科学研究的社会理论。"⑧

法律现实主义者也对法律持有一种完全社会的观点。在其所列出的一系列法律现实主义命题中，卡尔·卢埃林（Karl Llewellyn）宣称："第一，法律的概念不断变化，改变法律的过程和法律的司法创造不断变化；第二，法律的概念作为实现社

---

① Opcit. p. 584.
② Roscoe Pound, The Scope and Purposeof Sociological Jurisprudence (pts. 1 & 2), 24 *Harv. L. Rev.* 591 (1911), 25 *Harv. L. Rev.* 140 (1912).
③ Roscoe Pound, *An Introduction to the Philosophy of Law* 47 (rev. ed. 1954).
④ Opcit.
⑤ See Morris R. Cohen, The Process of Judicial Legislation, 48 *Am. L. Rev.*, 1914, p. 161.
⑥ Morris R. *Cohen,* Legal Theories and Social Science, 25 *Int'l J. Ethics* 469, 476 (1915); see Cohen, The Process of Judicial Legislation, 48 *Am. L. Rev.*, 1914, p. 169.
⑦ Cohen, The Process of Judicial Legislation, 48 *Am. L. Rev.*, 1914, p. 482.
⑧ Opcit. p. 485.

会目的的工具，而非目的本身；第三，社会的概念不断变化，通常比法律变得更快。"① 卢埃林把埃利希称作现实主义法学的早期典范。② 两者都重点把法官视为改变法律以适应社会变化的工具。如同埃利希，卢埃林写道：

> 产生并首先影响制度形成的是社会而非法院，推动法院采取行动的是社会。只有通过观察社会，法院才能够确定新的制度要去满足和阻止哪些需求。……不管怎样，如果人们反复表达需求，那么法律迟早会正式承认它们。有时候人们的需求促使法院寻求突破并脱离早期的模式，有时候律师想办法用旧瓶装新酒，并把灵活和改变纳入影响之中。从长远来看，这预示着所有社会制度的形式。③

现在，这些观点与法律现实主义是联系在一起的。数十年前，社会学法学和历史法学已经清楚地表述了这些观点。④ 法官本杰明·卡多佐（Benjamin Cardozo）同样强调：法律一直在参与社会进步的进程。他写道，法律经常的任务是处理"变动中永恒，进步中稳定。"⑤ 他写道：

> 我们生活在一个变化不定的世界里。现行的法律体系即使适合今天的文明，也不可能满足明日文明的需求。社会是变动不居的。正因为如此，在此变动不居的条件下，法律不可能经久不变。对我们而言，运动的理论太强大了。⑥

卡多佐坚称，大多数法律变革必然且理应由法官完成。⑦ 当商业习惯改变，

> 与之前存在的行为规范或准则相适应的某个法律规则不再适应当前的规范或准则……于是，促使法律与旧的规范和准则相适应的那些相同的发展趋势或力量开始起作用，不是通过立法，而是通过司法过程内在的机能，来恢

---

① Karl N. Llewellyn, Some Realism About Realism-Responding to Dean Pound, 44 *Harv. L. Rev.*, 1930, pp. 1222, 1236.
② See Karl Llewellyn, A Realistic Jurisprudence-The Next Step, 30 *Colum. L. Rev.*, 1930, pp. 431, 454.
③ K. N. Llewellyn, *The Bramble Bush: Some Lectures on Law and its Study*, 1930, p. 55.
④ See Brian Z. Tamanaha, Understanding Legal Realism, 87 *Tex. L. Rev.* 731, 2009, pp. 758-759.
⑤ Cardozo, *The Paradoxes of Legal Science*, 1928, p. 6.
⑥ Opcit. pp. 10-11.
⑦ Opcit. pp. 7-8.

复平衡。①

社会习俗同样如此。"作为习惯、哲学以及许多处于两者之间的行为和信仰的混合体，每个时代的道德法典所带来的规范或行为准则都力争在法律中得到明确表达。"② 他评道："法院造法过程中始终在起作用的是加诸于个人思想之上的社会压力。"③

所有这些对法律的描述表明，学者们对法律的社会本质怀有相同的理解。④ 1928 年，卡多佐强调："现在可以确定的是，通过对社会利益的衡量、社会价值的评判以及社会观念的理解，法律制度的漏洞将被填补，亦将在人们对这一过程的影响不断加深认识的情况下被填补。"⑤

作为引领批判法律研究的哲学家，罗伯特·昂格尔（Robert Unger）在《现代社会中的法律》一书中针对法律与社会结合的理想类型提出了一种现代版本的细致阐述："一个社会的法律构成了该社会的文化与组织之间的首要纽带。它是文化嵌入于组织的外在表现。"⑥

> 每一种社会生活形态——即部落社会、贵族社会和自由主义社会，或是作为现代性变种之后自由主义的、传统主义的和革命的社会主义社会——构成了一个全面涵盖各种社会类型的、有意义的整体。每一种社会形态都体现了一种人类存在的完整模式。而且，在揭示和确定信念与组织的关系方面，法律对于每一个社会都起到了决定性的作用。⑦

20 年前，昂格尔肯定会避免作出理想类型的阐述。⑧ 20 世纪后期经济全球化所带来的飞速变革淘汰了理想类型的方法。昂格尔有意回避关于社会概念的保守涵

---

① Opcit. pp. 14–15.
② Opcit. p. 17.
③ Opcit.
④ 并不是所有从社会意义上理解法律的理论家都把他们的见解延伸至司法判决。孟德斯鸠尤其将判决描述为法官对法律的严格解释。See Shklar, *Montesquieu*, 1987, p. 88.
⑤ Cardozo, *The Paradoxes of Legal Science*, 1928, p. 77.
⑥ Roberto Mangabeira Unger, *Law in Modern Society: Toward a Critism of Social Thoery*, 1976, p. 250.
⑦ Opcit. p. 252.
⑧ See Roberto Mangabeira Unger, *What Should Legal Analysis Become?* 2–6 (1996).（"无法想象变革的可能性已经开始影响主流的社会和历史研究实践，并进一步影响到规范的政治哲学和实践政治的共同语言。"）

义和作为融贯整体的法律，他反而更倾向强调法律-社会安排的易变性。① 但他仍然怀有把法律作为源发于并受制于社会势力的愿景。昂格尔写道："法律是真正的集体冲突的产物，它在诸多不同的意志和想象、利益和愿景之间长期延续。"②

当今，许多法学家都赞同昂格尔的观点，这让人想起了耶林和霍姆斯。一系列当代的理论进路均含蓄地假定法律是实现个人和社会目的的工具，它受到社会势力的浸润和侵袭。③ 法律与经济学将法律视为财富最大化的工具。④ 批判理论家认为，法律在中立性的假象背后服务和推行着权力的社会等级，无论在经济、性别本位还是种族领域。法律实用主义意味着"否认法律是某种根植于永恒原理并通过原理的逻辑操控而得以实现的东西，还否认执意把法律作为某种实现社会目的的工具。"⑤

这幅法理图景之所以复杂，是因为许多现代法学家均认可如下两项核心见解：其一，法律实证主义认为法律就是任何法律官员所依法宣告的东西；⑥ 其二，历史法学和社会学法学主张法律的社会本质和工具效用。⑦ 因此，我们可以说法律现实主义、法律与经济学、批判法律研究以及其他流派都具有双重法理传统，即每一个流派都通过自己的方式强调法律的某一核心方面，同时亦使其他流派的法学家产生共鸣。

这段法理历程表明，当今的法律文化几乎从没有重视过关于法律的重要社会理论。唐纳德·埃利奥特（Donald Elliott）20年前论道，法律随社会演进的观念是"根深蒂固的"，虽然这一观念的原始出处已被遗忘。⑧ "我们谈论法律要适应其所处的社会、文化和技术环境，但我们根本没有重视我们所援用的法理传统。"⑨ 顺着相同的思路，罗伯特·戈登（Robert Gordon）最近论道，进化功能主义"理论及其附带的叙事近两个世纪一直支配着西方关于法律与社会变迁关系的思考，虽

---

① See opcit. pp. 126-128. （把法律看作是独特生活形式的表达夸大了法律的统一性和连续性，同时低估了显现在法律中各种文化的构成性特征。）

② Opcit. p. 65.

③ See Tamanaha, *Law as a Means to an End: Threat to the Rule of Law*, 2006, pp. 118—132. （描述包括法律的经济分析、批判法律研究、法律与社会运动、法律实用主义、形式版法治的法律理论，以及事实上每一个理论均建立在把法律视为实现目的的工具的观点上。）

④ Opcit. pp. 118-120.

⑤ Richard A. Posner, *Overcoming Law*, 1995, p. 405.

⑥ See Berman, The Historical Foundations of Law, 54 *Emory L. J.* 2005, p. 13.

⑦ See *Law as a Means to an End: Threat to the Rule of Law*, 2006.

⑧ Elliott, The Evolutionary Tradition in Jurisprudence, 85 *Colum. L. Rev.* 1985, p. 38.

⑨ Opcit.

然这一理论在严格的法律作品中常常是含糊的。它像一系列背景假设（background assumptions）隐而不现，而并没有得到明确地阐述和论证。"①

六、社会法律理论

到现在为止，我展示了一种不同于传统法理叙事的非典型智识史。从现在开始，我将把法理学的第三分支称作"社会法律理论"（social legal theory）。另一个合适的称谓是"社会历史法律理论"（social historical legal theory），两者所含有的理论类型基本相同，但我更倾向使用"社会法律理论"，一是出于表述的简洁，二是因为流传着各种理论变种。②

现在让我澄清几点。一种法律的社会"视角"或"取向"或是公认的关于法律之社会本质的"背景假设"算不上是一种法律理论。法律理论要针对法律是什么和做什么提出阐述明确的命题。某种程度上，上述提及的一些理论家是从这一意义上提出的法律理论，但并不是所有人都做到了这一点。

尽管尚不构成理论，但公认的背景假设是所有法律理论的核心。法律实证主义代表着一种常识认定，即法律是法律官员据以执行的任何事物，无论其内容或结果是否为恶。③自然法理论所依赖的共同观念是：法律是（或应当是）公正的，同时道德（某种程度上）是客观的。④社会法律理论立基于这样一种普遍认知，即法律是一种带有社会影响和结果的社会制度，它通常被当作工具使用。⑤

背景观念和理论之间存在着很大的联系，因为理论本身是社会的产物，它与现存的社会观点、实践和环境密不可分。庞德论道：

> 法学家和哲学家没有通过无情的哲学阐述把这些理论变成简单的逻辑问题。他们致力于通过解释或阐释去理解法律，去理性地表述法律，进而找到法

---

① Robert W. Gordon, Critical Legal Histories Revisited: A Response, 37 *Law & Soc. Inquiry*, 2012, pp. 200, 202.

② 法律与社会学者经常使用的称谓是"社会-法律"（socio-legal）或是"社会法律"（sociolegal）。

③ See Berman, The Historical Foundations of Law, 54 *Emory L. J.* 2005, p. 13.

④ See Hans Kelsen, The Pure Theory of Law and Analytical Jurisprudence, 55 *Harv. L. Rev.* 44, 46-47 (1941).（把自然法理论描述为从如下假设获取教义，即人类理性或上帝的意志能够客观地决定什么是公正的。）

⑤ See *supra* Part IV.

律是什么这样一种理论。法律理论必然反映着法学家和哲学家所设想的理性化制度,即便是通过普遍化的表述呈现的。[①]

法律理论有兴衰之势,且理论的重点随着理论阐述的时空发展进程而改变。这包括例如社会动乱期或是快速的社会变革所带来的广泛影响,以及在法律理论得到阐发的智识背景(例如学术专业化、机构支持以及当前的学术规范或热潮)中更加直接的影响。

重要的是,我们要看到法学家(或公民)可以毫无矛盾或自始至终地同时支持所有这三组背景观念,即他可以相信法律规则即使在不道德的场合也具有法律效力;同时,法律应该是公正的,一些道德规范在客观上是正确的;再同时,法律是用来实现目的的社会制度。事实上,这一系列结合在一起的观念有可能是很常见的。只有当人们从更抽象的层次表达这些观念并把这些观念视为定义要素各异的对立理论立场的时候,观念的相容性才会出现问题。

无法划清法律理论与其背景假设之间的区别引发了理解上的混乱。例如,通过把支持法律实证主义的基础假设作为纳入标准,朗·富勒把奥利弗·温德尔·霍姆斯列为法律现实主义者,并把法律社会学者(包括埃利希)列为法律实证主义者,即便这些学者从未明确公开支持过法律实证主义。[②] 理论家们仍然在争论霍姆斯是否是法律实证主义者,[③] 以及法律现实主义者是否可以被看作是法律实证主义者。[④] 这些主张很容易犯下基本的思维错误,即如果某一法学家所持有的背景假设涵盖于某一理论之中,那么该法学家也自然赞同更高层次的理论(higher-level theory)。正如我们所解释的,这容易引发混淆,因为某一法学家可以认可一个或多个背景假设,但并不必然要忠于以背景假设为中心的理论。

为了预先避免这样的误解,我需要澄清我并不主张所有隐晦持有进化功能主义法律观的法律现实主义者或当代法律学者都是社会法律学家。更确切地说,我的目的是把法律之社会本质的观点勾勒出来,这些观点是历史法学和社会学法学的中

---

① Pound, *An Introduction to the Philosophy of Law,* (rev. ed. 1954), p. 30.
② See Fuller, *Law in Quests of Itself,* 1940, pp. 45–59.
③ See Frederic R. Kellogg, *Oliver Wendell Holmes. Jr., Legal Theory, and Judicial Restraint,* 2007.(质疑霍姆斯是法律实证主义者的观点。)
④ See, e.g., Danny Priel, Were the Legal Realists Legal Positivists?, 27 *Law & Phil.* 2008, p. 309; Anthony J. Sebok, Misunderstanding Positivism, 93 *Mich. L. Rev.* 1995, p. 2054.(描述了法律实证主义在美国的演变,并与法律现实主义相比较。)

心。同时，我还要证明这些观点是如何脱离起初促成它们的理论并广为流传的。[①]

当前的确切情况是人们普遍从社会意义上去看待法律，但还没有与此相对应的公认的法理传统。[②] 法律的背景观念在没有相应理论的情况下显然也可以不断丰富，然而这一理论空白使我们无法继续更好地理解阐述精妙的理论所能够带来的益助。

另一个重要澄清是社会法律理论是法理学的一个分支，存在着多种对立的法律的社会理论，并不限于我之前所提到的，形形色色的理论家有马克斯·韦伯（Max Webber）、尼克拉斯·卢曼（Niklas Luhman）和朱利叶斯·斯通（Julius Stone），[③] 当代法理学者例如包括威廉·推宁（William Twining）、罗杰·科特雷尔（Roger Cotterrell）、劳伦斯·弗里德曼（Lawrence Friedman）和大卫·楚贝克（David Trubek）。[④] 社会法律理论提出法律的概念、关于法律本源和功能的理论、关于法律之制度本质的理论以及关于影响法律之社会势力的理论等等。[⑤] 因为社会法律学家内部存在着根本观点上的争议，所以我们无法详细列出社会法律理论之共同的理论命题。

法律之社会理论具有广阔的范围和相当的多样性，这容易掩盖所有理论共属同一法理分支的事实。例如，孟德斯鸠的功能主义假设[⑥] 不同于萨维尼的文化解释[⑦]，他们的分析还区别于耶林的工具解释[⑧]。社会学法学家的政治观点往往批判历史法

---

① See opcit Parts II-IV（讨论了历史法学的原理是如何被整合到社会学法学的，后者进一步在法理学理论中扎根）; see also The Evolutionary Tradition in Jurisprudence, 85 *Colum. L. Rev.* 1985, p. 38; Critical Legal Histories Revisited: A Response, 37 *Law & Soc. Inquiry*, 2012, pp. 200, 202; and accompanying text.

② See Critical Legal Histories Revisited: A Response, 37 *Law & Soc. Inquiry*, 2012, p. 200, and accompanying text.

③ See Max Rheinstein, *Max Weber on Law in Economy and Society* (Max Rheinstein ed., Edward Sihls & Max Rheinstein trans., 1954); Julius Stone, *The Province and Function of Law: Law as Logic, Justice, and Social Control* (1950); Niklas Luhmann, Operational Closure and Structural Coupling: The Differentiation of the Legal System, 13 *Cardozo L. Rev.* 1992, pp. 1419, 1425.（"法律系统本身是社会系统不可分割的组成部分"。）

④ See generally Roger Cotterrell, *The Politics of Jurisprudence* (Univ. of Pa. Press 1989); Lawrence M. Friedman, *The Legal System: A Social Science Perspective* (1975); William Twinning, *General Jurisprudence: Understanding Law from a Global Perspective* (2009); David M. Trubek, Toward a Social Theory of Law: An Essay on the Study of Law and Development, 82 *Yale L. J.* 1, 1-2 (1972).

⑤ See generally Brian Z. Tamanaha, *A General Jursiprudence of Law and Society* 1-3 (2001).（验证、探讨和阐述的命题是"法律反映着社会，其功能在于维护社会秩序"。）

⑥ See accompanying text.

⑦ See accompanying text.

⑧ See Unger, *What Should Legal Analysis Become?* 1996, pp. 123-128.

学家对激进立法改革的厌恶态度。① 有人可能以多样性为由对把所有这些理论装进一个法理分支提出质疑，特别是鉴于一些理论家（最显著的是梅因和韦伯）是社会学、人类学和政治科学这样的法理领域以外的重要人物②（尽管值得一提的是，韦伯受过法律训练，做过几年的律师，并起初教过法律）。③

然而，自然法理论也处于相同的境况。迥然不同的研究进路存在于自然法传统中，例如以圣托马斯·阿奎那（St. Thomas Aquinas）和约翰·菲尼斯（John Finnis）为代表的天主教分支、朗·富勒的程序主义、迈克尔·摩尔（Michael Moore）的形而上学的现实主义以及罗纳德·德沃金（Ronald Dworkin）独特的法律整全性。这些提到的自然法理论几乎没有什么共同之处。④ 顺着我们在法律部门所发现的法理类型，我们看到了自然法理论在哲学、政治理论和神学部门得到了进一步的发展。⑤

同样，各种冲突的实证主义理论纷争（分离哈特式和凯尔森式实证主义者的分歧⑥）从内部把法律实证主义瓦解了，尽管实证主义者之间的争议范围有限。法律实证主义内更加有限的多样性或许可以通过这样一个事实来得到解释，即看起来只有法学家（甚至多数都不是）才对支配着分析法学者的问题感兴趣。相反，自然法理论和社会法律理论感兴趣的是其他学科各种各样的理论家所要处理的问题。⑦

如同其他两大传统的法理分支，不存在单一的或主导的社会法律理论。将这一

---

① See Judith N. Shklar, *Montesquieu,* 1987, pp. 1-5; see Montesquieu, *The Spirit of the Laws* (Anne M. Cohler et al. eds. & trans., Cambridge Univ. Press 1989), 1748, pp. 308-333; see also Berlin, Montesquieu, in *Against the Current* 130, (Henry Hardy ed., 2001), p. 155; and accompanying text.

② See, e. g., Charles F. Keyes, Weber and Anthropology, 31 *Ann. Rev. Anthropology* 233, 233（分析了韦伯对英语世界的人类学家的影响，而没有像人们以往那样分析韦伯对政治科学和社会学的影响）; Henry Orenstein, The Ethnological Theories of Henry Sumner Maine, 70 *Am. Anthropologist* 264, 264（综合了韦伯的社会、政治和法律理论，以理解其对现代人类学的影响）；当前，关于把法律作为社会制度的最有趣的一些理论分析出自政治科学和人类学的进化论思想。See, e.g., Francis Fukuyama, *The Origins of Political Order* (2011).（分析了法律的起源以及将推向法律当代状态的社会势力）

③ See Stephen P. Turner & Regis A. Factor, *Max Weber, The Lawyer as Social Thinker*, 1994, pp. 2-7.

④ 关于这一多样性的回顾，Jonathan Crowe, Natural Law Beyond Finnis, 2 *Jurisprudence*, 2011, pp. 293, 294（讨论了阿奎那、菲尼斯、富勒、摩尔和德沃金的自然法理论并澄清了"新自然法观点的核心主张与单一作者的更加具体的观点之间的区别"）。关于大量现有理论的讨论以及对更加激进的新自然法版本的拥护，see West, *Normative Jurisprudence: An Introduction,* 2011, pp. 12-59。

⑤ See Crowe, Natural Law Beyond Finnis, 2 *Jurisprudence*, 2011, p. 297.（当代自然法理论在不同学术领域之间已经变得碎片化了。）

⑥ See H. L. A. Hart, Kelsen Visited, 10 *UCLA L. Rev.* 1963, p. 709.（批判了凯尔森的作品并界分了凯尔森与哈特之间分别的立场。）

⑦ See Charles F. Keyes, Weber and Anthropology, 31 *Ann. Rev. Anthropology* 233, 233; Crowe, Natural Law Beyond Finnis, 2 *Jurisprudence*, 2011, p. 297; and accompanying text.

法理传统联结在一起的共同思路归根结底在于两项命题：第一，法律的本质是社会的。第二，最好透过聚焦经验的视角去理解法律。

七、三种对立-互补的法律视角

最后一个讨论所要表达的另一个观点是：这三股法理支流代表着几种真正可供选择的理论方案。自然法对法律采取了一种规范的视角。[1] 法律实证主义对法律采取了一种概念的或是分析的视角。[2] 社会法律理论对法律采取了一种经验取向的视角。[3] 换句话说，自然法根植于道德哲学，法律实证主义立基于分析哲学，而社会法律理论建基于科学。此处我提到的"科学"泛指历史学、经济学、社会学、人类学、心理学、政治学等一切聚焦经验的研究进路，它建立在观察、证据、证实、证伪、归纳、演绎、数据收集以及其他这类方法之上。虽然研究重心各具特色，但我所提到的"视角"意指各个法理支流的划分不是彼此排他的。如果不被推向敌对的极端，这三种理论取向是相互平衡的，莫里斯·科恩从而（过于唐突地）宣称："不曾存在任何一位法学家只归属于分析、历史或哲学流派。"[4] 这三种理论取向都有规范意义，都进行概念分析，都承认法律是一种社会制度。

早在一个世纪以前，人们已熟知这一三分法。约翰·萨蒙德（John Salmond）写道："从其作为法律之理论或哲学的特定意义上讲，法理学可分为三大支派，分别是分析的、历史的和伦理的。"[5] 萨蒙德指出，多数法理学教科书主要涉及的是其中某一个支派，但他也坚称"这三种法律面向……联系如此紧密，以至于孤立对待任一面向都是不充分的。"[6] 在20世纪中期，朱利叶斯·斯通把法理学分为三大支派，即"分析法学"、"社会学（或功能）法学"以及"关于正义（批判的、评价的或是伦理的）的法学理论"。[7]

---

[1] See Kelsen, *The Pure Theory of Law and Analytical Jurisprudence*, 55 *Harv. L. Rev.* 44, 1941, pp. 46-48. （提到社会中多数人认同的道德和价值，同时自然法的理论源自这一观点）。

[2] See Sebok, *Misunderstanding Positivism*, 93 *Mich. L. Rev.* 1995, pp. 2070-2071.（提到庞德对分析法学的批判指向实证主义三大核心要素中的两个。）

[3] See accompanying text.

[4] Morris R. Cohen, *Law and the Social Order: Essays in Legal Philosophy*, 1933, p. 347.

[5] John Salmond, *Jurisprudence* 4 (7th ed. 1924).

[6] Op cit. p. 5.

[7] Julius Stone, *The Province and Function of Law*, 1950, pp. 31-32.

法律哲学家汉斯·凯尔森（Hans Kelsen）作出了相同的三角分析。"这一主题（分析法学）的局限及其认知必须要从两个方向得到清晰的界定：作为特定的法律科学，这一通常被称作法理学的学科不仅不同于正义哲学，还区别于社会学或是对社会现实的认知。"[1] 按照凯尔森的分类，分析法学关注的是作为规范体系的、具有自身有效性标准的法律；[2] 自然法关乎的是正义或道德原理；[3] 他把社会学法学与"美国的法律现实主义者"联系在一起，[4] 并认为这一支派着眼于法律实际做什么。[5] 凯尔森敌视自然法理论，[6] 但他并不完全反对社会学法学，尽管这一支派在他的法律理论中没有位置。

> 纯粹法理论绝不否认诸如社会学法学的有效性，但却拒绝像这一学派的拥护者那样将之视为唯一的法律科学。社会学法学与规范（分析）法学并行不悖，两者不可相互取代，因为两者分别处理的是完全不同的问题。[7]

倘若没有社会法律理论（即本文所辩护的第三分支），关于法律本质的理论讨论就会缺乏一种必要的替代视角。[8] 自然法学者和法律实证主义者所采取的法律视角使他们无法充分理解全部的理论见解，而将法律的社会本质置于探究的中心将使他们获益。[9]

由于缺乏对社会语境的关注且未能关照法律的历史维度，分析法学与自然法有

---

[1] Kelsen, The Pure Theory of Law and Analytical Jurisprudence, 55 *Harv. L. Rev.* 44, 1941, p. 44.
[2] Opcit. pp. 50-52.
[3] Opcit. pp. 46-47.
[4] Opcit. at 52 n. 2.
[5] Opcit. p. 52.
[6] Opcit. pp. 45-49..
[7] Opcit. p. 52. 虽然将其理论与分析法学联系在一起，但凯尔森使用"规范法学"这一术语命名他的"纯粹法理论"，是因为他的理论关注的是作为规范体系的法律。正如哈特所评价的，这一称谓的选择是困惑的根源。Hart, Kelsen Visited, 10 *UCLA L. Rev.* 1963, pp. 712-713.
[8] 奥克肖特认为，这些立场从各个方面来看都是不充分的。他希望这些立场能够被更具综合性的法律理论取代。他专门批判了分析法学过于抽象的倾向，即"显然，我认为对法律本质的哲学探讨将要很快认识到分析法学对法律本质的阐释是不充分的，并会努力变得不那么抽象。"Oakeshott, *The Concept of a Philosophical Jurisprudence: Essays and Reviews, 1926—1951*, 2007, pp. 173-174.
[9] 哈罗德·伯尔曼认为各个分支"均孤立了某一重要的法律维度，可能且重要的是把所有维度结合起来作为共同的关注点。" Harold J. Berman, Toward an Integrative Jurisprudence: Politics, Morality, History, 76 *Calif. L. Rev.* 779, 779 (1988).

许多盲区。① 例如，分析法学者能够告诉我们法治的要素，但是他们无法告诉我们法治在社会中是如何发展的。他们还往往把通过种种方式影响制定法和法官法的"社会中的压力"排除在外，同时他们也不考察法律影响。② 与此同时，许多法学家均强调，法律所面临的长期挑战是将法律的稳定性与社会变迁相调和。而这是分析法学与自然法所不处理的问题。梅因论道："社会的需要和社会的意见常常或多或少地走在法律的前面。"③ "我们可能非常接近达到它们之间缺口的接合处，但永远存在的倾向是要把这个缺口重新打开来。"④ 莫里斯·科恩如是评价这一困境："于是乎，生活看起来要求法律提供两种看似矛盾的品质，一是确定性或是固定性，二是灵活性。需要前者是因为人类事业不应当由于怀疑和不确定性而陷入瘫痪。同时，需要后者是因为人类事业不应当受制于逝去的往昔。"⑤ 由于在固定性中不断求变，法律总是在过去的和存在的事物之上实现更新，而所谓过去的事物往往起到牢固基础或是顽固障碍的作用。霍姆斯写道："在任何时候，法律体系的形成是由两个因素促成的，一个因素是人们对什么是明智的和正确的的当前观念，另一个因素是由早期社会形态流传下来的规则，这些规则体现为那些或多或少已经消逝的需要和观念。"⑥

自然法与分析法学很少谈及法律的这些显著特征。自然法不谈这一话题，因为普遍的自然原理是永恒不变的。分析法学忽视这一话题，因为实证主义者关注的是由法律承认的法律变迁机制，而非各种社会势力。同时，分析作业无法处理杂乱、经验理解且多变的社会影响及后果。因此，当代法理学的两大公认传统不关注也处理不了法律在社会中的动态联系。

在论述法律实证主义的任务的时候，马默承认法律必须被理解为这样一种社会制度：

---

① See Henry Summer Maine, *Ancient Law* (John Murray ed., 1920), pp. 79-83, 123-129; see also Peter Stein, *Legal Evolution: The Story of an Idea*, 1980, pp. 89-90; Paul Vinogradoff, *The Teaching of Sir Henry Maine*, 1904, pp. 4-6. 针对梅因对这些学派的批判的出色研究，see Stephen G. Utz, Maine's Ancient Law and Legal Theory, 16 *Conn. L. Rev.* 1984, p. 821; and accompanying text.

② See Edwin W. Patterson, Hans Kelsen and His Pure Theory of Law, 40 *Calif. L. Rev.* 5, 7 (1952). （这些评价指向凯尔森，但普遍适用于分析法学。）

③ Maine, *Ancient Law* (John Murray ed., 1920), p. 23.

④ Opcit.

⑤ Cohen, *Law and the Social Order: Essays in Legal Philosophy*, 1933, p. 261. 科恩关于司法对法律的改变的作品让我们想起了梅因关于法律拟制的分析。See Cohen, The Process of Judicial Legislation, 48 *Am. L. Rev.* 1914, p. 164; see also Cohen, The Process of Judicial Legislation, 48 *Am. L. Rev.* 1914, p. 161.

⑥ Cohen, *Law and the Social Order: Essays in Legal Philosophy*, 1933, p. 208 (quoting Oliver Wendell Holmes, *Collected Legal Papers 156 (1921)*).

法律不是我们文化中唯一的规范领域。道德、宗教、社会习俗、礼仪等都通过各种类似于法律的方式影响着人类行为。因此，对法律本质的理解在一定程度上要解释清楚法律如何区别于这些类似的规范领域，法律与其他规范领域是如何互动的，人们对法律的理解是否取决于其他规范秩序，例如道德或社会习俗。[1]

这似乎意味着法律实证主义扩展至社会法律理论的领域，但它往往致力于把法律体系区隔和区分开来。相反，从另一个方向观察，社会法律理论的学者密切关注法律与周围社会领域的联系。

有趣的是，社会法律理论可以将自然法和法律实证主义理论吸收进自己的理论框架。在《法律的概念》这一经典之作的前言，哈特写道："尽管本书致力于分析，但它亦可被视为是一篇描述社会学的论文。"[2] 虽然法律哲学家始终轻视哈特的这一论断，但社会法律理论却认真对待这一问题，进而对法律实证主义的概念做出社会学导向的解释，这些概念例如有社会渊源命题、分离命题、第一性和第二性规则、内部视角和法律的有效性。[3] 我们可以把自然法理论本身当作一种社会-法律现象去考察，它所含有的一系列观念涉及的是通过各种方式对世界施加影响的法律。[4] 马克斯·韦伯论道：自然法"只有在如下情况下才与社会学密切相关，即当某些法律公理所确信的特定'正当性'，或是当某些原理的直接约束力（不妥协于仅靠权力施行的实证法所带来的任何侵扰）真正影响到了实际的法律生活的时候。"[5] 约翰·菲尼斯竭力区分自然法原理（natural law principles）与自然法话语（natural law discourse），他声称自然法原理存在于历史之外，而自然法话语与关于善恶的实际社会后果有着长期的历史联系。[6] 自然法理论关注自然法原理，而社会法律理论处理自然法话语。由此，通过社会法律理论的视角，法律实证主义和自然法得以重新表达。

---

[1] Marmor, *The Nature of Law*, Stan. Encyclopidea Phil. (May 27, 2001).

[2] H. L. A. Hart, *The Concept of Law*, at v (1961).

[3] 例如，这些例子揭示了法律实证主义的分离命题应当超越道德并将功能性包括进来。See Brian Z. Tamanaha, Socio-Legal Positivism anda General Jurisprudence, 21 *Oxford J. Legal Stud.* 1 (2001).

[4] 这一视角在人权领域的近期例子，see Lawrence Friedman, *The Human Rights Culture: A Study in History and Context*, 2011。另一个例子是 George Herbert Mead, Natural Rights and the Theory of the Political Institution, 12 *J. Phil. Psychol. & Sci. Methods*, 1915, p. 142。

[5] Max Weber, *Economy and Society* 866 (Guenther Roth & Claus Wittich eds., 1978). 关于自然法作为一种社会现象的系统阐述，see Tamanaha, *A General Jursiprudence of Law and Society,* 2001, pp. 133-205。

[6] John Finnis, *Natural Law and Natural Rights*, (2d ed. 2011), pp. 24-25.

八、"但是,这不是法律哲学"

人们可以根据社会法律理论的经验-科学倾向对我的观点提出一项质疑。有一种说法是,自然法和法律实证主义对于法律本质的理论进路而言具有德高望重的地位,因为只有这两种理论支派是哲理性的。法律实证主义者特别善于表达这一立场,约瑟夫·拉兹(Joseph Raz)在这一段中说道:

> 既然法律理论应当适用于所有法律体系,那么这一理论所描述的所有法律体系的可辨性特征必然具有一般性和抽象性。当然,由于社会所具有的特定社会、经济或文化条件,法律理论必须要忽视那些由法律体系在某些社会中所履行的特定功能。在不考虑法律体系所管辖的社会所处的特殊情况下,法律理论必须紧紧抓住法律体系所应当具备的一般功能。这就是法律哲学与法律社会学的区别。后者关注的是法律的偶在性和特殊性,而前者针对的是法律的必要性和普遍性。法律社会学提供大量具体的信息,并且对法律在某些特定社会中的功能进行分析。而法律哲学必须专注于所有法律体系都必然具有的那些特征。[①]

其他顶尖的法律实证主义者呼应了这一观点。斯科特·夏皮洛(Scott Shapiro)声称:

> 社会科学无法告诉我们法律是什么,因为社会科学研究的是"人类"社会。法律哲学家并不看重社会科学所表达的这些观点,因为非人类显然也有法律。例如,科幻作品中有许多故事涉及具有某种法律形式的外星文明……在这方面,社会科学理论是有局限的,即它只研究人类群体,因此无法对所有可能的法律实例作出解释。[②]

上述法律哲学宣称社会科学理论由于局限于人类社会而与法律哲学无关。仔细

---

① Joseph Raz, *The Authority of Law*, (2d ed. 2009), 104-105.
② Scott J. Shapiro, *Legality*, 2011, pp. 406-407. 讽刺的是,正当法律哲学家宣称社会科学价值其微的时候,我们见证了相反的趋势,即科学家否认哲学的重要性。See Austin L. Hughes, The Folly of Scientism, 37 *New Atlantis* 32 (2012), available at http://perma.cc/Q5F6-JK6T. 通过考察各方,我们能感受到那种视角排他且高人一等的智识边界。

一想，他们的观点令人感到奇怪。早些年代的哲学家并没有那么轻视这一问题。分析法学者萨蒙德认为分析法学、历史法学和伦理法学是"法律哲学"内部的有益"分支"。① 奥克肖特将历史法学和社会学法学描述为成熟版本的"哲理法学"，它与分析法学和自然法并列。他认为这些分支承担着相同的基本任务，尽管视角各不相同。他说：

> 分析法学和历史法学都不认可法律起初所呈现的表面特征。一开始就把法律与一般法则联系在一起并借此改变和充实我们的法律本质观，分析法学和历史法学均致力于阐释法律的本质。②

1966 年，马丁·戈尔丁（Martin Golding）在其出版的《法律的本质：法律哲学解读》一书中使用了相同的三分法。③

由于范围和方向的不断变化，界定"法律哲学"没有确定或公认的标准。拉兹和夏皮洛采用了太过限缩的定义标准，进而排除了许多过去被视为法律哲学的内容。在本文中，我提到了休谟、伯林、施克莱、奥克肖特和科恩，这些哲学家均积极地讨论了法律的社会本质理论。当代哲学家约翰·塞尔（John Searle）致力于构建"可能被称作'社会哲学'的哲学新分支，"④ 即包括对社会制度的哲学分析，其中大量的法律讨论也是社会法律理论家所处理的主题。

拉兹和夏皮洛的排他式观点建立在如下假设之上，即法律哲学的关键特征是概念分析，它提出的是关于法律本质的普遍主义的、必然为真的主张。⑤ 一位志同道合的分析法理学者把他们的法律理论解释为"必须包含法律是必真（而非偶真）的假设，"因为"只有必真的法律假设才能够解释法律的本质。"⑥ 这一自我设定的要

---

① Salmond, *Jurisprudence,* (7th ed. 1924), p. 4.
② Oakeshott, *The Concept of a Philosophical Jurisprudence: Essays and Reviews, 1926-1951*, 2007, p. 158.
③ *The Nature of Law: Readings in Legal Philosophy* (Martin P. Golding ed., 1966). 作为和自然法和法律实证主义并列的第三分支，戈尔丁使用了关于法律现实主义和社会学法学的读本。相反，最近一部同名（但副标题不同）的作品只含有来自自然法和法律实证主义的读本。See *The Nature of Law: Philosophical Issues in Conceptual Jurisprudence and Legal Theory* (Kenneth Einar Himma ed., 2011).
④ See John R. Searle, *Making the Social World: The Structure of Human* Civilizations, 2010, p. 5; see also John R. Searle, *The Construction of Social Reality*, 1995.
⑤ 弗雷德里克·绍尔（Frederick Schauer）批评了这一主张，*On the Nature of the Nature of Law* (May 9, 2011) (discussion draft), available at http://perma.cc/8MRL-VGUD; see also Frederick Schauer, The Social Construction of the Concept of Law: A Reply to Julie Dickson, 25 *Oxford J. Legal Stud.* 2005, p. 493。
⑥ Julie Dickson, *Evaluation and Legal Theory* 18 (John Gardner ed., 2001) (emphasis added).

求必然形成一套抽象的、精简的、无益的法律理论，因为几乎很少有社会制度在必然和普遍意义上是真的。

然而，虽然分析法理学者声称独立于社会科学，但是他们的观点在法律是一种社会制度这一本质现实面前是站不住脚的。正是出于这一原因，穿过复杂的哲学圈套，法律哲学家所构建的法律理论与社会法律理论家所提出的法律理论相同。① 以夏皮洛的法律理论为例，他说："这里是什么使法律可以被理解为一种社会制度，即法律是一种自我确证的强制性组织机构，其目标在于解决那些无法被其他替代性的社会控制形式解决或妥善解决的道德问题。"② 他的法律理论由"形式"（强制性的组织机构）和"功能"（解决复杂的道德问题）两个要素构成。法律的社会理论往往是通过使用这两种要素的变种而构建起来的。

为了看清不同理论观点的相似性，让我们拿夏皮洛的法律理论与马克斯·韦伯所创建的富有影响力的法律的社会学概念作个比较。韦伯称："我们应当这样理解'得到保障的法律'这一术语，它意味着存在着一种'强制性机制'，其中一人或多人为了规范实施的目的承担着适用专门规定的强制性手段（法律强制力）的特定任务。"③ 在设计他的法律概念的时候，他通过抽象的表述重新表达了国家法，进而剥离了其中的非本质特征。而夏皮洛也做了相同的事情，即通过对不证自明的直觉加以哲学讨论，他展开了他的分析。他们各自的概念表面上各异，因为他们对法律的本质和表述法律的最佳方式持有不同的观点。但是，他们都对国家法的形式提出了抽象的概念（即制度化的强制/组织化的强制机制），同时，他们都假设了法律的核心功能（即实施规范/规范本位的组织）。

分析法学家和社会法律理论家提出表面类似的法律理论，因为他们都研究相同的素材，即社会构建的法律表现。我们可以拿他们的理论作比较并评判优劣，同时这些理论的适用范围也是相同的。他们所构建的法律理论不存在绝对的区别。

对于那些还没有被说服的法律哲学家，我所提出的社会法律理论是第三大法理传统的观点是站得住脚的，即便哲学/非哲学的划分可以被认可。法理学比法律哲学的范围要广得多。④ 坚持认为法律哲学是法理学的一个独特子类并不否定社会法

---

① 关于相似观点的进一步论证，Brian Z. Tamanaha, What is "General Jurisprudence"?: A Critique of Universalistic Claims by Philosophical Concepts of Law, 3 *Transnat'l Legal Theory*, 2012, p. 287。

② Shapiro, *Legality*, 2011, p. 225.

③ Max Weber, *Weber on Law in Economy and Society* 13 (Max Rheinstein ed., 1954). 韦伯认为他所论述的是理想类型，而非定义。作为回顾，see Brian Z. Tamanaha, Analytical Map of Social Scientific Approaches to the Concept of Law, 15 *Oxford J. Legal Stud*. 1995, p. 501.

④ See Roger Cotterrell, Why Jurisprudence Is Not Legal Philosophy, 5 *Jurisprudence* 1, 2014, p. 41.

律理论是法理学的一个同等分支。

九、何以如此重要？

关于法律理论的讨论围绕的是由代表性论点所界定的对立思想流派，各个流派支持相反的理论（或子理论），人们时常用如下套话来描述各个流派之间的关系：法律现实主义者驳斥法律形式主义者；批判法律研究抨击自由主义法制；文本主义者质疑实用主义者；原旨主义者和活宪政主义者摩拳擦掌；自然法学者和法律实证主义者论战了数个世纪。

如果没有公认的名称和身份，理论视角实际上是不存在的。历史法学几乎被遗忘；社会学法学有时被提及，但很少被应用；关于法律与社会的理论作业被降格为处于社会科学边缘的最底层，或受制于法律与社会运动，进而与法理学相区隔。

布莱恩·比克斯（Brian Bix）所写的一部重要的法理学教材反映了这一实际的理论缺失。[1] 比克斯在法理学疆域纵横漫步，进而探讨了许多理论上的细微之处，并在各种众所周知和鲜为人知的理论主题中展开了对公民共和主义和博弈论的精妙讨论。比克斯甚至给法律与文学专设一章。[2] 然而，他完全没有讨论社会学法学，只是一次在涉及庞德的时候提到了这一名称。[3] 在"其他进路"一章，比克斯用相当篇幅讨论了历史法学，特别是强调这一学派的终结。[4] 在"批判视角"一章最后，比克斯在一个小段中略谈了法律社会学和法律与社会：

> 法律社会学应用（不同称谓有"社会-法律研究""社会法律研究""法律与社会""语境中的法律"）的长期传统是对当前的法律及其实践提供以经验为基础的批判，并对法律的变革提出建议。而社会学致力于描述和道德中立，许多熟悉这一进路的学者持有进步的或激进的观点。所以，这些运动时常被认为更具"批判性"而非科学性。[5]

---

[1] Bix, *Jurisprudence: Theory and Context* (6th ed. 2012).
[2] Opcit.
[3] Opcit. p. 194.
[4] Opcit. pp. 275–276.
[5] Opcit. p. 253.

比克斯在教材里没有谈及耶林或埃利希。他在历史法学的页码里简单介绍了萨维尼和耶林。① 韦伯出现在一些脚注里，② 昂格尔出现在一个脚注里。③ 教材中关于西塞罗的内容比上述所有人都多。④ 比克斯没有讨论法律的社会本质或是法律在社会中的整体视角。

身为一位精明和博学的法理学者，我们不该批评比克斯没有讨论法律的社会本质问题。这一现象准确反映了法理学领域对本文所详论的社会法律理论家的忽视。严格意义上的法理学把大部分内容排除了。⑤ 在不考虑这些问题的法学家中，他们关注最多的是法律现实主义者（美国学术-法律文化中的公认权威），但他们没有超越现实主义者的法律理解，以考察和挖掘其背后丰富的理论脉络。

没有学术上的名称意味着得不到承认和讨论。"社会法律理论"这一称谓认同的是一系列连贯的理论视角，这些视角曾经如此显要，并以间接的背景假设存续下来。但现在，法学家忽视了这些视角。

这只是第一步。只有通过构建阐明法律之社会本质的理论并立基于像是埃利希、韦伯这样的先辈还有新近更多的贡献者，这一法理分支的范围才得以明确和充实。有了名称和身份，具有社会-法律取向的理论家就能够把他们的研究置于共同的传统之中，即体察和构建共同的相互联系，并批判地采取各种方式促进传统内部的进一步见解和发展。名称和身份还有助于厘清自然法、法律实证主义和社会法律理论作为可选理论观点之间的差异，进而突破关于自然法和法律实证主义的陈旧论争。当前法理学所排除的研究（例如关于法律与发展或法律多元主义的理论）会被社会-法律焦点（social-legal focus）拉入法理学。

归根结底，法律是一种社会制度。当代法理学的困境在于：聚焦和探讨法律根本见解的理论被边缘化了。

---

① Opcit. p. 275.
② Opcit. pp. 13, 37, 42, 71.
③ Opcit. pp. 254, 239.
④ Opcit. p. 68.
⑤ 雷蒙·瓦克斯（Raymond Wacks）的法理学教材包括历史法学和社会学法学各章，他曾吐露一位出版社审稿人"敦促我删除所有"这些章，"因为这些内容'主要是经验的'，且在智识上是不充分的。" Wacks, *Understanding Jurisprudence* (3d ed. 2012), p. 317. 尽管瓦克斯提到另一位读者想要他扩充这些章，但是绝大多数法理学教材反映了第一位读者的观点。

前现代宗教规范何以介入现代司法调解？

——基于卢曼系统理论的"阿訇调解"研究

胡宗亮*

摘　要　我国是一个统一的多民族国家，在"多元化纠纷解决机制"的大背景下，宁夏回族自治区首创的"阿訇调解"制度的特色就在于，其充分发挥了民间宗教人士在纠纷解决中的作用，充分体现了我国对于少数民族习惯和宗教信仰的尊重。但是这一制度之中蕴含的是"前现代"和"现代"两种时态的统一，体现为前现代的"宗教纠纷解决"与现代的"法律纠纷解决"两种思路的纠缠。而根据德国社会学家尼可拉斯·卢曼的观点，这种思路的纠缠构成了一种"吊诡"的局面，即宗教代表的"善/恶"的二值符码与法律的"合法/不法"的符码产生了重合。在"阿訇调解"之中，这种"吊诡"显得极为明显，一方面是"国家设计"，而另一方面则是"宗教精神"，二者耦合在"阿訇调解"这一结构之中。通过实证研究可以发现，"阿訇调解"制度在去吊诡化的方面所采取的策略是"阿訇参与"和"法官主导"、"宗教规范"的"司法化"，进而以"调解结果的可接受性"这一"语意"去进行吊诡的化解。以"可接受性"作为维系"宗教"和"法律"两大系统耦

---

* 胡宗亮，中国政法大学法学院 2018 级法学理论专业博士研究生。

合的"目的–语意–象征",虽然是一种较为冒险的尝试,但是从时间之维看,仍是不可避免的语意要求

关键词　多元化纠纷解决机制　少数民族习惯法　现代性　系统论

一、问题的提出

(一)作为"共时态"与"历时态"统一的时间

在民间法研究中,我们往往会关注那些具有传统性质的类型,比如赫哲族神判机制、彝族德古调解机制,这种关注点虽然有可取之处,但却是片面的。在我看来,对于民间法的研究必须把时间的观点引入,这体现在以下两个方面:一是对于民间法进行前现代、现代和后现代的时态标记,也就是说,需要关注民间法在适用和效力上的不同态势——业已发生但是现在被边缘化的、业已发生同时也是当下民间法之主流的、以及虽然尚未发生却具有成为民间法之主流之可能性者。第一种就是那些几近成为历史,只存在于区域性和地方性实践中,而不能于法律系统的运作中继续作为一般性的合法与不法的判准的"传统民间法",如神罚规则;第二种是那些在法律系统当下的运作中可以借以作为标示何者为合法与不法的规准的"现代民间法",如商业惯例;而第三种则是那些我们很难举出个例的情况,因为其只能够代表某种可能性,即在那个不确定的未来其可能作为决定何者为合法或不法的依据。另外,我们还需要在纵向上把时间的概念引入,也就是说,必须承认那些现有的、可以引入司法中并且作为判断何者为合法以及不法的准据会在未来的某一个时刻不再能够实现这一功能,而那些业已不能或者尚不能够实现此种功能者,又会在未来恢复或者拥有此功能。有论者持如下观点,似乎可以作为对上述探讨的一个佐证:

> "法治中国"的命题及其延展是在一种"共时态"与"历时态"的耦合结构中发生的。一方面,我们与西方发达国家处于同一个"共时态"结构,本来尚未完全成熟的法治建构,却被强制性地抛入"后现代主义"的语境之中。中国的法治化,不得不与那些发达国家的法治一道,接受"后工业社会"的挑战,承受着"后工业社会"及其文化的负面效应。另一方面,中国当代这个"共时态"结构中又包含有前现代(传统)、现代与后现代三种"历时态"法

律文化的混合形态。中国必须在两个极端的语境（前现代与后现代）的巨大张力之间进行现代的法治建设，它一面将继续承受改造和继承传统法律文化的巨大压力，尤其是消解以"封建专制主义"为特征的人治统治所造成的负成本，另一面又必须面对后现代主义、解构主义的等反理性话语的冲击，确立起一个以理性、科学为根基的"法治中国"的现代性话语体系与文明坐标系。①

上述的引文或许还可以进一步地进行阐释，当我们把"中国的实践"对先验性质的那种统一性的丧失解构到个人的实践的时候，情况会更为复杂②。一旦我们把时间的概念个人化，那么我们就会很惊讶地发现，不同的个人实际上也处于不同的时间点上，同一人的不同状态也处于不同的时间点上——每一个人也成为了前现代、现代和后现代的涵括，对于一个人我们也就不能继续评价其为"遗老遗少"，也不能评价其为"弄潮儿"——因为时间的历时性使得每一个人在时间之流中呈现出多向度的样态，以至于我们不能把这个人简单地定位在任何一个固定的时态之中。我们唯一可以肯定的是，在当下的标示中，我们可以把所有处于同一个语境中的个人统称为"现代"的——但是这只意味着他们都拥有"现代"这一基本名称而已。

（二）时间视域下的"宗教规范"与"法律"之吊诡

这样的思路同样也可以及于其他的对象，就好比我们接下来谈到的"宗教规范"和"调解制度"的关系。时间的共时性和历时性的结合原理也适用于法律系统和宗教系统之中。宗教系统，在前现代的高级文明中，一直是作为全社会系统之统一性保障而存在的。面对全社会系统中环境的激扰，宗教尝试将各个社会子系统对于环境的共振③频率协调一致，并且将那些在运作中存在的吊

---

① 舒国滢、冯洁：《作为文明过程的法治》，载《中共中央党校学报》2015年第01期。
② 这种进路的具体思考可以参见陈景辉：《法律与社会科学研究的方法论批判》，载《政法论坛》2013年第01期。在陈教授的这篇文章中，其在质问的是，如果一般性的判准丧失——就像我们把时间的观点引入导致的那样——那么对于中国问题的研究是否会被解构到"北京问题"和"上海问题"呢？"北京问题"会不会再被解构到"昌平问题"和"海淀问题"呢？那么法社会学的经验研究尝试以样本来揭示一般性规律的努力也就只能变成"个人的实践"经验了。我们在此不会主张对这一说法的赞同与否，只是简单地采纳这一推论方法。
③ 所谓的"共振"是一种对于全社会系统及其环境之间的关系的描述，卢曼曾经使用这样的语词来表示系统在回应环境之激扰的过程中对于"复杂性"的化约方式，卢曼认为"现代社会是一个具有非常高复杂性的系统，以致于不可能把社会描述成像一种将输入转化为输出的工厂。"但是这种方式又产生了这样一种问题，由于各系统在运作中所使用的符码和纲要的差异，以及系统对于时间的自我再制，保持共振频率的一致如何得以可能呢？在卢曼看来，前现代高级文明中赖以维系

诡①以"善/恶"这一二值符码予以标示。这种标示方式实际上在现代社会显得

（接上页）社会系统的统一性者，即是宗教系统，参见尼克拉斯·卢曼：《生态沟通：现代社会能应付生态危害吗？》，汤志杰、鲁贵显译，桂冠图书股份有限公司2001年版；尼克拉斯·卢曼：《法社会学》，宾凯、赵春燕译，世纪出版集团2013年版。

① "吊诡"（Paradoxie），在一些译本中会被翻译成"悖论"，这原本是一个语言哲学上的概念：这意味着，如果以A来观察A，此时的A又是永远不能够在观察的同时被观察到的，唯有不断倒退，或者承认这属于"悖论"。在语言哲学中就会面临这一困境。塔尔斯基认为根据"T约定公式"：S在L里为真，若M=L，则P成为悖论（S：语句，L：对象语言，P：元语言M对语句S的结构描述），参见Alfred Tarski, "The concept of truth in formalized languages", in A. Tarski (ed.), *Logic, Semantics, Metamathematics*, Oxford University Press, 1936, p. 153, 转引自陈嘉映：《语言哲学》，北京大学出版社2003年版，第60页。蒯因在谈及"埃普门尼德悖论"、"理发师悖论"的时候，则认为唯有"语义上行"或认为"对象语言不许诺真值"两种途径可以解释（所谓"埃普门尼德"悖论，即是说："克里特岛人埃普门尼德说，克里特岛人总是说谎的。"所谓"理发师悖论"即"一个阿尔卡拉人给所有不自己刮胡子的阿尔卡拉人刮胡子，而且只给这些人刮胡子。"），参见W. V. O. 蒯因：《从逻辑的观点看》，陈启伟等译，中国人民大学出版社2007年版，第119—122页。而罗素则会采取"摹状词理论"，将这些命题分析性地解构为语言学和逻辑学上的真值函项，以从本体论层面否定悖论中主词的存在，进而和蒯因一样，把悖论认定为一种归谬性质的推理，也即直接否定悖论语句中主词的存在性（关于罗素的"摹状词"理论，载于其与怀特海合著的《数学原理》一书中，但此书在国内尚无译本，可以参见维特根斯坦：《逻辑哲学论》，郭英译，商务印书馆1962年版，第35、38、49、74、75页；格雷林：《维特根斯坦与哲学》，张金言译，译林出版社2008年版，第23页。）。维特根斯坦也表明："任何一个命题都不能谈关于其本身的任何东西，因为命题记号不能包含在其本身中……一个函项不能是它自己的主目，因为函项记号已经包含着自己的主目的原型，它不能包含其本身。"（维特根斯坦：《逻辑哲学论》，郭英译，商务印书馆1962年版，第35页。）哈贝马斯则将此问题更推进一步，其认为"吊诡"代表着在一切实践哲学中面对的"践言冲突"，哈贝马斯认为："交往以一种共同设置的世界体系为基础……要把外部世界区分为客观世界和社会世界，并且把内部世界作为补充的概念加入这种外部世界。然后，相应的真实性、正确性和现实性的运用要求，可以作为选择的理论的线索，按照这些线索可以论证语言运用"。（哈贝马斯：《交往行动理论（第一卷）》，洪佩郁、蔺青译，重庆出版社1994年版，第353页。）因此，"由于任何言语行为都预设有效性要求，所以当我们一方面做出这样的要求，另一方面又破坏做出这些要求的可能性条件时，我们就陷入践言冲突。换言之，语言的交往性使用具有这样一种内在的义务，即为其有效性要求的论断做出辩护，如果我们在断言层次上做出的要求否定了这种辩护的可能性本身，则必然陷入践言冲突。具体地说，凡是攻击一切理性论辩的论证、反对理性本身的理性运用的论证、讹诈对真理的要求的论证、以拒斥规范性判断为结论的论证、真诚地颠覆对话中真诚性的可能性的论证，以上五种论证都将陷入践言冲突。"（韩东晖：《践言冲突方法与哲学范式的重新奠基》，载《中国社会科学》2007年第3期。）卢曼的主要理论对手就是哈贝马斯，在卢曼的著作中也有诸多对于"吊诡"的探讨，在卢曼看来，一切社会系统的运作都会面对这样的吊诡，即在基于"系统/环境"的"二值符码"运作中，系统又将"系统/环境"这一区分纳入上述区分中的系统这一面里，惟其如此，系统才能不至于因为无法回答"是系统还是环境使用着'系统/环境'这一符码"这样的问题陷入停滞——卢曼将这种运作的方式称为"自我指涉/异己指涉"，也即系统在运作中同时标示着自己，但是自我指涉只是对于吊诡的那种掩饰，而未从根本上化解吊诡，参见尼克拉斯·卢曼：《对现代的观察》，鲁贵显译，左岸文化出版社2005年版，第40—44页。宗教的去吊诡化就是把"善/恶"的评价符码和系统与环境分别对应了，也就是说，在系统将某一对象标示为系统的时候，那是因为此对象具有"善"的属性，这样，系统的运作也就成为了"善"的运作——而这种"善"的判断标准来自于一个外在于系统的先验预设：如自然属性、神之意旨等等。一旦现代社会掌握了二阶观察的技术，那么这种"去吊诡化"本身也就面临着吊诡，因为人们开始对那个先验存在的"善性"进行观察，并且开始怀疑对其"善性"的武断确定。

不再可行，因为宗教业已丧失其在社会诸功能系统中的"中心性"地位，而与政治、经济、法律等功能系统一样，承担着社会的某一种特定的功能。这表现为，法律系统将一个行为标示为合法还是不法不再受到宗教系统的"善/恶"符码的决定——那些"善"的可能同时被标示为"不法"，而"恶"的却被认为是"合法"的；同样地，对于经济上利益的追讨不再本持商业信誉，而因为被标示为了支付，并且依照合同获得了合法性；政治上的执政者不再追求合乎神圣秩序的统治，而只是追求"执政"而去规避"在野"；艺术中的"美"也可以不是"善"的——暴力美学也可以被标示为"美"而成为潮流。所有的这一切都表明了，宗教不再能够担任全社会的统一机制——这正是全社会功能分化的后果之一。

这一点由于时间的介入更加地复杂。首先，由于时间的历时性，在那些未达致全然的功能分化的领域，宗教也可能仍然保持着那种作为统一性之维系者的优越地位。譬如在我国回族、维吾尔族等信仰伊斯兰教的民族中，尤其是在以该民族为主体的民族自治区、自治州、自治县中，宗教在政治、经济、文化艺术以及教育等领域中仍然保持着统一性基础的地位；又如在我国东北的赫哲族聚居地中，仍然有少部分自治县保持着萨满教神判的习俗，并且作为法律实践之准据[①]。同时，作为涵括了一国之全部法律沟通的法律系统，在地方性的时间分化中又必然受到与其处于不同历时态中的、具有地方性实践意味的宗教的激扰，甚至在那些尚未完全实现功能分化的地区，法律系统的功能需要被宗教系统部分地承担，这一倾向首先就反映在纠纷解决的场所设置上，例如宁夏当地的矛盾纠纷调解的场所就在一个聚落的清真寺中，或者派出法庭距清真寺的位置极其接近。再次，如果法律系统本身仍然是相对于环境进行封闭性的运作的话，那么我们在此时就发现了一个"吊诡"——如果说法律系统的运作统一性需要归因于宗教系统的话，那么就说明法律系统不能够依照自身的纲要进行对于"合法"与"不法"之标示，而最终需要诉诸教义；但是如果承认法律系统运作的封闭性，那么实际上宗教的激扰也只能说是对于法律系统具有一定的影响，但不具有决定性——法律系统在运作上的统一性还需要诉诸自身，那么吊诡就在于，法律系统如何在时间上的分化中，对于那种以宗教作为全社会运作之统一性的去吊诡化方法进行回应呢？

---

① 该部分的资料支持为胡宗亮、孟瑶、谢江东等："国家级本科生创新实践项目·北方萨满教教义对赫哲族习惯法历史与现状的影响——对黑龙江省佳木斯市同江市街津口赫哲族乡的个案研究"，2014年。

(三)为何要写作本文

由于时间上的分化,在未完全实现功能分化的地区中进行探讨,对于法律系统和其他系统,尤其是宗教系统的共振关系是极为必要的。这一问题首先具有一定的实践意义。我们都知道,"大调解"作为一种制度设计,曾经在2012年前后被重点宣传过,但是诸多在那时被设计出的制度在现在已经名存实亡甚至直接被废止。所谓的名存实亡意味着原本被单独列出的、并且根据地方性特色设计的多元纠纷解决机制,要么和我国《民事诉讼法》和《人民调解法》的规定趋于一致,而丧失了特色,也即被国家统一设置的调解制度所同化;要么是仍然保持着那个名字以及运作机制,但是在调解受案率和结案率上相较于制度设计初期大幅下降,以至于虽有其名,但无法在数量上保持相当的水准;要么是原本为了案件分流、提高调解结案的社会接受程度的制度设计,愈发不能实现其目的①。探究宁夏的"阿訇调解"制度为何能够在宁夏当地发挥其较大的法律效果,对于现今"大调解"机制之再度完善是可以提供借鉴的。

其次,对于上述问题的研究也具有一定的理论意义。一般而言,民间法作为非正式法律渊源而介入司法程序是自明之理,但是,那些原本不能够标示合法或不法的、不属于法律系统运作之纲要的规范语句为什么能够标示合法或不法呢?另一方面,考虑到时间的因素,在功能分化未完成的、具有前现代特征的社会区域中,又如何能够保证法律系统运作的自主性——既不被其他社会功能系统所统一,也不依赖于其他社会系统来保证其功能实现,同时还能保证法律系统能够执行其特有的功能,而不去侵蚀其他社会系统的功能领域呢?简单来说,就是民间和国家如何保障二者的相对自主,又能够实现二者的不同目的呢?

这两个因素结合起来,就是本文尝试解决的问题——虽然不能以一个较为成功

---

① 参见胡宗亮:《试论民间法介入调解的正当性——以陕西陇县"一村(社区)一法官"制为例》,载《公共事务评论》第15卷第1期。相关的实证资料来源有胡宗亮、薛世勋、孙威等:"国家级本科生创新项目·民间法介入调解的正当化范式——兼评陕西陇县'一村(社区)一法官'制度",2013年7月;胡宗亮、张晓韵、马天一等:"国家级本科生创新项目·司法体制改革背景下民间法介入司法审判的规范化程序机制研究——以'姜堰模式'为例",2014年7月;胡宗亮、孟瑶、谢江东等:"国家级本科生创新实践项目·北方萨满教教义对赫哲族习惯法历史与现状的影响——对黑龙江省佳木斯市同江市街津口赫 哲族乡的个案研究",2014年7月;胡宗亮、龚颖欣、何方等:"北京市本科生创新项目:民事习俗介入纠纷解决机制的现代化范式研究——以上海市为例",2015年3月;胡宗亮:"中国政法大学硕士生创新实践项目·民间规范适用的创新机制初探——以'河南商丘梁园区民间/社会法庭'为例",2015年11月;尹不忧、吴国邦、包晓璇:"中国政法大学硕士研究生创新实践项目·民间纠纷解决机制中的规则渊源及其适用研究——基于宁夏银川地区阿訇调解的实证调研",2016年11月;李宏基、郑阳、石笑聪:"德古与法官的角色互动——从角色理论看乡土司法和国家司法的关系",2016年11月。

的案例就得出普遍性的制度设计方案，但是至少，我们认为宁夏"阿訇调解"制度能够把宗教规范和法律规范达致一种较为和谐的耦合关系。这种耦合关系首先要从制度的起源上进行探究。

二、"阿訇调解"的起源

"阿訇调解"具有两个来源，一是来自于国家的制度设计，二是伊斯兰教教义中的"主麻"制度。从渊源上看，"阿訇调解"就具有法律性和宗教性两个面向，并且因此产生了前述的"吊诡"。

（一）阿訇调解中的"国家设计"

"阿訇调解"这一制度看似是一种宗教规范的适用过程，但是最初的设立者是法院。根据若干受访者的口述，"阿訇调解"于2013年作为人民调解的一种方式被采用，2014年由法院接手，成为司法调解的一种制度性设置，并且命名为"阿訇调解"。该制度率先于宁夏自治区Z市S县进行试点工作，并于之后在全自治区范围内推广。该制度的设计初衷在于维护原被告利益，保障纠纷解决的社会效果。通过阿訇的参与，法院可以在案件解决过程中保证对少数民族风俗习惯和宗教信仰的了解，做到社会效益与法律效益的统一。同时，通过诉前调解实现案件分流，以减少法官工作量，将家事纠纷、邻里纠纷以及轻微治安案件交由调解处理，实现诉讼和调解的合理分工[①]。据受访者回忆，S县受理的民事案件每年大约有4000多件，涉及少数民族，尤其是信仰伊斯兰教的居民的大约在1700件左右。其中以调解结案的，以2014年为例，占当年民事受案量的42%；2015年占当年民事受案量38%。在上述的调解结案的案件中，适用"阿訇调解"的占10%左右。这些适用"阿訇调解"的案件，一般都涉及伊斯兰教信众的家事邻里、婚姻、继承与抚养纠纷。

"阿訇调解"制度是具有法院的指导性的。一方面，法院对"阿訇调解"的合法化和程序化具有规范化上的指导作用。一是在选聘调解人员上，法院具有决定权；二是在纠纷解决过程中，法官和阿訇同时参与，并且由法官对阿訇的调解程序和调解结果进行审查；三是在调解场所上，司法调解的案件必须在法院或者派出法庭内进行调解，而不能在清真寺进行调解。另一方面，法院也在全社会范围内对

---

① 资料来自于访谈：被访人为S县法院民事审判庭法官A，访谈时间：2017年2月22日11：00—12：15，访谈地点：S县法院活动室。

"阿訇调解"进行引导和宣传。据受访者表示，在"阿訇调解"制度创制之前，基本没有或者很少有阿訇主动去做这种调解①。同时，法院也积极发挥宣传功能，研究和宣传"阿訇调解"在民族团结和社会稳定上的积极作用，使得这一制度在全社会范围内具有较高的可接受程度。

（二）"阿訇调解"中的宗教精神

"阿訇调解"的另一个渊源即是伊斯兰教传统中的"主麻"制度。据受访者称，在"阿訇调解"制度尚未设立前，清真寺也会有本辖区内的调解功能：

> （这里有三种方法来化解纠纷），一是斋月讲经，每年斋戒日的一晚（伊历9月27日，年末），在清真寺里宣讲教义，如果这一年的纠纷不在这个时候化解，那你的"善功可能就是在空中飘着的"。也会有当面调解，但是不多，阿訇们私下了解一下过节，得知道问题存在哪里，谁对谁错，纠纷解决完之后，还要让两个人聚到一起谈谈穆斯林兄弟之间的友谊。这种当面调解的场所可能在清真寺，或者别人家里面。不过一般不会到别人家里。最后一种是每周的礼拜，每周五讲经的时间也是调解的时间，经文里面那些谈和谐、友爱的内容可能会在调解的时候作为一个专题来讲。如果这周大家相处非常融洽，这个专题就不用讲。我们说的调解和你们讲的调解不一样，我们在讲经过程中，不会点明是谁和谁之间闹了矛盾。要么点出来反而会适得其反。②

实际上，A阿訇和A法官所说的"调解"并不指涉同一对象，A法官所说的正是"阿訇调解"这项调解机制，而在A阿訇的说法里，"调解"实际上意指伊斯兰教的"主麻"制度。这一制度与其说是一种调解，不如说是通过教义的宣讲来预防矛盾纠纷，并且以教义的要求来促使矛盾双方自行和解，唯有在极少情况下，也即双方当事人难以达成和解的时候，阿訇才介入其中主持调解。

（三）"阿訇调解"作为法律性和宗教性的耦合形式

在"阿訇调解"制度设立之初，法院也考虑到了"主麻"制度的历史性。在教

---

① 资料来自于访谈：被访人为S县法院民事审判庭法官A，访谈时间：2017年2月22日11：00—12：15，访谈地点：S县法院活动室。

② 资料来自于访谈：被访人为某礼拜殿殿长A，访谈时间：2017年2月22日14：00—13：15，访谈地点：某礼拜殿正殿。

义看来，争讼本身就是不义的，因此，消解争讼的行为就是义的，争讼双方在矛盾产生的时候，所应该考虑的不是在争讼中谁享有权利、谁负担义务①，而是如何消除这一矛盾，以达致"义"或"善"的目的。阿訇在这一过程中，一方面扮演着双方和解的监督者，一方面又是在和解不成之时的纠纷解决者。因此，无论是在"调解"还是"主麻"中，阿訇都具有类似的指涉着纠纷解决的功能取向。根据受访者B阿訇的口述，整理出如下事况：

> 如果有债务人去世了，但是债权人遗忘了债的存在。阿訇会在主麻的时候把大家聚在一起，告诉大家债务人的儿女姓甚名谁，居住何处，且能够偿还债务。阿訇还会要求债权人在主麻仪式的现场提出债权请求。按照B阿訇的表述："如果三五百呢，一般来说债权人会觉得没必要索取了，就不会提出债权请求，这就是说，不提出就是自动放弃了，而且阿訇会告诉大家，主麻仪式过后就不能再去讨债了，现在不要钱，就当捐赠给死者家属了。"而且据B阿訇表示，一般来说考虑到穆斯林兄弟之间的情谊，小额的债务就直接不索取了，但是债务的数额太大了，比如几万、几十万甚至上百万，或者涉及商业往来的话，一般来说清真寺也管不了，只能走司法程序。

上文"债"的问题可以从两个方面看。一是如果按照法律来看，在任何情况下，债权人对已故的债务人主张债权，只要在其遗产范围内，都是合法的。但是这种行为在宗教看来却是"不义"的，在我们的访谈之中，所有受访的阿訇都强调穆斯林信众之间以教义维系兄弟式的情谊，那么对于已故的债务人的子女追讨欠款，就好比对自己刚刚丧父的侄子侄女追讨欠款一样，会受到宗教给予的负面评价。但是，这并不代表法律对于上述的案件类型完全不能进行干预，就像引用内容所述，一旦款项过大，清真寺就不能进行调解，而必须诉诸法院来走司法程序。

然而，如果就此持如下的观点也是荒谬的：即在一定的数额范围内，"债"的问题是宗教的事务，超出这个范围，则是法律事务，换句话说，认为以数额为限划定法律系统和宗教系统的运作界限。这一思路的荒谬之处在于以下两点：首先，不是一切对象都可以量化，即使在一切财产权问题上能够将数额作为宗教和法律的界

---

① 在民间纠纷，尤其是那些适用调解制度解决的纠纷中，确实很难厘定权利义务关系，在我国诸多的基层法律实践中这是一个被普遍接受的观点，有兴趣的读者可以阅读胡宗亮：《民间法介入纠纷解决机制的路径：从法律渊源理论看——基于陕西陇县、江苏姜堰等地的实证研究》，载舒国滢主编：《法学方法论论丛（第四卷）》，中国法制出版社2016年版。

限，但是在涉及人身权的案件上就很难引进"数额"这一要素。此外，即使我们认为财产权标的之数额是划分法律和宗教规范之效力范围的依据的话，那么必须说明，这个依据是由谁确定的。

接续这个思路可以暂时进一步猜想，即法律和宗教规范在阿訇调解这一领域中仍然是以法律为二阶规范的。也就是说，在调解中适用宗教规范的合法性是由法律系统标示的，甚至适用"阿訇调解"本身的合法性仍然是由法律系统标示的。虽然在"阿訇调解"的过程中，直接用以解决纠纷的是宗教教义，但是判断这一纠纷解决方式之合法性的依据仍然是法律。以宗教规范解决纠纷，并且以制度化设计来保证宗教规范介入调解，本身就是现代的法律系统在前现代社会结构中的一种"去吊诡化"运作，其意图就是使得法律系统的运作看似受到宗教系统的决定，这样，法律系统面临的"现代中的前现代"与"前现代中的现代"的吊诡也就被掩饰了。从表面上看，法律系统在标示合法或不法的时候把宗教规范作为最终的准据，也就是说，在调解中法官的法律适用——尤其是在进行法律论证的时候——以伊斯兰教教义作为"理由"。在这一论证的过程中，法官可以保障调解的结果符合伊斯兰教教义中的"善"。但是从一种二阶观察的角度来看，法官以及调解人员在进行调解的过程中，对于涉及宗教教义的理由的选择却是基于法律的，即其需要首先评判教义的"合法性"或者——为了不产生歧义——"合法律性"。这种将"前现代历时态中的现代共时态""宗教性的社会统一机制下的法律系统自主性""片段分化中的功能分化"这些看似矛盾的命题进行"去吊诡化"的方法就是"阿訇调解"机制对于"大调解"机制的改造所能够提供的裨助。

三、"阿訇调解"如何实现"去吊诡化"？

"阿訇调解"如何实现了这一"去吊诡化"是需要进一步去解释的。可以从以下的几个方面介绍此种机制的"去吊诡化"方法：一是调解机制的人员和机构安排，二是宗教规范的适用方法，三是调解的社会接受程度。在此基础上，就可以对这种"去吊诡化"的方法进行较为详细的探讨。

（一）谁来"阿訇调解"

首先需要确定的是，"阿訇调解"在宁夏地区有三种形式，一是上文阿訇们所说的"调解"，也就是伊斯兰教中传统的"主麻"制度；二是在人民调解委员会主导之下的"阿訇调解",属于人民调解的范畴,也是作为司法调解的"阿訇调解"的前身;第三种则是我们主要探讨的,结合了法院指导和制度历史性的作为司法调解的"阿訇调解"。此处对于调解人员的介绍,围绕第三个意义上的"阿訇调解"展开。

1."阿訇调解"中的机构设置

"阿訇调解"的主要执行机构为"法院驻清真寺矛盾纠纷调解站"(以下简称"矛调站")。一般的日常运作主要由清真寺寺管会主任等人员负责,如果遇到纠纷,则寺管会主任会召集本辖区的阿訇和宗教界较有名望的人士会同法官一并进行调解。

"矛调站"的设置是有选择的,也就是说,不是每一个清真寺都设立了"矛调站"。前文所说的 A 阿訇所在的某礼拜殿就不设立"矛调站",因为从功能上来说,某礼拜殿并不具有一般清真寺直接联系辖区居民的特点,而是更多地执行着礼仪性的职能——从辖区上来说,某礼拜殿所管辖的是全宁夏地区的伊斯兰教祭祀仪式,不具有管理和调解职能。

表1 机构设置状况[①]

	所在区域	受访人员	本寺现在是否参与纠纷解决	本寺是否介入司法调解过程	本寺是否有矛调站
某礼拜殿	S 县	殿长 A 阿訇	否	否	否
A 清真寺	S 县	寺管会主任 B 阿訇	是	是	是(法院+街道办)
B 清真寺	X 区(市区)	驻寺阿訇 C 阿訇	是	是	是(现在仅有街道办的,法院人员会在近期入驻)
C 清真寺	X 区(市区)	清真寺工作人员 D 马拉	是	否	否
D 清真寺	X 区(市区)	清真寺工作人员 E 马拉	是	否	否

① 资料来自于访谈和观察。礼拜殿工作人员访谈时间为 2017 年 2 月 22 日 14:00—15:15;A 清真寺访谈时间为 2017 年 2 月 22 日 16:40—17:30;B、C、D 清真寺的访谈分别为 2017 年 2 月 23 日 14:40—15:10、2017 年 2 月 23 日 15:30—16:20、2017 年 2 月 23 日 16:50—17:20,访谈人员:胡宗亮、李宏基;E、F、G、H 清真寺访谈时间分别为 2017 年 2 月 23 日 14:30—14:35、2017 年 2 月 23 日 15:00—15:05、2017 年 2 月 23 日 15:30—16:00、2017 年 2 月 23 日 16:20—16:30;访谈人员:尹不忧、徐恒;I 清真寺访谈时间为 2017 年 2 月 24 日 10:00—11:30。

续表

E 清真寺	X 区（市区）	清真寺工作人员 F 马拉	是	否	否
F 清真寺	X 区（市区）	未成功访谈，观察	未知	未知	有"宗教纠纷调解室"
G 清真寺	X 区（市区）	驻寺阿訇 G 阿訇、寺管会主任 H 阿訇	是	否	是（仅有街道办设立的矛调站）
H 清真寺	X 区（市区）	驻寺阿訇 I 阿訇	是	否	否
I 清真寺	X 区（市区）	寺管会代主任 J 阿訇、驻寺阿訇 K 阿訇	是	是	是（街道办＋法院）

根据上述表格可知，不是每个清真寺都可以介入国家的调解程序，即使介入调解的，也不一定是司法调解。这或许和地理位置有关，譬如说上述的 B、C、D 三座清真寺之间的距离较近，如果都设立矛调站显然有浪费司法资源之嫌，但究其根本，还是法院的决定使然。这一点在人员设置上也会有所体现。

2. 阿訇调解中的人员安排

在人员安排上，参与司法调解意义上的"阿訇调解"的宗教人士均与法院形成了聘任关系。A 法官在访谈中表示："一个清真寺只有一个驻寺阿訇，我们（指法院）在所有的驻寺阿訇中选择若干聘任为调解员。不过，（法院）所聘任的必须是有威望的阿訇，即使是驻寺阿訇，但在群众中没有威望的，（也）不会聘任。"① 根据我们的观察和对于访谈资料的整理，对于上述的话语可以进行如下理解：在聘用调解员的标准上，首先，被聘用的必须是驻寺阿訇，不驻在清真寺的伊斯兰教研究人员和宗教界人士不能被聘用；其次，对于"驻寺阿訇"也需要进行广义上的理解，驻在清真寺的不仅仅只有阿訇，也有阿訇的学徒——"马拉"，以及寺管会主任等负责行政事务的人士，在翻阅调解卷宗的过程中我们发现，往往是寺管会主任被聘用为调解员的情况居多②；最后，无论是阿訇、马拉还是寺管会主任，都必须在群众中有一定的声望，法院在聘用调解员之前也会在群众中进行调查了解。A 法

---

① 资料来自于访谈：被访人为 S 县法院民事审判庭法官 A，访谈时间：2017 年 2 月 22 日 11：00—12：15，访谈地点：S 县法院活动室。
② 在 S 县法院，我们曾经翻阅过 2014、2015 年的 20 份适用"阿訇调解"制度的案卷。在这 20 份案卷中，几乎在每个案件中都会重复出现 X、Y、Z 三位调解员，据 S 县法院提供的资料和后续的访谈可知，X、Y、Z 均是 S 县内的某些清真寺的寺管会主任，这三位调解员也是法院长期聘用的。由于调解案卷不在互联网上发布，具有一定的私密性，在此不公开相关的案卷信息。

官表示，在聘任阿訇调解员之前，法官一般会做些实地调访，找一些信徒去了解一下所欲聘请的阿訇的基本情况，还要通过当地居委会、街道办、派出所对这个阿訇进行调查，只有符合法院的标准，法院才会聘请他来做工作。值得注意的是被聘用参与司法调解的"阿訇"，在调解过程中的身份都不再是阿訇，而是调解员。并且，如果未经上述的聘任流程，阿訇对纠纷的调解结果是不具有法律效力的。A法官表示："进行调解的阿訇如果没有得到法院的认可，一般不会出具调解意见，即使出具了调解意见也是无效的"①。也就是说，只有作为司法中的调解员的阿訇出具的调解意见才是有司法效力的。

此外，在对案卷的查询中，我们发现，在阿訇调解的过程中也会有法官的参与，我们选取以下三份案卷进行展示：

表2 调解员职业的部分统计②

	案件类型	时间	调解员A的职业	调解员B的职业	调解员C的职业	书记员D的职业
案卷A	房屋买卖合同纠纷	2014年	寺管会主任	驻寺阿訇	民事审判庭法官	民事审判庭书记员
案卷B	离婚纠纷	2014年	寺管会主任	驻寺阿訇	民事审判庭法官	民事审判庭书记员
案卷C	生命权纠纷	2014年	寺管会主任	马拉	民事审判庭法官	民事审判庭书记员

法官参与的过程，实际上是对阿訇在调解过程中适用规范的合法律性进行监督的过程。首先，法官不是在任何情况下都干预阿訇的调解过程。据A法官表示，阿訇们签了调解聘书，成为了司法调解员之后，也就意味着其调解过程和结果不得违反国家法律禁止性原则；法官在调解之前会告知阿訇如果该案件依照法律裁判大概是何种结果，阿訇不能超越这一界限。A法官举例说："比如说法律本该判赔偿10万的，调解成8万、9万可以，但是阿訇说只需要赔偿3万，这种时候就需要法官主动干预，不然就是不合法的调解结果。"③ 长期参与阿訇调解的B阿訇（寺管会

---

① 资料来自于访谈：被访人为S县法院民事审判庭法官A，访谈时间：2017年2月22日11：00—12：15，访谈地点：S县法院活动室。
② 寺管会主任在日常的政务方面负责经济财产运作和行政工作。阿訇在管理教务方面负责婚丧嫁娶、教义。一人不能身兼二职。阿訇是聘任的，从各地选拔，需要社会名誉比较好，才能选来任调解员；而寺管主任必须从本地产生，要在当地具有一定威信。
③ 资料来自于访谈：被访人为S县法院民事审判庭法官A，访谈时间：2017年2月22日11：00—12：15，访谈地点：S县法院活动室。

主任）也表示，实际上阿訇参与司法调解更多是"接受了国家的委托[①]"。这就可以看出，实际上在"阿訇调解"中虽然有阿訇的参与，但是阿訇只能够在法官的监督之下进行调解，对于调解结果的合法律性，法官具有最终的决定权。

3. 运作上的去吊诡化方法："阿訇参与"与"法官主导"

"阿訇参与"和"法官主导"这一机制设计是一种对于"历时态"的去吊诡化之方法。我们业已论及的是，在功能分化未完全形成的社会中，全社会系统的统一性依赖于宗教系统的"善/恶"符码判断，那些被标示为"善"的成为了社会所涵括的内容，而被标示为"恶"的内容则被社会所排除。但是，虽然宗教系统仍然被认为是社会系统的统一性之维系机制，但是在功能分化的趋势愈发明显的情况下，宗教的世俗化取向是不可避免的[②]，也就是说，功能分化允许多种观察脉络的存在，却不会评价何种观察是"对"的。按照这一逻辑，在此时，法官和阿訇对于同一个案件的不同观察是可能的，甚至采用不同的观察符码也是被允许的，譬如法官所标示的"合法"，可能在阿訇看来是"恶"的——问题就出在这里。功能未完全分化的社会会面临以下的问题：宗教既在维系全社会系统之统一性的能力上不足，也无法使全社会依靠子系统之间的相互结构耦合来维系统一性。在这种情况下，法律系统面临的问题就在于，一方面，依靠宗教系统来维系全社会系统的统一性这一运作本身在"去吊诡化"上难以有更多的贡献——对"善/恶"这一符码本身的"善/恶"的询问出现了，而观察的多脉络性又加剧了这种质疑；另一方面，依靠单纯的法律判断来标示案件的符码值，却又会导向另一种质疑，即对于法律系统的决定的宗教式的"善/恶"的问询，也即一切法律决定不会因为决定行为的程序合法性而获得正当性[③]，必须诉诸"善/恶"的实质判断才能获得正当性，换言之，仍然需要符合宗教的判断才能够进行对于正当性的证成。这就是法院此时所面临的吊诡。

在这一困境中，法院面临如下的两种选择：一是将纠纷调解权交给宗教，而保留裁判权这一核心领域，这样看似能够保证法院不被驳杂的实质性主张所拖累——但是这真的可能吗？一旦法院将纠纷调解权交给宗教，那么调解权和裁判权的界限

---

① 资料来自于访谈：被访人为 S 县 A 清真寺管会主任 B 阿訇，访谈时间：2017 年 2 月 22 日 16：40—17：30，访谈地点：S 县 A 清真寺会议室。
② 参见尼克拉斯·卢曼：《社会的宗教》，周怡君等译，联经出版社 2004 年版，第 327—330 页。
③ 在这里，"正当性"是一个偶连性的公式，其仅仅意味着对于"相同案件进行同样的对待"，很显然，这是一种极其形式化的判断方式，也即是说，只要决定满足这样的形式，且对于"案件相同性"给出论理，那么这一判决就是正当的。参见鲁曼：《社会中的法》，国立编译馆主译、李君韬译，五南图书出版股份有限公司 2015 年版，第 255 页。

到底由谁规定？是法院吗？还是宗教？如果是法院，那么法院"划定权限"的行为是"善"的还是"恶"的呢？另一种选择是法院将宗教作为掩饰其面临的吊诡的方式，也就是说，表面上法律系统将案件交由宗教系统去标示其"善/恶"，但是法律却在二阶观察的层面上，将宗教的这种行为标示为"合法"或"不法"。从实证研究资料来看，显然法院选择了后一种方法：首先，在案件的解决过程中，直接面对案件纠纷的是阿訇，法官虽然参与，但其主要是对阿訇的调解予以监督，换言之，阿訇去标示案件双方孰为"善"，孰为"恶"，但是法官对于这一结果可以标示为"合法"或"不法"，而阿訇只能够根据法官的要求对于案件的调解结果予以修正。也就是说，在阿訇最后的调解中，判断何为"善"的依据是法官的"合法"的标示。其次，在调解人员的选聘上，法院也具有决定权，唯有被法院标示为"合法"的调解人员的调解方具有法律效力。换言之，即使某一位阿訇对于教义掌握极其熟稔，但是不被法院聘任，其调解结果也最多具有人民调解意义上的效力，而不能作为司法调解；而在"阿訇调解"中频频出现的寺管会主任这一角色，虽然相较于曾求学于神学院的阿訇来说，对于教义的掌握不甚娴熟，但是由于寺管会主任从事的行政事务更多，与群众的联系更为密切，可能具有较高的社会声望，因此"阿訇调解"实际上由寺管会主任进行调解也是可能的——只要法院予以认可。

这就牵涉到另一个问题，一旦宗教系统的纲要——宗教教义，与法律系统的纲要——法律条文发生了冲突，应该如何处理。如果欲回答这一问题，就必须探讨阿訇调解制度中的规范适用问题。

（二）以何种规范进行阿訇调解

如果以一种惯常性的思维考虑，我们会认为"阿訇调解"适用的是伊斯兰教教义，但是，实证研究资料表明，在"阿訇调解"中适用伊斯兰教教义不是必然的，即使适用伊斯兰教教义也必须保证其合法律性。

1. "阿訇调解"中教义适用之局限性

首先，如果单纯依据伊斯兰教的传统，教义是可以解释和解决一切纠纷的。在我们的访谈中，A 阿訇就承认："教义可以解决一切案件，没有教义解决不了的问题，适用教义无非是把经典直接援引过来，或者援引对教义的解释。"[①] 这和教义的普世性的自我宣示是有关的。

---

① 资料来自于访谈：被访人为某礼拜殿殿长 A，访谈时间：2017 年 2 月 22 日 14：00—15：15，访谈地点：某礼拜殿正殿。

但在实际上，教义的适用范围具有有限性。首先，教义并不能适用于一切案件，只能适用于穆斯林群众之间的纠纷，如 A 阿訇在访谈中也表示，即使阿訇可以参与任何纠纷的调解，但是只有在穆斯林群众之间出现纠纷的时候才能够适用伊斯兰教教义："如果纠纷双方都是穆斯林则首先考虑在调解中引用伊斯兰教经典；但是有一方不是穆斯林群众的话，首先需要援引教义让穆斯林群众自我约束——在你尊重别人的时候，才能得到别人（的）谅解尊重，这样就能够解开矛盾。在外教的朋友的方面，只能说是尽量去讲道理，具体的调解还是交给法官的。"① 其次，即使是穆斯林群众之间的纠纷，也不一定要以教义为唯一的依据，如 B 阿訇表示，在案件调解过程中："经文教义是一方面；讲道理更主要，通过人际关系、利害关系、伦理道德等去讲道理，不局限于经文教义，方法灵活。"② C 阿訇则介绍了其在"主麻"仪式和调解过程中的经验："对于现在的年轻人，需要把宗教和法律结合进行说理。仅仅讲解经典可能还是不够的。阿訇们必须要学习法律常识——实际上在经学院培训的时候有法律常识课程。在主麻的时候，我会结合讲义给他们讲解国家的法律规定。实际上，国家法律所禁止的都是教义所禁止的。"③

同时，教义的适用也不具有决定性。A 法官在访谈中为我们列举了一个案例④：

当事人马某（89 年生人，二婚）、王某（90 后，独生子），婚后马某与王某共育一子，离婚时对孩子抚养有争议，A 法官认为："这个案子如果仅仅以法律来衡量的话，比较容易得出结果；在一般情况下，考虑到 2 岁以下的孩子，一般都应该判给女方，不过，在本案中男方又在争取孩子的抚养权，女方则在要求抚养权的同时，还要求男方每月给付 1000 元抚养金。"

在本案起初，法院委托阿訇丁某（坚持伊斯兰教新教义）进行调解，丁某对案件的实况的把握不是特别到位，无法调解成功。此外，在后续的走访中，A 法官得知，王某家庭信仰老教义，而马某家庭信仰新教义，因此，法官推

---

① 资料来于访谈：被访人为某礼拜殿殿长 A，访谈时间：2017 年 2 月 22 日 14：00—15：15，访谈地点：某礼拜殿正殿。
② 资料来于访谈：被访人为 S 县 A 清真寺管会主任 B 阿訇，访谈时间：2017 年 2 月 22 日 16：40—17：30，访谈地点：S 县 A 清真寺会议室。
③ 资料来于访谈：被访人为 X 区 B 清真寺 C 阿訇，访谈时间：2017 年 2 月 23 日 14：40—15：10，访谈地点：X 区 B 清真寺教长室。
④ 资料来于访谈：被访人为 S 县法院民事审判庭法官 A，访谈时间：2017 年 2 月 22 日 11：00—12：15，访谈地点：S 县法院活动室。

断,是由于丁某属于新家派,无法做通男方家庭的工作,男方不放弃对抚养权的诉求,所以调解不成。改由刘某(坚持伊斯兰教老教义)进行调解。

请到刘某进行调解后,A法官会同刘某做了大概10天工作,起初刘某也尝试以新教义对男方进行劝说,但是却很意外地导致了男方和女方的一致不满。

在此之后,A法官直接出面进行调解。A法官首先对案件当事人及其家属介绍了本案涉及的法律规范,告知了在此情况下,依法处理的可能结果,尤其强调了应该给付的抚养金额度,以及在以往的审判和调解的经验中对抚养权的可能的处理。马某及其家属同意放弃孩子的抚养权,并给付每月500元的抚养金,A法官对于上述调解方案予以支持,但是王某的家属对于抚养金金额不予接受。这个情况,刘阿訇也束手无策。A法官说:"老刘,你看能不能从教义的角度,从他们对于古兰经的认知角度做一下工作。"刘某通过教义里讲家庭关系和睦的一章,给被告王某做了四天工作。王某虽然是老教成员,但是由于年轻,所以宗教信仰比较淡,因此刘某又给王某的父母、爷爷做工作。他爷爷很虔诚,通过亲情关系迫使王某同意,最后给予对方每个月500元的补偿金,让女方自己抚养孩子。

根据这个案件,可以对教义的"非决定性"进行较为准确的理解。在本案中可以看到两个争议点,一是对于抚养权的归属的争议,二是对于抚养金金额的争议。后者从属于前者,因为一旦抚养权属于男方,那么抚养金金额的争议也就消失了。在对这两个争议的解决中,首先,在抚养权的归属上,马阿訇适用伊斯兰教新教义未能调解成功,刘阿訇适用伊斯兰教老教义也未能调解成功,之所以成功是法官依照审判和调解经验进行确定的;其次,即使在抚养金的金额上,阿訇也只能根据法官的指引对案件的相关人进行劝服,这种劝服恰恰不是针对纠纷本身,而是通过劝说案件相关人使得法官给出的调解方案被采纳。在本案中,对于调解结果起到决定性的实际上是法官的态度、相关的法律规范和审判经验。另一位受访者的观点也可以给予一定的佐证,其认为:"真正决定纠纷解决的不是教义是否被当事人信仰,而是阿訇的纠纷解决技术。"[1]

但如果说教义对于案件结果并无决定性,那么,为何不直接适用法律,却偏要

---

[1] 资料来自于访谈:被访人为X区C清真寺D马拉,访谈时间:2017年2月23日15:30—16:20,访谈地点:X区C清真寺集体宿舍。

在案件的决定中引入教义呢？

2."阿訇调解"中的多种规范参与

教义的"非决定性"和"共时态和历时态"的吊诡与"功能分化"的未完全达致有关。这一原因也导致了教义适用的必要性。

适用教义的必要性就在于，在功能分化未完全达致的条件下，宣示对虽然不再具有以往对社会统一性的维系机制地位的宗教系统的符合——其减少的是法律论证中的理由供给的困难。在此需要区分在司法过程中的几个不同的元素，一是"解释"，这指的是对于法律文本的含义的诠释，由于全社会的语意的相对稳定性，解释的选择受到全社会的结构和既有的选择过程的限制——在这种限制之下，基于对法律条文的解释才能够在引入解释者的主观因素的情况下仍然保持一定的确定性；其次是"论证"，由于司法的任务在于给出对于一个案件的"合法"或"不法"的决定，仅"解释"不能够使决定具有说服力，因此，必须通过"论证"给出"解释"在个案中得以证成的理由，也即解释者必须给出对于条文的解释原因的说明①。在未达致功能分化的社会中，理由本身可能是一种价值，也可能是一种

---

① 对"解释"和"论证"的区分，参见鲁曼：《社会中的法》，国立编译馆主译、李君韬译，五南图书出版股份有限公司2015年版，第382页。卢曼的观点是：从一阶观察来看，运作借由文本获得相对稳定性，这样做出的决定至少是融贯的；但是以二阶观察来看，文本可能就会有两种可能的定位：将文本作为系统同一性之基础，或是将文本视为一种可变的稳定性。在后一种可能性中，实现法律系统中文本的动态的自我再制的途径正是"诠释"。从某种意义上来说，论证和诠释是一致的。首先，诠释处理的是"沟通中的文本"，其目的是实现"对话"——这正是一种二阶观察的进路，其将文本视为一种"沟通"，是在"讯息-告知-理解"这一沟通的选择链条中建构的；其次，论证作为相对于诠释的"二阶观察"也是可能的，法律论证正是一种寻找诠释之理由的理论，其为了二阶观察的可能性可能引入多种区分——例如宗教系统的"善/恶"符码、科学系统的"真/假"符码。对于论证的前一种认识是在运作层面上进行的，而后者则是在观察的层面展开的，但是无论是在运作层面还是观察层面给出"论证"和"诠释"的关系，都不能化解法律系统面临之吊诡，这些理由的供给只能给出一个暂时性的中止，只是把理性原则和系统的开放的学习能力以及纠纷解决的策略带入案件情境中的行为。在卢曼看来，这种对于论证的定位至少是不适合现代社会系统和环境的双重复杂性语境的，只能是一种"套套逻辑"，是下一个吊诡的起点。但我们可以结合卢曼的其他著作，主张其在功能分化完全实现的时候，作为对于"论证"的定位方式——就如我们在阿訇调解中所看到的。卢曼认为，在现代社会之法律系统中，法律论证需要依靠意义进行运作，也即依靠标示"实现/可能"，区分"讯息/冗余"，也就是说，一切的论证都是为个案的决定服务的，而不能依靠某一论证达致"终极"，在本案中被标示为可能的，可能在下一个案件中就被标示为"实现"，反之亦然。法律系统为了防止其自身面对论证理由的"无限倒退"式的追问，必须诉诸作为法教义学之通说的产物的"概念"，惟其如此，法律论证方能在某个事况被实现时被阻断，从而使得决定得以做出。在这里我们可以看到，作为法律系统的自我描述的方式之一的教义学可以为法律系统化约其自身以及环境中的复杂性提供语意上的支持——也就是说，法律系统的论证的最终依据也是由自身再制出的，因此，法律系统就在这个层面上实现了封闭性。

规范，也可能是一种事实①——其是一个外在的相对于法律系统的先验的存在。质言之，理由究竟是何种形态或许不是重要的，重要的是，这一理由能否在那种未能完全达致功能分化的社会系统中给出一种对全社会系统统一性的说明。这种对全社会系统的统一性的说明，在一个未能全然实现功能分化的社会系统中难以通过社会系统的封闭性运作，尤其是在全社会系统中各个功能子系统内部的运作中予以说明。因为对于理由的"合法性"的论证，必须基于法教义学上的概念方能终止于法律系统的运作之中，而不会超越法律系统的运作符码领域——换言之，法律系统必须掌握一种自我的二阶观察和描述的能力，而不是依赖于宗教系统对法律系统的观察实现运作上的自主性。上述的各种对现代法律系统的观察，都是在仍具有"前现代性"的未能完全实现功能分化的社会系统中所不能够实现的，因此，在"阿訇调解"中诉诸宗教规范进行对法律系统和全社会系统运作的"去吊诡化"是必要的，这使得对于法律系统运作的统一性依据可以通过宗教的"善"进行阐释——在法律论证中，也就不需要因为"无限倒退"的对于合法性理由的论证徒增烦恼了。

　　上述的分析只注意了"历时态"中前现代的一面，也需要注意到"历时态"的耦合状态中的"现代"和作为"共时态"的现代。一方面，现代社会允许多种观察脉络的出现——这一点是前文提及的——但是多脉络观察不仅仅意味着多种的观察角度，也意味着各个子系统之间对于彼此的观察，以及系统对于自身的观察。观察意味着"指涉"，也就是说，通过对于符码值的标示，实现在符码值的意义上的系统的封闭性运作。在这一点上，如果考虑到现代性的因素，宗教系统也会被法律系统所观察。法律系统在宗教规范的适用上将其标示为"合法"或者"不法"，这样，那些被标示为"合法"的宗教规范也就基于法律系统的标示成为了法律系统内部运作的一部分；同时，由于符码区分的两面是相伴而生的，那被标示为"不法"的宗教规范也进入了法律系统之中，作为一个"反省值"而参与法律系统的运作——这就意味着，法律系统在系统内

---

① 根据前引的思路，虽然卢曼反对这种将法律论证的最终依据归于"道德/宗教"或者"科学"的做法，但是卢曼只是反对将这一做法引入对现代社会法律系统之观察，而认为这种诉诸一种外在于法律系统的统一性判准的思路可以适用于前现代高级文明，也即以层级式分化作为初级分化形式的全社会中。这种社会以阶层的"高/低"进行对社会系统的分化，作为阶峰的那个部分实现着对全社会系统的统一化功能，一般而言，这个阶峰正是"宗教"。参见尼可拉斯·卢曼：《法社会学》，宾凯、赵春燕译，上海世纪出版集团2013年版，第212—218页。我们在这里认为理由可以是事实、规范或价值，则是给出了在哈贝马斯看来的存在的三种形态。参见哈贝马斯：《在事实与规范之间：关于法律和民主法治国的商谈理论》，童世骏译，生活·读书·新知三联书店2011年版，第1—15页。

部建构了作为法律系统之环境的宗教系统。另一方面，如果考虑到时间的因素，那么演化则是一种必然的趋势，功能分化作为适应系统及其环境的复杂性的分化形式是现代社会的一种演化上的成就。这就意味着，一旦我们把前现代标示为"过去"，而使其与"未来"相对的时候，那么我们就会发现，处于"前现代"时态中的社会系统所标示的"未来"可能与"现代"社会标示出的"过去"重合了，而且"前现代的未来"或者——以"现代"来看——"过去的未来"也包含了"现代"这一可能性。简言之，由"前现代"的层级演化到"现代"的功能分化可能只是一个时间问题。并且，独立于宗教系统的司法审判、政治权力、科学研究、学校教育以及货币经济的出现也使得这一演化趋势具有极易实现的可能性，同时，多种渐渐独立于宗教的社会系统都贡献出其特有的观察方式，经济中的交易习惯、政治中的政党章程、文化教育中的教育规律、科学研究中的学术准则都可以作为理由而供给于法律论证——在功能分化中，宗教教义相比于这些规则并不具有优越性，其作为统一性的维系机制的地位的丧失在演化上也是一种极有可能的趋势。如果把这些因素结合在一起，我们或许会发现，在"阿訇调解"中以法官的决定为准，似乎是一种演化上的必然趋势，因为演化所达致的是多种规范竞合的复杂性的集合，各种理由在不存在一个决定者的时候只能作为同样有力的理由互相驳斥，法律系统必须依照法院（表现为"法官"的决定）来对这种复杂性予以化简。我们只能说，正是由于这种演化尚未完全实现，法律系统对于宗教的观察尚且不能依靠法律系统的运作而获得独立性，其在对多种规范的决定能力尚未成熟的时候，必须以宗教规范作为一种掩饰其吊诡的方式，来供给适用于个案的理由。这也就是为什么受访者会坦陈："重要的是'把纠纷解决掉'，而不是依靠什么来讲理。"[①]

3. 观察上的去吊诡化："宗教规范"的"司法化"

职是之故，在"阿訇调解"的过程中，不会存在规范的冲突。一方面，宗教规范的适用是为了实现"去吊诡化"这一目的，从一种"手段-目的"的角度来看，至少在运作上，手段是不应该与目的相冲突的，也就是说，那种为了达致"去吊诡化"的对宗教系统的引入，至少不会在一阶观察上引起新的吊诡。另一方面，法律系统在对宗教系统的观察中也把宗教规范内部化了——对于其他系统的运作纲要也是如此，那些原本用以判断"善/恶"的宗教规范在成为论证统一性的象征的外部

---

① 资料来自于访谈：被访人为I清真寺K阿訇，访谈时间：2017年2月24日10：00—11：30，访谈地点：I清真寺寺管会主任办公室。

的先验标准的同时，也成为了法官用以判断何者为"合法"以及何者为"不法"的纲要——也就由一般的宗教规范成为了"民间法"[①]。而那些被标示为"不法"的宗教规范也就暂时地湮没于法律系统的运作中，或者说，处于法律系统运作的暗面，作为未来可能的讯息冗余，提供了法律系统未来演化的可能方向，以及未来的可能的语意支持——或许这正是本文尚不能涉及，但又在后续研究中不得不面对的"后现代历时态"的起点。

不过，在对法律规范和宗教规范的适用上，仍然不能免除如下的问题：宗教系统仍同时作为尚存的社会统一性的维系机制在观察着法律系统，其将法律系统的运作标示为"善"或"恶"，并且仍在努力将这种标示推及全社会领域。如果说，前文所说的人员上的"法官主导与阿訇参与"是一种运作上的去吊诡化，而规范上的"法律规范主导下的多种规范的适用"是一种观察上，尤其是在二阶观察上的去吊诡化，那么上述的两种去吊诡化尚且仅仅及于法律系统这一个社会功能系统，而不能实现全社会性的去吊诡化。这会导致如下的新的吊诡：作为全社会统一性之维系机制的宗教系统在个案审判的时候只不过是法律系统赖以去吊诡化的掩饰，而在案件决定中却是法律系统为主，甚至可以影响宗教系统（此处指的是阿訇的调解行为及其适用的规范）——那么，在这个"前现代"和"现代"耦合的社会之中，到底谁是社会之统一性的维系机制呢？

---

① 在作者以往的论述中，曾经把"民间法"定位为与国家法相对的概念。"民间法"作为与"国家法"相对的概念，来源于"非国家"领域。根据《现代汉语词典》的解释，"民间"有两个含义：首先指的是"人民中间"（如：《墨子·非命上》："执有命者，以襍于民间者众。"《史记·项羽本纪》："於是项梁然其言，乃求楚怀王孙心民间，为人牧羊，立以为楚怀王。"唐柳宗元《乞巧文》："灵气翕欷，兹辰之良，幸而弭节，薄游民间。"宋·苏轼《书琅琊篆后》："〔苏轼〕得旧纸本於民间，比今所见犹为完好。"清·陈康祺《郎潜纪闻》卷三："当时民间闻者感泣，至今颂之。"）；其次指的是民众方面，与官方相对（如《史记·孝武本纪》："民间祠尚有鼓舞之乐，今郊祠而无乐，岂称乎？"明·冯梦龙《东周列国志》第一百六回："民间有童谣曰：'秦人笑，赵人号，以为不信，视地生毛。'"《老残游记》第五回："民间的意思说：这节妇为夫自尽，情实可悯。"吴玉章《论辛亥革命》一："完全由民间举办的厂矿企业，资本在一万元以上的，有一百二十二家。"陈毅《就当前中日关系的谈话》："两国民间团体和半官方团体签订了四十多项协议。"）。故而，从词义来看，"民间"代表着与国家权力相对的"社会权力"，也代表着与国家活动范围相对的群众自治范围。在这一意义上，一切来自于"非国家"领域的规范都属于"民间法"，例如在"超国家领域"存在的国际条约、国家之间的贸易惯例规范。虽然难以将仅作用于国内社会的民间的交易习惯、乡土伦理规范归属于同一类别之下，但是由于其并不直接关涉到国家的权力运作，而是以某种社会权力保障运作，仍可以归为"民间法"。这种概念并未否定"国法"的唯一性，只是在国法之外，在"法律"这一概念之下，标示出了与国家法相对的"民间法"，这样，无论是正式法源还是非正式法源都能够具有"效力"这一法律系统之运作统一性的象征。参见胡宗亮：《民间法介入纠纷解决机制的路径：从法律渊源理论看——基于陕西陇县、江苏姜堰等地的实证研究》，载《法学方法论论丛（第四卷）》，中国法制出版社2016年版。

（三）"可接受性"：暂时的统一

于如是的一个尚未实现功能分化的社会中，对于社会统一性的维系机制的探究是困难的，但是可以换一个角度，即去问，什么正在承担着"统一化"这一功能？

1. "阿訇调解"的"可接受性"

在访谈以及对相关资料的综合比较中，我们发现，对于"可接受性"的追求是一种存在于各种大调解机制中的共性，这一点在"阿訇调解"中表现得十分突出。首先，受访者普遍认为，由阿訇在调解中适用教义（如前述），是一种保证调解结果的可接受性的手段。譬如 A 阿訇认为："（阿訇调解）是针对内心的调解，而只有针对内心的调解才是长久的。法律制其身，宗教制其心。调解纠纷的时候需要做到内心认可。因此需要选择群众所信仰的教义进行调解。"[①] C 阿訇认为："纠纷的解决实际上建立在信仰基础之上……伊斯兰不仅仅是一种制度，还是一种生活方式。讲教义是穆斯林兄弟们接受的生活方式。"[②] D 马拉则认为："伊斯兰教教义是全能的'法律'，为什么'全能'呢？正是因为群众们信仰它，能够为群众解决纠纷，解决问题。"[③]。作为司法工作人员的 A 法官在访谈中多次强调："设立'阿訇调解'主要是为了保障社会效果，以穆斯林群众接受的伊斯兰教教义来调解纠纷。"[④] 综上所述，将伊斯兰教教义引入司法调解中，即是为了保证调解结果的可接受性——换言之，以宗教教义的可接受性来保证调解结果的可接受性。

另外，阿訇在调解中适用教义，也是一种对于教义的宣传，特别是可以对部分信仰不坚定，或者对于教义的理解有偏差的穆斯林青年起到坚定信仰、纠正认识错误的作用。这就是说，纠纷解决也有宗教的宣讲作用。A 阿訇对此的认识比较乐观："虽然现在宗教信仰在年轻人身上会比较淡薄，但是只要他是回族，有这样的生活环境，那么他对于伊斯兰（的）理解还是可能的。而且，宗教和法律是可以融合的。尽管他不懂教义，但是比老年人更容易接受法律，所

---

① 资料来自于访谈：被访人为某礼拜殿殿长 A，访谈时间：2017 年 2 月 22 日下午 14：00—15：15，访谈地点：某礼拜殿正殿。
② 资料来自于访谈：被访人为 X 区 B 清真寺 C 阿訇，访谈时间：2017 年 2 月 23 日 14：40—15：10，访谈地点：X 区 B 清真寺教长室。
③ 资料来自于访谈：被访人为 X 区 C 清真寺 D 马拉，访谈时间：2017 年 2 月 23 日 15：30—16：20；访谈地点：X 区 C 清真寺集体宿舍。
④ 资料来自于访谈：被访人为 S 县法院民事审判庭法官 A，访谈时间：2017 年 2 月 22 日 11：00—12：15，访谈地点：S 县法院活动室。

以有时候青年人反而会更容易听懂道理。"①D 马拉则认为,"阿訇调解"也具有教育的功能:"一般来说,教义的接受还是主要靠家庭教育。但是经济发展、西方思想的传入,让这些传统的宗教观念都淡化了。实际上,几乎每个家庭都面临信仰危机。在宁夏,其实回族比例也不大,信徒也不多。在学校教育方面,也没有开设宗教课程,只有伊斯兰经学院才有此类课程,而且乐意学习的人也不多。此外,现在各方面物质(水平)提高,家庭条件比较好的,才会教给孩子宗教知识。'阿訇调解'在这一意义上,可以通过纠纷解决来填补家庭教育和学校教育在对信徒的宗教教育方面的不足。"②这说明,"阿訇调解"也反过来推进了"可接受"的程度。

2. "可接受性"作为调解的目的

"阿訇调解"是一种目的性的活动,无论是阿訇出面还是法官主导,无论是适用宗教规范还是法律规范,其无非都是要达致"可接受性"这一目的。实际上,在以往的调查研究中,我们都会发现,在"大调解"思路之下产生的各种具有地方性特色的调解机制都多多少少具有对"可接受性"之目的性取向。在我们对 A 法官的访谈中,其承认,在"阿訇调解"制度的设计之时,曾借鉴陕西陇县"一村一法官"制度、江苏姜堰"善良风俗引入民事审判制度"以及河南地区的"社会法庭"制度。这三个兄弟省份的特色调解制度,均保持了对"可接受性"的追求。如在陕西陇县,陇县法院对于调解坚持两个原则,一是"无讼"原则,即通过调解,将刑事案件化成治安案件或者民事案件,将需要诉讼解决的民事案件化成非诉讼解决的纠纷,实现大事化小小事化了;二是稳定原则,即通过调解,减少起诉、上诉和申诉案件数量,此时不仅需要诉前调解,更需要诉后调解——在执行程序中通过调解缩短执行时间,保障执行质量③。在江苏姜堰,受访者也承认,"当时创立这一制度(即'善良风俗引入民事审判'制度)的初衷是,填补国家法空白、减少法院压力以及提高判决可接受度。"④此外,在河南的"社会法庭"制

---

① 资料来自于访谈:被访人为某礼拜殿殿长 A,访谈时间:2017 年 2 月 22 日 14:00—15:15,访谈地点:某礼拜殿正殿。
② 资料来自于访谈:被访人为 X 区 C 清真寺 D 马拉,访谈时间:2017 年 2 月 23 日 15:30—16:20,访谈地点:X 区 C 清真寺集体宿舍。
③ 胡宗亮:《试论民间法介入调解的正当性——以陕西陇县"一村(社区)一法官"制为例》,载《公共事务评论》第 15 卷第 1 期。实证资料来源于胡宗亮、薛世勋、孙威等:"国家级本科生创新项目·民间法介入调解的正当化范式——兼评陕西陇县'一村(社区)一法官'制度姜堰风俗习惯",2013 年 7 月。
④ 资料来源于胡宗亮、张晓韵、马天一等:"国家级本科生创新项目·司法体制改革背景下民间法介入司法审判的规范化程序机制研究——以'姜堰模式'为例",2014 年 7 月。

度中的"特色社会法庭"机制也着力于"使得一些具有专业知识和特别的规范掌握的人士可以作为'社会法官',直接进入纠纷调解机制之中,保证了社会法庭能够整合的案件类型的多元性。这在某种情况下可以被视为对不断分化的社会阶层的考量,以保证案件的结果被各行各业群众所接受。"① 无独有偶,在"阿訇调解"中,也存在着类似的目的指向,A 阿訇和 B 阿訇都表达了类似的看法,A 阿訇认为:"阿訇调解是国家交给我们的任务:要把爱国、和平、团结、和谐作为追求,使得案件的解决能够被群众所接受。"② B 阿訇则认为:"'阿訇调解'是响应国家的政策,政策让我们要注意纠纷解决的社会效益,就是让我们在案件纠纷中做到'案结事了',让群众之间的关系不会因为小小的纠纷就被破坏掉了。"③ 可以说,调解结果的可接受性,正是"大调解"机制之下各种具有地方性特色的纠纷解决机制的共同目的。

3. "阿訇参与"和"教义适用"的再思——从"可接受性"来看

回过头再去讨论"阿訇参与"与"教义适用"这两种"去吊诡化"方式,可以说,这些在法律系统中的去吊诡化方式如果不被认为也是吊诡的,就必须依赖于"可接受性"这一目的性的语意。"阿訇参与"会面临这一吊诡,即在调解中,阿訇的行为到底是宗教的还是法律的,是"善"的还是"恶"的,是"合法"的还是"不法"的——或者说,作为"善"的化身的阿訇为何在调解中需要法院对其行为的"合法性"予以标示?而教义适用也面临着教义是否"合法"的追问——宗教上的"善"的规范为何需要被法律所标示才能适用?这些追问导向了对于宗教作为全社会统一性之维系机制的质疑,或者是对于法律系统在运作上自治的质疑。但是,在"可接受性"被引入到全社会的运作中,且作为一种全社会性的目的语意而存在后,上述的吊诡已经变得不再明显,或者说,变得不再重要。

吊诡的不再重要意味着,上述的吊诡由于"可接受性"这一目的的引入变得冗余了。我们不必探讨阿訇介入调解是否是"合法"的,也不必探讨法院对阿訇调解员身份的赋予是不是"善"的,我们只需要记住有威望的阿訇以及具有国家的权威

---

① 资料来源于胡宗亮:"中国政法大学硕士生创新实践项目·民间规范适用的创新机制初探——以'河南商丘梁园区民间/社会法庭'为例",2015 年 11 月。
② 资料来自于访谈:被访人为某礼拜殿殿长 A,访谈时间:2017 年 2 月 22 日 14∶00—15∶15,访谈地点:某礼拜殿正殿。
③ 资料来自于访谈:被访人为 S 县 A 清真寺管会主任 B 阿訇,访谈时间:2017 年 2 月 22 日 16∶40—17∶30,访谈地点:S 县 A 清真寺会议室。

支持的法官介入调解可以保证纠纷得到顺利的解决就可以了；我们不必探讨在纠纷解决中"宗教规范"是否具有被宣示的决定性，也不必探讨在纠纷解决中"法律规范"是否在二阶观察上对宗教规范的合法性进行了进一步的判断，是否在根本上否定了宗教系统作为社会统一性之维系机制的地位，我们只需要记住，在纠纷中各种规范——无论是宗教教义、法律法规、交易习惯还是政党章程——的引入只是为了解决纠纷就可以了；甚至，我们都不必探讨，到底是不是宗教维系了这一具有"前现代性中的现代性"的"现代中的前现代社会"的统一性，也不必探讨法律系统的运作是决定于宗教系统，还是仅仅将宗教作为其运作的正当性的宣示方式，我们只需要记住，无论宗教还是法律采用了何种吊诡的运作方式以及何种去吊诡的方法，都是为了"可接受性"这一目的就好了。"可接受性"这一目的，以一种近乎武断的方式，将全社会及其环境的复杂性，将全社会系统及其子系统运作和观察中面临的吊诡统统化约为手段——而且，由于这一目的的存在，对这些手段的本体论式的探讨也就不再重要，重要的是，对于这些手段何以达致"可接受性"这一目的的方法论式的探讨。

4. "可接受性"作为暂时性的语意

"可接受性"的贡献，就在于其可以化简全社会系统内部的复杂性，这是一切目的的必然效果——手段只需要服从于目的。但是，以一种目的对全社会系统的复杂性的化约却必然是暂时的。

"可接受性"这一目的，首先是未完全实现功能分化的，那种耦合着"现代"与"前现代"的"历时态"的社会赖以自我维系的途径，换句话说，这也是一种去吊诡化方法。这种去吊诡化方法的思路就在于，其作为一种语意，标示了何者应被实现，而何者应被暂时标示为可能。也就是说，能够被接受的，是应该被实现的；而不能被接受的，就只能不被实现。不过，这一语意只能是暂时性的，究其根本，无论以"可接受性"化约复杂性的方式看上去多么有效，但是作为"共时态"的"现代"具有更多的复杂性，也即在环境中具有更多的激扰，具有更多的观察脉络——这就意味着，对于"可接受性"的"可接受性"的质疑一定会出现，并且成为一种在全社会纠纷解决的运作上的一般性的吊诡。于是，那些由于合乎"可接受性"而被标示为确定的东西，可能会由于对于"可接受性"这一语意的二阶观察、由于"可接受性的可接受性"的吊诡而也变得不确定起来。这和宗教作为社会系统之统一性的维系机制一样，当宗教进行"善/恶"判断这一运作本身的"善/恶"受到质疑的时候，宗教至少需要进一步地进行反思，惟其如此，宗教的吊诡才能被暂时隐藏起来①。也就是说，全社会以"可接受性"这一语意暂时性地把宗教和法律系统统一起来了。"可接受性"在纠纷解决这一场域中，与各子系统的运作建构起了一种符合论意义上的关系：如果符合"可接受性"，那么宗教系统就应该标示出"善"这一符码值，法律系统也需要标示出"合法"这一符码值。但是，问题就在于——用最通俗的话来说——这种去吊诡化能够维系多长时间呢？

5. 对目的性准则作为全社会去吊诡化的途径的批判

如果再次以一种时间性的观点来看，至少以下的情况是可能的：在未来，这种以"可接受性"作为目的的去吊诡化方法，会被全社会的功能分化进而在运作上产生新的去吊诡化方式所代替。以往的资料可以表明，同样曾以"可接受性"作为准则的"大调解"机制下的地方特色的纠纷解决方案并不像其所宣称的那样有效：陕西陇县的"一村一法官"制度在 2012 年被改革为"三官一律下基层"制度，但是在改革后的两个月左右，法官、检察官、警官、律师的合力式的纠纷解决仍然不能达到预计的"调解结果由全部群众所接受"的目的②；江苏姜堰的"善良风俗引入民事审判制度"则由于成文化的民间规范难以适应现代性的社会结构转换，不能成为群众所"接受"的新型民间法而名存实亡；河南的"社会法庭"制度则面临着职

---

① "宗教改革"或许能够被认为是在那种在"善/恶"符码的"善/恶"性被怀疑的时候，宗教系统的去吊诡化运作：路德认为人的一切行为都无法满足于天主，善行对于得救毫无价值。据此路德提出"对于基督徒的生活、公义与自由，有一样东西，并且只有这一样才是必需的，那就是最神圣的上帝之道，基督的福音"，这一天主之道便是恩典，而想要称义，所必不可少的便是接受这一恩典："既然灵魂的生命和义只需要上帝之道，所以显而易见，灵魂的称义唯因信心，而无需善行。"既然路德并不相信善行在人的得救道路上能有什么作用，因此对于因信称义理论中善行的地位，便有必要先做一个考量。在路德的话语体系中，人在称义之前是魔鬼的奴隶，其意志只能行恶而不能行善，这个阶段人所能行的善行是伪善，这些行为无助于人的灵魂。因此，路德得出的结论是人的善恶与否并不在于人是否有所善行，而是在于人是否相信。而人如果真正相信的话，那么善行便必然随之而来。这是路德思想中唯名论影响的体现，唯名论对于绝对的天主的强调，使得人无法凭借自身来接近天主，这使得唯名论的天主是人所无法满足的，既然如此，那么善行本身就对得救毫无助益。因此，路德将善行视为了信心的副产品，而不是如天主教会一样，将相应的善行视为得救所不可或缺的一部分。在路德的眼中，基督徒的自由便是"我们的信心，它不使人耽于闲散甚或邪恶的生活，而是让人无需律法和事工而称义得救。"这是信心的第一种大能，而信心的第二种大能是"（心灵）甘愿顺从上帝的旨意，尊祂的名为圣，任由祂处理"。最终信心将会令人同基督连合，如同新娘与新郎的连合，这是完全将自己交托，令基督在人的身上临在，在这里我们看到了德意志神秘主义对于路德的影响。（单著禹：《马丁·路德宗教改革思想来源分析》，南京大学本科生毕业论文，2011 年，第 10—11 页。）路德改革一言以蔽之，即反对宗教的世俗性组织，但是不反对宗教的基本教义，路德改革使得对"善/恶"符码的"善/恶"性质疑转化到对执行"善/恶"之标示的教会的行为的"善/恶"性的质疑，也就是说，其质疑的是教会，而并不质疑"上帝"这一偶连性的公式。

② 参见胡宗亮：《试论民间法介入调解的正当性——以陕西陇县"一村（社区）一法官"制为例》，载《公共事务评论第 15 卷第 1 期》。实证资料来源有胡宗亮、薛世勋、孙威等："国家级本科生创新项目·民间法介入调解的正当化范式——兼评陕西陇县'一村（社区）一法官'制度"，2013 年 7 月。

权划分的冲突，法院和司法行政机关之间在"社会法庭"上的职权划分不明确，这也正说明了在政治和法律的功能分化形成之后，吊诡难以通过"可接受性"这一简单的目的所掩饰。①

这不是"片段分化"中的宗族以及在"层级分化"中的宗教丧失了作为全社会系统之统一性之维系机制的地位的问题，而是宗族和宗教早已不具有这样的功能。否则为什么在案件纠纷中要引入法院的因素呢？这里的问题是，在宗族和宗教都不能完成对全社会的统一化的时候，对被提出的"可接受性"的替代方案的质疑。

"可接受性"这一语意，看似以一种超越了法律和宗教的方式，为法律系统和宗教系统的判断提供了一个共同的准则，借以维系两个系统的统一性，好像其是一个外在于所有系统的先验存在一样。但是这种预设面临两个问题，第一个问题是"可接受性"真的是一个可以脱离一切系统的存在吗？如果"可接受性"是一种超越于法律系统和宗教系统却属于全社会系统的语意的话，那么其必然是全社会系统的其他功能子系统提供的，比如政治、经济、教育、科学等系统。一旦这样思考，那么"可接受性"这一语意在法律系统和宗教系统中的适用，只能被处理为简单的政治决定论、经济决定论或者唯科学论——这显然和"可接受性"所标榜的"群众的可接受性"相去甚远。另一种可能是，我们把"可接受性"作为一种道德符码，进而使其外在于社会系统，这种思路实际上就等于把"可接受性"进行了功利主义式的再建构，不过，功利主义能够维系社会的统一性吗？

结语：中国"大调解"向何处去？

邓正来先生曾经发问："中国法学向何处去？"，我们的问题则是：中国的"大调解"向何处去？我们可以基于本文上述的讨论，对于"阿訇调解"的维系进行可

---

① 上述三个地域中，"可接受性"这一语意所依赖的社会分化形式相较于宁夏地区的差别就在于，其不存在一个仍然可以宣示作为社会系统之统一性维系机制的宗教系统，而只有未成系统化的道德，至多是基于片段分化的家族组织——相对于层级分化的初级分化形式，这种片段分化的初级分化形式实际上更是"过去的"，就像相对于"功能分化"的"层级分化"的前现代特质一样。以家族组织，或者说是血缘关系来维系社会系统的统一性，是卢曼所认为的片段分化的社会的统一化模式，相较于"宗教系统"维系社会统一性的层级式分化社会来说，其主要区别在于沟通的形式。在片段分化社会中，沟通的形式主要是"互动式的沟通"，这是由于媒介的种类以语言和文字为主，尚且不能达致对讯息的广泛传播，沟通的参与者需要保持面对面的模式。相对而言，在前现代高级文明的社会中，一般来说，宗教作为维系社会统一性的机制，其特点就在于其通过印刷术等媒介，使得知识可以不局限于互动的形式，而获得较为广泛的传播，这样，非面对面式的"组织化的沟通"就成为了可能。参见尼克拉斯·卢曼：《法社会学》，宾凯、赵春燕译，世纪出版集团2013年版；玛格特·博格豪斯：《鲁曼一点通：系统理论导引》，张锦惠译，台北·暖暖书屋2016年版。

能的展望，也基于此尝试对"大调解"机制的维系进行展望。

首先，一个核心问题是，需要区分"大调解"机制中的人民调解机制和司法调解机制。这也是接下来讨论的前提条件。在对"阿訇调解"的访谈中，有受访者表示，阿訇参与调解的途径虽然统称为"阿訇调解"，但是具体来说有街道办、居委会主导设立的人民调解途径和法院主导设立的司法调解途径①。司法调解仍是法律系统给予决定的一种途径，但是人民调解则不具备此种决定何种行为为合法或不法的功能。

其次，在区分"大调解"机制中的人民调解和司法调解机制之后，在司法调解这一论域中，就有如下的思考：就人员方面而言，如果将"阿訇调解"制度认为是一种司法途径的话，那么法官主导则是必然的——尤其反映在法官确认阿訇的"司法调解员"身份这一方式上；在规范适用上，也需要对宗教规范进行法律上的确认——也即将宗教系统标示为"民间法"。概言之，在司法调解上，对于调解的参与人员和适用的规范需要先行在法律上标示为"合法"，也就等于把上述的机制涵括于法律系统之中。

因此，也就不能够把"可接受性"作为一种目的伦理来维系法律系统和宗教系统的统一性——因为当我们把"大调解"中的司法调解标示出来的时候，也就承认了大调解机制部分属于法律系统的运作。法律系统的统一性也就必然需要以自身的符码化和纲要化来维系，而不能诉诸一个外在的先验预设。换言之，法律之所是，正是因其所是，而不是他者决定其所是。"可接受性"可以作为一种政治性或者道德性的象征，但是在法律系统中，一旦将"可接受性"引入，则使得法律系统不再具有运作上的独立性。

上述的简要结论，实际上是根据一种时间性的思路展开的。在时间之流中，从功能分化的现代社会观察片段分化、层级分化的前现代社会可以被认为是"前现代的未来"对"前现代"的观察，也可以被认为是"现代"对"现代的过去"的观察。但是如果以一种预测性的角度考虑，那么"现代"作为社会的"共时态"，就导致了前现代性的可能的消解。由于现代性社会的基本分化形式是功能分化，因此在制度设计中对于这一因素的考虑是必要的。

---

① 资料来自于以下访谈：对 S 县法院民事审判庭法官 A 的访谈，访谈时间：2017 年 2 月 22 日 11：00—12：15，访谈地点：S 县法院活动室；对 X 区 B 清真寺 C 阿訇的访谈，访谈时间：2017 年 2 月 23 日 14：40—15：10，访谈地点：X 区 B 清真寺教长室；对 X 区 C 清真寺 D 马拉的访谈，访谈时间：2017 年 2 月 23 日 15：30—16：20，访谈地点：X 区 C 清真寺集体宿舍；对 X 区 E 清真寺 F 马拉的访谈，访谈时间：2017 年 2 月 23 日 14：30—14：35，访谈地点：E 清真寺接待室；对 F 清真寺的观察，时间：2017 年 2 月 23 日 15：00—15：05；对 I 清真寺寺管会代主任 J 阿訇、驻寺阿訇 K 阿訇的访谈，访谈时间：2017 年 2 月 24 日 10：00—11：30。

专题研讨 2·指导性案例研究

"指导性案例研究"专题导引

杨知文（华东政法大学科学研究院副研究员）

　　自从司法改革提出建立案例指导制度以来，有关指导性案例的诸多议题一直得到法学理论界和法律实务界的热切关注。法院案例指导制度以指导性案例的选编、发布和参照适用为依靠，力图借助生效裁判实例的作用来促进法律适用的统一，体现了多重的制度设计新颖性。与司法改革和案例指导的发展相伴，就案例指导制度的有关问题进行原理层面的细致探讨，应成为我国法理研究中的一种趋向。关注案例指导制度完全可以把指导性案例作为聚焦。指导性案例是案例指导制度运转的物质基础和实际载体，案例指导制度的完善与持续发展也需要以指导性案例自身的不断改进为寄托。

　　因此，指导性案例自身的品质提升无疑值得人们给以足够的重视，而从案例内容及其法律方法运用等层面对指导性案例的一系列问题进行深入思考也理应得到强调。本专题收录的两篇论文正是此类研究的相关成果，其中，乌日力嘎讨论了指导性案例论证说理如何完善的问题，认为部分指导性案例没有达到裁判文书说理论证的应有要求，必须通过一定的举措帮助指导性案例找准论证的重点，并使其能够推动整个司法领域的论证。张滕讨论了指导性案例中社会自治规范的适用方式与效果提升问题，认为社会自治规范在指导性案例中有三种适用方式，并可以通过一些措施改善社会自治规范在指导性案例中的适用效果。

如何完善指导性案例的论证说理

——以指导性案例 106 号为分析对象

乌日力嘎[*]

摘　要　指导性案例的制度定位要求其代表最高的司法论证水平。但事实上，部分指导性案例没有起到论证标杆的作用，甚至没有达到一般裁判文书释法说理的要求。比如指导性案例 106 号中，裁判者仅通过简单的文义涵摄就重新界定了开设赌场罪的主观要件和客观要件，缺少方法上的证成和价值上的引导。究其原因，是指导性案例的论证思路和方法存在缺陷，比如没有有效发挥共识对法律命题的支持作用，没有重视可能会出现的反驳，也没有注意到支持与反驳之间的衡量证立。为提高指导性案例的论证水平，建议以共识提高裁判的可接受性，对反驳或质疑进行有效回应，同时重视对法律评价的证成。上述举措不仅能够帮助指导性案例找准论证的重点，在更为普遍的意义上，还能通过指导性案例的影响力来推动整个司法领域的论证。

关键词　法律论证　指导性案例　开设赌场罪　目的解释

---

[*] 乌日力嘎，山东大学（威海）法学院 2019 级法学理论专业博士研究生。本文系 2019 年国家社科基金重大研究专项目"社会主义核心价值观背景下的案例指导研究"（项目编号：19VHJ004）的阶段性成果。

引 言

审判指导案例是司法改革进程中一项重要的创新型制度，意在统一司法适用、提升裁判质量。它作为最高人民法院解释法律的新形式，除了阐明裁判的规则外，还通过"以案释法"的方式集中展现了法律思维的过程，凝聚了司法的智慧。因此，指导性案例构成了司法实践当中的经典案例、模范案例。这种制度上的特殊身份也就决定了，指导性案例在法律论证的层面上应当更加细致和有效。然而事实上，指导性案例中的法律论证并不总是严谨的。这会引发一系列的问题：如果指导性案例的论证理由并不严谨细致，那要怎么发挥思维指引的作用呢？更进一步，如果指导性案例都不能对一个裁判结论进行有效的证成，那么如何能够期待其他案件中的法官能够进行有效的论证呢？因此，本文希望从指导性案例的论证问题入手，来探讨如何提高指导性案例的说理论证水平。

本文选择以指导性案例 106 号作为分析对象，主要是考虑到该案例的典型性。总体而言，目前的案例研究可以分成三种进路：其一，对一个案例进行一以贯之的研究；[1] 其二，对两个类似的案例进行比较研究；[2] 其三，对多个案例进行实证统计研究。[3] 从外在形式上看，第一种进路似乎只研究特殊问题，研究的客观性、普遍性相对要弱。但事实上，单一案例的研究也可以反映普遍的问题，得出普遍适用的结论。其中"可以"的节点就在于案例选取的典型性。典型性可以弥补单一性的不足，降低不完全归纳带来的质疑，让原本不特别引人注目的个例具有较大范围的认同度。指导性案例 106 号就具备典型性的特征。[4] 一方面，它基本涵盖了现有指导性案例中可能存在的多种论证问题，论证结构粗糙，在众多指导性案例中比较具有代表性；另一方面，指导性案例 106 号的论证过程过于简略，甚至不如说理充分的一般裁判书，没有满足释法说理的基本要求。举重以明轻，深入分析指导性案例 106 号中存在的论证问题，反思法官论证法律命题的角度和途径，或许可以在更为普遍的意义上得出一些一般性的结论，助力于整体司法论证水平的提高。

---

[1] 参见张华：《司法更需要何种指导性案例——以指导案例 60 号为分析对象》，载《交大法学》2020 年第 1 期。
[2] 参见王天凡：《"不能胜任工作"与"末位淘汰"规则的规范分析——指导性案例第 18 号评析》，载《清华法学》2016 年第 4 期。
[3] 参见彭中礼：《司法判决中的指导性案例》，载《中国法学》2017 年第 6 期。
[4] 何为典型是一个评价性的问题，评价标准可以多样化。本文主要根据指导性案例中体现的问题是否可以涵盖多种问题类型而做出了界定。

一、指导性案例 106 号论证不足的表现

指导性案例 106 号的主要案情是向某（已判决）伙同被告谢某、高某一、高某二、杨某等人，邀请他人加入微信群，组织微信群成员以发红包的方式进行赌博。其中四名被告负责帮助向某代发红包，并根据所发红包个数，从抽头款中分得渔利。对此，最高人民法院公布的裁判要点认为，"以营利为目的，通过邀请人员加入微信群，利用微信群进行控制管理，以抢红包方式进行赌博，设定赌博规则，在一段时间内持续组织赌博活动的行为，属于刑法第 303 条第 2 款规定的'开设赌场'"。① 裁判理由部分，指导性案例 106 号重述了上述要点，并结合本案事实确定了各被告的罪责，比如 4 名被告在共同犯罪中起次要作用，同时又具有自首、坦白、退赃等情形，因而依法或酌情予以从轻、减轻处罚等。

事实上，该案的法律适用问题集中于《刑法》第 303 条第 2 款的解释：开设赌场的，处三年以下有期徒刑、拘役或者管制，并处罚金；情节严重的，处三年以上十年以下有期徒刑，并处罚金。这属于典型的简单罪状，罪状表述与罪名基本一致，需要通过解释来明确具体的适用规则。② 而通过文义解释可以发现，刑法只对开设赌场罪的客观要件做出了要求（即具有开设赌场的行为），没有明确规定开设赌场罪的主观要件。并且，客观要件中赌场的核心意义指向现实的经营场所，其中能够放置赌桌以及其他的赌博设备，接纳相对有限的人员进行赌博活动等。微信群聊至多处于赌场概念的边缘区域，能否被包摄，文义解释无法直接给出答案。从体系解释上看也是同样的结果：刑法条文中"xx 场"主要指向执行场所、机场、商场、运动场、公共场所、战场等，③ 其共同特点是具有实体性、物质性。因此，从上述两种解释结果来看，微信群内组织赌博的行为无法构成《刑法》第 303 条第 2 款规定的开设赌场罪。

在文义解释和体系解释都无法对规范和事实进行有效对接的前提下，指导性案例 106 号通过目的解释的隐性适用，达到了扩张开设赌场罪客观要件的效果，同时

---

① 参见最高人民法院审判委员会：《指导案例 106 号：谢检军、高垒、高尔樵、杨泽彬开设赌场案》，载《人民法院报》2018 年 12 月 26 日，第 4 版。
② 参见陈明、赵宁：《简单罪状的司法认定和解释规则研究——以盗窃罪的司法认定为例》，载《政治与法律》2013 年第 4 期。
③ 比如《刑法》第 46 条的监狱或其他执行场所，第 117 条破坏交通设施罪中的机场，第 291 条聚众扰乱公共场所秩序、交通秩序罪中的商场、运动场和其他公共场所，第 292 条聚众斗殴罪中的公共场所，第 423 条投降罪中的战场等，都是具有现实的经营场所。

还增加了新的主观要件——以营利为目的。开设赌场罪的设置目的是保护公众健全的经济生活秩序和通过劳动创造美好生活的善良风俗。[①] 在对健全秩序和良好风俗构成侵害这一点上，微信群赌场和传统赌场不存在实质区别。假若不对微信群赌场予以规制，同样会助长不务正业、不劳而获的风气，诱发其他种类的犯罪，带来不良的社会后果。因此，通过解释开设赌场罪的法益，可以将微信群赌场纳入开设赌场罪的规制范畴。

单就上述客观要件和主观要件的变动结果而言，指导性案例106号的做法能够被接受。为了追求个案结果的公正，通过适当的解释方法扩展开设赌场罪的规范内涵，将非典型性的行为手段、行为对象纳入规制的范畴，使刑法规范更具普遍适用性，这一选择甚至值得赞扬：因为它增强了法律体系对社会的适应性，[②] 促进了法律体系的成长。并且，指导性案例106号尽可能对做出变动的内容进行了明确直接的界定，细致描述了开设微信群赌场的行为表现，减少了语言表述上的歧义。

但是从客观要件和主观要件的变动过程来看，指导性案例106号的说服力度却明显不足。以司法裁判助推法律成长，这一过程不可能轻而易举，更不可能随心所欲，它带来的是高强度的说服义务，需要严密的论证加以支持。指导性案例106号在对开设赌场罪的客观要件和主观要件进行解释时，要展示整体的思维过程，要说明客观要件和主观要件为何进行变动，要证明为什么是目的解释，而不是其他的解释，更适合于待决案件[③] 等等。简言之，对裁判结果进行证立，尤其是对其中有所"创制"的内容提供充足的理由。依照这一标准审视指导性案例106号的论证过程，可以发现有着两方面的不足：

一方面，在客观要件上，指导性案例106号以文义涵摄的外观掩盖了对开设赌场行为的目的性扩张，论证说服方式不明，论证重点模糊。指导性案例106号将开设微信群赌场的行为评价为开设赌场行为，实际上需要根据《刑法》第303条第2款的目的，将该条规范适用于其未直接规定的微信群赌场事项之上。即通过目的解释方法的适用达到目的性扩张的效果。但在指导性案例106号的正式文本中，几乎看不到上述解释过程。事实上，它直接以简单的文义涵摄的外观来掩盖了实质上法律目的的确证，以简单的文义扩张来替代了复杂的目的性扩张。此种模糊重点的论

---

① 参见陈兴良：《刑法学（第三版）》，复旦大学大学出版社2016年版，第470页；张明楷：《刑法学（第四版）》，法律出版社2011年版，第949页。
② 参见杨贝：《法律论证的能与不能》，载《华东政法大学学报》2017年第2期。
③ 法律解释和法律论证有着比较密切的关系，法律论证可以保证法律解释结果的正当性（合理性）。参见焦宝乾：《法律论证及其在法律方法体系中的地位》，载《法制与社会发展》2008年第3期；宋保振：《法律解释的认知逻辑进路》，载《上海政法学院学报（法治论丛）》2019年第1期。

证,甚至都不如最高院新闻发布会上的发言直接明确:"近年来,利用微信群以抢红包的方式开设赌场的案件屡见不鲜,危害严重…该案例有助于指导司法机关依法办理类似案件,教育引导社会公众遵纪守法,同时促进完善网络管理。"考虑到上述情况,上文也只将目的解释在指导性案例106号中的适用界定为隐性适用。此外,即便从文本论证策略的角度进行反思,指导性案例106号的客观要件论证也存在同样的问题。裁判要点和裁判理由中"……行为属于开设赌场"的表述,与刑事立法的句式结构非常相似。立法需要以抽象凝练的语言来设定规则,司法解释规则也可以简明扼要,但是指导性案例确立的裁判规则,是否可以没有具体的论证说明?作为法律规范、司法解释的适用者,指导性案例的任务是将待决事实和法律规范勾连起来。假如没有具体的说明过程,人们该如何判断事实与规范的契合度?在这个意义上,指导性案例106号没有对裁判规则进行证立,没有满足论证说理的要求。

另一方面,在主观要件上,指导性案例106号增加了"以营利为目的"的要件,但没有进行任何的解释说明,试图通过简略的文字表述达到目的性限缩的效果。通过条款的文义表述可以看到,刑法没有规定开设赌场罪的主观要件,甚至通过下文的分析能够发现,刑法修正案(六)在修改开设赌场罪时删除了先前存在的"以营利为目的"的表述。在此种情形下,指导性案例106号要增加"以营利为目的"的要件,就需要对《刑法》第303条第2款的文义范围进行目的性限缩。比如裁判者要说明刑法不仅仅是惩罚破坏生活秩序和善良风俗的行为,同样重要的还有对正常的生活经济秩序予以保护,后者构成了整个刑法典的目的。① 当微信群内互发红包的行为仅仅是正常的社交往来时,它就不应当受到刑法的干涉。此时将日常交往行为和组织赌博行为进行区分的直观方法之一是明确红包的派发要出于营利的目的。如此一来,通过刑法典目的和《刑法》第303条第2款目的的结合考量,开设赌场罪的文义范围得到了限缩。指导性案例106号在增加"以营利为目的"的要件时需要经过类似的解释和论证过程。可惜的是,指导性案例106号没有提及任何的理由,以一种理所当然的方式得出了开设网络赌场要以"以营利为目的"的结论。此种没有理据的结论要如何使他人信服?甚至,上述法律决定的正当性都会受到怀疑。综上,指导性案例106号主观要件缺乏任何论证,是指导性案例106号论证不足的又一表现。

《关于加强和规范裁判文书释法说理的指导意见》要求司法裁判文书应当释法

---

① 在进行目的解释时,不仅可以搜寻具体法律的目的,整个法典的目的也有参照的价值。参见孙光宁:《目的解释方法在指导性案例中的适用方式——从最高人民法院指导性案例13号切入》,载《政治与法律》2014年第8期。

说理，要阐明裁判结论的形成过程，为其提供正当性的理由。该文件还要求，可能成为指导性案例的案件应当强化释法说理。假如，原裁判文书没有做到说理充分，那么在遴选时、在编辑指导性案例的正式文本时，最高院也应当进行补充说理。但显然，指导性案例 106 的论证说理是有问题的，无论是原裁判文书还是指导性案例的正式文本都没有进行充足的论证，没有满足模范案例、优质案例的身份定位；对照释法说理的文件还可以发现，指导性案例 106 号甚至都没有达到一般裁判文书释法说理的要求，缺乏正当性的理由支持。①

在强调说理义务、提高裁判文书质量的今天，大部分法官都具备基本的论证意识。对于法律命题需要证成这一观念，在法律职业共同体内部能够达成共识。而裁判者明知需要论证却仍然没有论证，除却制度上的原因，可能更关乎论证的方法和思路。下文中，笔者将借助法律论证学提供的方法，结合上述指导意见，具体分析指导性案例 106 号的论证为何存在重大瑕疵，进而针对这些原因提出改进的建议。

二、指导性案例 106 号论证不足的成因

法律论证学认为，论证是一个衡量证立的过程，需要在支持理由与反驳理由之间做出评价。② 这些理由或根据作用于待证的法律命题，③ "涉及法律推理中的知识、真理与正确性问题"，④ 能够确定"比较强势"的论据，正当化某项主张，说服预期的讨论伙伴。⑤ 而司法裁判的本质也是证成一项法律决定，实现法律的理性化适用。此种特质表明，司法活动是一项说理活动，裁判者需要提供足够的理由来说服当事人，以及任何不特定的社会公众。由此能够发现，司法实践的说理性和法律论证的实践理性是相契合的，在司法领域，两者都作用于如何使司法主张更具有说服力、

---

① 指导性案例除了会对个案发生裁判效果外，还对其他法院审理类似案件发挥一般的拘束力，因此它应当比一般裁判文书更注重说理，具有更完善的说理结构，使用更有说服力的论据。但考虑到指导性案例也是从一般生效裁判中遴选出来的，原生效裁判在做出时，主审法官其实无法得知其日后的命运，因此退一步而言，指导性案例起码应该满足一般裁判文书释法说理的要求。此时，《关于加强和规范裁判文书释法说理的指导意见》中的一些要求就可以成为评价指导性案例论证说理的考量标准。当然指导意见中的要求还比较抽象宏观，具体操作时还需要用到法律论证学的理论。
② 参见王彬：《案例指导制度下的法律论证——以同案判断的证成为中心》，载《法制与社会发展》2017 年第 3 期。
③ 参见王夏昊：《德沃金司法裁判方案的重构与批判——以法律论证理论为基础》，载《政法论丛》2017 年第 3 期。
④ 舒国滢：《亚历山大·佩策尼克的法律转化与法律证成理论》，载《北方法学》2020 年第 1 期。
⑤ 参见卡尔·拉伦茨：《法学方法论》，陈爱娥译，商务印书馆 2003 年版，第 31 页。

更具有可接受性。

此时可以说，法律论证学有关证立法律命题的理论可以为我们反思指导性案例的说理论证提供一些角度和方法。尽管理论无法直接转化为实践的标准，但对反思实践仍具有重要意义。法律论证学具有深厚的研究基础，其中支持——反驳的论证结构为裁判说理提供了理想的模型，为审视实践作法提供了理性的方法。上文明确，以开设微信群赌场的客观要件和以营利为目的的主观要件都存在论证不足的问题，对此可以用法律论证学中的支持、反驳以及两者间的衡量结构进行分析。

（一）现有文本没有有效发挥共识的支持作用

对一个法律命题的支持，既需要有权威理由，也要有实质性的理由。其中实质性理由是除法律渊源等正式权威之外的，可以用来证明法律命题内容正确性的理由，如公共理由。① 公共理由的主要部分之一是共识（共同认识②）。在法律论证的视域中，共识意指为论证指向的听众所共有的事实性或价值判断性的信念。③ 共识的存在可以证明某一法律命题的提出，不是出于私利而将独断的价值观强加于他人，而是考虑到了多数人的利益，以共识为基础的法律命题有着被多数人合理接受的可能。不只如此，共识由法律共同体内部所共享，形成了集体的前见。从集体的前见出发，法官的论证将更有效率，降低了法官独立裁判的风险，加大了反驳者的论证义务。

指导性案例 106 号论证不足的原因之一是没有意识到共识对客观要件的支持作用，以至于没能结合共识进行说理论证。微信群赌场本质上是借助网络成立的赌场，因此微信群赌场的界定可以引鉴网络赌博场所展开。对于网络赌博场所的界定，刑法学界和实务界其实存在共同认识。刑法学者在适用目的解释方法的基础上，普遍主张赌博场所应当包括网络赌博场所。例如不少观点认为，赌场的载体既可以是传统的物理空间，也可以是虚拟的网络空间；④ 除传统的营业性场地外，赌场还应当包括在计算机上建立的赌博网站等。⑤ 之所以会提出上述观点是因为：其一，网络赌博的组织经营成本较低、渗透性强、容易产生规模效应；其二，网络赌

---

① 雷磊：《法律论证中的权威与正确性——兼论我国指导性案例的效力》，载《法律科学（西北政法大学学报）》2014 年第 2 期。
② 葛洪泽：《论共识》，载《现代哲学》2000 年第 2 期。
③ 廖义铭：《佩雷尔曼之新修辞学》，台北唐山出版社 1997 年版，第 76 页。
④ 参见周立波：《建立微信群组织他人抢红包赌博的定性分析》，载《华东政法大学学报》2017 年第 3 期。
⑤ 参见陈兴良：《刑法学（第三版）》，第 471 页。

博比较隐蔽，不容易被揭发，侦查难度较大；①其三，对参赌人员而言，金钱交易借助电子支付软件，没有交付现实财物的压迫感，且足不出户即可参与赌博，②易侵占闲暇时间。因此，刑法学界将传统的赌博场所和网络赌博场所进行比较等置，由此得出了网络上建立的赌博场所也具有规制的必要性。司法实务当中，最高院和最高检、公安部曾联合发布《关于办理赌博刑事案件具体应用法律若干问题的解释》、《关于办理网络赌博犯罪案件适用法律若干问题的意见》等司法解释，逐步将赌场的范围扩大至网络赌场。比如《赌博解释》第 2 条就明确规定在计算机网络上建立赌博网站，或者为赌博网站担任代理、接受投注的，属于开设赌场。综上所述，刑法理论界和实务界已经就赌场的范围可以扩至网络赌场形成了共识。这些共识的意义就在于，即便不能保证它们完全正确，③但是也能够为指导性案例 106 号的论证提供有力的支持。毕竟在微信群内建立的赌场本质上还是属于网络赌场，所以上述网络赌场的规制逻辑完全可以适用于本案。

此外，社会公众对于微信群赌博也形成了一定的价值共识。微信群赌博的涉及面较广，具有较高程度的社会危害性，公众对此深恶痛绝，希望予以严厉的处罚。通过在中国裁判文书网的搜索可以发现，近三年微信群赌场相关的刑事案件频繁发生，有近五百起的组织者受到刑事处罚，其供述表明赌场内的日流水从数万到数亿不等，涉案金额较大；且每个组织者手中同时握有多个微信群，有时为了逃避侦查，微信群还会随组随散，赌博玩家实际上无法计数，涉及面广。从社会媒体的报道中能够进一步得知，微信群赌场中存在专门的"托儿"、"拉手"，套路深、骗局多，不少参赌人员卖房卖车借高利贷，赔了全部身家。更有甚者从参与者变成了组织者，行为的社会危害性进一步加深。在上述情形下，社会公众已经对微信群赌博的危害性具有一定程度的认知，尤其是对组织者产生了一定的厌恶心理，希望能够将这部分人绳之以法，以从源头上遏制赌博的势头。此种朴素的正义观，也可以成为对微信群赌博进行处罚的支持理由。

总体而言，指导性案例 106 号原本可以运用上述学界的通行观点、实务界的通行作法以及社会公众的价值共识，来论证开设网络赌场这一客观要件的合理性。这一论证方法也为《关于加强和规范裁判文书释法说理的指导意见》第 13 条所认可。

---

① 参见姜涛：《网络赌博罪的认定及其立法建构》，载《河北法学》2006 年第 5 期。
② 参见张林鸿、黄豹：《赌博罪与非罪的若干新视点研究》，载《政治与法律》2007 年第 2 期。
③ 因为即使是一种完全基于理由的共识也可能以完全错误的前提为基础，所以不能排除共识可能出错。参见雷磊：《新修辞学理论的基本立场——以佩雷尔曼的"普泛听众"概念为中心》，载《政法论丛》2013 年第 2 期。

但可惜的是，指导性案例106号既没有结合《刑法》第303条第2款的目的对传统赌场和微信群赌场进行等置，也没有有效利用社会共识进行价值上的引导。

（二）现有文本没有重视可能的反驳

法律命题的证立不仅要考虑到"支援"，还需要考虑到可能的"反驳"。① 反驳"意在提示在某些特殊的条件下，不能从数据中推断出最终主张或者结论。"② 在图尔敏的论证模型中又被称之为例外情况。假如反驳成立，那么法律命题的论证就不是有效的。这样的反驳既可能是针对一些争议问题，也可能是针对无争议的共识问题，毕竟完全一致的共识只在理想的对话情境中才会存在。③ 但结合本案的情况来看，更多的反驳针对着争议问题。

指导性案例106号论证不足的原因还在于没有重视针对主观要件存在的反驳。"以营利目的"是否构成开设赌场罪的主观要件一直存在争议。2006年全国人大常委会在对《刑法》第303条进行修正时，将原本的赌博罪一分为二，分别设立了赌博罪和开设赌场罪。其中赌博（包括聚众赌博和以赌博为业）仍然要求以营利为目的，但在开设赌场部分却删去了"以营利为目的"的表述。对于这种变动，刑法学界存在两种解读。一派认为，"以营利为目的"仍然是开设赌场罪的非法定构成要件要素。比如陈兴良教授认为开设赌场罪应以营利为目的，如果是以消遣、娱乐为目的则不能构成犯罪。④ 刘艳红教授也持相同的主张，认为开设赌场罪和赌博罪的构成要件完全相同，开设赌场只是赌博罪的一种形式。⑤ 另一派认为，"以营利为目的"已经不是开设赌场罪的构成要件。例如张明楷教授就认为，"开设赌场的行为，虽然事实上一般以营利为目的，但刑法没有将营利目的规定为责任要素。"⑥ 持相同观点的还有于志刚教授，理由在于刑法修正案特意删除了"以营利为目的"的表述，因此主观上是否以营利为目的就不是认定其危害性的关键因素。⑦

---

① 参见王彬：《案例指导制度下的法律论证——以同案判断的证成为中心》。
② 孙光宁：《图尔敏论证模型在指导性案例中的运用及其限度——以指导性案例23号为分析对象》，载《湖北社会科学》2017年第7期。
③ Jerzy Stelmach, Bartosz Brozek, *Methods of Legal Reasoning*, Springer, P. O. Box 17, 3300 AA Dordrecht, The Netherlands, 2006, P. 123.
④ 参见陈兴良：《规范刑法学》，中国人民大学出版社2013年版，第938页。
⑤ 参见刘艳红：《中华人民共和国刑法修正案（六）之解读》，载《法商研究》2006年第6期。
⑥ 张明楷：《刑法学（第四版）》，法律出版社2011年版，第950页。
⑦ 参见于志刚：《网络开设赌场犯罪的规律分析与制裁思路——基于100个随机案例的分析和思索》，载《法学》2015年第3期。

在面对上述立法上的变动和学理研究中的争议，指导性案例 106 号没有给予充分的关注和回应，导致其确立主观要件无法完全证立。刑法修正案删除了开设赌场罪中的"以营利为目的"的表述，这在很大程度上表明立法者已经不再对犯罪意图做出特别要求。而指导性案例 106 号在评价微信群赌场时却恢复了以营利为目的要件，这是否意味着法官偏离了立法历史、立法意图？这样的反驳对于裁判者而言是非常棘手的。法律职业共同体应当对制定法了然于胸，我们有理由假设裁判者能够想到这一有力反驳。但现实情况是裁判者并没有说明为何要增加主观要件。当然根据学理研究，也不排除"以营利为目的"成为了非法定的构成要件要素，此时裁判者可以通过对立法目的的限缩性解释来恢复主观要件。假设如此，指导性案例 106 号就更不应当含糊其辞，如此武断地得出结论，而是要提供明确的理由，为主观要件提供正当性的证成。

此外，当事人的陈述及辩护律师的意见在指导性案例 106 号当中没有得到相应体现，这从另一个角度表明了指导性案例没有足够正视反驳意见。在原生效的裁判文书当中，二审法官针对当事人及其辩护人的反驳理由进行了回应，[①] 但是这部分内容并没有出现在指导性案例的正式文本当中。指导性案例为了文本的简约性，对原始裁判进行裁剪是合理的。[②] 但是裁剪的部分是否应当包括当事人及其律师的反驳意见，这点是值得商榷的。因为一般情况下，当事人及其律师所提出的反驳理由，很可能与最终的裁判结论并不一致，因此对辩护理由进行反驳，实际上也能够有效证明最终裁判结论。在这个意义上，指导性案例的正式文本省略了反驳的部分，就很可能影响到法律决定的证立。

（三）现有文本没有意识到衡量证立的重要性

衡量证立法律命题需要一般情形下的理由和例外情形下的理由来加以确定。[③] 这意味着支持理由和反驳理由需要经过衡量证立的结构得到最终的评价。对于法律适用者而言，法律评价的揭示是必要的。无论是简单案件还是疑难案件，都需要展示评价或衡量的过程。只不过因为疑难案件的背后存在着语义模糊和未被法律规制的情形，需要法律原则、法律价值的衡量，[④] 需要考虑到特殊听众

---

① 参见浙江省杭州市中级人民法院（2016）浙 01 刑终 1143 号。
② 汤文平：《论指导性案例之文本剪辑——尤以指导案例 1 号为例》，载《法制与社会发展》2013 年 02 期。
③ 参见王彬：《案例指导制度下的法律论证——以同案判断的证成为中心》。
④ 参见雷磊：《新修辞学理论的基本立场——以佩雷尔曼的"普泛听众"概念为中心》，载《政法论丛》2013 年第 2 期。

的利益,① 因此对衡量证立的要求会更高。

　　指导性案例 106 号论证不足的最后一个原因是没有意识到支持理由和反驳理由之间的衡量证立。一个法律问题的背后往往存在着多元利益的博弈,支持其中的一种,就意味着驳回了其他种利益。如何通过适当的方式来对各种利益进行妥当地评价,达到利益之间的平衡,考验着法官的能力和素质。本案中,利益之间的博弈(也是支持理由与反驳理由之间的博弈)主要体现在微信群内的赌博和传统的赌博之间是否具有等价性,将两者对等会不会对微信群的管理者施以过重的处罚,侵害日常的人际交往和财产处分的自由,存在小题大做之嫌?事实上,就客观要件来说,微信群内的赌博直接打破了关系网络的限制,任一扫描二维码的陌生人都能加入群聊实施赌博,蔓延趋势大,风险不可控,因此和传统的赌博、和其他的网络赌博一样都具有社会危害性。这是有必要将刑罚的触手伸向日常社交软件的原因。而就主观要件而言,强调"以营利目的"的动机也并非完全不合理。营利是推动行为人实施犯罪的内心起因,是一种犯罪的动机。通过对动机的强调将开设赌场罪视为一种目的犯,② 可以非常明确的区分营利行为和娱乐行为,从而提高入罪门槛,保持刑法的谦抑性。由此总的来看,客观要件扩大了规制的范围,而主观要件又提高了入罪的门槛,此种"一扬一抑"的方式,能够较为直观地体现衡量的过程,既不至于让微信内的组织赌博行为逃脱处罚,也不至于影响到正常的人际往来活动。这一逻辑也和上文中客观要件的目的性扩张和主观要件的目的性限缩是相通的。但可惜的是,指导性案例 106 号并没有展示上述的衡量过程,导致法官的判决类似于魔术师的"魔术箱",案件事实合成法律后果只需要魔术棒的挥舞,似乎不费吹灰之力,颇有水到渠成之感。然后由于法律论证的严谨性,如果制定法和裁判大前提没有保持一致,就无法构成一个有效的推论。裁判者要想构建与制定法不同的裁判大前提,必须通过衡量方法,将这背后的原因揭示出来,进行外部证成。

　　此外,从主客观要件的论证难度来看,相较于存在共识的客观要件,不存在共识的主观要件需要更多的法律论证。③ 指导性案例却反其道而行之,将为数不多的

---

① 特殊听众与普通听众相对,它存在与特定的场域之中,是个案中事实和规范论证所针对的对象。对特殊听众影响最大的是利益。参见孙光宁:《寻求可接受的修辞论证——兼评〈新修辞学〉》,载陈金钊、谢晖主编:《法律方法》(第 9 卷),山东人民出版社 2009 年版,第 271—272 页。
② 参见桂亚胜:《目的犯之目的争议研究》,载《法商研究》2006 年第 4 期。
③ 佩雷尔曼指出,人们对于普遍认可的事实和真理,往往具有比较高的接受度,而这在一定程度上表明上述事物已经具有了客观的性质,不再需要通过论证来强化认同。这一观点恰巧可以用来证明共识本身不需要大篇幅的论证。See Chaim Perelman, *The New Rhetoric: A Theory of Practical Reasoning*, D. Reidel Publishing Company, 1979, p. 15.

笔墨都用来描述客观要件，反而省略了主观要件的论证，这样的做法实际上也值得斟酌。如何明智地设定论证的篇幅，合理地平衡论证的精力，实际上也会影响到论证的说服力度。

三、指导性案例文本论证说理质量的完善措施

指导性案例 106 号论证质量的提高关乎到论证思路、论证方法的选择。如何做出适当的选择对大多数指导性案例是非常重要的。因为上述论证不足的问题并非仅仅存在于指导性案例 106 号。事实上，与指导性案例 106 号类似的 105 号、以及指导性案例 1 号、① 指导性案例 23 号、② 指导性案例 67 号、③ 指导性案例 96 号④ 等都不同程度地存在着论证上的缺陷，其中缘由也离不开不到位的支持和反驳。针对这些共同的问题和原因提出改进建议，更易于帮助法官找准论证的重点和思路。

（一）运用共识提高裁判的可接受性

可接受性作为法律论证的一个基本原则，可以通过司法共识的作用来达成。如何保证法官做出的判决不仅合法，并且因其合理而可以被接受，⑤ 这一问题一直是修辞论证研究的重点。不可否认，以共识作为论证的基础，是提高裁判可接受性的重要途径。"共识越多，则达成听众的接受可能性就大得多，毕竟，相同或者相似的背景结构将导致听说双方的思维结构和知识体系有着很多的共性，在面对相同或者相似问题的时候，得出相同或者相似结论的可能性大大增加。"⑥ 在这个意义上，充分利用共识来提高听众的可接受度是十分有必要的。

---

① 细致的分析可以参见汤文平：《从"跳单"违约到居间报酬——"指导案例 1 号"评释》，载《清华法学》2012 年第 6 期。
② 细致的分析可以参见孙光宁：《图尔敏论证模型在指导性案例中的运用及其限度——以指导性案例 23 号为分析对象》。
③ 细致的分析可以参见杨旭：《〈合同法〉第 167 条对股权买卖之准用——〈指导案例〉67 号评释》，载《现代法学》2019 年第 4 期。
④ 细致的分析可以参见楼秋然：《股权转让限制措施的合法性审查问题研究——以指导案例 96 号为切入点》，载《政治与法律》2019 年第 2 期。
⑤ 佩雷尔曼：《法律与修辞学》，朱庆育译，载陈金钊、谢晖主编：《法律方法》（第 2 卷），山东人民出版社 2003 年版，第 148 页。
⑥ 参见孙光宁：《寻求可接受的修辞论证——兼评〈新修辞学〉》，载陈金钊、谢晖主编：《法律方法》（第 9 卷），山东人民出版社 2009 年版，第 272 页。

在法律论证的语境当中，能够加以运用的共识主要指向法律共同体的共识。在一般意义上，共识的范围是由听众所决定的。①在普泛大众范围内存在共识，这是理想的状态，在现实审判实践中很难达到。②因此，听众及其共识更多时候都是场域限定的，是在法律共同体的范围内探讨的。法官以具体的司法听众为背景，以既有的司法共识为出发点，通过论据的运用来使司法裁判达到最高程度的认可和接受。在这一过程中，具体论证说服的听众对象——法律共同体，既包括法律职业共同体，也包括"那些法律地位在某种程度上受到法庭或其他法律官员之司法判决影响的个体。"③无论是基于专业（职业）的关联，还是基于裁判利益的关联，指导性案例的裁判结果都会对这些群体产生实质的影响，都存在裁判结果能否被接受的问题。因此，这些主体成为了指导性案例论证的目标听众。相应地，法官可运用的共识也就包括法律职业共同体的共识和案件相关者的共识。前者可以集中于理论界达成的研究共识和实务界达成的实践共识，比如指导性案例106号中，刑法学界和最高院、最高检和公安部等实务部门就针对开设网络赌场行为的客观要件形成了共识。后者集中指向当事人在诉讼过程中达成的共识，这一点在强调意思自治的民事指导性案例中具有显著的意义。

另外，指导性案例作为最高院发布的具有正式参照效力的案例，其可接受性虽然以法律共同体为主，但是也不能完全局限于此，在更为宽泛的意义上还需要考虑到社会群体的接受程度。佩雷尔曼指出，对于最高院而言，其判决是以智识大众和立法者以及未来有可能推翻判决的法官为听众。④在这个意义上，社会大众的共识，比如核心价值共识、朴素的正义感等等也可以成为论据的"支援"。虽然此类价值共识看似虚无缥缈、无从捉摸，但事实上也是可以描述的。因为排除思想宣传的因素，从司法的角度来看，其实每一次的审判都是在大众面前进行辩论和审议，而这一过程最终会带来有关社会价值观的共识趋向统一。⑤最高院在指导性案例106号的发布会上强调教育引导社会公众遵纪守法，完善网络管理，也可以说是出于凝聚价值共识的目的。由此看来运用社会价值的共识总体上是可行的。最后，需要注意

---

① 参见陈金钊等著：《法律方法论研究》，山东人民出版社2010年版，第483页。
② 普泛听众的可接受性难以在现实中达到，那么对特殊听众的可接受性的追求和满足就应当是可欲的。参见孙光宁：《法律论证中的可接受性原则》，载陈金钊、谢晖主编：《法律方法》（第8卷），山东人民出版社2009年版，第379页。
③ 雷磊：《新修辞学理论的基本立场——以佩雷尔曼的"普泛听众"概念为中心》。
④ Chain Perelman, "Law, Philosophy and Argumentation", in *Justice, Law and Argument: Essays on Moral and Legal Reasoning*, D. Reidel Publishing Company, 1980, p. 151.
⑤ R. Siltala, *Law, Truth, and Reason*, Law and Philosophy Library 97, p. 79.

的是，上述各类主体的共识都应当围绕法律规范而展开。离开法律体系内的约束和评价，共识也可能是集体的偏见或谬误。所以重要的是要时刻保证共识围绕大前提展开。

（二）对质疑或者反驳进行有效回应

指导性案例论证的主要目的之一是让裁判结论经得住反驳，因此在论证过程中就需要针对可能成立的反驳提供尽量多的支持。在图尔敏的论证模型中，反驳是针对待证立的法律命题展开的。尤其是在法律命题存在争议的情况下，由于存在多种解决方案，相关的反驳就会增多。此种反驳可以是说明法律规则的例外情况，可以引用法律的基本原则，也可以是列举先前公布的裁判文书（包括指导性案例），还可以是其他有说服力的权威观点等。

如果是根据目前的资料可以明确的反驳，指导性案例就应当进行主动回应。能够全面搜集可能的反驳，当然是理想状态，可以应对绝大多数的质疑；但如果限于时间和精力，法官不能有效收集全面的反驳，此时也至少应该就明显会成立的反驳进行再反驳（支持），以证成自己的法律决定。指导性案例106号中，"以营利为目的"的主观要件早在2006年就被刑法修正案（六）所删除，面对与立法者意志不符这一可以明确的反驳，指导性案例没有提供任何的解释说明。这是指导性案例106号论证中存在的一大漏洞，与其他正视反驳的指导性案例形成了强烈反差。比如指导性案例110号中，法官针对"无效果无报酬"原则的例外（反驳）进行了细致的解答：救助公约第12条、海商法第179条规定了"无效果无报酬"的救助报酬支付原则，但也均允许当事人对救助报酬的确定另行约定。因此，在救助公约和我国海商法规定的"无效果无报酬"救助合同之外，还可以依当事人的约定形成雇佣救助合同。据此，无论救助是否成功，被救助方均应支付报酬。[①]该案例很好地回应了法律原则方面的反驳，从反面增强了论证的说服力。在论证策略上，法官将部分论证精力放在对反驳的再反驳之上，这是非常有必要的，它可以有效冲击相反的命题，促进待证法律命题的进一步证立。

指导性案例对反驳的回应还包括被动回应，即针对当事人及其律师的反驳理由进行回应。当事人及其律师可以在审判过程中表达自己的不同意见，因为"审判的

---

① 参见最高人民法院审判委员会：《指导案例110号：交通运输部南海救助局诉阿昌格罗斯投资公司、香港安达欧森有限公司上海代表处海难救助合同纠纷案》，载《人民法院报》2019年02月26日，第2版。

结构为反驳的系统性表达提供了机会。"① 多数时候,当事人一方的反驳理由针对案件焦点问题,和裁判的结论紧密相关。在这种情况下指导性案例的回应也是有必要的。哪怕仅仅是驳斥的回应,也好于完全无视。因为回应的作法不仅能够更加全面地反映庭审的过程,使得整个裁判过程更加丰富全面;更重要的还在于通过先破后立的方式,使得指导性案例的裁判理由紧紧围绕争议问题,能够更加有效地证明最终裁判结论的合法与合理。可惜的是,除了指导性案例3号、11号、13号、27号和63号之外,大多数指导性案例都没有重视当事人一方的意见。对此,后续的改进方向应当是对是否采纳律师意见进行细致的理由说明。② 当然,如果当事人一方的反驳没有针对案件焦点问题,或者对裁判结论的证立无关紧要,指导性案例也可以选择忽略。因为反驳应当针对法律命题而提出,假如它已经偏离了问题本身,无法在法律体系内被评价,那么也就不构成法律论证意义上的反驳。比如当事人一方引用非理智的舆论观点进行反驳,再如反驳的目的不是为了辨明,而是为了宣泄情绪等等。这些情况下,指导性案例都没有回应的必要。

(三)重视法律评价的揭示

指导性案例的论证重点之一在于揭示、贯彻立法者的利益评价。法律条文的表述体现了立法者的利益评价,蕴含着立法者对某些相关利益的界定和平衡。司法裁判的任务就在于,以适当的方法来识别制定法的利益状态,并通过论证方法的使用来证成这一法律评价,给出相同对待或者区别对待的理由。③ 指导性案例更是如此,它需要细致分析和全面评价不同解释结论带来的利益分配的差异,以帮助后案法官明晰案件的整体过程和结果。④ 对于指导性案例106号而言,它重新设定了社交网络聊天工具内合法行为的边界,考量了良好秩序、善良风俗等社会利益,和社交自由、处分自由等个人利益之间的关系。并且如上所述,最终以"一扬一抑"的方式平衡了两种利益。这是指导性案例106号应当展现的衡量结构。在一般意义上,利益界定的越明确,利益衡量的结构越清晰,对后案法官的指导作用也就越大。此时讨论的焦点就集中于立法者的利益评价究竟为何物。

立法者的利益评价并非真实存在,而是由后来的司法者所建构;同时司法者的建构不能是出于个人的主观意愿,其应当对自己的评价行为提供证成。立法者是一

---

① 宋旭光:《法学视角的图尔敏论证理论》,载《法制与社会发展》2014年第1期。
② 参见孙光宁:《法律解释方法在指导性案例中的运用及其完善》,载《中国法学》2018年第1期。
③ 参见李鼎:《体育侵权:自甘风险还是过失相抵》,载《武汉体育学院学报》2020年第5期。
④ 参见孙光宁:《法律解释方法在指导性案例中的运用及其完善》。

个集合名词，它代指的是一群代表人民行使立法权的代议机构。从中我们无法得知每一个法案制定者的内心真实意思，也无法得知法案表决者出于何种原因肯定或者否决了某一法案。在这个意义上，立法者的利益评价不是实际存在的，是法官基于适用的需要而建构的。而应然层面上建构起来的法律评价，可能就会带有建构者的主观想法，那么要如何避免其中的主观性？这一问题涉及到两个解释的立场的争论，主观主义的解释和客观主义的解释。主观主义的解释论认为立法者的价值评价是完全可以被重构、被复述的，法官需要模拟立法者的立场，探寻立法者的原意；[1] 客观主义的解释论认为法官需要依照法秩序的要求及评价标准，结合客观情况对该当案件事实进行评价。[2] 两种解释立场各有千秋，笔者在此不纠结于何种解释立场更具有优势，[3] 对上述内容的引鉴不过意在表明，无论是哪一种解释结论都排除法官个人主观的评价标准。主观主义的解释强调立法者的意志，客观主义的解释强调法秩序的意志，两者都排斥司法者个人的主观评价，拒绝司法者将个人偏好带到法律评价的过程中。那么，"法律评价主观"的观感又是如何产生的？问题的症结就在于司法者没有对评价行为提供足够的论证。[4] 如果司法者没有在裁判文书中说明自己具体考量了哪些利益、思考了哪些支持或反驳理由，而选择直接给出裁判结论，无疑就会受到凭主观臆想判案的质疑。从这个角度来看，法律评价的重点或许不在于选择主观主义还是客观主义的解释立场，而是在于为自己选择的解释立场提供论证，进行理由的说明。这也是法律论证方法为其他法律方法的适用提供保证的重要方面。

最后，值得一提的是，法律论证学提供了理想的论证模型，对照于此进行反思和完善时无可避免地会受到现实条件的制约。比如理想化的证立不受时间、地域、精力、能力等的羁绊，但实际的司法证立却时刻受到诉讼制度的限制，受到当事人和法官能力的限制。上述提出的一些改进措施，还需要在诉讼法、证据法等的框架下进行，有时为了程序上的正义，法官的说理论证可能就无法做到尽善尽美；而当

---

[1] 这是萨维尼的观点，具体内容参见陈金钊等著：《法律方法论研究》，山东人民出版社2010年版，第344页。

[2] 参见卡尔·拉伦茨：《法学方法论》，陈爱娥译，商务印书馆2003年版，第172页。

[3] 话虽如此，但就现在的方法论研究来看，客观主义的解释占据主要地位。参见卡尔·拉伦茨：《法学方法论》，陈爱娥译，商务印书馆2003年版，第207—209页；齐佩利乌斯：《法学方法论》，金振豹译，法律出版社2009年版，第70—72页；杨仁寿：《法学方法论（第二版）》，中国政法大学出版社2013年版，第162页。

[4] 无论是主观主义的解释方法还是客观主义的解释方法，背后都涉及到多元的价值和利益，其得出的解释结论要想获得可接受性，需要更强理由加以论证。杨铜铜：《论法律解释规则》，载《法律科学（西北政法大学学报）》2019年第3期。

事人的举证质证能力、法官对事实和规范的理解程度等也会直接影响到裁判文书的整体论证水准。在这个意义上，此部分的完善措施仅仅是提供了提升的方向，具体的司法论证能否提高、能在多大程度上得到提高，还是要视具体的案件而定。①

结　语

最高人民法院《关于加强和规范裁判文书释法说理的指导意见》中强调，要进一步加强和规范人民法院裁判文书释法说理工作，提高释法说理水平和裁判文书质量。在这一提高和规范的过程中，指导性案例能够发挥良好的推进作用。一方面，指导性案例对于审理类似案件的法官具有应当参照的效力，这就决定了指导性案例可以对类似案件的审判发挥实质的影响。这种影响不仅在于对裁判结果的明确，更在于对思维方法的规范，在于对论证思路的指引。假如指导性案例的说理非常清晰，论证足够有力，那么对于参照法官而言就是一次有针对性的、高质量的方法训练。不只如此，另一方面，指导性案例作为一种业务指导方式，通过法院内部的业务学习，它也能够潜移默化地影响其他法官，能使个案论证的思路和方法深植于每个法官的司法意识之中。基于上述原因，可以假设，如果指导性案例的论证水平得到提高，整体司法裁判的论证水平也会受到积极影响。而尽力促成此种"以点带面"的效果的出现，正是本文写作的最终意图之所在。

---

① 本文从论证结构的角度提出了一些完善措施。除此之外，指导性案例的说理论证还可以从逻辑的角度、从融贯性的角度等得到提升，限于文章的篇幅，剩下的角度就留待日后讨论。

指导性案例中社会自治规范的适用方式与效果提升

张 滕[*]

摘 要 社会自治规范对于司法相关领域的法律规范具有漏洞补充、锦上添花的效果,可以充当多元规范治理的组成部分。不同类型的社会自治规范在指导性案例中有着不同的分布特征,大致呈现出充当事实证据、充当裁判说理的补充规范依据、明确或提高规范效力这三种适用方式,也有部分指导性案例对某些社会自治规范持否定评价。基于适用现状,可以通过在"裁判要点"部分点明社会规范类型和适用结论、用"裁判依据"代替"相关法条"部分并准确引用社会自治规范名称和条款、在"裁判理由"部分加强对社会自治规范有侧重的充分说理等措施,提升指导性案例中社会自治规范的适用效果。

关键词 社会自治规范 多元规范治理 指导性案例 司法裁判

指导性案例作为具有中国特色的司法实践的产物,穿梭于事实与法律之间,呈现出具有权威性和整合性的指导作用。在指导性案例的正式文本之中,存在着大量案件事实与规范适用的博弈,多种类型的法律规范成为了裁判和说理的重要依据来

---

[*] 张滕,山东大学(威海)法学院2020级法学理论专业硕士研究生。本文系2019年国家社科基金重大研究专项项目"社会主义核心价值观背景下的案例指导研究"(项目编号:19VHJ004)的阶段性成果。

源。除了具有明确依据意义的法律规范以外，指导性案例的正式文本，尤其是指导性案例的裁判理由的说理性文字中，还出现了很多非法律的、社会自主性较强的规范的身影。这些社会自治规范的形式不一，由立法主体之外的其他社会主体自行制定并使用，在某一个特定的共同体内部具有实效，不属于法律规范的范畴，虽作为软法不具有强制适用的要求，[1]但却同样可以作为被长期遵循的"行动中的法"而应用于纠纷解决、[2]具有指引行为的规范效应，在指导性案例的裁判行文与逻辑演进中发挥着独具特色的影响力。之所以要在指导性案例中探讨社会自治规范，是因为指导性案例可以借助裁判要点等概括表达，凝练和积淀法官的司法智慧，[3]产生集中整合裁判经验的优势，具有显著的代表性和正式效力，且具有示范、澄清解释和填补效应；[4]借助指导性案例的实践定位和制度优势，社会自治规范可以通过更加权威、正式的途径获得社会各界尤其是法律实务者的关注和重视，进而融入多元规范治理的架构中，探寻更为现代化的司法社会治理模式。社会自治规范散见于不同批次、不同案由的指导性案例之中，不同类型的社会自治规范以多样的方式得以具体适用，并可以为后续司法裁判实践提供启示。

一、社会自治规范在指导性案例中的类型分布

规范可以在某种程度上与行为规则等同[5]，"凡是能够对人们的行为起到约束、指导、指引、规制作用的规则，都是一种规范"[6]。由此，"规范"并不局限于法律，社团章程等能够约束行为的规则都可以用"规范"表述。质言之，社

---

[1] 参见廉睿、卫跃宁：《由"硬法之维"到"软硬混治"——中国法治进程中的软法资源及其运作路径》，载《学习论坛》2016年第4期，第67页。该文认为"软法并不依赖于国家强制力而获得其运作的生命力"，并且倾向于将本文所讨论的各类自治规范置于"社会软法"的范畴之中。换言之，社会自治规范不具备国家强制力为后盾所产生的主体权威性，不具备强制效力。
[2] 参见范愉：《民间社会规范在基层司法中的应用》，载《山东大学学报（哲学社会科学版）》2008年第1期。
[3] 参见李红海：《案例指导制度的未来与司法治理能力》，载《中外法学》2018年第2期。
[4] 参见雷磊：《指导性案例法源地位再反思》，载《中国法学》2015年第1期。
[5] 从文义解释的角度来看，《汉语大辞典》将"规范"解释为"约定俗成或明文规定的标准"，并将"社会规范"解释为"社会用于调整人们的相互关系，维护正常社会秩序的各种行为准则"，由此规范可以进一步理解为以共识性认同为基础的行为准则，亦即意味着规范与社会主体之间长期实践的、共同遵循的能够约束行为的规则有内在一致性。
[6] 刘作翔：《构建法治主导下的中国社会秩序结构：多元规范和多元秩序的共存共治》，载《学术月刊》2020年第5期。

会自治规范需要具备几种特质。其一,具备规范性,必须是对行为、标准等做出指引或拘束限制的、可操作的规则。其二,具备特定范围内的普适性,是特定共同体针对普遍现象做出的可反复适用的行为规范,因此排除同样具有拘束力但行为相对性极强的合同,诸如单纯两个主体之间的交易合同;但存在一种例外,即作为超级民事主体的电商平台等强势交易方在交易中反复使用的格式条款,对于相对固定交易圈的特定交易有普适性。其三,具备社会实践性,要求来源于纯粹社会性活动,因此排除了具有制度和政治意味的法律规范和政策;也排除了理论性更强的法理,因其具有群体边界而无法融入狭义的社会领域。其四,具备能动性,强调是有意识的制定行为获得的产物,排除自然而然出现的道德、社会公德等。此外,这种规范具备"自治"的特征,[①] 存在着"自制-自用-自律"的行为模式。总而言之,凡是由利益共同体制定的约束或引导行为的成文或不成文的规则,都可归属于"社会自治规范"。既可以填补法律规范未预见或未妥善考虑的内容,又可以让法律规范适度放手、创造社会自行治理的活力。根据制定主体的不同,社会自治规范划分为如下五种类型,在指导性案例中各有其分布特点。

一是企业的自治规范。企业是民主管理和权益实现的重要自我治理主体,[②] 为了提高管理效率、获得最大化的收益、实现营利目标,需要最了解自己经营需求的企业自行主动地针对具体业务制定各类规范,《公司法》等法律规范无法也不应该过多干预企业运行。具体可分为两类:企业的内部治理管理规范和企业经营中与业务活动有关的涉外规范。前者涉及组织结构、人事管理、经营模式等企业内部事宜,常见形式是公司章程、各种人事劳动类的管理规范、统一业务规范等自治性的文本,指导性案例 8 号、10 号、96 号皆出现了对公司章程内容和效力的讨论,指导性案例 18 号着重分析了涉案公司《员工绩效管理办法》这一公司内部人事管理规范是否能够成为单方解除劳动合同的合法依据,指导性案例 15 号则依据《销售部业务手册》《二级经销协议》等公司内部通用的业务规范文本判断涉案三公司是否构成人格混同;后者是指交易强势一方制定的交易条款,有别于极具相对性的普通合同的交易条款,多指超级民事主体在多次交易中形成的格式条款,在该公司

[①] 即使某些规范可能超出内部自治范围及于群体外部成员,比如各类运营商等超级经营者制定的格式化交易规则可能会超出经营者自身范围而适用于组织以外的、开通相关业务的消费者,再比如房地产等行业的自治规范也会对房地产从业人员之外的房屋交易者产生实际影响,但这些规则或规范依然是为与自我治理密切相关的活动服务的,可以划入"自治"的范畴中。

[②] 参见陈柏峰:《中国法治社会的结构及其运行机制》,载《中国社会科学》2019 年第 1 期。

所涉的特定营业项目的交易共同体内部具有普适性，排除一次性的交易条款、债权债务条款，体现出了一定程度的涉外性①，指导性案例64号中的《中国移动通信客户入网服务协议》和指导性案例83号中天猫电商平台自行设置的消费者投诉规则，是中国移动、电商平台等超级民事主体对开通入网服务、电子商务交易等反复出现的特定交易行为做出的格式化规范，能够以更合理的成本约束和指引相关业务交易行为。

二是事业单位的自治规范。此类规范在指导性案例中主要体现为各类高校所制定的章程、规定、实施细则、教学纪律或通知等形式，常常作为内部规定和行为规范而出现②。高校或者说大学是从事高等教育活动的事业单位，在其被授予的学术自治权的基础上，高校可以通过制定颁布校内行为规范和学术自治规范，进而完善内部治理结构③、引导教学活动有序有质地进行。此类高校自治规范针对高校内成员的教学和学术行为予以规制，在校内可以针对不特定多数人反复适用，其所涉内容主要是法律规范所未明确规定或规定不到位但只能由高校自行抉择处理的事项④，只对高校内部成员产生自治性的拘束力。作为高校这一事业单位的自治规范，其在指导性案例正式文本中也有所体现：指导性案例38号对北京科技大学的《关于严格考试管理的紧急通知》这一校规校纪展开了讨论，指导性案例39号则涉及《华中科技大学武昌分校授予本科毕业生学士学位实施细则》，上述两个案例都在高校自治规范所体现的教育自主权与合法性审查之间展开了博弈，所涉及的自治规范都具有校内特定范围的普适性和规范性，都主动地对涉案高校的师生产生了行为拘束和指引。

三是社会团体的自治规范。社会团体的组织本身一般都具有非政府性⑤，这决定了其自治规范多是针对组织在社会实践中的事实现象予以有针对性的规制，很少受政治、政策等公权力因素影响；且此类团体多是在成员自愿的基础上缔结成立的

---

① 之所以认为其具有涉外性，是因为商业交易不同于企业自身的经营管理，商业交易等双方互动性法律活动突破了企业本身的自治范围，平台经营者的格式化交易条款在制定时已然将参与到特定业务的交易活动中的消费者也纳入了交易共同体的规制对象中，不再只是单纯地针对企业内部成员产生实际影响。
② 参见袁煜昶：《大学章程在司法裁判中的法律效力探析》，载《江苏高教》2020年第8期。
③ 赵合泽、周佑勇：《当代中国大学章程的法律效力之辩》，载《南通大学学报（社会科学版）》2017年第4期。
④ 徐靖：《高校校规：司法适用的正当性与适用原则》，载《中国法学》2017年第5期。
⑤ 参见丁曙光：《法律视角下的社团问题研究》，载《山东审判》2006年第4期。该文指明社团的非政府性和自愿自治性。这种民主自愿的自我治理能够实现比政府干预更好的治理效果，其治理举措更具针对性、更易产生实效。

具有自治性的组织，由最了解需求目标的社员合意自制通过的内部章程[①]更具有自律性，更易有效约束社团成员行为。社会团体的自治规范即社团章程，包括各类行为准则、纪律、制度等，以规范的形式有效告知其成员为了实现团体自身目标须被设定哪些权利和义务。[②]社会团体的自治规范在指导性案例正式文本中也有所体现：指导性案例75号就着重分析了中国环境保护与绿色发展基金会这一社会团体的章程，关注"章程规定的宗旨和业务范围是否包含维护环境公共利益的问题"，根据绿发会章程确定是否其属于环境公益类的社会组织，进而判断是否具有环境公益诉讼起诉主体资格。

四是群众性自治组织的自治规范。此类自治规范的自治性更加纯粹、彻底，比较典型的形式是村民委员会制定的村规民约和居民委员会制定的居民公约，这两种情况是法定的基层群众性自治组织的自治产物，是社会实践性、自治性和能动性都极其强烈的行为规范。此外，还有《民法典》出台前后争论十分热烈的"业主委员会"，其同样也是特定范围内的建筑物业主自发组织的、对日常业主生活和权益予以自律的能动性组织，其制定的业主委员会章程同样对内部业主成员具有行为规范力和拘束力，也应纳入群众性自治组织的自治规范的范畴。但目前已经出台的24批指导性案例中尚未涉及本文提到的三种群众性自治组织的自治规范。[③]

五是行业的自治规范。自由市场交易对商业行业自治的需求，促成了行业规范（即行规）的长期存在。[④]行业自治规范具有法律规范所无法具备的行业视角和细致程度，可以及时对本行业存在的事实予以更为细致妥善的规制。具体可以分为隐性的行业交易习惯和显性的行业标准。前者隐性的行业交易习惯，即行业内部长期实践并反复确认的惯例性交易规则，其规制对象不仅仅是行业内部成员，效力有时会外延至行业活动的其他参与者，在指导性案例的正式文本中，体现为指导性案例1号所涉及的房地产行业"禁止跳单"的行业交易习惯，约束并引导着房地产买

---

① 参见兰捷：《软法视角下的社团章程研究》，载《学术论坛》2013年第4期。
② 参见刘颖：《论社会规范在法治建设中的作用》，载《暨南学报（哲学社会科学版）》2016年第3期。
③ 针对目前已发布的24批139个指导性案例文本，以"村民委员会"、"村委会"为关键词进行检索，仅1例（指导性案例11号：杨延虎等贪污案）出现相关字段，但该案村委会仅作为出具虚假证明的利益相关人出现，并未涉及村规民约等村委会自治规范；分别以"居民委员会"、"居委会"、"业主委员会"为关键词进行检索，并无相应指导性案例存在；尽管以"业主大会"为关键词检索后存在1例（指导性案例65号：上海市虹口区久乐大厦小区业主大会诉上海环亚实业总公司业主共有权纠纷案），但该案也并未涉及业主大会自治规范。
④ 董淳锷：《"法律与商业行规"的理论谱系——基于交叉学科视角的多维阐释》，载《中山大学学报（社会科学版）》2020年第3期。

卖双方的缔约行为，可以理解为一种规范；后者显性的行业标准是指在社会自治动力下在某些科学、技术或其他经验领域中经批准实施的合理专业标准，[①] 在指导性案例中大量存在，诸如指导性案例 60 号食品安全行业的 GB7718-2004《预包装食品标签通则》、指导性案例 92 号的农业行业标准《玉米品种鉴定 DNA 指纹方法》NY/T1432-2007、指导性案例 100 号的 NY/T2232-2012《植物新品种特异性、一致性和稳定性测试指南-玉米》和指导性案例 139 号环境行业的《恶臭污染物排放标准》（GB14554-93）。

二、社会自治规范在指导性案例中的适用方式

从上述种类的社会自治规范在指导性案例中的总体运行效果来看，数量上，24 批指导性案例中探讨社会自治规范的案例约为 15 例，而法律、地方性法规、部门规章等法律规范几乎在每一个案例中都有涉及，指导性案例对社会自治规范援引和讨论的比例远低于法律规范的运用；态度上，指导性案例的编纂对社会自治规范持审慎态度，没有绝对地赞成或极端地否定，而是根据具体案情和相关法律规范的内容规定予以适当的参照或历经严密审查后进行否认。可以看出，指导性案例对社会自治规范的适用是有选择的。随着社会发展，法律规范在多元规范治理体系中逐渐占据主导地位，[②] 法律体系中任何类别规范的独特价值都要在法律规范所框定的边界内完成，社会自治规范也要因法律规范本身或发现适用法律规范的司法活动来获得更为确定、更为强势的效力。具体而言，社会自治规范在指导性案例中有如下适用方式。

（一）社会自治规范充当指导性案例争点解释的事实证据

此类指导性案例中社会自治规范充当裁判的事实性证据出现，对于社会自治规范效力的干预程度最弱，[③] 在指导性案例 8 号、10 号、15 号、75 号、96 号出现了

[①] 参见蒋怡琴：《论标准在民事裁判中的适用》，载《行政与法》2018 年第 7 期。
[②] 参见刘作翔：《当代中国的规范体系：理论与制度结构》，载《中国社会科学》2019 年第 7 期。
[③] 此类指导性案例中，社会自治规范仅仅作为一种客观的事实性证据出现，案例裁判理由从社会自治规范本身找出解释案件的来源，并没有改变、评价涉案社会自治规范的效力，甚至根本未曾讨论提及其效力。所以在此类指导性案例的文本编写中，社会自治规范只是作为一种辅助性的裁判证据素材而被运用，并不会影响该社会自治规范本身的效力，因而称其为干预程度最弱。

该效果。例如，指导性案例 8 号在裁判理由中，凯莱公司章程凭借着有关股东股份比例、表决权比例的规定，作为证明凯莱公司经营管理出现严重困难的证据事实出现；[①] 又如，指导性案例 15 号的争议焦点在于案涉关联公司是否属于人格混同以及责任如何分担，本案借助公司内部通用的业务规范文本作为认定人格混同的事实依据，根据三个公司对于同一版本的《销售部业务手册》、《二级经销协议》的通用和公司结算账户、经营事务相关性，得出了构成公司人格混同的判断结论；再如，指导性案例 75 号的裁判理由部分将中国环境保护与绿色发展基金会的章程作为判断该社会组织是否具备环境公益诉讼起诉主体资格的事实依据。可见，在上述案例中，指导性案例仅仅将社会自治规范作为裁判说理的事实证据，并没有对其效力做出任何评价，也没有使其成为对裁判作用力更强的规范依据，对相关社会自治规范的效力几乎不构成干预。

进一步讲，此类效果主要出现在公司法调控的案件领域之中，偶尔也涉及认定社会团体主体资格的其他类型案件，以章程或类似章程的形式出现。章程类自治规范的最基本和最原初的用途就是明确制定主体的成立资格和运行规则，在公司和社会团体之类的自治性极强的组织中，法律规范无法也不应进行过多地干涉，更多的行为准则和程序规则都是由组织自己根据自身实际情况制定的。因其特殊性，一旦在相关领域发生争端纠纷，必须要回归到该组织的自治规范本身来寻求参照，明确了具体的事实小前提才能开展后续的逻辑推演。因此，社会自治规范充当上述领域指导性案例之争点解释的事实依据，是社会自治规范比较常规的适用方式。

（二）将社会自治规范作为指导性案例裁判说理的补充规范依据

此类指导性案例对于社会自治规范效力具有中等干预程度，[②] 在指导性案例 60 号、92 号、100 号、139 号中有所体现。行业自治规范等社会自治规范的适用可以通过克服僵化、降低干预成本等补充国家法律的不足。[③] 具体而言，指导性案例 60

---

① 在指导性案例 8 号中，凯莱公司章程规定股东两人各占 50% 的股份且股东会的决议须经代表二分之一以上表决权的股东通过，因此只要两位股东之间存在分歧便会导致无法形成决议，进而无法展开后续的经营活动，因此依据公司章程可以证明并认定公司经营管理发生严重困难。

② 此类指导性案例对于相关社会自治规范的效力采取默示认可的态度，裁判者援引相关社会自治规范进行补充说理过程中的"援引"行为本身就是默示地承认了该自治规范的规范效力。默示认可的举动对社会自治规范的效力构成一种温和的中等强度的干预。

③ 参见黎军：《基于法治的自治——行业自治规范的实证研究》，载《法商研究》2006 年第 4 期。

号中,《食品安全法》的一般化规定①中将食品安全标准与食品外包装上的标明食品安全、营养的标签、标识等内容挂钩,但却并未表明这里的"标签、标识"需要符合何种的形式标准,因此寻求使用GB7718-2004《预包装食品标签通则》这一食品安全领域的行业标准进行补充,提供更加专业细致的关于食品标签形式和程度的规范参考依据,实际上是参考专业人士的意见,类似于一种社会学解释的方法;指导性案例92号和100号都属于植物品种的侵权纠纷,案件的法律规范依据《植物新品种保护条例》仅仅从宏观上规定了植物新品种应当具有"特异性"、"一致性"、"稳定性"等特质,却无法为具体个案的认定步骤提供更具操作性的指引,此时的裁判便要补充参考关于玉米品种特性及其新品种差异性判断的相关农业行业标准,方可通过DNA检测等更加科学精准的手段判定涉案植物品种是否为新品种;指导性案例139号中,环境保护领域的法律规范因其一般性的对象定位,只能将各类行为表述为"污染",是粗略且模糊不清的,若将对污染的判定工作完全放归法官,不免会因法官的非专业性和个体主观性而导致标准各异且不客观,若要具体判断哪些情形属于"污染"、达到何种程度才能构成"污染",还是需要借鉴《恶臭污染物排放标准(GB14554-93)》这一环境污染方面的行业标准予以补充。

　　具备此类效果的案例多是出现在食品安全生产领域、知识产权领域、环境法领域等案件中,这些领域需要依赖大量科学技术知识支持,所援引的社会自治规范多是行业标准。其原因在于,法律规范具有不确定的开放性结构,②语言固有的模糊性、多义性隐患和法律视角的局限性使这些技术领域的法律规范只能做出一般化的定性,很难给出明确的定量标准。所谓"术业有专攻",法官等司法裁判者是法律方面的专业人士,可以得心应手地准确运用法律规范和相关法学理论,但却经常对自然科学技术的相关标准模糊不清,法律人使用的"新品种"、"污染"等定性文字的背后需要有大量科学、技术和数据做支撑。上述指导性案例寻求借鉴大量行业标准对已有的法律规范的规定予以补充,在法律规范缺位时充当直接依据,在法律规范粗略时充当补充性依据,进而充当正当性的说理依据,提供细节性的数据标

---

① 指导性案例60号的原生效裁判文书(江苏省盐城市中级人民法院(2013)盐行终字第0032号行政判决)做出时,有关食品安全标准中标识标签的一般性规定是《中华人民共和国食品安全法(2009年版)》第20条第四项,现改为《中华人民共和国食品安全法(2018修正)》第26条第四项,内容为"食品安全标准应当包括下列内容:……(四)对与卫生、营养等食品安全要求有关的标签、标志、说明书的要求"。

② 参见哈特:《法律的概念》,许家馨、李冠宜译,法律出版社2011年版,第113—114页。认为无论规则成文与否,都存在开放性结构,只能对正常情况提供不确定的指引,并不确定能否适用于具体个案。

准，通过定量分析来补充定性分析；而指导性案例作为最高人民法院做出的专门案例文本，具有一定的引导和参照作用，其对相关领域行业标准的选择与适用方式、程度，皆对后续地方法院的裁判有所指引，从而推动这些具备科学和技术专业性的领域的纠纷解决更具科学性和准确性。

（三）指导性案例明示确认或提高社会自治规范的效力

此类指导性案例对社会自治规范的干预程度更强，通过简单的明示确认或扩张其效力范围，借助司法裁判的官方力量，对相关社会自治规范效力给出明确的、更加强有力的肯定，换言之，以官方案例文本的形式明示可定或增强了社会自治规范的效力。具体而言，有两个指导性案例符合该运行效果的特质：指导性案例 39 号属于明示确认了涉案自治规范的效力，在裁判理由中使用了"《华中科技大学武昌分校授予本科毕业生学士学位实施细则》第 3 条的规定符合上位法规定"的表达，通过司法程序对涉案高校的自治规范的效力予以明确承认，认可该学术自治规范具备合法性，明文支持认可了社会自治规范本身的效力；而指导性案例 1 号在明示确认的基础上还提供了增强社会自治规范效力的契机，对落实到具体合同中的"禁止跳单"行业交易惯例予以支持和肯定，该交易习惯虽然是内部行规，但这种内部行规本来就是在与外部人员交易过程中而产生的，是针对"跳单"①这一特定外部行为而制定的具有涉外性的内部保障规范，经法院认定而明确"禁止跳单"的效力并突破狭义的房地产行业的内部性，可以外延至所有参与到房地产买卖活动中的交易共同体，对相关行业现象予以了有力的关注和规制，将"跳单"问题首次纳入正式的法律讨论之中，并为后来《民法典》第 965 条②的相关规定提供来源，提供了相关自治规范通过"转化"的方式纳入法律规范之中的契机，使"禁止跳单"的规范效力得以提高。

当然，具备此种运行效果的社会自治规范本身也是案例的争议焦点，裁判理由聚焦自治规范本身的正当性和合法性进行分析和说理，在解决案件争端的同时，也是以判决的形式明确认可了涉案社会自治规范的效力，而此类案件一经指导性案例选录，便被附加了案例指导制度的运作效力，向地方法院法官广而告之这些社会

---

① "跳单"是一种委托人跳过原居间方（中介结构），但仍利用了原居间方提供的居间信息或服务，通过第三人完成房屋买卖交易的行为。参见余怡然：《论房屋买卖居间合同"跳单"行为——从最高人民法院指导案例 1 号出发》，载《河南工程学院学报（社会科学版）》2019 年第 3 期。

② 《中华人民共和国民法典》第 965 条：委托人在接受中介人的服务后，利用中介人提供的交易机会或者媒介服务，绕开中介人直接订立合同的，应当向中介人支付报酬。该条就是关于"禁止跳单"的明确法律规定。

自治规范是具备明确效力的，指引法官在后续裁判中放心援引、并鼓励他们积极援引，在明文确认其效力的同时也间接提高了该社会自治规范在司法中的实际参照力，而且指导性案例本身自带关注度，也会吸引法律界对案例所含特定法律问题投以高度关注，具备提高规范内容的法定效力的可能性。

除上述三种积极的适用方式之外，部分指导性案例还对社会自治规范持消极否定态度，实际上是指导性案例对相关社会自治规范进行了合法性审查，当社会自治规范与法律或其他合法权益相抵触时予以否定评价，对社会自治规范效力的冲击最为强烈。在指导性案例18号中，裁判理由表明，"C2等级并不完全等同'不能胜任工作'，中兴通讯仅凭该限定考核等级比例的考核结果，不能证明劳动者不能胜任工作，不符合据此单方解除劳动合同的法定条件"，因该公司自治规范《员工绩效管理办法》与《劳动合同法》关于用人单位单方解除合同的法定条件①的规定相抵触，不经培训和转岗即草率地认为员工不能胜任工作并解除合同，故以判决的形式否定了该公司自治规范中将绩效考核等级与单方解除劳动合同挂钩的条款，并且由于其不具备合法性，指导性案例对该条款予以否定；在指导性案例38号中，裁判理由论述了被告对原告做出退学处理决定所依据的高校教学通知与《普通高等学校学生管理规定》等规范中所明示的法定退学条件相抵触，进而得出被告高校的退学处理决定是违法的结论，否定所涉高校自治规范的合法性与效力；在指导性案例83号中，裁判要点提出了"网络服务提供者自行设定的投诉规则，不得影响权利人依法维护其自身合法权利"的观点，指导性案例在面对其他法定的合法权利时对天猫等电商平台自制的投诉规则予以否定评价，进而判断天猫对于投诉活动的治理方案是否妥当。这里的否定评价本质上是司法中的合法性审查活动，依然反映出法律规范在多元规范治理结构中的主导地位和优先地位。值得强调的是，指导性案例对社会自治规范的否定评价，只是一种单纯价值上的消极评价或作为一种不参照适用该自治规范的理由出现，并不意味着强制性地否认该规范效力，也不意味着该规范就此完全失去了效力，相反，只是就个案中当事人适用该规范所做出的行为本身进行批驳。社会自治规范具有较强的自主性和自由性，为了限制此类规范的恣意妄为，避免其对社会和司法秩序的扰乱，需要由更为明确科学、更具强制

---

① 该案件所对应的条款为《中华人民共和国劳动合同法》第40条：有下列情形之一的，用人单位提前三十日以书面形式通知劳动者本人或者额外支付劳动者一个月工资后，可以解除劳动合同：……（二）劳动者不能胜任工作，经过培训或者调整工作岗位，仍不能胜任工作的。

力保障的法律规范予以适当地规制。

三、指导性案例适用社会自治规范的效果提升措施

近年来,多元规范治理已经得到了广泛的注意和讨论。法律规范固然法律科学性和理性较强,但却在其稳定性、一般性的需求与不断发展的社会的博弈过程中出现了滞后性[1]、粗略性等弊端。而社会自治规范将共同体行为需求、理想的社会秩序所提出的行为期待、其他主体在相同情况下做出的方案[2]选择内化后予以表达,社会自治规范的引入将在指导性案例的诸多操作活动中对指导性案例的适用产生深刻且积极的实践影响。一方面,经过社会自治规范充实说理的指导性案例将具备更为宽泛的参照契机,可以提升指导性案例的实际被参照率。制度设计出于强化指导性案例效力的目的而赋予指导性案例强制性参照定位,[3]指导性案例具有了在类似案件等必要裁判场合中被"应当参照"[4]的预期,被期待作为一种说理依据出现在裁判理由中进而实现其参照,[5]但实践中对指导性案例的实际参照率并不高[6];而社会自治规范可以作为说理成分嵌入指导性案例中,吸引更多法官进行主动参照。具体而言,过去的很长时间内,法官精通各自领域法律规范的适用和解读方法但对于社会自治规范的关注较少,因此法官在社会自治规范逐渐涌入裁判领域的大趋势下并不熟悉该如何分析适用社会自治规范,而若在指导性案例中对于社会自治规范的应用予以明确,则正是向法官表明了最高人民法院对于某类社会自治规范的处理态度和应用立场,此时办案法官更倾向于为了探求社会自治规范的应用方法而主动寻求指导性案例进行参照,指导性案例在后案裁判理由中被参照的制度设计也将会得到更好的落实。另一方面,引入社会自治规范的指导性案例可以更好地满足类案检索需求,并扩大指导性案例在类案检索中的顺位优势。具体而言,根据《最高人民

---

[1] 参见张贤美:《浅议民间社会规范在司法实践中的作用》,载《法制与社会》2011年第29期。
[2] 参见戴昕:《重新发现社会规范:中国网络法的经济社会学视角》,载《学术月刊》2019年第2期。
[3] 参见胡云腾:《打造指导性案例的参照系》,载《法律适用》2018年第14期。
[4] 参见《〈最高人民法院关于案例指导工作的规定〉实施细则》第9条:各级人民法院正在审理的案件,在基本案情和法律适用方面,与最高人民法院发布的指导性案例相类似的,应当参照相关指导性案例的裁判要点作出裁判。
[5] 参见黄泽敏:《指导性案例主/被动援引规则之重构》,载《法制与社会发展》2020年第1期。
[6] 参见赵瑞罡、耿协阳:《指导性案例"适用难"的实证研究——以261份裁判文书为分析样本》,载《法学杂志》2016年第3期。

法院关于统一法律适用加强类案检索的指导意见（试行）》第二条和第四条的相关规定，① 在"缺乏明确裁判规则或者尚未形成统一裁判规则的"案件中，处于检索优先顺位的指导性案例若能纳入有关社会自治规范的讨论，将会很好地借助更为专业具体的社会自治规范弥补现有法律规范圈层中的裁判规则空缺，如此一来，法官可以在指导性案例讨论的社会自治规范中找到可借鉴的类案裁判规则来解决裁判疑惑，满足大量因裁判规则阙如启动的类案检索需求，并且提高首先在指导性案例中获得恰当结果的可能性，从而巩固指导性案例的检索优先序并借助社会自治规范的更高内容契合度来使指导性案例的优先序设置具有足够的说服力。

正因为社会自治规范对于指导性案例的实践操作具有重要意义，指导性案例的后续发展需要努力通过改进措施、促使社会自治规范在指导性案例中发挥出更加明显的作用优势。指导性案例需要在案例编写过程中对社会自治规范倾注更多的注意力，明确对应社会自治规范的地位，并发扬优秀社会自治规范的内容及其可参照意义，限制不合理的社会自治规范。根据指导性案例正式文本的体例组成，可以在如下三个方面采取效果提升措施。

其一，指导性案例可以在"裁判要点"部分明确提炼出本案所涉及的社会自治规范类型及其在具体裁判中的适用结论。裁判要点堪称浓缩指导性案例裁判精华的核心成果，是法官在参照指导性案例时最主要的参照内容；既可以言简意赅地表明特定指导性案例所蕴含的抽象裁判规则②，供法官在裁判中进行参照并援引为说理依据，又可以凭借案例要旨形式的知识数据供给参与到大数据智能类案检索系统中，帮助法官检索并学习类似案件中的事实认定方法、证据采信标准和规范适用技巧，提高"类案类判"、统一裁判尺度的可行性。目前 15 个涉及社会自治规范的指导性案例中，近半数案例的裁判要点未曾明确提及在案件中发挥重要作用的章程、标准等社会自治规范，③ 这既可能导致法官在参照该指导性案例时忽视相关社会自治规范对裁判的影响，又可能使本就为数不多的关注到社会自治规范的法官要耗费更多精力进行检索和分析才可找到有用的社会自治规范。为了实现指导性案例

---

① 《最高人民法院关于统一法律适用加强类案检索的指导意见（试行）》第 2 条："人民法院办理案件具有下列情形之一，应当进行类案检索：……（二）缺乏明确裁判规则或者尚未形成统一裁判规则的；……"。第 4 条："类案检索范围一般包括：（一）最高人民法院发布的指导性案例；……除指导性案例以外，优先检索近三年的案例或者案件；已经在前一顺位中检索到类案的，可以不再进行检索"。

② 参见孙光宁：《指导性案例裁判要旨概括方式之反思》，载《法商研究》2016 年第 4 期。

③ 在本文所提及的 15 个涉及社会自治规范的指导性案例中，指导性案例 8 号、15 号、18 号、60 号、100 号、139 号的裁判要点中并未明确就如何在同类案件中处理章程、行业标准等自治规则给出总结式的解决方案和一般化的指引。

裁判要点表述与社会自治规范的完美融合，在编写指导性案例裁判要点时，需要列明案件中发挥作用的社会自治规范的一般化性质归类，比如章程、行业标准等，在使法官明晰该规范性质时也为其提供一般化的裁判指引；需要提炼该类社会自治规范的适用结论，表明指导性案例对其持肯定还是否定的态度，进而引导法官通过参照该指导性案例学会如何对待同类社会自治规范。因此，指导性案例应该在裁判要点中点明值得参照的社会自治规范及其适用结论，借助裁判要点比指导性案例文本其他部分更为醒目的呈现位置和更为强烈的指导作用，帮助法律职业人士更快、更容易地认识到社会自治规范的裁判意义，启发更多人重视对社会自治规范的运用，大大提升社会自治规范在指导性案例中的适用效果。

其二，指导性案例中可以由"裁判依据"取代"相关法条"的板块设置，并在裁判依据中参照《最高人民法院关于裁判文书引用法律、法规等规范性法律文件的规定》等相关规定准确完整地写明社会自治规范的名称、条款项序号。已经发布的 24 批指导性案例都是在"相关法条"的板块列举规范性法律文件的名称和条款项序号，以期表明案件裁判的法律依据。而由于求稳的法律规范与求新的社会发展之间的矛盾，在许多案件中现存明文法律规范无法满足事实裁判需要，这也正是大量"造法型"指导性案例[①]得以产生的裁判基础；但这些造法型指导性案例的裁判方案并不是无中生有、随意为之，相反，这些案例经常会从社会自治规范和法律原则、法学理论等中汲取新思路，而这些内容无法归属于规范性法律文件的范畴。因此，在"裁判依据"的编写中，可以在列明法律规范依据的同时，也列明案例中用到的社会自治规范等其他依据，明确呈现出该指导性案例所包含的多元规范，使法官通过阅读可以知晓该案例中存在社会自治规范等更为广泛的规范依据；同时，也需要参照《最高人民法院关于裁判文书引用法律、法规等规范性法律文件的规定》的第 1 条，准确且完整地写明规范性法律文件的名称和条款序号，以便法官可以快速查阅和分析对应规范内容；此外，也可以参照《最高人民法院关于裁判文书引用法律、法规等规范性法律文件的规定》第 2 条所明确的引用顺序，[②]依据效力等级的高低，指导性案例可以在"裁判依据"部分按照先法律规范后社会自治规范的顺序列明所依据的规范，从而在案例文本中强调社会自治规范之依据地位的同时继续

---

① 参见资琳：《指导性案例同质化处理的困境及突破》，载《法学》2017 年第 1 期。将指导性案例划分为造法型、释法型、宣法型三类。
② 《最高人民法院关于裁判文书引用法律、法规等规范性法律文件的规定》第 2 条：并列引用多个规范性法律文件的，引用顺序如下：法律及法律解释、行政法规、地方性法规、自治条例或者单行条例、司法解释。同时引用两部以上法律的，应当先引用基本法律，后引用其他法律。引用包括实体法和程序法的，先引用实体法，后引用程序法。

尊重法律规范优先地位，也可以尝试将解决同一争议焦点的法律规范和社会自治规范名称紧密排列，在解决不同争议焦点的规范之间做出间隔和区分，使裁判依据以更加明晰的方式呈现出来。

其三，指导性案例需要在"裁判理由"部分对于所依据的社会自治规范的解释规则和应用方法、与法律规范的关系、规范合法性与合理性等内容进行精细化充分说理。目前15例涉及社会自治规范的指导性案例里，不少案例在裁判理由的写作中是用三言两语的套话而一笔带过自治规范适用的说理，甚至是仅仅列出社会自治规范名称作为依据而忽视了说理，[①]这一现象也是很多指导性案例文本的通病。裁判详实说理的阙如是不利于表明裁判结果的形成过程正当性的，指导性案例的编纂和修改过程中应当加强对社会自治规范运用的说理。根据社会自治规范在指导性案例中适用方式或运行效果的不同，指导性案例就社会自治规范进行的精细化裁判说理各有不同的侧重点。对于第一种充当指导性案例争点解释之事实证据的章程类社会自治规范，需要侧重说明该自治规范的解释规则和应用方法，可以参考《最高人民法院关于加强和规范裁判文书释法说理的指导意见》第2条[②]的规定，在章程类社会自治规范是否确实存在的事实认定、章程制定程序及效力等证据审查判断、章程类社会自治规范与诉讼主张或诉讼争点存在怎样的对应关系、规范内容中关键字段或句段的含义解释及解释方法等方面进行全面阐释。对于第二种作为指导性案例裁判说理之补充规范依据的技术性很强的标准类社会自治规范，需要侧重说明该标准类社会自治规范与哪些法律规范存在补充关系，具体需要阐明该社会自治规范对法律规范中某些概括性和专业性词汇是怎样进行对应式补充的，对关键字眼或实质性条款内容进行完整引用并详细解释其内涵，结合案件的社会影响、可能涉及的社会利益、社会某一行业或领域的常识或通识。此外，在指导性案例明示确认或提高社会自治规范的效力和指导性案例对社会自治规范予以否定评价这两种情况下，都需要侧重说明该社会自治规范的合法性和在本案中予以应用的合理性，具体而言，可以参照行政法领域中对其他规范性文件附带性审查的做法对社会自治规范进行在先合法性审查，在受案之后对作为案件争议对象的社会自治规范或可能作为规范依据予以参照的社会自治规范进行个案中的分析，审查其是否与现行法律法规存在矛

---

① 在本文所提及的15个涉及社会自治规范的指导性案例中，指导性案例1号、18号、100号的裁判理由对于社会自治规范的适用说理过于简略，没有充分论证社会自治规范与已有法律规范之间的补充关系、合法性合理性审查、解读方法等；指导性案例15号、139号的裁判理由甚至未曾提及相关社会自治规范的名称，更没有对其在案例裁判中的运用过程展开论证。

② 《最高人民法院关于加强和规范裁判文书释法说理的指导意见》第2条提出了兼顾事理、法理、情理、文理的论证说理要求。

盾,并委婉地在个案裁判说理部分对存在抵触的自治规范表明不予认可或不予适用的态度;尤其在遴选指导性案例后进行改写的过程中,要明确摘录并适当扩写原有裁判文书中对社会自治规范予以合法性审查的文字,力求论证的逻辑严密和理据充分,为其他地方法院对自治规范的合法性审查活动和结果提供启示,提升社会自治规范在指导性案例中的运行效果。

结语:多元规范与治理能力提升

在法治进程不断推进的今天,多元规范治理在纠纷解决和司法裁判活动中呈现源源不断的活力和灵活、细致、全面、系统的效果优势。社会自治规范作为一种民间法,充分彰显了组织治理自由的价值优势,可以有效对法律规范在调整社会关系中存在的缺陷进行救济,[1] 协同法律规范发挥出"1+1>2"的规范治理优势。在社会治理上,我们要重视多元规范协同治理对社会秩序维护的显著优势,并且鼓励更多合理且足够专业的优秀社会自治规范产生,也要让具有强制力保障的法律规范守好社会自治规范的合法性限度,充分发掘法律规范的超时空制度资源和社会自治规范建构微观秩序的优势,[2] 从裁判的维度借助多元规范的合力提升国家治理能力。通过充分把握社会自治规范的特质,在今后的指导性案例遴选和编写活动中,要着重关注狭义社会主体制定的社会自治规范中的自律元素,结合成文法律规范的他律边界,努力呈现出宽严适中、灵活细致有度、专业有力的指导性案例正式文本及各法院的司法裁判文本,保证案例指导制度的执行力和司法制度对法律方面各类事务的治理效果,用多元规范紧密衔接各领域的体制安排和发展规范,持续为国家治理体系和治理能力现代化提供规范活力。

---

[1] 参见谢晖:《论民间法对法律合法性缺陷的外部救济》,载《东方法学》2017年第4期。
[2] 参见王启梁:《国家治理中的多元规范:资源与挑战》,载《环球法律评论》2016年第2期。

专题研讨 3·互联网时代的隐私权保护悖论

"互联网时代的隐私权保护悖论"
专题导引

赵精武（北京航空航天大学法学院助理教授，工业和信息化部
工业与信息化法治战略与管理重点实验室办公室主任）

  数字时代与数字经济的发展为人类社会重构出更加复杂的利益关系，一方面是掌握广泛数据与前沿技术的大型平台及企业不断扩张利用个人信息的需求，另一方面是公民或用户不断增强个人信息保护意识，主张维护个人隐私，警惕地防范平台权力干涉个人生活，引发全社会热议的网约车巨头"滴滴"事件即为典例。尽管对个人信息和数据的商业化使用客观上促进了数字产业的蓬勃发展，形成了日趋完善的数字生态，但上述两种利益诉求已然在现实层面形成尖锐的冲突，其中还涉及到公民人格尊严和社会公正等基本价值，使得这一问题已经超越传统的利益分配，成为大数据时代之下所必须要面对的正义问题。

  如何调整数字经济发展与个人信息和隐私保护之间的张力？目前，数据法学和人工智能法学研究正在全球范围内逐渐兴起，个人信息保护相关的法学讨论则深刻影响了实践走向，为构建一种数字时代下的公民数据权利体系、实现信息正义提供了理论可能。本专题收录的两篇论文正是此类研究的最新成果。由赵精武、张莹莹翻译的《数字权利的四种话语——权利基础上政治的承诺与弊病》对数字权利话语进行了分析解构。权利体系的构成从来不是固定不变的，数字时代的权利话语更加关注数字化浪潮对传统意义上的权利所造成的影响，然而在理论界难以对数字权利

话语形成共识的情况下,首要问题还是来到了如何阐明数字权利的内涵与外延。在这篇文章中,卡里·卡尔皮宁和乌蒂·普库科两位学者认为以人为中心的数字权利话语包括权利主体、权利所包含的行动或目标等四个方面,并详细阐述了实践中如何运用这些话语以达成一种合乎政治运行逻辑与社会理想的规范性框架和政策原则,为当前进行的数字权利辩论贡献了别具一格的分析进路。

由罗可心翻译的《超越隐私,超越权利——导向一种信息治理的"系统"理论》是一篇关注隐私保护与信息治理的文章。在该文中,维克托·迈尔-舍恩伯格教授别出心裁地通过研究信息隐私权与知识产权的共同基础,揭示了信息隐私"财产化"的现象。在批判权利进路的利弊的基础上,文章提出了以系统进路超越权利进路下的个人治理机制,突出了专门的信息治理中介团体的核心作用,为学界指明了一条集体行动的信息治理路径。

对隐私保护和数字正义的讨论将持续很长一段时间,并且最终可能难以形成得到普遍承认的共识。但在数字时代之中识别和阐述公民权利与隐私权的成分及其流变,我们必然也将获得如何平衡利益冲突的全新启示。从这个意义上说,这两篇文章所提供的分析方法和理论视野,对于我们完成中国特色的理论作业才显现出了更重要的意义。

数字权利的四种话语

——权利基础上政治的承诺与弊病[*]

卡里·卡尔皮宁　乌蒂·普库科[**] 著

赵精武　张莹莹[***] 译

赵蓓蓓[****] 校

摘　要　数字权利的概念最近在全世界引发了一些政治声明和民间社会倡议。通过批判性地审视这些关于数字权利的声明和学术辩论，本文提出这样一个问题：为什么信息政策问题越来越多地以个人权利为框架？各种政府、企业和民间社会对于数字权利的声明基于的是对权利什么样的理解？文章指出了数字权利的四个不同话语，这些话语与不同的意识形态假设和政治背景有关。最后，讨论了权利话语可能存在的局限性和弊病。

---

[*]　本文原文为英语，题名为"Four Discourse of Digital Rights: Promises and Problems of Rights-Based Politics"，原载于《信息政策杂志》（*Journal of Information Policy*）2020 年第 10 卷第 304—328 页。"引言"二字系《法理》编者所加。本文系中国科协 2020 年高端科技创新智库项目"政府数据安全与共享的现代化治理研究"（项目编号：20200608CG080713）的阶段性成果。

[**]　卡里·卡尔皮宁（Kari Karppinen），芬兰赫尔辛基大学讲师。乌蒂·普库科（Outi Puukko），芬兰赫尔辛基大学研究员。

[***]　赵精武，北京航空航天大学法学院助理教授，工信部工业和信息化法治战略与管理重点实验室研究员，法学博士。张莹莹，工信部工业和信息化法治战略与管理重点实验室助理研究员。

[****]　赵蓓蓓，北京大学法学院 2020 级经济法学专业硕士研究生。

关键词 数字权利 人权 话语竞争 互联网政策 数据正义

引 言

通信权通常被视为学者或活动家的构想，在现实世界的通信和信息决策中并没有得到太多的关注。然而，最近在互联网或数字权利的标签下，令人惊讶的各色政客将基于权利的观点纳入了主流。与环境和发展政策等许多其他领域一样，人权框架现在似乎构成了一个保护伞，或说"国际道德货币"，在这个保护伞下，各种正义主张在通信和信息政策中都得以阐明。①

最近的多利益相关方倡议，如蒂姆·伯纳斯-李（Tim Berners-Lee）②发起的"网络契约"，似乎表明，人权语言为这些来自政府、企业和民间社会的旨在塑造数字政策议程的行为主体，提供了一个形成话语网络的共同基础。此外，保护公民数字权利的呼吁在不同的国家、地区乃至全球催生了无数其他引人注目的报告、组织、项目和政治宣言。③

通信和数字权利作为全球批判性研究和民主活动人士的事业由来已久。④ 然而，最近的权利宣言的作者们不仅包括民间社会组织，而且还包括各种国家联盟、国际组织和工业参与者。数字权利的语言越来越多地出现在占主导地位的技术公司的议程上，人权被这些公司纳入了公司治理和社会责任的框架。⑤

到目前为止，一些学者已经从政策问题、主题、演变的角度对各种基于权利的文件及其规范性内容进行了实证性地映射和分类。⑥ 本文通过提出更多的关于数字权利概念的理论和原则性问题，以及涉及定义和框定这些权利的政治争论，借鉴并扩展了这些研究。

---

① See e.g., Burdon; Ignatieff et al.; Karppinen.
② 网络契约于2019年11月在互联网治理论坛（IGF）上发布。它是由政府、公司和民间社会的代表创立的，旨在制定"指导数字政策议程的承诺"。See https://contractfortheweb.org/.
③ Hawtin; Pettrachin; Redeker, Gill, and Gasser.
④ See Padovani and Calabrese. 促进数字权利非政府网络和组织包括：例如，立刻访问（Access Now）、进步通信协会（Association for Progressive Communications）、电子前沿基金会（Electronic Frontier Foundation）、欧洲数字权利（EDRi）、互联网权利和原则联盟（Internet Rights and Principles Coalition）、数字权利排名（Ranking Digital Rights）以及无数其他组织。此外，数字权利得到人权组织越来越多的重视，如国际赦免（Amnesty International）、第19条（Article 19）和人权观察（Human Rights Watch）。
⑤ Jørgensen, "Framing human rights." See also Jørgensen, *Human Rights in the Age of Platforms*.
⑥ Hawtin; Jørgensen, *Framing the Net*; Pettrachin; Redeker et al.; Weber.

本文不主张对通信或数字权利进行任何特定定义，而是将"权利"表述为一种受到话语争议影响的内在的不确定性。我们从广义上理解权利，除了具有法律约束力的规范外，还包括话语层面。我们将"话语"定义为"系统地形成他们所谈论对象的实践"。① 就像马克·古德尔（Mark Goodale）说的一样，"人权话语的概念远远超出了语言的范畴，它包括各种社会知识体系，人权通过它们在社会实践中诞生。"② 从政策研究的话语方法来看，③ 我们认为话语实践可以产生和规范主题，但也会引发话语斗争。④

从批判性的角度来看，当前关于数字权利的辩论往往未能承认权利不仅仅是反对权力的规则和抗辩：权利主张往往来自民间社会，但也可以被当作权力的载体，编写并制度化特定的规范理想、权力关系和治理结构。⑤ 文章并没有讨论具体的与权利相关的政策问题，而是反思了在信息政策的背景下，权利作为一个规范性框架的地位，以及它们在关键性研究中的局限性和前景。虽然其他人已经对数字权利各种表现形式的范围和产生这些文件的过程进行了实证分析，但本文的目的是将这些话语与它们产生的规范性假设和结构性条件联系起来。

在假设对数字权利的框架持有批判但不拒绝的态度，本文将提出以下问题：为什么媒体和信息政策问题越来越多地以个人权利为框架？关于数字权利的各种政府、企业和民间社会的声明基于的是什么样的假设和对权利什么样的理解？这一权利话语可能的局限和病症是什么？

为了考察对数字权利的不同理解，本文以最近关于数字权利的学术研究为基础，并从国家和国际政府以及活动家、民间社会和企业组织最近编写的报告、宣言和其他政策文件中汲取实例。在此基础上，我们描绘了一个由四种数字权利话语构成的关键概念框架，并讨论了它们的基本假设和潜在含义。我们对理论和实践来源的批判性阐释影响着区分它们的过程，但需要注意的是，框架本身并不是系统实证分析的结果，也不是对政策文件或其他实证材料的任何有代表性的抽样。相反，该框架的目的是提供一个概念性的分析基础，以评估学术和政治评论者们对数字权利的不同话语表达。最后，文章将指出权利话语可能遗漏或未予强调的问题，并提出一些观点，以加强数字权利作为一种分析和规范视角的框架。

---

① Foucault, 54.
② Goodale, 8.
③ Fischer.
④ e. g., Bacchi; Lombardo, Meier, and Verloo.
⑤ e. g., Brown; Golder; Hoover.

一、什么权利？针对谁？为了什么目的？

毫无疑问，与数字技术有关的政治和监管选择引发了各种对人权的担忧，从表达自由到访问自由、隐私以及一系列其他政治和道德问题。然而，权利语言并不是唯一可行的探讨引导互联网以及数字媒体未来发展与治理原则的策略或规范性框架。可以设想的是，有关这些问题的政治辩论可以依赖于其他规范性框架，例如公共利益、社会正义、民主或福利。那么，为什么通信和信息政策问题现在常常被置于个人权利的框架之下呢？

辩论和宣言的增加本身并不能证明人权在实践中得到了实现，或者目前的通信和信息政策实际上要比以前更加注重人权的引导。相反，权利的突出可能反映了这样一种看法，即我们现有的基本人权在数字时代受到越来越大的威胁，人们对于新的控制体系、主导平台的力量以及在线监控普遍做法的曝光的持续关注暗示了这一点。

公众的关注和紧迫的政治问题也影响了权利倡议和话语产生的背景。斯诺登的曝光、剑桥分析公司的丑闻以及随后围绕数字平台的其他丑闻，无疑都塑造了讨论隐私权和数据权等问题的具体方式。① 除了这些头条新闻之外，还有一些民间社会组织的工作重点就是记录公司和政府侵犯人权的行为并开展反对活动。例如，由民间社会团体"立刻访问"（Access Now）协调的"保持畅通"（Keep It On）运动跟踪记录了近几年来互联网关闭数量的全球性增长。②

另一方面，数字权利话语的出现也可以解释为更多得包含工具性和机会主义因素。作为一个得到广泛承认和接受的规范性框架，人权对从民主和社会正义人士到国家和全球公司等各种行为主体颇具吸引力。权利的语言具有的符号资本和可信度使其看起来几乎是非政治性的：权利传达了一种超越不同意识形态和政治目标的绝对道德原则的印象。③ 因此，作为政治口号，数字权利提供了一种具有吸引力且行之有效的语言，被用于提出各种主张和政策要求，且在不同的政治背景下制造共鸣。法律学者朱莉·科恩（Julie Cohen）指出，在信息资本主义和新自由主义治理术的政治经济学中，权利语言也可以被借鉴。④

---

① Pettrachin; Redeker et al., 311–312.
② See https://www.accessnow.org/keepiton/.
③ Moyn.
④ Cohen.

正如许多批评人权的学者所指出的,"权利"一词本身是不确定的,因此,它的用途和效果取决于谁来赋予它意义。① 因此,我们可以把当前数字权利的辩论理解成政治努力的一部分,即就数字通信环境治理的价值观和新兴原则进行的协商和竞争。

虽然这种不确定性本身没有错,但这意味着数字权利话语不可避免地也是政治性的,以及这需要我们关心是谁,出于什么目的,为达成什么样的结果来援引数字权利。因此,对权利话语的批判性解读意味着,权利不仅是保护个人的一种中立工具,而且还作为一种权力形式,具有着更加矛盾的功能:它不仅开辟了各种可能性,而且还通过规制主体、型构身份、分配能力、影响行为以及创造治理结构来限制和引导这些可能性。② 因此,数字权利话语在这里被理解为一种政治模式,一种表达政治需求的方式,因此必然反映政治意识形态以及传播和社会的不同规范视野。

无论是作为一种法律方法还是作为一种道德话语策略,基于权利的方法通常在一般意义上表现为一种反作用力,保护个人免受权力过度或非法形式的侵害,其包括国家和公司的控制。③ 然而,数字权利这一概念本身仍然是模糊而可塑的。我们可以从不同的角度对数字权利进行讨论,而且在相关权利的含义和解释上也不乏分歧,这些权利属于谁(用户、公民还是所有人?),实现这些权利的手段,以及如何与其他关注点,如安全、经济效率或其他集体公共利益目标相平衡。在非地域性、缺乏监管和日新月异的数字媒体环境中,我们对于需要什么样的机构来维护和执行数字权利仍未达成共识。权利可以指现有的、正式的、具有法律约束力的规范,但有时它们也被更广泛地用来指代道德理想或"理想原则",用以评估现实世界的发展。④

除了关于一般权利的性质和正当性的争论之外,该名词的前缀数字也可以从几个方面来理解。关于数字权利的辩论往往无法建立在早期传播学和激进主义之中关于通信权辩论的基础上,甚至不承认这一基础。⑤ 这可能造成一种规范性的脱节,有些人将数字权利的辩论视为早期传播权利斗争的延续,而另一些人则认为与以前以媒体为中心的概念相比,数字权利的背景是全新或明显更广泛的(如生

---

① e. g., Hoover.
② See e. g., Golder; Hoover.
③ e. g., Horten.
④ Jørgensen, *Framing the Net*; Mathiesen.
⑤ e. g., Padovani and Calabrese.

物特征监视）。

　　正如帕多瓦尼（Padovani）、穆西亚尼（Musiani）和帕万（Pavan）所指出的，关于数字时代权利的辩论可以被认为是现有人权话语的概念性扩展。① 因此，数字权利被广泛地用来指代数字环境对我们现有权利造成的影响，如表达自由和隐私权；数字工具能够实现其他权利或社会目标的方式，如发展或福利目标；或主张借此创造全新的人权，如互联网接入权或"被遗忘权"。②

　　这一概念的流动性使它能够在不同的决策背景下被加以运用。一方面，民间社会许多行动者目前以"数字权利就是人权"为座右铭而开展工作，强调现有的制度化人权框架的首要地位。例如，与国家和企业行为主体相比，民间社会团体和学者已经更多地在现有人权框架的基础上来处理人工智能问题。③ 与此相一致，玛丽安娜·富兰克林（Marianne Franklin）指出，只要当权者不停止讨论现有的全部人权是否适用于互联网政策，提出新的权利就不是一个优先事项。④

　　另一方面，数字权利的概念最近也从规范诞生和法律社会学的角度被理论化。根据丹尼斯·雷德克（Dennis Redeker）、莱克斯·吉尔（Lex Gill）和厄尔斯·加瑟（Urs Gasser）的说法，"一系列旨在阐明一连串政治权利、治理规范和限制互联网权力行使的倡议"构成了一些可以称为数字宪政的东西。⑤ 从这个角度来看，数字环境的宪法化并不是指一套固定的现有规则，而是一个持续的过程，反映了该领域不断出现的技术创新、涌现的新问题和变化的立法产出。⑥ 遵循"社会宪政"的理念，"由冈瑟·托伊布纳（Gunther Teubner）开发，民间社会产生的基于权利的倡议可以被视为在先的宪法化的初始阶段，且在随后的阶段中，其可能在实际的法律或宪法规范中得以制度化。⑦ 然而，数字宪政进程的有效性以及宣言的性质是否随着时间推移而从理想原则转变为法律规范，这一问题仍存在争议，部分原因在于二者动员（mobilization）的程度和制度化程度不同。⑧

---

① Padovani, Musiani, and Pavan; 360.
② Karppinen.
③ 关于新兴 AI 原则的概述，请参见菲尔德（Field）等人的论述。例如，《多伦多宣言》解决了与人权法律和标准相关的机器学习中的平等和非歧视问题。该文件由"立刻访问"、"国际赦免"和一群来自非政府组织和学术界的专家共同制定。此外，"互联网权利和原则联盟"与"国际赦免"在 2019 年互联网治理论坛（IGF）上举办了一场会议，来讨论在现有人权框架下出现的人工智能问题。
④ Franklin, 13.
⑤ Redeker et al. 303.
⑥ Pettrachin.
⑦ Redeker et al. 304.
⑧ Redeker, "Towards a European Constitution for the Internet?"; Redeker, "The Contract for the Web."

到目前为止，在试图阐明一整套互联网权利的新兴倡议中，数字宪政的学者们已经探索过是否存在关于核心权利和原则的一种共识。虽然其中的一些倡议侧重于动员区域性的民间社会力量，但大多数文件仍被定位为全球性的数字权利制度化进程的一部分。① 在其实证映射中，雷德克（Redeker）等人和佩特拉奇恩（Pettrachin）找到了一个共同的权利核心，其围绕着表达自由、隐私权和互联网接入权的原则制定，这些原则在大多数文件中都有规定。然而，佩特拉奇恩指出，当重点从一般性原则转移到更具体的问题时，一般性原则得到阐明，但（由于）不同行为主体强调的是这些权利的不同方面，则这一共识往往会消失。②

与传统的权利法律路径不同，数字宪政视角关注规范如何从跨国交流中产生，并且需要研究语言、框架和话语在这一过程中起到的作用。然而，还需要指出，这种交流并不必然形成一个公平竞争的环境，使相关的规范在话语理性的过程中得到发展和证明。③ 相反，对新兴数字权利和原则的分析需要认识到这些进程的政治属性，以及在跨国数字宪政表现中的争议性框架。这意味着，竞争性的权利话语还需要与对其产生的意识形态假设和条件所作的分析相联系起来，并且还要联系到行为主体为不同政治目的而调动这些假设和条件的背景。

二、数字权利的四种话语

在哲学和政治讨论中，权利一直被视为个人的自由、资格或权益，施加义务于他人，创造行事能力，或者仅仅作为理想发挥作用。权利可以化身为法律、社会或伦理原则，这取决于其被援引的规范性背景。

无需进行关于权利的性质、起源或正当性的哲学辩论，我们便可以对数字权利话语进行分析解构，其基础是：（1）权利的主体（如公民、自然人、公司）；（2）权利所包含的行动或目标（如表达、发言、隐私、福利）；（3）对援引权利所反对者的限制或约束（例如，国家监管、公司主导、其他使用者）；以及（4）为权利辩护和实施权利的框架或治理结构（例如，国际条约/组织、法律制度、社会惯例、伦理）。

基于这些区别，我们在此概述四种不同的数字权利话语（见表1）。作为一种

---

① Pettrachin, 349.

② Ibid., 350.

③ Ibid., 339.

分析框架，本文中提到的这些话语是作为概念抽象而呈现的，并不意味着特定政治行为主体的立场会准确地反映其中任何一个话语。但是，我们确实采用了现行政策、民间社会和学术辩论中的实例来说明每一个话语，以体现它们目前在实践中可能的表达，这些实例选取的依据是我们在该领域既有的知识和研究，这导致其中分析吸收了一点主观因素。因此，该框架不是一个价值中立的或全面的话语映射，它既没有用尽可能的权利理论观点，也不能通过实证观察到这些使用。作为进一步研究的起点，这些要素因此面临着来自概念和经验的挑战和质疑。

表 1　数字权利的四种话语框架及其各自的主体、客体、限制和治理框架

	主体	客体	限制	治理框架
数字权利对消极自由的保护	自然人（法人）	表达自由，个人选择	国家干预、集中控制、审查制	基本的人身权和财产权；对国家权力的限制
积极权利和国家义务	公民个人，公民集体	积极的公民身份、平等的访问机会、有效的沟通能力	社会不平等、市场力量	法规、公共政策
权利作为"信息正义"的载体	个人，社会群体和社区	分配正义、对弱势群体的保护	歧视，结构性不平等，国家和企业的权力集中	法规、公共政策、社会实践和规范
平台提供的自解释性	接受特定服务的用户	技术机会	国家监管，任意、不透明的公司政策	自律，企业社会责任，使用条款

（一）数字权利作为对消极自由的保护

在新的数字环境中，消极的权利观点历来主导着关于表达自由和人权的辩论。学术界和早期活动人士的辩论主要集中于反对各国政府试图对互联网的言论自由和隐私权施加法律和限制，而不是集中于更广泛的国际人权议程和诸如发展、两性平等、不歧视或参与文化生活的权利等问题。[①] 正如伊蒂尔·德·索拉·普尔（Itiel de Sola Pool）在早期关于新通信技术的学术辩论中所说，问题是"未来通信电子资源是否可以像过去的平台和印刷机一样不受公共管制"，或者"这一伟大成就是否会迷失在对新技术的困惑之中"。[②] 十年后，约翰·佩里·巴洛（John Perry Barlow）发表的《网络空间独立宣言》更是戏剧性地反映了同样的观点："工业世界的政府们，你们这些疲惫不堪的钢铁巨人。我代表未来，请过去的你们不要来

---

① Drake and Jørgensen, 5–6.
② de Sola Pool, 10.

打扰我们。"①

当然，工业世界的政府和企业从来没有"离开互联网"过，而且从那时起，人们已经清楚地知道，数字媒体与经济权力关系、政府和监管结构密切相关，且不是自然而然地没有超出区域政治及其实施方法。相反，民族国家在数字化方面的兴趣和利益也在增加，例如，这反映为数字主权论的日益流行。②然而，早期的自由主义乌托邦关于新的数字技术独立于区域政治、经济、法律制度的思想仍然反映在许多数字权利的行动主义和话语之中。③

许多数字权利团体，包括老牌的倡导组织如电子前沿基金会，或者企业赞助的倡议活动如全球网络倡议，仍然反映出早期的网络自由运动理想，发动这些活动或倡议很大程度上是为了反对世界各地政府的侵权行为。类似的框架主导了主流互联网公司中围绕人权的故事讲述。④这一话语侧重于个人自由的消极概念，并反对家长式或独裁主义的民族-国家监管，突出表现在从隐私和国家监控再到传统表达自由的反审查主义这一系列问题上。

在新兴的企业自由主义或新自由主义权利话语中，可以发现一个有趣的变体，或者说是对自由主义进程的歪曲，这同样也建立在一个消极的概念之上，即权利是一种让人得以不受国家侵害的保护；但唯一的主题是越来越多的公司，如出版商或数字中介，自己利用权利话语来抵制监管。⑤朱莉·科恩（Julie Cohen）将这定义为"企业挪用有关基本人权的话语来描述公司实体的权利和特权。"⑥正如摩根·韦兰（Morgan Weiland）所指出的，这一话语使互联网服务提供商或社交媒体平台等实体基于他们在传输数据或算法输出时的言论自由权，得以据理反对任何形式的监管，如网络中立规则。⑦

以本文的分析框架来概括这一话语：消极权利话语首先阐明了数字权利的内涵——作为对个人或有时候是公司追求其自然私利自由的保护，反对国家干预和监管，并且受到宪法和法律对国家权力限制的保障。

---

① Barlow.
② 2019 年 12 月，俄罗斯宣布根据"主权互联网"法进行切断本国互联网与全球网络连接的测试。在 2019 年互联网治理论坛（IGF）的开幕致辞中，德国总理默克尔强调，"数字主权"并不意味着保护主义或言论控制，而是作为个人和社会决定数字发展的能力。
③ Kreiss.
④ Jørgensen, "Framing human rights."
⑤ Pickard; Weiland; Cohen.
⑥ Cohen, 257.
⑦ Weiland.

(二)积极权利与国家义务

虽然消极权利的观点仍然具有影响力,但有许多组织和运动对权利采用了更积极的权利概念。从积极权利的角度来看,不仅监管被视为实现个人权利的障碍,反过来,人权的实现被视为为决策者(国家或超国家)创设了推动目标的义务,比如平等的互联网接入权利。

例如,在表达自由方面,积极权利方法强调的是公民平等而有效地利用公共言论的结构性先决条件。第二代和第三代人权,例如发展权或参与文化生活的权利,与利用数字工具的平等条件和机会的关系更为明显。[1]这些议题不仅反对不干涉,还更明确地提出了关于实际保护和实现这些权利所需的监管和体制安排的问题。[2]

在积极权利的话语中,数字媒体也日益被视为能够更普遍地实现和促进人权的基础设施。正如联合国人权理事会 2011 年的报告指出,由于"数字技术的变革性",获取途径和有效利用这些技术的能力应被视为"实现一系列人权的不可或缺的工具"。[3]从数字技术具有促进作用的角度还提出了一个问题,即是否应将接入互联网或获取其他数字工具的权利本身视为一项人权,这将为各国确保连接性创设一项积极义务。[4]正如马西尔森(Mathiesen)所说,互联网的接入权利可被视为源于更基本人权的"衍生人权",其实现越来越依赖于数字技术的使用。[5]

一些进步的民间社会运动也采用了类似的框架,明确地将积极传播权的概念作为一个规范性框架。[6]例如,有 200 多个组织参加的 Keep It On 运动联盟曾反对政府关闭互联网,用的口号是:"互联网实现了我们所有的人权,我们需要我们的领导人承诺将其保持下去(Keep It On)。"[7]早于当前的许多权利运动,在信息社会运动(the Communication Right in the Information Society,以下简称"CRIS")中,通信权就被用于在 21 世纪初的信息社会世界首脑会议进程(the World Summit on the Information Society,以下简称"WSIS")中动员了一系列民间社会组织,明确捍卫了更广泛的权利概念,其中不仅包括消极的自由,还包括个人获得和有效利用信息与知识的积极权利,以促进民主参与和网络文化与身份的多样性。[8]在这一话语

---

[1] Jørgensen, *Framing the Net*.
[2] Mathiesen.
[3] UNHRC.
[4] De Hert and Kloza.
[5] Mathiesen.
[6] Padovani and Calabrese.
[7] "保持畅通"(Keep It On)由"立刻访问"(https://www.accessnow.org/keepiton/)负责协调。
[8] Alegre and Ó Siochrú; Mueller, Mathiason and Klein.

中，数字权利也包括对集体和群体权利的要求，例如少数群体的语言权利。积极的权利话语也得到了国家行为主体的积极推动，例如，在2019年，瑞典国际开发合作署（SIDA）提出了对网上民主空间缩小的担忧："因为自由、开放和安全的互联网是可持续发展和减少贫困的驱动力，所以这令人忧心忡忡。"[1]

反映出国家行为主体作为权力和影响力据点的持续相关性，有人认为，媒体和信息政策辩论，包括数字权利话语，见证了"国家的回归"或"全球化高峰的消退"。[2] 当然，国内的互联网政策行动可能涉及遮蔽或促进公民权利的干预措施。当像俄罗斯和中国这样的国家在很大程度上调动数字主权的话语来控制信息流动时，其他一些国家却努力在一系列明确权利的基础上开创更为进步的互联网政策。脱离早期网络自由话语强调的自由主义论，各意识形态领域的政府已开始将既涉及愿景又涉及国家义务的数字权利概念编入具有约束力的国家立法中。[3] 在地区一级，在一些欧洲倡议中也可以看到积极权利的概念。例如，《欧洲联盟基本数字权利宪章》旨在以更明确的与个人数据和自动化决策有关的权利，来建立和扩大欧盟现有的基本权利承诺。[4]

综上所述，积极权利话语的特点在于：以更具政治性的公民为主体，以平等接入和参与为权利目标。这里援引的权利所受到的限制不仅包括国家权力，还包括更广泛的市场和社会不平等。就实施数字权利的治理框架而言，这里的重点是国家或超国家的公共政策和监管。

（三）作为"信息正义"载体的权利

第三，我们可以区分出与积极的权利观点相关，也关注平等接入和个人有效利用能力的另一种话语。在这种话语中，权利被更广泛地视为信息正义的载体。在这里，对权利的关注不仅限于个人能力或权益，还涉及更广泛的问题，如权力集中在少数人手中以及保护网上弱势群体的手段。数字权利强调信息资源的平等获取和公平分配的重要性，因此被纳入更广泛的分配正义视角。[5]

除了对表达自由和其他个人能力的明显影响外，这一观点更广泛地将数字媒体视为促进更广泛的人权相关目标的工具，如经济发展、政治参与、打击不平等和整

---

[1] See https://www.sida.se/English/press/current-topics-archive/2019/stockholm-internet-forum-2019/.

[2] Flew, "Post-Globalisation."

[3] Redeker et al., 315.

[4] See https://digitalcharta.eu/wp-content/uploads/DigitalCharter-English-2019-Final.pdf.

[5] Duff; Schejter and Tirosh.

体的社会进步等。与积极的权利观点及其功利主义的重点相反，这种权利框架不仅可用来捍卫个人自由，甚至是国家赋予的权利资格，还可作为对抗和改变现有机制和权力关系的工具。

因此，信息正义的观点提出了一种更为复杂的数字权利话语，以平衡数字环境中的不平等以及控制和支配的形式。以人权为基础的政策不再是个人权利和政府控制之间的二元对立，而是越来越多地被视为工业控制的和更封闭的市场主导的生态系统的替代品。在学术和实践中，这种对数字权利的非国家威胁包括通信商品化、新寡头垄断的产生以及其他可能造成或加剧社会和文化不平等的力量。女权主义和去殖民化的学者和活动人士特别强调了边缘化群体创造、使用和享受数字空间的权利，并解决了一些与结构性不平等有关的问题。① 正如凯特曼（Ketteman）和莫塞内（Mosene）所言，"数字权利是人权、妇女权利和LGBTQI+权利"②。

我们称之为信息正义话语的要素都可以在各种团体和非政府组织（NGO）的工作中找到，这些团体和组织关注民主活动、发展、社会正义和更民主的互联网监管，例如互联网社会论坛和正义网联盟。进步通讯协会（APC）有一段争夺权力结构并要求互联网政策领域具有更广泛包容性的历史，例如，包括2014年根据女权主义数字权利的活动人士网络制定的原则，呼吁建立"女权主义互联网"。③ 此外，正义网联盟（Just Net Coalition）最近发起的一项倡议《数字正义宣言》（Digital Justice Manifesto）呼吁"拥有我们的数字未来"，主张"个人和集体对数据所有权的权利"以及"控制数据运行的技术结构"。该宣言旨在动员人们开展广泛的运动，包括那些通常并不会出现在互联网政策领域的运动。④

在互联网治理领域之外的学术讨论中也可以发现类似的框架，特别是侧重于数据的政治经济及其社会影响的框架。⑤ 例如，库尔德里（Couldry）和梅杰斯（Meijas）认为，要解决他们所称的"数据殖民主义"体系中的不公正，"是时候更深入地挖掘已确立的监管话语的根本基础，使其能够挑战数据化的社会秩序。"⑥ 此外，从事数据正义研究的学者呼吁在数据生产过程中人类显现、展现和被处理的公平性，⑦ 并对数据收集的过程和结果的歧视提出质疑，这些过程和结果"反映了当今

---

① See Mosene and Ketteman.
② Ketteman and Mosene, 8.
③ APC; See also Redeker, "Towards a European Constitution for the Internet?"
④ "数字正义宣言"是由"正义网联盟"在2019年互联网治理论坛上发起的一项民间社会成就。See https://justnetcoalition.org/digital-justice-manifesto.pdf.
⑤ e. g., Zuboff; Couldry and Meijas.
⑥ Couldry and Meijas, 12.
⑦ Taylor.

不公正内在关联的性质。"①

在许多国家的国内层面，在许多政党如绿党和海盗党的要求中，也可以找到一种强调关注决策程序和参与的相关框架。②将个人自由与参与性文化生产的集体理想和公共概念结合起来，这些运动通常捍卫帕特里克·伯卡特（Patrick Burkart）所说的"文化环保主义"，③旨在保护互联网文化免受企业和国家的殖民统治。文化环保主义与信息正义观的目标一致：不仅保护现有的法律权利，还要讨论并改变霸权结构，如版权制度。

因此，信息正义话语将权利主体从个人延伸到弱势和边缘化群体。从分配正义的角度讨论了数字权利的目标，即培养数字权利以反对霸权权力结构以及国家和市场殖民。除了法规和公共政策之外，话语还强调日常实践和社会规范层面的变化是实现权利的先决条件。

（四）权利与商业：平台提供的自解释性

第四，我们可以区分出一种观点，既包括消极权利的要素，也包括积极权利的要素，但两者的结合完全忽略了国家或其他超国家监管者作为权利正当化和执行框架的作用。相反，在这种话语中，数字权利被视为平台或数字中介，如 Facebook 或 Google 提供的启示或权利。数字自我解释性可以被定义为一种技术通过其设计实现的行为或一种行为特征。④与国家通过不作为或监管手段强制执行的行为不同，权利被视为铭刻在技术基础设施之中。因此在某种意义上，这一话语为占主导地位的数字平台提供了监管者的实际地位。

Facebook 计划在平台上建立一个内容审查监督委员会，被马克·扎克伯格（Mark Zuckerberg）称之为"最高法院"（Supreme Court），⑤体现了公司更明确地扮演起管理者角色的转变。这项"前所未有的科技公司自我治理实验"⑥引起了人们对公司自我宪法化倾向的关注，即可能存在使人权降低到公司"价值观"⑦水平的风险。另一方面，与缺乏公共问责的普遍模式相比，内容删除决定和申诉机制的透明度也被视为必要的步骤。⑧

---

① Gangadharan and Jędrzej, 883.
② Redeker et al., 315.
③ Burkart.
④ Earl and Kimport, 132.
⑤ See Latonero.
⑥ ibid.
⑦ See Maroni.
⑧ York and Zuckermann.

正如"代码就是法律"和"网络架构就是政治"之类的短语所暗示的那样，现在人们普遍认为，新的控制算法架构引起了对表达自由、隐私和其他可能形式人权的歧视和操纵的关注。然而，接近算法力量的方式有很多种，有些侧重于算法的治理，有些侧重于用算法治理。① 在后一种观点中，不同于要求对这些平台进行监管，而是赋予它们事实上的监管者的角色，在缺乏有效的政府行动的情况下，可以由用户或活动人士来强制实施，以遵守数字权利这一事实上的社会责任。② 在绘制数字权利宣言的过程中，雷德克（Redeker）等人还发现了一些文件，如《社交网络用户权利的法案》和《社交网络用户的权利法案》，其中管理权利的决策点是公司政策，而权利持有人被界定为"用户"而不是公民。③ 他们还注意到，针对私领域行为主体的倡议往往更针对具体问题，寻求解决和补正特定的不满，而不是提出全面的人权框架。

对将私营企业作为管理数字权利的权力基石的关注，也反映在将联合国（UN）《商业和人权指导原则》框架中的"鲁格原则"（Ruggie principles）扩展到互联网公司的努力之中。④ 该框架的三大支柱主张国家保护人权免受侵犯的责任扩展到企业，公司应避免侵犯权利并消除不利影响，受害者应获得补救。⑤ 根据这些原则，《数字权利排名（RDR）指数》⑥旨在对世界上最强大的信息和通信技术（ICT）公司所披露的影响用户表达自由和隐私的承诺与政策进行排名。该指数的主要目的不是为了影响监管或执行法律权利，而是为了帮助公司改善他们的政策和披露情况。

一方面，对公司政策的关注有助于阐明公司行使结构性权力的方式，从而越来越多地影响提供给公民的交流机会。另一方面，学者们认为迫切的不仅是确保人权问题被视为企业的社会责任，还要将正式的人权义务延伸到企业。正如科恩（Cohen）所说，承认和执行基本权利的机构应该努力制衡私人经济力量，而不是加强这种力量。⑦

总之，这一自解释性话语将特定服务用户视为权利的主体。在这些服务中，用户应该控制他们的交流行为和机会。这些权利所针对的限制包括不透明的公司政策，以及隐含的国家干预，这些可以通过将治理框架置于自我监管和公司责任的层

---

① Musiani; Saurwein, Just and Latzer.
② McKinnon.
③ Redeker et al., 314.
④ Callamard.
⑤ ibid.
⑥ See https://rankingdigitalrights.org/. 其中一位作者参与了《数字权利排名指数》的研究并作出了贡献。
⑦ Cohen, 267.

面来避免。

（五）其他用法

前面提到几种类型显然只是指示性的，并不完整。数字权利话语有许多不同的解释和排列，每一种都反映了它们的使用背景以及提出者的利益和价值观。

在这些话语之外，还出现了无数组织性较弱、活动和事业较为自由的团体和运动，如维基解密（Wikileaks）、匿名者（Anonymous），甚至还有个人黑客，来对抗数字世界中各种形式的限制以捍卫"权利"。其中许多都不一定遵循任何具体的政治纲领或宣言，而往往被视为引起人们对一系列不公和政治问题的关注的颠覆性力量。虽然所有这些组织都声称要促进数字权利，但也有人批评他们的活动。例如，汤姆·索雷尔（Tom Sorell）批评维基解密（Wikileaks）和匿名者（Anonymous）的手段和形式不透明，选择的事由任意，对其"目标"的权利并不关切，这甚至会使他们的活动"颠覆人权的核心原则"。①

三、我们遗漏了什么？数字权利的病理

尽管多种形式的数字权利话语无疑有助于提高互联网政策问题在政策议程上的突出地位，它也难免受到一些人权学者的批评。当代人权框架和话语受到激进学者批评的原因有很多：助长虚假的意识形态普遍主义、含糊不清且不可执行，或者象征性多于实质性、提倡"原始个人主义"等等。② 许多批评认为，所谓权利之谈所承诺的转变可能是空洞的，甚至是有害的，因为它们未能解决不公正的根源，因此无法为全球资本主义的自由主义提供任何激进的政治选择空间。这种批评偶尔也在数字权利运动中得到承认，特别是在支持更激进的数字或数据正义思想的话语之中。

塞缪尔·莫因（Samuel Moyn）在他的人权批判史中指出，人权话语代表了政治终结之历史关头的"最后一个乌托邦"。③ 莫因（Moyn）认为，人权在历史上被用作镇压激进政治的工具，而权利话语则充当了一个移居空间，包容了反资本主义或反殖民主义等其他话语和行动方式。这种批评的大部分也可以被视为适用于数字

---

① Sorell, 7.
② e. g., Brown; Žižek.
③ Moyn.

权利话语。如果"我们最大的希望"①是通过个人权利保护来削弱占主导地位的公司的权力，那么这是否会破坏旨在挑战当前信息资本主义权力结构的更为激进的倡议？此外，富兰克林（Franklin）指出，在互联网治理语境下，普遍主义和自由个人主义往往导致只强调被选定的而不是所有的人权。②

近年来，许多学者从经济权力的角度对数字权利话语提出了质疑。例如，科恩（Cohen）批评"关于互联网接入和使用之基本权利的性质的主张"，认为这种主张嵌入了技术本质主义，即审查和监视的能力是"恶意插件"，根据市场逻辑是可以避免的。③而且约根森（Jørgensen）和马尔祖基（Marzouki）指出，公司的人权框架可能导致人权从"权力调节器"泛化为"企业社会责任"，则这可能威胁到对所有人权的有效保护。④

毫无疑问，在争取更民主和平等的数字政治的斗争中，数字权利的话语能够并且已经被部署为一种战略性的有效工具。然而，我们有必要对数字权利话语并不承认的方面进行质问。作为一个传统的个人主义概念，权利话语倾向于淡化与公共利益相关的其他更具集体性的目标，如社会正义、发展和文化多样性等。以前面讨论的数字和数据正义的观点为例，它们为这里的权利讨论提供了有益的补充：因为它们质疑在一个监视资本主义或数据殖民主义造成了严重社会不平等的环境中，个人权利能在多大程度上提供有意义的解决办法。从这个意义上说，对正义的强调可以被看作是一种不具有竞争性，但同样具有争议性的权利框架方法，或者作为重构权利话语的一种办法，使其朝着不那么个人主义的方向发展。最后，权利话语显然是以人为中心的，且通常是对例如新数字技术对环境的巨大影响或者可能限制数字机会和联接不断扩展的地球边界等问题的考虑。⑤

结　论

除了现行法律义务的地位，数字权利还可以表达为各种政治问题，并被不同的行为主体用于不同的目的。本文确定的四种话语强调了这些不同用途中的一些假

---

① Brown.
② Franklin, 22–23.
③ Cohen, 4.
④ Jørgensen and Marzouki, 14.
⑤ e. g., Brevini and Murdock; Maxwell and Miller.

设，包括它们对数字权利的主体、目标、潜在限制和实施方法的不同定义。这里得出的区别更多的是分析性而不是严格经过实证得来的。尽管我们从现有的研究中吸取经验，并努力为这些不同的用途列举实例，但话语的边界仍然是流动的。例如，对国家行动或公司行动的关注、现有人权或新出现的准则、个人权利或社会正义之间并不是相互排斥。特定语境中的特定政治行为主体很可能同时利用到几个甚至所有的这些话语。

这种概念化的多样性并不意味着应当拒绝权利的语言成为挑战现有权力结构和争取更民主的信息环境的手段。权利本身的争议性质也并不意味着要低估人权作为一个既定的、法律界定的和国际公认的框架所具有的优点，它可以被援引来挑战国家和公司的一系列侵权行为。从现实世界决策纯粹而务实的角度来看，坚持人权原则作为现行法律规范仍然是决策者和研究人员的中心任务。

从偏向社会学的角度来看，我们可以将当前的数字权利辩论理解为以协商和争夺数字信息环境治理的价值和新兴原则为目的的政治努力的一部分。正如数字权利宣言的扩散也表明了，人们普遍认为数字转型时期需要全新的信息和通信政策方面的规范性框架和政策原则。[①] 与数字宪政的理念相一致，参与这些倡议和过程的主体都有助于一种话语的交流，使得这些原则得到明确，并可能最终制度化。

然而，权利的语言并不是发展这些原则的唯一可行框架，作为社会建构的理想，我们不应将其内容视为既定的。正如叶礼庭（Michael Ignatieff）所说，人权绝不能成为一种用来结束政治辩论的偶像崇拜，而应该更多地被视为一项未完成的工程，从而不断地引发新的问题和政治紧张局势。[②] 从这个意义上说，权利基础上的政治与围绕福利、社会正义或者民主的替代性的规范框架没有什么区别。

本条的主要论点不是主张某个数字权利的特定定义，也并不主张要用另一个正当化规范性主张的框架或语言来取代权利框架，而是主张我们有必要了解数字权利在不同用途下的假设、意图和影响。我们不应当假定多利益相关者的进程和宣言会带来对普遍权利和原则的共同理解，而应当承认权利话语可能的病理，以及承认一些行为主体相比起其他人，会有更多的资源来推进其解释的事实。如果我们把权利话语理解为一种政治模式或一种对信息政策的理想目标提出要求的回应，那么权利话语就不可避免地具有多元性和政治性。从这一角度来看，数字权利研究的一个关键挑战不仅是帮助促成一种正在形成的全球共识，还是要澄清不同愿景和主张的具体政策和实际影响。

---

① e. g., Brown and Marsden; Duff; Picard and Pickard; Schejter and Tirosh.

② Ignatieff.

BIBLIOGRAPHY

Access Now. "KeepitOn campaign." Accessed January 29, 2020. https://www.accessnow.org/keepiton/.

Alegre, Alan, and Seán Ó Siochrú. "Communication Rights." In *Word Matters: Multicultural Perspectives on Information Societies*, edited by Alain Ambrosi, Valérie Peugeot, and Daniel Pimienta. Caen, France: C & F Publishers, 2005.

Amnesty International and Access Now. "The Toronto Declaration." Accessed January 28, 2020. https://www.torontodeclaration.org/.

APC (Association for Progressive Communications). "Making a Feminist Internet." In *Many Worlds, Many Nets, Many Visions: Critical Voices, Visions and Vectors for Internet Governance*, edited by Katharina Mosene and Matthias Ketteman. Berlin: Hans-Bredow-Institut, 2019.

Bacchi, Carol. "Discourse, Discourse Everywhere: Subject "Agency" in Feminist Discourse Methodology" *Nordic Journal of Women's Studies* 13, no. 3 (August 2006): 198−209.

Barlow, John P. *A Declaration of the Independence of Cyberspace*, 1996. Accessed June 6, 2020. http://www.eff.org/cyberspace-independence.

Brevini, Benedetta, and Graham Murdock, eds. *Carbon Capitalism and Communication: Confronting Climate Crisis*. New York and London: Palgrave Macmillan, 2017.

Brown, Wendy. " "The most we can hope for..." : Human Rights and the Politics of Fatalism." *The South Atlantic Quarterly* 103, no. 2−3 (Spring−Summer 2004): 451−463.

Brown, Ian, and Christopher T. Marsden. *Regulating Code. Good Governance and Better Regulation in the Information Age*. Cambridge, MA: MIT Press, 2013.

Burdon, Peter D. "Environmental Human Rights: A Constructive Critique." In *The Research Handbook on Human Rights and the Environment*, edited by Anna Grear and Louis J. Kotzé, 61−78. Cheltenham, UK: Edward Elgar, 2015.

Burkart, Patrick. *Pirate Politics. The Information Policy Contests*. Cambridge, MA: MIT Press, 2014.

Callamard, Agnès. "The Human Rights Obligations of Non-State Actors." In *Human Rights in the Age of Platforms* edited by Rikke F. Jørgensen: 191−225, Cambridge, MA: MIT Press, 2019.

Charter of Fundamental Digital Rights of the European Union. Accessed February 3, 2020. https://

digitalcharta.eu/wp-content/uploads/DigitalCharter-English-2019-Final.pdf.

Cohen, Julie E. *Between Truth and Power: The Legal Constructions of Informational Capitalism*. New York: Oxford University Press, 2019.

Couldry, Nick, and Ulises Meijas. "Making Data Colonialism Liveable: How Might Data's Social Order Be Regulated?" *Internet Policy Review* 8, no. 2 (June 30, 2019). doi:10.14763/2019.2.1411.

De Hert, Paul and Dariusz Kloza. "Internet (access) as a new fundamental right. Inflating the current rights framework?" *European Journal of Law and Technology* 3, no. 3, (2012). Accessed June 5, 2020. http://ejlt.org/article/view/123/268.

Drake, William J. and Rikke F. Jørgensen. "Introduction." In *Human Rights in the Global Information Society*, edited by Rikke F. Jørgensen. Cambridge, MA: MIT Press, 2006.

Duff, Alistair. *A Normative Theory of the Information Society*, New York: Routledge, 2012.

Earl, Jennifer, and Katrina Kimport. *Digitally enabled social change: Activism in the Internet age*. Cambridge, MA: MIT Press, 2011.

Flew, Terry. "Post-globalisation." *Javnost-The Public 25*, no 1-2 (2018): 102-109. doi:10.1080/13183222.2018.1418958.

Fischer, Frank. *Reframing Public Policy: Discursive Politics and Deliberative Practices*. Oxford: Oxford University Press, 2003.

Fjeld, Jessica, Nele Achten, Hannah Hilligoss, Adam Nagy, and Madhulika Srikumar. "Principled Artificial Intelligence: Mapping Consensus in Ethical and Rights-Based Approaches to Principles for Ai." *Berkman Klein Center Research Publication*, No. 2020-1 (January, 2020). Accessed June 5, 2020. https://ssrn.com/abstract=3518482.

Foucault, Michel. *Archaeology of Knowledge*. New York: Routledge, 2002.

Franklin, Marianne I. "Civil Society and the Internet Governmentality Complex: Manufacturing Global Consensus." Accessed February 4, 2020. https://www.academia.edu/36361914/Civil_Society_and_the_Internet_Governmentality_Complex_Manufacturing_Global_Consensus.

Gangadharan, Seeta Peña, and Niklas Jędrzej. "Decentering Technology in Discourse on Discrimination." *Information, Communication & Society* 22, no. 7, (May 2019): 882-899. doi:10.1080/1369118X.2019.1593484.

Golder, Ben. *Foucault and the Politics of Rights*. Stanford: Stanford University Press, 2015.

Goodale, Mark. "Locating Rights, Envisioning Law Between the Global and the Local." In *The Practice of Human Rights: Tracking Law Between the Global and the Local*, edited by Mark Goodale and Sally Engle Merry, 1-38, Cambridge, UK: Cambridge University Press, 2007.

Hawtin, Dixie. "Internet Charters and Principles: Trends and Insights." *Global Information Society Watch*, 51-54. South Africa: HIVOS and Association for Progressive Communications, 2011.

Hoover, Joe. *Reconstructing Human Rights: A Pragmatic and Pluralist Inquiry in Global Ethics*. Oxford: Oxford University Press, 2016.

Horten, Monica. *The Closing of the Net*. Cambridge, UK: Polity Press, 2016.

Ignatieff, Michael, K. Anthony Appiah, David A. Hollinger, Thomas W. Laqueur, and Diane F. Orentlicher. *Human Rights as Politics and Idolatry*, edited by Amy Gutmann. Princeton: Princeton University Press, 2001.

Jørgensen, Rikke F. "Framing Human Rights: Exploring Storytelling within Internet Companies." *Information, Communication & Society* 21, no. 3 (February 2017): 340-55. doi:10.1080/1369118X.2017.1289233.

——. *Framing the Net. Human Rights and the Internet*. Cheltenham, UK: Edgar Elgar, 2013.

——. ed. *Human Rights in the Age of Platforms*. Cambridge, MA: MIT Press, 2019.

Jørgensen, Rikke F., and Meryem Marzouki. "Internet Governance and the Reshaping of Global Human Rights Legacy at WSIS+10." *GigaNet Annual Symposium* (November 2015), João Pessoa, Brazil.

Just Net Coalition. "Digital Justice Manifesto." Accessed 29 January, 2020. https://justnetcoalition.org/digital-justice-manifesto.pdf.

Karppinen, Kari. "Human Rights and the Digital." In *Routledge Companion to Media and Human Rights*, edited by Howard Tumber and Silvio Waisbord, 95-103. London: Routledge, 2017.

Ketteman, Matthias and Katharina Mosene. "Space for All, Voice for All! Towards a More Inclusive Internet Governance 2020+." In *Many Worlds, Many Nets, Many Visions: Critical Voices, Visions and Vectors for Internet Governance*, edited by Katharina Mosene and Matthias Ketteman, 7-9. Berlin: Hans-Bredow-Institut, 2019.

Kreiss, Daniel. "A Vision of and for the Networked World. John Perry Barlow's *A Declaration of Independence of Cyberspace* at Twenty." In *Media Independence: Working with Freedom or Working for Free?*, edited by James Bennett and Niki Strange, New York: Routledge, 2015.

Latonero, Mark. "Can Facebook's Oversight Board Win People's Trust?" *Harvard Business Review* (January 29, 2020). Accessed June 5, 2020. https://hbr.org/2020/01/can-facebooks-oversight-board-win-peoples-trust.

Lombardo, Emanuela, Petra Meier, and Mieke Verloo. "Discursive Dynamics in Gender Equality Politics: What about 'Feminist Taboos'?" *European Journal of Women's Studies* 17, no. 2

(May 2010): 105–123.

Maroni, Marta. "Some reflections on the announced Facebook Oversight Board." (October 17, 2019). Robert Schuman Centre for Advanced Studies, Centre for Media Pluralism and Media Freedom (CMPF). Accessed June 5, 2020. https://cmpf.eui.eu/some-reflections-on-the-announced-facebook-oversight-board/.

Mathiesen, Kay. "Human Rights for the Digital Age." *Journal of Mass Media Ethics* 29, no. 1 (January 2014): 2–18. doi:10.1080/08900523.2014.863124.

Maxwell, Richard, and Toby Miller. *Greening the Media*. Oxford: Oxford University Press, 2012.

McKinnon, Rebecca. *Consent of the Networked: The World-wide Struggle for Internet Freedom*. New York: Basic Books, 2012.

Mosene, Katharina, and Matthias Ketteman, eds. *Many Worlds, Many Nets, Many Visions: Critical Voices, Visions and Vectors for Internet Governance*. Berlin: Hans-Bredow-Institut, 2019. https://www.hiig.de/wp-content/uploads/2019/11/IGF-Statements-Critical-Voices-WEB.pdf.

Moyn, Samuel. *The Last Utopia: Human Rights in History*. Cambridge, MA: Harvard University Press, 2012.

Mueller, Milton, John Mathiason, and Hans Klein. "The Internet and Global Governance: Principles and Norms for a New Regime." *Global Governance* 13, no. 2 (2007): 237–54. Accessed June 5, 2020. https://www.jstor.org/stable/27800656.

Musiani, Francesca. "Governance by Algorithms." *Internet Policy Review* 2, no. 3, (2013). doi:10.14763/2013.3.188.

Padovani, Claudia, and Andrew Calabrese, eds. *Communication Rights and Social Justice: Historical Accounts of Transnational Mobilizations*. Basingstoke, UK: Palgrave Macmillan, 2014.

Padovani, Claudia, Francesca Musiani, and Elena Pavan. "Investigating Evolving Discourses on Human Rights in the Digital Age: Emerging Norms and Policy Challenges." *The International Communication Gazette* 72, no. 4–5 (May 2010): 359–378.

Pettrachin, Andrea. "Towards a Universal Declaration on Internet Rights and Freedoms?" *The International Communication Gazette* 80, no. 4 (June 2018): 337–353. doi:10.1177/1748048518757139.

Picard, Robert, and Victor Pickard. *Essential Principles for Contemporary Media and Communications Policymaking*. Oxford: Reuters Institute for the Study of Journalism, University of Oxford, 2017.

Pickard, Victor. "Toward a People's Internet: The Fight for Positive Freedoms in an Age of Corporate Libertarianism." In *Blurring the Lines Market-Driven and Democracy-Driven Freedom of Expression*, edited by Maria Edström, Andrew T. Kenyon, and Eva-Maria Svensson: 61–8.Göteborg, Sweden: Nordicom, 2016.

Pool, Ithiel de Sola. *Technologies of Freedom*. Cambridge, MA: Harvard University Press, 1983.

Ranking Digital Rights. Accessed January 29, 2020. https://rankingdigitalrights.org/.

Redeker, Dennis. "The Contract for the Web: The newest manifestation of digital constitutionalism?" *Völkerrechtsblog*, (29 November, 2019). doi:10.17176/20191129-180645-0.

——. "Towards a European Constitution for the Internet? Comparative Institutionalization and Mobilization in European and Transnational Digital Constitutionalism." *GigaNet Annual Symposium*, (November 2019).

Redeker, Dennis, Lex Gill, and Urs Gasser. "Towards Digital Constitutionalism? Mapping Attempts to Craft an Internet Bill of Rights." *The International Communication Gazette* 80, no. 4 (June 2018): 302–19. doi:10.1177/1748048518757121.

Saurwein, Florian, Natascha Just, and Michael Latzer. "Governance of Algorithms: Options and Limitations." *Info* 17, no. 66, (July 2015): 35–49. doi:10.1108/info-05-2015-0025.

Schejter, Amit, and Noam Tirosh. *A Justice-Based Approach for New Media Policy: In the Paths of Righteousness*. Cham, Switzerland: Palgrave Macmillan, 2016.

SIDA. "Stockholm Internet Forum 2019: Mobilizing for a Free, Open and Secure Internet." Accessed February 4, 2020. https://www.sida.se/English/press/ current-topics-archive/2019/stockholm-internet-forum-2019/.

Sorell, Tom. "Human Rights and Hacktivism. The Cases of Wikileaks and Anonymous." *Journal of Human Rights Practice* 7, no.3, (November 2015): 391–410. doi:10.1093/jhuman/huv012.

Taylor, Linnet. "What Is Data Justice? The Case for Connecting Digital Rights and Freedoms Globally." *Big Data & Society* 4, no. 2, (December 2017). doi:10.1177/2053951717736335.

UNHRC—United Nations Human Rights Council. *Report of the Special Rapporteur on the Promotion and Protection of the Right to Freedom of Opinion and Expression, Frank La Rue*, 2011. Accessed June 5, 2020. http://www2.ohchr.org/english/bodies/hrcouncil/docs/17session/A.HRC.17.27_en.pdf.

Weber, Rolf H. *Principles for Governing the Internet: A Comparative Analysis*. Paris: UNESCO, 2015. Accessed June 5, 2020. https://unesdoc.unesco.org/ark:/48223/pf0000234435.

Weiland, Morgan N. "Expanding the Periphery and Threatening the Core: The Ascendant Libertarian Speech Tradition." *Stanford Law Review* 69, no. 5 (May 2017): 1389–1472.

World Wide Web Foundation. "The Contract for the Web." Accessed January 28, 2020. https://

contractfortheweb.org/.

York, Jillian C., and Ethan Zuckerman. "Moderating the Public Sphere." In *Human Rights in the Age of Platforms*, edited by Rikke F. Jørgensen, 137−161, Cambridge, MA: MIT Press, 2019.

Žižek, Slavoj. "Against Human Rights." *New Left Review* 34, (July−August 2005): 115−131.

Zuboff, Shoshana. *The Age of Surveillance Capitalism: The Fight for a Human Future at the New Frontier of Power*. New York: Public Affairs, 2019.

超越隐私，超越权利

——导向一种信息治理的"系统"理论*

维克托·迈尔-舍恩伯格** 著

罗可心*** 译

摘　要　数十年来，我们已大致基于个人权利提炼出信息隐私权与知识产权的概念。该进路无疑具有吸引力。这种进路不需要一个庞大的官僚机构执法，看上去增强了人的自由和自决，并通过健全的市场保证信息的高效配置。正如本文所阐释的，权利进路甚至可以引导我们在大西洋两岸生成一个趋同而融贯的信息治理概念。然而，这一趋同构想无法同时推广至美国和欧盟。为此我们不妨认真看待欧盟出现的双向信息权利构造。权利进路的问题在于，其在实践中多半走向失败。相反，当建立在丰富而深刻的信息治理中介网络之上时，信息隐私即切实受到保护。本文最后提出，研究信息隐私权体系和版权体系并一般性地研究信息治理系统，考察不同中介所采用的治理机制，或许会产生出较之现行的权利进路更为丰富、精准、高效的信息治理策略。

---

*　本文原文为英语，题名为"Beyond Privacy, Beyond Rights—Toward a "Systems" Theory of Information Governance"，原载于《加州法律评论》（*California Law Review*）2010年第98卷第6期第1853—1885页。原文无关键词，译文关键词系《法理》杂志编者所加。

**　维克托·迈尔-舍恩伯格（Viktor Mayer-Schönberger），英国牛津大学教授。

***　罗可心，中国政法大学法学院2020级法学理论专业硕士研究生。

关键词 信息隐私权利　信息治理系统　个人信息保护

引　言

50 年前，威廉·普罗瑟（William Prosser）院长对数十年的司法活动与立法活动予以详细讨论，以简洁而全面地勾勒"隐私权"（the right to privacy）[1]并概述通过侵权法的隐私权保护。[2] 普罗瑟所谓的隐私侵权，已有若干涉及赋予个人"信息隐私权"（information privacy）[3]——我们今日如此称呼之——那种控制和保护自己的个人信息的能力。[4] 从那时起，全球的信息流动呈爆炸式增长。超过 18 亿人在使用互联网。[5] 作为世界上最流行的搜索引擎，谷歌每天收到超过 20 亿次搜索请求。[6] 而社交网站脸书每周处理超过 35 亿条用户新分享的内容。[7]

这一爆炸式增长凸显出信息隐私保护法的重要性与必要性。实际上，信息隐私一直是人们（尤其是互联网用户）关心的问题。[8] 但伴随全球信息流动爆炸式增长的，不单是对加强隐私保护的显性需求。旨在保护信息内容的创作者的知识财产权

---

[1] Samuel D. Warren & Louis D. Brandeis, The Right to Privacy, 4 *Harv. L. Rev.* 193 (1890).

[2] William L. Prosser, Privacy, 48 *Calif. L. Rev* 383 (1960).

[3] 本文中，作者基本在两种意义上使用"information privacy"一词：一是指称作为法律概念的"信息隐私权"，二是指称一般意义上的"信息隐私"。另外，作者使用"information privacy rights"指称个人享有的一系列具体权利，下文将其译为"信息隐私权利"，以示区别。——译者注

[4] 参见 Paul M. Schwartz, Property, Privacy, and Personal Data, 117 *Harv. L. Rev.* 2056, at 2058 (2004)；作者将"信息隐私权"定义为"法律限制和其他条件，如个人规范，对个人数据的使用、传输和处理的结果"。

[5] INTERNET WORLD STATS, http://www.internetworldstats.com/stats.htm (last visited July 18, 2010).

[6] Press Release, comScore, Global Search Market Draws More than 100 Billion Searches per Month, (Aug. 31, 2009) *available at* http://www.comscore.com/Press_Events/Press_Releases/2009/8/Global_Search_Market_Draws_More_than_100_Billion_Searches_per_Month.

[7] Statistics, FACEBOOK, http://www.facebook.com/press/ino.php?statistics (last visited July 18, 2010).

[8] 一般参见 Annie I. Antón, Julia B. Earp & Jessica D. Young, How Internet Users' Privacy Concerns Have Evolved Since 2002, *N. C. St. U. Computer Sci. Technical Rep.* (July 29,2009), http://theprivacyplace.org/blog/wp-content/uploads/2009/07/tr_2009_16.pdf（提出隐私仍是互联网用户的核心关注点）; John B. Horrigan, Use of Cloud Computing Applicationsand Services, *Pew Internet & Am. Life Project Rep.* (Sept. 12 2008), http://www.pewinternet.org/Reports/2008/Use-of-Cloud-Conputing-Applications-and-Services.aspx（阐释隐私方面的担忧延伸至云计算等互联网新服务）。另见 John Palfrey & Urs Gasser, *Born Digital: Understanding the First Generation of Digital Natives* 53–69 (2008)；作者描述了"数字原住民"对隐私的态度，并表示社会必须开始认真对待年轻人在隐私方面的担忧。

利（intellectual property rights，通称"知识产权"）①，其重要性也在提升——并引发有关其落实和实施的全球性争论。② 这是预料之中的事。我们正走向以信息为中心的世界，这种"新经济"会如何影响信息治理成为一个日益重要的问题。③ 信息隐私法和知识产权法都试图回答那些问题。

乍看之下，两者好像几乎没有共通点。知识产权法授予对某一信息的排他性财产权利，而信息隐私法保护个人不被非法获取个人信息。尽管如此，这两个领域的法律具有某些共性，潜在地允许发展一种统一的信息治理理论。

在本文第一部分，我重点讨论了美国和欧洲大陆对信息隐私权和知识产权（特别是版权）概念的不同界定，关注不同概念如何导向不同共性，以及各自独有的优势和弱点。在美国，共性尚不存在，但理论上可以建立于个人信息"财产化"（the propertization of personal information）的基础之上，其结果是通过与版权相同的治理机制进行信息隐私治理。而在欧洲大陆，二者的共性在于信息权利的构造方式——作为具有"精神"（moral）与"经济"互补维度的人格权利（personal rights）而构造。这一进路在欧洲大陆或许奏效，但在美国很可能难以得到采用。其充其量只能作为新的概念基础，以此理解信息隐私权和知识产权作为信息治理相关实例。

第二部分批评了信息治理的财产化模式和欧陆模式。我尤其关注一件事，即二者都以个人主张其信息权利为前提——事实是他们很少这样做。这之后，我考察了"个人执法"（individual-enforcement）④进路在欧盟信息隐私保护语境中的效用

---

① 知识产权法学界存在一种声音，认为"intellectual property right(s)"与"intellectual property"应区别翻译；下文从通行译法将后者译为"知识产权"（根据语境，也译为"知识财产"），而将前者译为"知识财产权利"，以示区别。——译者注

② See generally Jessica Litman, *Digital Copyright* (2006)（分析美国最近加强的版权法并预测加大保护力度的法律与我们在数字时代对言论自由的期望之间的冲突）; see also Ronald V. Bettig, *Copyrighting Culture: the Political Economy of Intellectual Property* (1996)（提出资本主义和资本家通过拥有版权来控制文化）; Lawrence Lessig, *Free Culture: How Big Media Uses Technology and the Law to Lock Down Culture and Control Creativity* (2004)（提出版权持有者的成功导致知识财产权利及其执行的加速强化而有损于文化发展）; Renee Marlin-Bennett, *Knowledge Power: Intellectual Property, Information, and Privacy* (2004)（从国际研究和政治学的视角考查知识财产、信息和隐私的相互关联作用）; Keith E. Maskus, *Intellectual Property in the Global Economy* (2000)（提供知识产权经济作用的全球视野）; SIVA VAIDHYANATHAN, *Copyrights and Copywrongs: The Rise of Intellectual Property and How it Threatens Creativity* (2001). 关于版权作为一种法律和政治制度的发展的均衡概述，参见 Paul Goldstein, *Copyright's highway, From Gutenberg to the Celestial* (1994)。

③ Viktor Mayer-Schönberger, Information Law amid Bigger, Better Markets, in *Governance amid Bigger, Better Markets* 266 (John D. Donahue & Joseph S. Nye, Jr., eds., 2001).

④ 与"私人执法"（private enforcement，又译"私人执行""私人实施"）有所不同，作者所说的"个人执法"主要指公民个人通过诉讼主张其权利从而积极促进法律实施，行动主体不包括社会组织。——译者注

(effectiveness)。鉴于其在欧盟取得的成功十分有限，我提出非常不同的替代方案：信息治理的"系统"(systems)①进路。其不但强调超越个人权利(individual rights)的各种治理机制，而且突出专业信息治理中介团体的核心作用。欧盟在治理机制方面的经验证明了系统进路的潜在效用。

最后，我提出：研究信息治理系统或许会为我们面向更为融贯的信息治理结构提供良机。但愿这一前景能推动更多的研究。

一、发现共同基础：机制和概念

该部分首先分析了美国的知识产权（主要是版权）与信息隐私权的差异和共性，其后揭示了信息隐私"财产化"如何导向一种统一的信息治理理论。这一"财产化"模式与欧陆的情况形成对照：在欧盟，这种财产化不大可能发生。欧盟的共识是，一切信息权利均被构造为具有"精神"与"经济"互补维度的人格权利。末尾，我对寻找共同基础的两种不同方式作出初步评价。虽然仍存在结构性缺陷，但共享"信息权利"(information rights)这一共同概念基础（如欧洲大陆那样）可能比基于特定治理机制实现趋同更具优势，因此前者或许对美国具有潜在（概念上的）吸引力。

（一）美国的差异和共性

初看之下，知识产权法和信息隐私法几乎没有共通点。一般而言，前者被视为授予对某一信息的排他性权利，而后者被视为保护个人不被非法获取个人信息。②仔细探究这两个法律领域的目的则会发现更大的出入。两种核心的知识产权保护，即版权和专利权，旨在保护创作者和发明人。③从经济的观点来看，基于以下两个

---

① 我在这里使用"系统"一词，意在获得一种超越个人权利的法律观；不应将我对"系统"一词的使用与尼古拉斯·卢曼 (Niklas Luhmann) 的系统理论相混淆，例如 Niklas Luhmann, *Das Recht der Gesellschaft* (1993); Niklas Luhmann, *Law as a Social System* (Fatima Kastner, et. al, eds., Klaus A. Ziegert, trans., 2008)（将法律视为可以通过理解其结构来理解的沟通系统）。

② 关于版权，参见例如 Mark A. Lemley, Ex Ante versus Ex Post Justifications for Intellectual Property, 71 *U. Chi. L. Rev.* 129, 142 (2004)；作者区分了知识产权的事前理由和事后理由，提出知识产权的事后证成需要更好的论证。关于信息隐私权，参见例如 Charles Fried, Privacy, 77 *Yale L. J.* 475, 482 (1968)；作者的观点是"隐私权并不仅仅是他人不知道我们的信息，而是我们对自己的信息实现控制"。

③ Michael A. Carrier, Cabining Intellectual Property through a Property Paradigm, 54 *Duke L. J.* 1, 33 (2004). 作者的观点是"专利法和版权法授予发明人排除的权利"。

互补理由，这种排他性有必要存在。首先，其鼓励作者和发明人进行创造；不然社会将承担信息产品生产不足的风险。① 其次，排他性使市场形成成为可能，知识财产权利得以有效转让。② 而信息隐私法并不具有类似的功利目标。信息隐私权利反而旨在增强个人对其个人信息的控制③、自主④、参与性自决⑤。

知识产权和信息隐私权在法律如何承认它们的方面也有所不同。立宪者已然知晓保护知识产权的必要性：他们明确授权国会通过联邦制定法保护知识产权。⑥ 联邦的版权法、专利法和商标法已培育出一片知识财产权利丛林⑦，几十年来法院一直实施这些法律。与知识产权的定义相对同质形成对照的是，隐私权的定义不明是众所周知的。美国宪法中没有明确提到隐私权，实际也没有明确规定对隐私权的保护。⑧ 一般的隐私权如是，信息隐私权更如是。区别于知识产权，并不存在一部综

---

① William M. Landes & Richard A. Posner, *The Economic Structure of Intellectual Property Law* 13 (2003).

② Frank H. Easterbrook, Cyberspace and the Law of the Horse, 1996 *U. Chi. Legal F.* 207, 210-211. 作者在该文中提到"明确的产权之于市场是必要的"。

③ Charles Fried, Privacy, 77 *Yale L. J.* 475, 482-483 (1968).

④ See Julie E. Cohen, Examined Lives: Informational Privacy and the Subject as Object, 52 *Stan. L. Rev.* 1373, 1423 (2000).

⑤ Viktor Mayer-Schönberger, Generational Development of Data Protection in Europe, in *Technology and Privacy: The New Landscape* 219, 232-235 (Philip E. Agre & Marc Rotenberg eds., 1997); Paul M. Schwartz, Privacy and Democracy in Cyberspace, 52 *Vand. L. Rev.* 1609, 1653 (1999)（将信息隐私权与参与性民主相联系）; Paul M. Schwartz, Privacy and Participation: Personal Information and Public Sector Regulation in the United States, 80 *Iowa L. Rev.* 553, 559-560 (1995)（提出以参与原则为基础的隐私权概念）; see also Spiros Simitis, Reviewing Privacy in an Information Society, 135 *U. Pa. L. Rev* 707, 733-734 (1987)（描述德国关于"信息自决权"的观点，没有这种权利，"言论自由、结社自由和集会自由都无法充分实现"）; see generally Daniel J. Solove, Conceptualizing Privacy, 90 *Calif. L. Rev.* 1087, 1094 (2002)（界定隐私权的六种一般构想："（1）独处的权利；（2）对他人接近自己的限制；（3）保密；（4）对个人信息的控制；（5）人格；（6）私密"）。

⑥ 美国国会的权力之一是"通过保障作者和发明人在一定期限内对其各自的作品和发现享有专有权，促进科学和实用技术的进步"。U. S. CONST. art. I, § 8. 参见 L. Ray Patterson, *Copyright in Historical Perspective* 192-196 (1968); 作者在该文中对宪法辩论予以回顾。

⑦ See Copyright Law Revision Act, Pub. L. No. 94-553, 90 Stat. 2541 (1976) (codified at 17 U. S. C. §§ 101-1332 (2006)); The Patent Act, 35 U. S. C. §§ 1-376 (2006); The Trademark Act of 1946 (codified at 15 U. S. C. §§ 1051-1141 (2006)).

⑧ 有时，联邦最高法院认为，隐私权由美国宪法序言保护，如在1965年的格里斯沃尔德诉康涅狄格州（Griswold v. Connecticut）一案中。有时，最高法院认为，隐私权受美国宪法第十四修正案的正当程序条款所保障的个人自由的保护，如在2003年的劳伦斯诉德萨斯州（Lawrence v. Texas）一案中。因此，尚不清楚这一宪法保障意味着什么。是不受侵扰（特别是政府的侵扰）的消极自由？还是反映一种更广泛的自我选择权，特别是如何与社会互动？最近的批判性评价，参见 Jamal Greene, The So-Called Right to Privacy, 43 *U. C. Davis L. Rev.* 715 (2010).

合性的联邦信息隐私法提供最终规制方案。[①] 信息隐私权的立法保障散见于不同法律渊源和不同管辖区域。在联邦层面，1974 年的《隐私法案》只是保护个人不受联邦政府的过度干预；而在许多其他的联邦制定法中，可以找到更为广泛而归属于具体部门的信息隐私权利。[②] 各州法律则让信息隐私权利更显复杂。[③] 法院在一定程度上认可普罗瑟的隐私侵权行为概念，为信息隐私保护补充另一渊源。[④] 于是就

[①] 20 世纪 70 年代，鉴于人们广泛关注数字信息的处理，国会就覆盖公共部门和私人部门的信息隐私法规展开辩论。1974 年的《隐私法案》针对的是联邦政府机构的信息处理。《隐私法案》还设立了一个隐私保护研究委员会，该委员会"主要关注私人部门"并且在不复存在之前"提出了周全的分析和建议"；然而，联邦之后并无针对私人部门的信息处理的一般立法。DAVID H. FLAHERTY, *Protecting Privacy in Surveillance Societies* 309 (1989).

[②] The Privacy Act 1974, Pub. L. No. 93-579, 88 Stat. 1896, (codified at 5 U. S. C. § 552a (2006); 关于具体部门的联邦立法，参见 the Fair Credit Reporting Act (FCRA) Pub. L. No. 90-321, 84 Stat. 1114 (1970) (codified at 15 U. S. C. § 1681 (2006)), the Family Educational Rights and Privacy Act (FERPA); Pub. L. No. 93-380, 88 Stat. 484 (1974) (codified at 20 USC § 1232g (2006)); the Right to Financial Privacy Act, Pub. L. No. 95-630,92 Stat. 3641 (1978) (codified at 12 U. S. C. 5 3401-3422 (2006)); the Privacy Protection Act, Pub. L. No. 96-440, 94 Stat. 1879 (1980) (codified at 42 U. S. C. § 2000aa (2006)); the Electronic Communications Privacy Act (ECPA), Pub. L. No, 99-508, 100 Stat. 1848 (1986); the Employee Polygraph Protection Act (EPPA), Pub. L. No. 100-618, 102 Stat. 646 (1988) (codified at 29 U. S. C. § § 2001-2009 (2006)); the Video Privacy Protection Act (VPPA), Pub. L. No. 100-618, 102 Stat. 3195 (1988); the Computer Matching and Privacy Protection Act (CMPP), Pub. L. No. 100-503, 102 Stat 2507 (1988); the Driver's Privacy Protection Act (DPPA), Pub. L. No. 103-322, 108 Stat. 1796 (1994) (codified at 18 U. S. C. § § 2721-2725 (2006)); the DNA Identification Act Pub. L. No. 103-322, 108 Stat. 2065 (1994) (codified at 42 U. S. C. § § 14131-14134 (2006)); the Children's Online Privacy Protection Act (COPPA), Pub. L. No. 106-170, 112 Stat. 2681 (1998) (codified at 15 U. S. C. § § 6501-6506 (2006)); the relevant parts of the Gramm-Leach-Bliley Act Pub. L. No. 106-102, 113 Stat. 1338 (1999) (codified at 15 U. S. C § § 6801-6809, § § 6821-6827 (2006)); the Video Voyeurism Prevention Act of 2004, Pub. L. No. 108-495, 118 Stat. 3999 (codified at 18 U. S. C. § 1801 (2006)).

[③] 州法律对隐私权的保障始于 New York Civil Rights Law § § 50-51 (1903)。今天，一些州已经颁布州当局处理个人信息的公平信息实践法规。See *Alaska Stat.* § 44.99.300 (1993); *Cal. Civ. Code* § 1798 (West 2009); *Conn. Gen. Stat. Ann.* § 4-190 (2010); *Haw. Rev. Stat.* § 92F (2009); *Ind. Code* § 4-1-6 (1993); *Mass. Gen. Laws ch.* 66A (1994); *Minn. Stat.* § 13.01 (1995); *N. H. Rev. Stat. Ann.* § 7-A: 1 (1994); *N. Y. Pub. Off. Law* § 91 (McKinney 2008); *Ohio Stat. tit.* XIII, § 1347.01 (2010); *Utah Code Ann.* § 63-2-101 (1994); *Wis. Stat. Ann* § 19. III-IV (2010); see also Paul M. Schwartz & Joel R. Reidenberg, *Data Privacy Law* 130-51 (1996). 其中的许多州，及其他的州，也针对具体部门制定了信息隐私权规范，将其延伸至私人部门对个人信息的使用。参见例如 *Cal. Fin. Code* § § 4050-4090（将金融隐私权推广至联邦一级以外，由《金融服务现代化法案》规定的范围）；*Cal. Civ. Code* § 1798.81.5 (West 2009); the California Anti-Paparazzi Act, *Cal. Civ. Code* § 1708.8 (West 2009). 关于具体部门的联邦规范，参见 Paul M. Schwartz & Daniel J. Solove, *Information Privacy: Statutes and Regulations 2010-2011* (2010).

[④] 以普罗瑟的分类为基础的法院裁判，参见例如 Zacchini v. Scripps-Howard Broadcasting Co., 433 U. S. 562 (1977)（讨论"盗用"）; Gertz v. Robert Welch, Inc., 418 U. S. 323 (1974)（讨论"虚假信息传播"）; Dietemann v. Time, Inc., 449 F. 2d 245 (9th Cir. 1971)（讨论"侵入独处空间"）; Daily Times Democrat v. Graham, 162 So. 2d 474 (Ala. 1964)（讨论"公开个人情况"）。法院在确认隐私利益时也曾超越普罗瑟的分类。See Daniel J. Solove & Paul M. Schwartz, *Information Privacy Law* (3d ed. 2009).

此织成一张异质而复杂的信息隐私权利网。

在实现治理的主要法律机制方面,知识产权和信息隐私权也有所不同。版权赋予作者对作品利用的附期限的专有权。[1] 至少在公开的言论中,这种专有权的轮廓类似于一项传统的财产权:作者可以将权利转让给第三方,可以进行遗赠,可以通过法院对其予以执行。[2] 无怪人们常以知识财产指称这些权利,这并非用词不当。[3] 信息隐私权利则阻止他人在未经个人或法律授权的情况下泄露或以其他方式滥用某人的个人信息。该权利明显未被视为"财产"之一:普遍以"不可让与"(inalienable)为要对其概念化——因而其不易转让——就此通向一个允许与同意的系统。[4]

实践中,信息隐私权的允许-同意构造,导致个人对他人如何使用其个人信息仅能实现有限的控制。其部分原因在于信息隐私权所利用的治理机制的复杂性、成本及有限的可用性——特别是与知识产权的准财产权路径相比。[5] 这促使近年一些法律学者提议一种保护信息隐私的新治理机制:对个人信息的准财产权。[6] 这样的权利将使个人得以对其个人信息提出一项清晰易懂的权利主张(claim)。[7] 其授权某人通过转让个人信息使用权利获得经济利益,就像作者和设计人从版权许可中获

---

[1] U. S. Copyright Act, 17 U. S. C. § 106 (2006).

[2] Id. § § 201 (d), 501.

[3] Paul Goldstein, *Copyright's highway, From Gutenberg to the Celestial* 8–9 (1994).

[4] See Marc Rotenberg, Fair Information Practices and the Architecture of Privacy (What Larry Doesn't Get), 2001 *Stan. Tech. L. Rev.* 1, ¶ 29 (2001).

[5] 由于这种允许-同意的组合更多地根据具体情况而定,其谈判成本乃至执行成本都更为高昂,鉴于执行者无法借用一个更标准化、因而更简单的法律执行程序。参见 Viktor Mayer-Schönberger, *Delete: The Virtue of Forgetting in the Digital Age* 137–140 (2009);我在该书中考察了遗忘的作用,并提出在数字时代重新引入遗忘的若干方法。关于财产机制的成本,以及信息隐私的财产机制较之于知识产权的相对成本,参见例如 Edward J. Janger, Privacy Property, Information Costs, and the Anticommons, 54 *Hastings L. J.* 899, 902 (2002)。

[6] Kenneth C. Laudon, Markets and Privacy, 39 *Comm. of the ACM* 92 (1996)(提议基于个人信息准财产权建立一个"全国性信息市场");see also Lawrence Lessig, *Code* 122–134 (1999)(倡导个人信息的财产化和技术手段相结合,以确保交易效率和执行);James Rule & Lawrence Hunter, Towards Property Rights in Personal Data, in *Visions of Privacy: Policy Choices for The Digital Age* 168, 170 (Colin J. Bennet & Rebecca Grant eds., 1999)(提议设立"对个人信息进行商业利用的财产权");Edward J. Janger, Privacy Property, Information Costs, and the Anticommons, 54 *Hastings L. J.* 899 (2002); Jerry Kang& Benedikt Buchner, Privacy in Atlantis, 18 *Harv. J. L. & Tech.* 230 (2004); Patricia Mell, Seeking Shade in a Land of Perpetual Sunlight: Privacy as Property in the Electronic Wilderness, 11 *Berkeley Tech. L. J.* 1, 26–41 (1996); Richard S. Murphy, Property Rights in Personal Information: An Economic Defense of Privacy, 84 *Geo. L. J.* 2381 (1996); Paul M. Schwartz, Property, Privacy, and Personal Data, 117 *Harv. L. Rev.* 2056 (2004). 关于个人信息财产化的动向,参见 Colin J. Bennett & Charles D. Raab, *The Governance of Privacy: Policy Instruments in Global Perspective* 148–149 (2006)。

[7] 这是伊斯特布鲁克法官对信息治理的介绍。Frank H. Easterbrook, Cyberspace and the Law of the Horse, 1996 U. *Chi. Legal F.* 207.

利。[1]个人信息之上的明确财产权利将有助于建立健全的个人信息市场并发挥其功能，限制非法交易和未被授权的"搭便车"（free riding）行为。[2]通过完善和调整既定程序——适用于一般的财产权利的程序和适用于特定准财产权如知识产权的程序，执法效率将会提高。[3]另外，由于我们对"财产"这一隐喻如此熟悉，个人和社会将更容易掌控和行使这些财产化的信息隐私权利。

肯尼思·劳顿（Kenneth Laudon）是最早提出信息隐私财产化的人之一。[4]他将之视为一项更大的提案的一部分，这项提案即建立一个高效交易个人信息的全国性市场。[5]劳伦斯·莱斯格（Lawrence Lessig）在《代码》一书第一版中也提出了相似的观点，即利用技术手段确保合规（compliance）。[6]

将个人信息"财产化"的提案受到了一众学者的批评，他们强调其潜在的严重缺陷。[7]有人认为，财产权的特性决定这一提案即便能够对信息生产不足的状况进行补救，也不大可能在信息隐私的语境中大有建树。[8]美国宪法并未预见信息的财产化，也不清楚其是否授予国会在"促进科学和技术进步"之外推动个人信息财产化的权力。[9]就结构而言，一项财产权一般被假定为完全可让渡、完全可转让；然而这种可转让性与信息隐私权的观念相悖，鉴于信息隐私权意在加深个人自主与控制。版权在很大程度上独立于消费语境，而信息隐私权主要在于阻止具体情境下或

---

[1] See Kenneth C. Laudon, Markets and Privacy, 39 *Comm. of the ACM* 92 (1996).

[2] See *id*; see also Paul M. Schwartz, Property, Privacy, and Personal Data, 117 *Harv. L. Rev.* 2056 (2004).

[3] See Kenneth C. Laudon, Markets and Privacy, 39 *Comm. of the ACM* 92 (1996).

[4] *Id*.

[5] *Id*.

[6] Lawrence Lessig, *Code* 159-162 (1999).

[7] 一般性的批评，参见 Pamela Samuelson, Privacy as Intellectual Property? 52 *Stan. L. Rev.* 1125, 1136-1146 (2000)。该文作者对财产化提案提出了多方面的批评，并提出替代方案。另见 Rochelle Cooper Dreyfuss, Warren & Brandeis Redux: Finding (More) Privacy Protection in Intellectual Property Lore, 1999 *Stan. Tech. L Rev.* 8, 12 (1999); Edward J. Janger, Privacy Property, Information Costs, and the Anticommons, 54 *Hastings L. J.* 899, 914-916 (2002); Marc Rotenberg, Fair Information Practices and the Architecture of Privacy (What Larry Doesn't Get), 2001 *Stan. Tech. L. Rev.* 1 (2001); Paul M. Schwartz, Beyond Lessig's Code For Internet Privacy: Cyberspace Filters, Privacy Control and Fair Information Practices, 2000 *Wis. L. Rev.* 743（批评莱斯格的财产化提案未考虑到个人信息市场的结构性缺陷，并建议以"公平信息实践"替代之）。

[8] Jerry Kang & Benedikt Buchner, Privacy in Atlantis, 18 *Harv. J. L. & Tech.* 230, 237 (2004); Pamela Samuelson, Privacy as Intellectual Property? 52 *Stan. L. Rev.* 1125, 1139-1140 (2000)。作者提到，因为最有可能成为财产权标的物的个人数据已经存在，所以不需要财产权来推动个人数据产生或实现个人数据的广泛传播。

[9] Pamela Samuelson, Privacy as Intellectual Property? 52 *Stan. L. Rev.* 1125, 1140-1141 (2000).

为具体目的使用信息。① 而且，财产化与信息隐私权的基础南辕北辙：信息隐私权旨在禁止公开个人信息，而非（像版权一样）保护个人在公开过程中的利益。②

为解决其中一些问题，研究信息隐私权的学者保罗·施瓦茨（Paul Schwartz）就个人信息财产化的前景作了理性而细致的评估，并提出了使其运作的必要条件：某种形式的不可让渡性、交易条件披露的默认规范（default norms）、退出权利、损害赔偿框架、执法机构。③ 施瓦茨教授的评估表明，在某些情况下，个人信息的财产化可能会发挥作用。

本文的目的不是支持或反对个人信息财产化，而是推测财产化的发生对信息治理造成的后果。版权和信息隐私权根本上将利用相同的治理机制：对智力成果和个人信息的准财产权。就像版权的主张一样，信息隐私权的主张也以财产条款为框架，利用相似的法律机制、结构和机构进行交易、转让和执法。这将在这些不同的信息治理系统之间确立共同基础——基于治理机制而非治理目标。

共享（准）财产的隐喻、机制和机构，是否会通过规范的移植、仿真、改写，在版权和信息隐私权之间引致、促进、激活一种进一步的趋同，一切尚属未知。④ 也许随着时间推移，这样的相似之处将使其他不无关系的权利——如公开权⑤——进入同一队列。

在美国，源自信息隐私权目的的趋同及基于"财产化"的趋同，是最可能导向信息权利趋同的策略；因为相反的策略——按信息隐私权的思路重构版权概念——不被提倡也不可能很快被提倡；在美国，信息隐私权本身并未享有全面的法律保护。实践某个全新概念几无可能，因为在很大程度上这种根本性改变的优势并不明显。

---

① 参见 Jerry Kang & Benedikt Buchner, Privacy in Atlantis, 18 *Harv. J. L. & Tech.* 230, 234 (2004)；作者的观点是"绝不能将隐私视为一种商品，而必须将隐私视为基于人的尊严的基本人权"。关于去语境化和再语境化，参见 Viktor Mayer-Schönberger, *Delete: The Virtue of Forgetting in the Digital Age* 88-90 (2009)。

② Marc Rotenberg, Fair Information Practices and the Architecture of Privacy (What Larry Doesn't Get), 2001 *Stan. Tech. L. Rev.* 1, ¶ 93 (2001)；作者的观点是"版权典型保护的是发表后的利益，隐私权保护的是不发表的权利"。

③ Paul M. Schwartz, Property, Privacy, and Personal Data, 117 HARV. L. REV. 2056 (2004).

④ 相关动态，参见 David Lazer & Viktor Mayer-Schönberger, Governing Networks: Telecommunication Deregulation in Europe and the United States, 27 *Brook. J. Int'l L.* 819, 847-849 (2002); David Lazer, Regulatory Interdependence and International Governance, 8 *J. Eur. Pub. Pol'y* 474, 480-482 (2001)。

⑤ See, e. g., Haelan Labs, Inc. v. Topps Chewing Gum, Inc., 202 F. 2d 866 (2d Cir. 1953); Melville B. Nimmer, The Right of Publicity, 19 *Law & Contemporary Probs.* 203 (1954); Note, The Right of Publicity: A Doctrinal Innovation, 62 *Yale L. J.* 1123 (1953). 波斯纳法官称，"将为广告目的使用个人照片的财产权归于个人，有充分的经济理由。" Richard A. Posner, *The Economics Of Justice* 255 (1981).

能否在知识产权和信息隐私权之间建立这样的共同基础，取决于"财产化"，并且最终取决于作为选择支配此类信息的机制的"财产"的概念。① 当信息隐私权的理论基础并非财产理论时，财产化就会失败。

以下是欧洲大陆的情况。区别于美国，在欧盟，信息隐私权被视为一项基本权利，相应地在欧盟全境② 和各国宪法③ 中受到保护。信息隐私权还通过一项欧盟指令在整个欧盟中落实，由欧盟指令授权个人决定何时、出于何种目的、在何种情境下"处理"其"个人数据"。④ 因此，欧盟的信息隐私权并未被设想成一种消极自由———一种让他人远离某人的个人信息并守卫某人自己和世界之间的可执行边界（enforceable boundary）的权利。宁可说，其力争接纳和欣赏人类作为致力不断与他人分享信息的主体。其所预想的个人不是一位奉行新卢德主义的信息隐士，而是能够选择和主宰自己的信息命运的人。⑤ 欧盟的信息隐私权利，作为个人尊严和个

---

① 在英美法中，"property"既指所有权，也指所有权的客体"财产"（包括一切具有金钱价值的物与权利）。萨蒙德（John Salmond）称，"在最广泛的意义上，这一术语指个人享有的所有法律权利；在较广泛的意义上，不包括人身权利；在此处采用的那种意义上，仅涵盖既是财产性权利又是对物权的那些权利，包括专利和版权；最狭义的理解是有体财产，即对有体物的所有权或客体本身。"See Black's Law Dictionary, 2009, pp. 1335-1336. ——译者注

② See Article 8, Charter of Fundamental Rights of the European Union, Dec. 7, 2000, OJ (C364) 1 (2000), which now has obtained full legal status pursuant to Article 6, Treaty of Lisbon, Dec, 17, 2000, OJ (C306) 1 (2000); see also Convention for the Protection of Human Rights and Fundamental Freedoms art. 8, Nov. 4, 1950, 213 U. N. T. S. 221 Council of Europe Convention for the Protection of Individuals with regard to Automatic Processing of Personal Data, Jan. 28, 1981, 20 I. LM. 377 (1981).

③ 例如，在奥地利，参见 Bundes-Verfassungsgesetz [B-VG] [Constitution] BGBI No. 165/1999 art. 1 (Datenschutzgesetz) (Austria)；在捷克共和国，参见 Ústava ČR [Constitution] art. 10 (3) (Charter of Fundamental Rights and Freedoms, amended in 1993) (Czech Rep.)；在爱沙尼亚，参见 Eesti Vabariigi Põhiseadus [Constitution] art. 42 (1992) (Est.)；在芬兰，参见 Constitution of Finland § 10 (Fin.)；在希腊，参见 2001 Syntagma [SYN] [Constitution] 9 (Greece)；在匈牙利，参见 A Magyar Köztársaság Alkotmánya [Constitution] art. 59 (Hung.)；在立陶宛，参见 Lietuvos Respublikos Konstitucija [Constitution] art. 22 (1992) (Lith.)；在荷兰，参见 Grondwet voor het Koninkrijk der Nederlanden [GW] [Constitution] art. 10 (Neth.)；在波兰，参见 Konstytucja Rzeczypospolitej Polskiej 1997 [Constitution of the Republic of Poland] art. 51 (Pol.)；在葡萄牙，参见 Constituição [Constitution] art. 26 (Port.)；在斯洛伐克，参见 Ústava Slovenskej republiky [Constitution] art. 19 (3) (Slovk.)；在西班牙，参见 Constitución [C. E] [Constitution] art. 18 (Spain)。

④ See Directive 1995/46, of the European Parliament and of the Council of 24 October 1995 on the Protection of Individuals with Regard to the Processing of Personal Data and on the Free Movement of Such Data, 1995 OJ (L281) 7; see also Viktor Mayer-Schönberger, Generational Development of Data Protection in Europe, in *Technology and Privacy: The New Landscape* 219, 223 (Philip E. Agre & Marc Rotenberg eds., 1997).

⑤ See Paul M. Schwartz, Privacy and Democracy in Cyberspace, 52 *Vand. L. Rev.* 1609 (1999); Spiros Simitis, Reviewing Privacy in an Information Society, 135 *U. Pa. L. Rev* 707 (1987); see also Viktor Mayer-Schönberger, Generational Development of Data Protection in Europe, in *Technology and Privacy: The New Landscape* 219 (Philip E. Agre & Marc Rotenberg eds., 1997).

人行动自由的表达，在概念上个人化（personal）且不可让与。①像在美国的语境中所提议的那样将这些权利财产化，将会与欧盟信息隐私权的理论、历史、实践发生背离，并将需要比例惊人的齐心协力：欧盟范围内的立法连同众多欧盟成员国的修宪。发生这种变革的前景十分渺茫。

重要的是，因为版权的对应物——所谓的作者权利（authors' rights）——概念化的方式，在欧盟，即便个人信息财产化，也不会通向一种趋同的信息权利治理机制。表面上，和美国类似，作者在一定期限内对作品享有排他性权利。然而，在概念上，作者权利并非激励知识生产的功利机制。②作者权利也并非19世纪的农业国意图以法律激励促进知识创造、知识引介和知识利用，通过法律激励发展经济的产物。③欧陆的理论家反而强调作者对社会不可估价的贡献。例如，德国哲学家康德反对图书盗版时，他所关心的问题是个人控制而非经济激励。④他相信作者保留一项不可让与的权利，即通过他们的创造性作品与读者对话的权利。⑤尽管作者并不保留对印有其文字的书籍的所有权，他们的确保留与他们的读者交流其思想和见解的权利。⑥作者权利由此植根于高度个人化的权利，而不是同美国的版权那样作为轻易可转让的准财产权存在。⑦

约翰·戈特利布·费希特（Johann Gottlieb Fichte），德国唯心主义运动的奠基者之一，他发展了康德的思想。⑧费希特区分了思想的质料、思想的形式、思想的物质表现。⑨思想的物质表现——作为实物的书——可以为任何人所有。思想的形

---

① 关于美国以自由为全部的隐私权概念和欧盟以人的尊严为基石的隐私权概念的一般差别，参见 James Q. Whitman, The Two Western Cultures of Privacy: Dignity Versus Liberty, 113 *Yale L. J.* 1153 (2004).

② Julia Ellins, *Copyright Law, Urheberrecht und ihre Harmonisierung in der Europäischen Gemeinschaft* 76-77 (1996).

③ 然而，在欧洲大陆，统治精英的商业目标的确在创制知识财产权利方面发挥了作用；尽管作者权利的理论基础远没有那么功利。Viktor Mayer-Schönberger, *Information und Recht* 65 (2002). 19世纪美国试图保护本国创作者而允许剽窃外国创作者作品的故事，参见 Thomas Hoeren, Charles Dickens und das internationale Urheberrecht, 3 *GRURInt* 195 (1993)。

④ Immanuel Kant, Von der Unrechtmäßigkeit des Büchernachdrucks, reprinted in 106 *UEITA* 137 (1987); see also Heinrich Hubmann, Immanuel Kants Urheberrechtstheorie, 106 *UFTA* 151 (1987).

⑤ Heinrich Hubmann, Immanuel Kants Urheberrechtstheorie, 106 *UFTA* 151 (1987).

⑥ Id.

⑦ Heinrich Hubmann, Immanuel Kants Urheberrechtstheorie, 106 *UFTA* 151 (1987); see also Julia Ellins, *Copyright Law, Urheberrecht und ihre Harmonisierung in der Europäischen Gemeinschaft* 78 (1996).

⑧ Johann Gottlieb Fichte, Beweis der Unrechtmäßigkeit des Büchernachdrucks, *Berliner Monatsschrift* 433 (1793).

⑨ Id.

式——如具体故事——则在作者的理智控制之下。最后，思想本身成为社会（或至少是读者）的知识共有物的一部分。① 这种建立在个人及其重要性之上的复杂观点，为倡议立法保护所谓的"作者权利"——19世纪的法学家约翰·卡斯帕·布伦齐利（Johann Kaspar Bluntschli）如此命名——奠定基础。②

在其诞生后的一个世纪里，就像美国的版权一样，欧盟的作者权利转变为内容产业去保护创造性作品的经济维度的强大工具，而非保障无数作者的人的尊严的理想主义工具。内容市场的所有权高度集中，就像美国一样。③

此外，一系列国际条约确保了知识产权的跨境认可和跨境执行，并驱动立法向作者权利和版权模式趋同的方向进行。④ 但这不必然促使作者权利的概念向版权的准财产权模式靠拢。这一次，过去数十年间的国际协调和跨大西洋协调导向的是将作者权利的重要内容注入美国的版权体系，而非相反状况。⑤ 取消保护的注册要求⑥、延长与作者寿命相联系的保护期限⑦、有限引入所谓的"精神"权利⑧只是其中的三个例子。

另外，就根本而言，普通法国家的版权和大陆法系国家的作者权利在概念上和构造上仍然存在差别。通常认为，作者权利由相异而交织⑨的两个维度构成：经济维度和精神维度。⑩ 经济维度和英美对版权的构想（conception）相当相似。其保证作者享有通过对其作品的使用和许可获得经济利益的权利——这种保证部分以肯定使用权的可转让性（主要通过许可转让）的方式实现，部分以法庭上向作者提供主

---

① *Id.*
② Manfred Rehbinder, J. C. Bluntschlis Beitrag zur Theorie des Urheberrechts, 123 *UFITA*, 29 (1993).
③ Ronald V. Bettig, *Copyrighting Culture: the Political Economy of Intellctual Property* 34-42 (1996).
④ See, e. g., Berne Convention for the Protection of Literary and Artistic Works, Sept. 9, 1886 as last revised at Paris, July 24, 1971, *S. Treaty Doc.* NO. 99-27, 828 *U. N. T. S.* 221；WIPO Copyright Treaty, April 12, 1997, *S. Treaty Doc. No.* 105-117, 36 *I. L. M.* 65.
⑤ See, e. g., the Berne Convention Implementation Act of 1988, Pub. L. No. 100-568, 102 Stat. 2853 (1988) (codified as amended in scattered sections of 17 U. S. C.).
⑥ See, e. g., id. §§ 7-9.
⑦ See Copyright Law Revision Act, Pub. L. No. 94-553, 90 Stat. 2541 (1976) (codified at 17 U. S. C. §§ 101-1332 (2006)).
⑧ 尽管只适用于视觉艺术，参见 Visual Artists Rights Act of 1990 (VARA), 17 U. S. C. § 106A (2006)。
⑨ 在欧盟，人们就两个维度交织但可否分离争论不休，至今未有定论。二元论者认为二者交织但可分离，一元论者则持相反观点。二元论观点，参见 Balz Hösly, *Das urheberrechtlich schützbare Rechtssubjekt* (1987)；一元论观点，参见 Eugen Ulmer, *Urheber-und Verlagsrecht* 116 (1980)。
⑩ 关于作者权利的精神维度，参见 Otto von Gierke, Privatrecht: Nachdruck, 125 *UFITA* 103 (1994)；关于双重维度，参见 Josef Kohler, *Das Autorrecht* (1880)；Josef Kohler, *Urheberrecht an Schriftwerken und Verlagsrecht* (1907)。

张权利的有效工具的方式实现。然而版权一般缺少第二个维度，即作者权利的"精神"维度。① 这一维度保证某一作品得认定为某人的作品（如果某人选择这样做），也保证了非经作者同意，不得对作品进行实质性修改。② 若将作者权利大体视为康德哲学中的人格权利，精神权利即有其意义。与之形成对照的是，精神权利的存在与版权的准财产权传统难相符合。事实上，版权领域司空见惯的对经济最优均衡的功利考量，在高度个人化的作者权利的领域并无一席之地；在作者权利领域，赋予作者权利是为证明社会对过往作品的真诚感谢，而不在于反映社会对持续创作的功利鼓励。并且，就其核心而言，作者权利不可让与，但一般认为版权是完全可转让、完全可让与的。③

版权的保护期限则是另一例证。安妮女王创制的版权最初的期限是自创作之日起 14 年内，之后发展至可以延长 14 年。④ 故而版权的保护期限是从创作之时起算的某一期间，意在达成二者的适当平衡：一者是一种需求——为作者创作提供经济激励，另一者是社会的愿望——随时间推移无偿受益于这些作品。⑤ 再则，版权要求积极行动。在美国版权史上的大部分时间里，作者必须将其创造性作品进行注册以获得保护。⑥ 版权保护期限的延长也要求作者再次申请，以免作品流入公共领域。⑦

---

① 参见例如 Berne Convention Implementation Act of 1988, Pub. L. No. 100-568, 102 Stat. 2853 (1988) (codified as amended in scattered sections of 17 U. S. C. § 3b)；该条的要旨是限制《伯尔尼公约》在精神权利方面的适用范围。

② See, e. g., Berne Convention for the Protection of Literary and Artistic Works, Sept. 9, 1886 as last revised at Paris, July 24, 1971, S. *Treaty Doc.* NO. 99-27, 828 U. N. T. S. 221,art. 3bis.

③ 关于作者权利的不可让与性，参见 Hans Forkel, *Gebundene Rechtsübertragungen* (1977). 关于财产的可让与性问题，参见 Paul M. Schwartz, Property, Privacy, and Personal Data, 117 *Harv. L. Rev.* 2056, 2090-94 (2004); Lee Anne Fennell, Adjusting Alienability, 122 *Harv. L. Rev.* 1403 (2009).

④ 《安妮法》（Statute of Anne）第 1 条规定："任何已经创作但尚未印刷和出版的书籍，或此后将创作的书籍，其作者与受让人应享有印刷和重印这些书籍的唯一自由，期限为 14 年，从首次出版之日起算，不再延长。" Act for the Encouragement of Learning by Vesting the Copies of Printed Books in the Authors or Purchasers of Such Copies During the Times Therein Mentioned, 1710, 8 Ann. c. 19 (Eng.). 美国 1790 年颁布的第一部版权法也将版权的保护期限规定为 14 年。Lawrence Lessig, *Free Culture: How Big Media Uses Technology and the Law to Lock Down Culture and Control Creativity* 133 (2004). 有关国会延长该期限的历史，参见 Lawrence Lessig, *Free Culture: How Big Media Uses Technology and the Law to Lock Down Culture and Control Creativity* 133-134 (2004).

⑤ Lawrence Lessig, *Free Culture: How Big Media Uses Technology and the Law to Lock Down Culture and Control Creativity* 133-134 (2004)；作者的观点是："在最初的 14 年期限之后，如果作品不值得作者重新申请版权，那么对社会来说，执着于该作品的版权同样没有意义"。

⑥ See *id.*

⑦ See *id.*

这一安排与一种功利主义观点——关于准财产权之上的附期限的专有权的观点——高度一致。然而，在高度个人化的作者权利的语境中，这毫无道理可言。为何作者年轻时创作的作品会失去保护、而年迈时创作的作品却在作者（余下的）一生中享有版权保护？如果社会的愿望是对作者的创作表示感谢，为何保护期限要与创作的时间节点挂钩？作者权利源自作者的个性与人格，那为何作者要注册以获得保护？为何作者需要在一定期限之后重新申请他们的权利？如若赞同作者权利的进路，以具有创造力的个人为核心，保护必须从创造之时开始，持续作者一生（也许再加上一段时间），且无须为此重新申请。欧洲大陆的作者权利体系不出意料地正是如此建立的，这就与美国原始的版权法形成鲜明对比。

总之，如果在欧洲大陆财产并非把握作者权利和信息隐私权利本质的概念，那么信息隐私权利的财产化即使发生，也无法在迥然不同的信息权利之间生成共性治理机制。这是否意味着在欧洲大陆的语境中无法找到二者的共同基础？

（二）欧洲大陆的差异和共性

如上所述，作者权利是欧陆思维方式的产物，与英美更为功利的版权概念相当不同。其特点是非常重视人格权利。[1]这从他们对精神权利的保护中可以看出。这也体现于作者权利的期限，作者权利的不可让与性，以及在欧盟范围内宣称作者权利无需经过注册。[2]

人格权利的维度，与允许他人——主要通过许可——有偿使用自己的作品这一经济维度相辅相成。事实上，人格维度塑造经济维度。一个例子是所谓的 droit de suite（追续权），字面意思是"追及的权利"（the right to follow），往往也称作"resale royalty"。[3]其确保某些作品的作者能从其后的每次转售中获得（少量）利润。[4]追续权起源于法国，但现在追续权规范已成为欧盟各国均适用的法律规范[5]；

---

[1] Viktor Mayer-Schönberger, In Search of the Story: Narratives of Intellectual Property, 2005 *Va. J. L. & Tech.* 1, ¶ 15-19；作者提出版权法学是通过独特的叙事推进的。

[2] *Id.* ¶ 17；关于免予注册，参见 Council Directive 93/98 art. 1, 1993 O. J. 290；该指令旨在协调版权和某些相关权利的保护期限。

[3] 参见 Michael Rushton, The Law and Economics of Artists' Inalienable Rights, 25 *J. Cultural Econ.* 243, 249-250 (2001)；作者讨论了追续权。值得注意的是，加州最近通过了一项法规，在传统版权之内设计了类似于追续权的版税框架。See California Resale Royalties Act, *Cal. Civ. Code* § 986 (West 2007); see generally Julia Ellins, *Copyright Law, Urheberrecht und ihre Harmonisierung in der Europäischen Gemeinschaft* 315-322 (1996).

[4] *Id.*

[5] Council Directive 2001/84, 2001 O. J. L 272；该指令规定了保护原创艺术作品的作者之利益的转售权。

它是作者与其作品不可分割的纽带的逻辑延伸。如果对于精神权利（如署名权和保护作品完整权）而言，这一纽带在作品首次出售之后仍旧存在，那么这一纽带也应该在经济方面存在。人格维度和经济维度的概念已然成为欧盟层面既定公认的概念框架。因此，英国必须接受精神权利及追续权的存在，并至少部分地抛弃了其更为功利的版权传统。[1]

欧陆的信息隐私权利同样以强大的人格权利为基础。个人被赋予一系列权利，以控制其个人信息使用的内容、时间、场所和主体。[2]因此，通过协商和允许，某人对其个人信息使用的具体情境和具体目的作出界定。[3]信息隐私权利同样是不可让与的，不可简单地转让于他人。[4]这与（准）财产权如版权形成鲜明对比。

此外，欧盟的信息隐私权利将保护期限扩展至个人表示同意使用其个人信息的时点前后。由信息隐私权利，个人得合法请求被告知其个人信息的预定用途；在这一意义上，保护溯及同意表示作出之前。这种透明性既被视为同意的不可或缺的条件之一，又被视为示明处理做法和处理目的的一种方式。另一方面，该保护也延长至同意表示作出之后，有鉴于同意表示系以特定情境和特定使用目的为前提向特定信息处理者作出。通常，如未再次征得个人允许，这些要素都不能变更。这种对情境变更与目的变更的法律限制，既是保证个人的同意表示确实生效的必要条件，也是信息隐私权利不可让与的结果。

综上所述，这些特征指向欧盟的信息隐私权利中突出的人格权利倾向。然而这些权利并未给个人信息市场造成绝对障碍。相反，其授权个人进行协商和允许第三方处理其个人信息。个人并不面临二选一的境况，即决定允许或不允许他人使用其个人信息，而是拥有界定这种使用的情境和目的的权力和权利能力。[5]这使得个人（至少在原则上）能够与信息处理者协商信息使用的具体细节。于是，信息隐私权利的概念促进个人与信息处理者达成协议，个人允许信息处理者使用其个人信息以换取某种经济回报（从直接报偿到提供更多服务）。

故而欧盟的信息隐私权利与作者权利一样，植根于作为人的个人，由双重互补

---

[1] 关于追续权在英国的落实，参见 The Artist's Resale Right Regulations, 2006, S. I. 2006/346。对英国接受"精神权利"的批评，参见 Cyrill P. Rigamonti, Deconstructing Moral Rights, 47 *Harv Int'l. L. J.* 353；作者认为英美实施有限的精神权利并未促进精神权利的发展。

[2] Viktor Mayer-Schönberger, Generational Development of Data Protection in Europe, in *Technology and Privacy: The New Landscape* 219, 229–232 (Philip E. Agre & Marc Rotenberg eds., 1997).

[3] Viktor Mayer-Schönberger, *Information und Recht* 136–142 (2002).

[4] *Id.* at 148–149.

[5] See Paul M. Schwartz, Property, Privacy, and Personal Data, 117 *Harv. L. Rev.* 2056, 2077 (2004).

维度构成：一为强大的"精神"要素，一为不太发达的"经济"要素。这是信息隐私权利与作者权利的重要共性，最终可能导向对两个十分不同的信息治理领域的共同理解，正如美国的准财产权。

因此，我们确认了两个十分不同的信息治理领域——版权和信息隐私权利——潜在的共同基础，在美国和欧盟都是如此。然而，共同基础的确体现存在差异。在美国，其尚未登场，但可以建立在准财产权的治理机制之上；在欧盟，这一共同基础的根基既存于信息权利的构造方式——作为具有"精神"与"经济"双重互补维度的人格权利。

（三）共同基础概念化

迄今，我们已经确认了欧盟共享的独特治理机制：对信息享有一项实现精神维度和经济维度独特结合的人格权利。对此我们不妨再提一点：一些欧盟国家已经承认个人对其他类别信息的权利。例如，德国法赋予个人对其肖像[1]、姓名[2]、经济名誉[3]（区别于个人荣誉[4]）享有的权利。奥地利[5]和瑞士[6]也提供类似的保护。正如我在之前出版的作品中所指出的[7]，这些信息之上的权利，与信息隐私权利一样，均建立在人格权利之上，具有深深交织而互补的精神维度与经济维度。[8]在欧洲大陆的语境中，这里勾画的作者权利和信息隐私权利的共同基础，或许会因此扩展至也涵盖其他信息治理权利。

这一事实，即作者权利和信息隐私权之外的信息治理领域亦利用这种治理机制，或许指向信息权利更基础的共通点：概念上而非操作上的共同基础。这一共性是一个具有诱惑力的前景。如果实际上欧洲法律文化中对不同信息权利的构想是相似的，或许会出现更根本的（因而也是更广泛和更坚实的）共同基础，为形成信息权利概念上的共同观点打开大门。

---

[1] Kunsturheberrechtsgesetz [Visual Arts Copyright Act] 1907, § 22f (F. R. G.).

[2] See, e. g., Bürgerliches Gesetzbuch [BGB] § 12 (F. R. G.).

[3] See Bürgerliches Gesetzbuch [BGB] § 824 (F. R. G.); Grundgesetz [GG] [Basic Law] art. 1 (1), 2 (1) (F. R. G.).

[4] See Bürgerliches Gesetzbuch [BGB] § 823 (2) (F. R. G.); Grundgesetz [GG] [Basic Law] art. 1 (1), 2 (1) (F. R. G.).

[5] See Urheberrechtsgesetz [UrhG] [Copyright Act] § 78 (Austria); Allgemeines Bürgerliche Gesetzbuch [ABGB] [Civil Code] §§ 43, 1330 (1), 1330 (2) (Austria).

[6] See Schweizerisches Zivilgesetzbuch [ZGB], Code civil Suisse [Cc], Codice civile swizzero [Cc] [Civil Code] art. 29 (Switz.)（姓名权）; art. 28, 28g（荣誉权）.

[7] Viktor Mayer-Schönberger, *Information und Recht* (2002).

[8] *Id.* at 89-100, 102-109, 161-165.

在此要着重强调这一事项：信息权利概念上的共性，既不意味着也不必然通向信息权利趋于同一，通向一项单一的一般信息权，甚或是一部同一的信息权利法。考虑到信息类型和信息使用的语境差异，这一同质性非但不切实际，而且在规范上也是不可欲的。相比之下，透过共同的概念透镜（conceptual lens）观察信息权利，可以提供一个关于应当如何利用个人权利进行信息治理以及这样的权利应当具有何种品质的标准框架。

信息权利给予个人对信息的控制权。在这方面，信息权利似乎近似于（准）财产权，后者同样是控制机制。在概念上，控制的主体和主体控制的信息之间存在着一种关系。这种主体-客体关系是共同的法律概念，用以描述人对周围事物的控制。所有权（及占有）是一种典型（但并非唯一的）主体-客体关系。这类概念隐含着强大的等级和支配要素：主体控制客体。如果我有一把椅子，很可能我对它享有控制权，从而形成明确的主体-客体关系。

这种单向的主体-客体关系并不能完全刻画个人与信息之间的联系。[①] 信息会反映控制信息的主体。我画过的一幅画，会反映我作为画家的身份，以及我创作时的想法。我写的文字显示我作为作者的一些情况，我的肖像、医疗记录、有关性偏好和宗教信仰的个人信息也是如此。当客体是信息时，客体述说了主体的某些情况，显示主体个性的某一方面，不论琐碎的重大的，并实质上形成一种客体-主体（object-subject）关系。[②]

由于信息权利力图给予个人对其个人信息的某种程度的控制权，我们将控制关系和反映关系合二为一，建立一种本质双向的主体-客体联系。例如，通过作者权利，作者（作为主体）对其创造性作品（客体）享有一定的控制权。同时，作品反映作者。当客体是智力成果或个人信息时，主客体之间就存在这种双向关系。[③] 这一概念上的共性，是从作者权利到信息隐私权利的所有有关信息的个人权利之核心。

在规范的方面，关系的双向性体现在欧陆的信息权利的两个相异维度。"精神"维度承认信息对个人的反映，从而为个人提供附加保护。"经济"维度可以看作是主体权力的规范性反映，主体通过进行协商和允许信息使用换取经济收益。[④]

当然，就连非信息客体，往往也包含可能会反映其控制者的信息。例如，拥

---

① Viktor Mayer-Schönberger, *Information und Recht* 55 (2002).
② Id.
③ Id.
④ Id.

有一把棕色的椅子和一个蓝色椅套这件事，可能会说明我的颜色偏好和品味，尽管那把椅子是一个物理对象而不是信息。相比之下，一些信息片段，尽管从属于个人，透露的信息却相对较少。例如，某人的中间名这一琐碎信息片段，在脱离语境的情况下，可能从属于个人、但透露的个人情况极少。因此，并非所有主体-信息关系都具有同等强度的双向性，其次是一些个人与非信息客体之间的关系能够提供关于个人的信息。但作为分析的一般概念透镜，主体-信息关系和更传统的主体-客体关系的区分仍是正确的，前者在本质上总最低限度是一种双向关系。

主体-信息关系，为欧陆的作者权利和信息隐私权利的双向性提供了概念基础。这一基础发展出具有明显规范特征的权利。这些特征就包括权利在主体生命存续期间及生命结束之后的不可让与性：信息交易基于允许而非权利转让进行，以及这类不可让与的权利可以为继承人取得。[1] 概念框架也涉及法律实施的具体机制：禁令救济和侵权损害赔偿。[2]

即使在美国的语境中，由于美国对信息权利采取偏向基于财产权的进路，主体与信息之间双向关系的概念透镜依然可以提供宝贵洞见。当然，其是否为基于权利的信息治理开放一种可行的规范策略尚待观察，尽管其概念承诺或许具有诱惑力。

然而，这种信息治理的概念进路，可能受困于更根本的弱点——这种进路乃至所有以信息权利为基础的进路均有可能背负这一包袱。

二、信息（隐私）权利的局限

在这一部分，我首先考察了信息治理的权利进路的利弊。之后，我思索了这一进路在欧盟信息隐私保护语境中的效用。鉴于其取得的成功十分有限，我对基于个人执法的替代方案是否表现更佳予以分析。在没有明确证据证明确实如此的情况下，我提出一个非常不同的替代方案：系统进路。系统进路不但强调超越个人权利的多元治理机制，而且突出专门的信息治理中介团体的核心作用。最后，我提出：研究信息治理系统或许会为我们面向更为融贯的信息治理结构提供新洞见与新机会——但愿这一前景能推动更多的研究。

---

[1] *Id.* at 176–184.

[2] *Id.* at 184–225.

（一）权利进路的优势与弱点

迄今讨论的所有进路，都基于同一"治理"概念。这些进路或许在具体治理机制方面有所不同——基于财产权利或基于人格权利——但都以个人权利为基础。这一共性意味深远。一方面，其授权于个人，将个人置于信息治理概念的核心：由个人进行协商并选择他们希望第三方使用"他们的"信息的方式。这种策略无需政府设立监管机构或委托专门机构进行监督和执法。相反，法律以去中心化及委任的方式实施，节约了稀缺资源。个人权利的主张亦不依赖于复杂的官僚机构收集和汇总执法行动信息。毋宁说，执法进行于最需要的地方。通过适当的经济激励措施，那些获得胜诉而对信息成功主张权利的个人，可以就所产生的法律费用获得补偿，让那些侵犯信息权利的人——而不是纳税人——为非法行为付出代价，由此区别于监管型执法（regulatory enforcement）。由于案件众多、状况百出，政府机构未必能够高效管理执法行动，而受影响的个人很可能会更审慎而更高效地采取行动。这一策略，亦使社会不必维持一个本身即收集和处理海量潜在敏感信息的官僚机构——该执法机构本身就可能引发信息治理问题。另外，对于什么构成对个人信息权利的侵犯，人们各持己见。① 因此只有个人自己能够决定诸如对其而言什么个人信息是敏感的，什么信息个人愿意分享。②

而由政府机构保证法律实施，或许需要某种复杂信息流动，即个人向该机构指控违法行为，或者——更有可能——需要该机构独立评价信息隐私权遭受侵犯的事实。这反过来又可能通向更标准化、更少主观成分、但弹性较小（因而可能实效更差）的信息隐私权规范。③

但与此同时，通过个人权利的信息治理亦有其弱点。此时法律实施依赖于千百万人采取行动，而这些行动不相协调、相互独立，其效用尚取决于个人对信息隐私权的认识，以及他们通过诉讼主张权利的意愿。同时这一效用还取决于司法系

---

① See, e. g., 45 Bundesverfassungsgerichts [BVerfGE] [Federal Constitutional Court] 65, 1; see also Spiros Simitis, *"Sensitive Daten": Zur Geschichte und Wirkung einer Fiktion*, in Festschrift für Pedrazzini 469-471 (1990).

② Id.

③ 这反映了关于监管和法律实施的两场一般性辩论——一场是监管的竞争对监管的合作，另一场是通过法律的规制制定对通过判例的规则制定。关于前者，参见例如 David Lazer, *Global and Domestic Governance: Modes of Interdependence in Regulatory Policymaking*, 12 Eur. L. J. 455 (2006)（呈现监管相互依存的三种模式的动态：竞争模式、合作模式、信息模式）；关于后者，参见例如 Frederick F. Schauer, *Playing by the Rules* (1993)（主张规则作为在各种不同机构之间分配权力的多功能工具）。关于产权制度对信息隐私经济的影响，参见例如 Edward J. Janger, *Privacy Property, Information Costs, and the Anticommons*, 54 Hastings L. J. 899 (2002).

统的能力，即司法系统是否能够正确解释个人向其提起的侵权主张。二者如果缺少其一，个人不主张其权利，或是司法系统对相关判决的融贯性未予保证——那么，基于个人为权利而斗争的去中心化治理机制的概念，将始终是"没牙的纸老虎"。[①]

理论上，法律激励措施可以通过降低个人从事执法行动的成本和负担促进法律实施。个人对信息享有明确界定且易于解释的权利，会极大地有助于司法系统——尽管是一个漫长反复的过程——去形成对个人信息权利的融贯一致的理解。

在下文中，我考察了特定部门的信息权利实施——所谓的信息隐私权——的效用；此处向普罗瑟院长致敬。为尽最大可能证明个人权利在信息隐私语境中的效用，我重点关注的是欧盟，而不是美国。因为美国没有综合性的联邦信息隐私法，这可能对个人权利实施效用构成限制；而欧盟制定严格法律保护信息隐私权利的历史悠久，这类法律覆盖公共部门和私人部门的信息处理。

（二）信息隐私权利在欧盟的效用

在欧盟，存在许多因素会支持和促进个人信息隐私权利作为一种有效的治理机制。第一，数十年来，欧盟许多国家已制定相关法律，赋予个人一系列信息隐私权利。[②] 第二，欧盟在1995年通过指令对信息隐私权进行高级别协调，使得欧盟27个成员国都落实了广泛的信息隐私权利。[③] 第三，欧洲法院多次在其判决中承认信息隐私权利至关重要，这标志着司法系统最高层级支持法律实施的制度背景。[④] 第四，在过去数十年间，从德国有关人口普查的争论到英国有关身份证项目的争论，信息隐私权在多场全民讨论中都占据重要地位，这表明我们应期待人们对信息隐私权利的认识有所提高。[⑤] 第五，欧盟近期制定的信息隐私权规范，包括1995年的欧盟指令，降低了个人的执法成本。[⑥]

[①] Viktor Mayer-Schönberger, Generational Development of Data Protection in Europe, in *Technology and Privacy: The New Landscape* 219, 232 (Philip E. Agre & Marc Rotenberg eds., 1997).

[②] See Colin J. Bennett & Charles D. Raab, *The Governance of Privacy: Policy Instruments in Global Perspective* 127 (2006).

[③] See Spiros Simitis, From the Market to the Polis: The EU Directive on the Protection of Personal Data, 80 *Iowa L. Rev.* 445, 448 (1995).

[④] See, e. g., Case C-301/06, Ireland v European Parliament and Council of the European Union, 2009 E. C. R. I-593; Case C-275/06, Promusicae v. Telefónica, 2008 E. C. R. I-271; Case C-101/01. *In re* Bodil Lindqvist, 2003 E. C. R. I-12971.

[⑤] 关于欧盟的公开辩论的案例与争议，参见 Colin J. Bennett, *The Privacy Advocates: Resisting the Spread of Surveillance* 133-67 (2008)；有关英国身份证项目的争议，尤见 Edgar A. Whitley & Gus Hosein, *Global Challenges for Identity Policies* (2010)。

[⑥] 例如，《欧盟数据保护指令》第23条将无过错赔偿要件与举证责任转移相结合；详见 Ulrich Dammann & Spiros Simitis, *EG-Datenschutzrichtlinie* 262-264 (1997)。

尽管这些原因似乎指向机警者一以贯之地主张其广泛的信息隐私权利，然而并无经验证据支持这一论断。例如，个人因其信息隐私权利遭受侵犯而起诉信息处理者要求赔偿的法院案件数量极少。20世纪90年代，我在德国的联邦数据保护专员中展开调查，未能找出一个这样的案件，尽管德国人口超过8000万。同样，我在奥地利也未发现这样的案例——尽管在奥地利信息隐私权利受到宪法保护已然超过30年。欧盟的相关文献，所提供的个人主张其信息隐私权利的案例少得惊人，更遑论请求损害赔偿的案例了，即使这可以说是为个人所有的最有力的执法工具。学术文献是如此，数据保护的倡导者亦哀叹于个人执法行动的缺失。[1]

个人主张其信息隐私权利的记录糟糕，并不是最近的事态。例如，在德国，个人执法自1977年《联邦数据保护法》颁布以来就颇为少见。该法经过了多次修订和加强，很大程度上是专门为了降低个人执法的成本。[2] 政府非法处理信息造成损失的，适用无过错赔偿；私人部门非法处理信息造成损失的，适用举证责任转移；这只是其中的两个例子。[3] 可是文献中并未提到这些法律修正案导致个人执法行动显著增加。

无论具体原因为何，在欧盟，个人并未通过诉讼主张其信息隐私权利，尽管他们拥有强权利、充裕的时间、良好的舆论环境和较低的交易成本。结果就是理想与现实之间存在根本鸿沟：书本上记载着广泛而深刻的信息隐私权利，实践中却少有人通过法院主张这些权利（而这令人不安）。这必定会给那些提倡以个人权利作为更可取的个人信息治理机制的人造成困扰。广泛而言，这也许意味着权利进路一般难以有效保证信息治理的进行。

对此至少存在三种反对意见。第一，有人会认为，欧盟的情况是个别的，这无法一般地说明其他地区的信息治理也是如此，或提供有关范围超越信息隐私的狭隘界限的信息治理的一般线索。第二，有人会提出，信息治理的问题被过分夸大了，个人执法缺失反映的是认可信息自由流动的一般观念。第三，有人会认为，影响信息处理者的行为的，不是个案的数量，而是个案如何被很好地报道。[4] 从1984年德

---

[1] Colin J. Bennett & Charles D. Raab, *The Governance of Privacy: Policy Instruments in Global Perspective* (2006).

[2] Viktor Mayer-Schönberger, Generational Development of Data Protection in Europe, in *Technology and Privacy: The New Landscape* 219, 233 (Philip E. Agre & Marc Rotenberg eds., 1997).

[3] See Bundesdatenschutzgesetz [BDSG] [Federal Data Protection Act] Dec. 20, 1990, §§ 7,8; Viktor Mayer-Schönberger, *Information und Recht* 125 (2002).

[4] See Colin J. Bennett, *The Privacy Advocates: Resisting the Spread of Surveillance* 133-167 (2008).

国的人口普查案到近来欧洲法院审理的那些案件，若干信息隐私权案件在欧盟都获得了高曝光率。

这三种反对意见貌似合理，但，至少有一部分值得商榷。首先，几乎没有经验证据表明欧盟的信息隐私权概念与美国的信息隐私权概念存在本质差异。欧盟的信息隐私权利，在很大程度上由《经济合作与发展组织数据保护指南》塑造[①]，而该指南不但为欧盟的信息隐私权理论影响，而且也接受美国20世纪70年代对相当类似的原则的研究。[②] 尽管，如上所述，大西洋两岸在最适当的治理机制是什么这一问题上存在重要分歧，然而一般性主题是相近的，前述分歧不大可能是欧盟的语境中信息隐私权利欠缺效用的主因。[③]

信息隐私泄露不可能不是一个严重问题。过去十年间在美国和欧盟进行的调查显示，人们对个人信息使用的普遍担忧并未显著减少。[④] 假如个人察觉到信息隐私问题是一个严重问题，却没有采取行动，那么一定是为其他因素所左右。

第三种意见——重要的不是案件数量而是案件是否会导致行为改变——一般来说是正确的。然而，此说缺少具体证据。事实上，在欧盟，主张信息隐私权的个人执法行动迄今并非司法行动背后的驱动力。例如，德国宪法法院在人口普查案中作出的判决，并非支持个人对由德国数据保护法所保障的信息隐私权利的主张，而是对德国人口普查法违宪的宣告。[⑤] 类似地，在大不列颠，维护信息隐私权与反对身份证项目的高调斗争，并未进行于法庭上；通过司法系统主张其信息隐私权的个人所扮演的角色无足轻重。[⑥]

[①] Organization for Economic Co-operation and Development (OECD), *Guidelines on the Protection of Privacy and Transborder Flows of Personal Data* (1980), available at http://www.oecd.org/document/18/0,3343,en_264_34255_1815186_1_1_1_1,00.html.

[②] David H. Flaherty, *Protecting Privacy in Surveillance Societies* 209 (1989).

[③] 进一步的证据是，即便当美国的具体部门法规赋予个人信息隐私权时，美国的情况也相差无几。

[④] 在美国，使用社交网络工具的成年人有60%都在意自己的信息隐私，多数青少年也是如此。Amanda Lenhart, Adults and Social Network Websites, *Pew Internet & Am. Life Project Rep.*, Jan. 14.2009, available at http://www.pewinternet.org/Reports/2009/Adults-and-Social-Network-websites.aspx (adults); Amanda Lenhart & Mary Madden, Teens, Privacy and Online Social Networks, *Pew Internet & Am. Life Project Rep.*, Apr. 18, 2007, available at http://www.pewinternet.org/Reports 2007/Teens-Privacy-and-Online-Social-Networks.aspx(teens). 在欧盟这个数字非常相似，欧盟晴雨表调查发现，约有64%的人都关心网络信息隐私。See Press Release, Europa, Eurobarometer Survey Reveals that EU Citizens are Not Yet Fully Aware of Their Rights on Data Protection, (Apr. 17, 2008), available at http://leuropa.eu/rapid/pressReleasesAction.do?reference-IP/08/592.

[⑤] 原告也不是普通个人。在法院选择让其陈述案情的四人中，有一位著名的信息隐私学者（他普及了"信息自决"这个术语，就是法院在判决中使用的那个词）和一位自由派政治家。See 65 BVerfGE 1 (1984).

[⑥] See Edgar A. Whitley & Gus Hosein, *Global Challenges for Identity Policies* 76-95 (2010).

欧洲法院近来审理的信息隐私权案件，并非由有关个人为主张其信息隐私权利诉至法院。一位瑞典检察官曾对某信息处理者（一家非营利性网站的所有者和经营者）提起公诉；该案在欧盟指令确定的管辖范围内，由瑞典法院移交至欧洲法院审理。① 西班牙一法院，受理过代表版权所有者的某非营利性组织与西班牙电信运营商西班牙电信（Telefónica）之间的版权争端，这是移交至欧洲法院的另一案件。② 本案的争议焦点在于，西班牙法律授权西班牙电信向权利人组织披露客户信息，这是否违反欧盟相关指令。③ 法院作出的认定是西班牙的版权法并未违反欧盟指令。④ 第三个案件为成员国——爱尔兰和斯洛伐克——对欧盟议会和欧盟理事会提起的诉讼，指控它们在授权电信运营商保留个人话务数据方面存在越权行为。⑤ 这其中没有一件案件是个人试图在法庭上主张其信息隐私权利。

总之，欧盟公民一边倒地选择放弃主张其广泛而强大的信息隐私权利。并不清楚他们的确切动机，无论是欧盟的特殊性所在，还是人们对信息隐私的漠不关心，抑或信息处理者在信息隐私权利方面近乎完美的合规，都不可能是他们动机的解释。也许，"个人通过成本高昂的诉讼主张其权利"是一个过于宏伟的愿景；从而问题在于以其赋予信息隐私权的治理机制。

（三）超越权利而内在于个人行动

可想而知，以复杂的宪法概念为支撑的信息隐私权利，还有信息自决、人类尊严和行动自由，这些对个人而言可能过于抽象而难以运用自如。更为人知的准财产权或许更好。毕竟，在以财产私有为基石的西方社会中，每个人都可能熟悉的是这类财产权利主张。事实上，主张版权——一项既存的准财产权——似乎就是一例。就在最近几年，我们见证版权实施之成功，成千上万的人被指控在网络上非法分享受版权保护的内容。⑥ 而耐人寻味的是，并非是由无数作者个人去主张其权利，从而推动法律实施，而是经过高度密集的内容产业中的重要商业实体商定，由专注致

---

① See Case C-101/01, *In re* Bodil Lindqvist, 2003 E. C. R. I-12971.
② Case C-275/06, Promusicae v. Telefónica, 2008 E. C. R. I-27.
③ Id.
④ Id.
⑤ Case C-301/06, Ireland v. European Parliament and Council of the European Union, 2009 E. C. R. I-593.
⑥ Kim F. Natividad, Note, Stepping It Up and Taking It to the Streets: Changing Civil & Criminal Copyright Enforcement Tactics, 23 *Berkeley Tech. L. J.* 469, 474 (2008); see also Lawrence Lessig, *Free Culture: How Big Media Uses Technology and the Law to Lock Down Culture and Control Creativity* 50-52 (2004)（描述一个美国唱片业协会执法的实例）.

力于该项事业的专业中介开展执法行动。① 这肯定不是一场去中心化的草根运动，由众多个人作者发起。所以，版权并非基于个人的执法策略的成功测试案例。

那么，造成执法缺失的，或许不是所主张的个人权利的复杂性（或简单性），而是启动相应执法程序的高昂代价。若是如此，降低执法成本（包括执法风险）即会通向执法行动应需增加。存在许多种降低个人执法成本的策略。可以选择一项成本较低的法律依据，从而降低执法行动的成本。例如，采取不同的法律手段（比如从主张权利变更为主张侵权），对成功者增加经济激励（如判给的法定赔偿金金额），或调整程序要素（如转移举证责任或落实无过错赔偿）。

可以想象这样的举动会通向执法行动增加。然而，存在两个理由让我们无法心存希望。首先，在规范上，这类执法成本很难被减抵。减少当事人个人开支，经常会导致这些成本重新分配至其他人，比如被告，或整个社会，进而可能导致社会效率低下。第二，更要命的是欧盟信息隐私权利的历史。如上所述，过去40年间，欧盟的立法者落实各项措施以降低执法成本，引导欧盟公民为其信息隐私权利斗争——但成效不显。如果截至目前所有这些引导措施均已失败，进一步的举措可能也不会为我们奉上众所期待的"银色子弹"。

所以，个人行动，即个人通过提起诉讼采取执法行动保护其信息隐私，这一想法可能本身即有缺陷。此外，也许欧盟公民几乎没有动力去单独主张其信息隐私权利，因为信息隐私权已通过其他机制得到有效主张。

（四）从个人行动到集体行动

信息隐私权利，是欧盟信息隐私法的核心所在，但相关公民的个人执法，并非欧盟隐私法的唯一治理机制。专门机构就申诉所进行的审计和调查——有时与公开披露相结合——直接监管型执法，再就是一个由专业人士组成的多级网络（a multi-tiered network of information privacy professionals），为影响合规的主要替代机制。

1. 政府调查与公开披露

欧盟许多信息隐私法都设立了独立的数据保护专员（或数据保护机构）。专员对信息处理者进行审计，就有关涉嫌违反信息隐私法的申诉展开调查并提交报告，冀望对信息处理者行为的大肆"羞辱"将敦促他们取向合规，并向其他信息处理者

---

① See Lawrence Lessig, *Free Culture: How Big Media Uses Technology and the Law to Lock Down Culture and Control Creativity* 50-52 (2004).

释放强力信号，促使他们停留于信息隐私法划定的边界内。① 数据保护专员也公开评论计划中的立法，从而在法律颁行之前影响信息隐私立法轨迹——远远早于个人执法行动的开展。②

德国联邦数据保护专员堪为这一设置的典范。虽然专员并无直接监管权，但通过公开信息处理者的违法行为，其已多次成功影响和改变信息处理者的举动。③ 因此，专员扮演着两个互补角色。首先，通过向公众报告，专员参与对违法行为或问题行为的公开羞辱。第二，专员实际上对信息处理者的行为作出判定，为之后受影响者通过司法渠道采取执法行动提供便利。与此同时，这样的行动欠缺法院执行的直接性，并且其效用在相当程度上取决于数据保护专员本人的敏锐——其能够在何种程度上让媒体报道、舆论关注某一特定信息隐私外泄事件。德国公民至少似乎认同专员的作用：在 2006 年，专员收到 5516 起要求深入调查的个人申诉，令人印象深刻。④

2. 直接监管型执法

1973 年，瑞典成为世界上第一个通过综合性的信息隐私法的国家。⑤ 在法律实施方面，瑞典依靠政府设立的数据保护委员会独立调查并主张信息隐私侵权。⑥ 自成立以来，该委员会开展监管型执法行动已有相当历史，向信息处理者和公众提供有关允许和禁止的信息处理行为的详细阐述。此外，由于该委员会的权限相对广泛和灵活，对于信息隐私保护领域出现的新兴威胁和突发事件，委员会可以迅速作出反应，无需法律修正案出台。历数沿用瑞典模式实行直接监管型执法的欧盟国家，

---

① See, e. g., Electronic Privacy Information Center, *Privacy & Human Rights: An International Survey of Privacy Laws and Developments* 2006 383 (2006)（关于捷克的委员会）; id. at 377（关于塞浦路斯的委员会）; id. at 397（关于丹麦数据保护局 DPA）; id. at 701（关于荷兰数据保护局 CBP）; id. at 423（关于爱沙尼亚数据保护监察局 DPI）; id. at 445（关于芬兰数据保护申诉专员）; id. at 457–458（关于法国国家信息自由委员会 CNIL）; id. at 523（关于匈牙利数据保护局 DPA）. 关于审计功能的讨论，参见 Colin J. Bennett & Charles D. Raab, *The Governance of Privacy: Policy Instruments in Global Perspective* 135–138 (2006)。

② Colin J. Bennett & Charles D. Raab, *The Governance of Privacy: Policy Instruments in Global Perspective* 140–141 (2006).

③ See Electronic Privacy Information Center, *Privacy & Human Rights: An International Survey of Privacy Laws and Developments* 2006 482 (2006).

④ Id. at 482.

⑤ Colin J. Bennett & Charles D. Raab, *The Governance of Privacy: Policy Instruments in Global Perspective* 127 (2006).

⑥ Electronic Privacy Information Center, *Privacy & Human Rights: An International Survey of Privacy Laws and Developments* 2006 913 (2006).

奥地利、丹麦、法国、爱尔兰、意大利和葡萄牙位列其中。①

与个人通过法院主张其信息隐私权利形成鲜明对照的是，对于受理市民申诉启动调查，这些监管机构表现得相当积极，并在必要时采取罚款等监管执法措施。例如，法国国家信息与自由委员会 2006 年受理了 5372 起申诉，匈牙利数据保护专员 2005 年调查了 2350 起案件，爱尔兰数据保护专员 2006 年跟进了 658 起申诉。②

3. 专业人士网络

欧盟指令所设想的是一个遍布欧盟的信息隐私专员网络，其架构严密、多级并存，能够保证公民信息隐私不受侵犯。这种活动可以采取发布公开报告的形式（德国即是如此），或是采取推进监管行动的形式（瑞典即是如此），而所获成果不只是单纯的"法律得到实施"。其建立起受托保护信息隐私的正式机构，由此持续将资源投入信息隐私权的保护和提倡之中。③

而且，在泛欧网络中，专员们彼此之间保持密切联系，通过这一网络就新的威胁和协调答复进行商讨。本质上，这一安排创建了信息隐私权的制度性游说网络（institutional lobbying network），其中的博弈具有明显的制度外观。④这些专员和一名欧盟信息隐私专员组成欧盟一级的工作组，进一步稳定和构筑该网络，使其具有形式的信誉和实际的权力。⑤

在一些国家，如德国，私人部门和公共部门的组织被要求任命一名内部人员代理数据保护相关事务，其在一定程度上独立于组织，负责合规业务。⑥这就在每个大型组织中新增一个群组，其成员负责为信息隐私权提供保护，就信息隐私事务进行游说，彼此之间形成网络，并与数据保护专员保持联络以推进议程。

---

① *Id.*, at 250–253（关于奥地利）；*id.* at 397（关于丹麦）；*id.* at 457–458（关于法国）；*id.* at 559（关于爱尔兰）；*id.* at 581–583（关于意大利）；*id.* at 788–789（关于葡萄牙）；see also Colin J. Bennett & Charles D. Raab, THE GOVERNANCE OF PRIVACY: POLICY INSTRUMENTS IN GLOBAL PERSPECTIVE 143 (2006).

② *Id.*, at 458（关于法国的情况）；*id.* at 523（关于匈牙利）；*id.* at 560（关于爱尔兰数据保护专员）.

③ 在编人员的规模可能相当大。例如，比利时的数据保护机构有 34 名全职人员。See Electronic Privacy Information Center, PRIVACY & HUMAN RIGHTS: AN INTERNATIONAL SURVEY OF PRIVACY LAWS AND DEVELOPMENTS 2006 263 (2006).

④ 关于跨国网络，参见 Anne-Marie Slaughter, *A New World Order* (2004)。

⑤ See, e. g., the Article 29 Data Protection Working Party, established through Council Directive 95/46, art. 29–30, 1995 O. J. (L 281) 31 (EC); the European Data Protection Supervisor, established through European Parliament and Council Regulation (EC) No. 45/2001 of 18 Dec. 2000, 2001 O. J. (L 8) 1.

⑥ Bundesdatenschutzgesetz [BDSG] [Federal Data Protection Act] Dec. 20, 1990, §§ 4f, 4g.

在欧盟，许多致力在全国范围内、以至大陆范围内推进信息隐私保护的非政府组织，进一步扩大了以专业人士为节点的复杂网络。这些组织从与彼此的合作中获益良多：虽然所饰角色或有不同，但共享保护信息隐私的共同目标。

综上，这三种治理机制——政府调查与公开披露、监管型执法、隐私专业人士网络——为信息隐私保护事业作出巨大贡献。由于机制的采用者连成网络而相互协调，机制的运作效果可能更为突出。依靠高度专业的信息隐私专家，机制得以建立，由专门组织予以实施；这些组织以专项资源保证信息隐私，其权力源于在保护信息隐私方面的效用。相反，信息隐私权利由散兵游勇进行一种主张，法律实施取决于普通法院法官有限的专业知识。

政治学者提出，欧盟信息隐私保护的分水岭是信息隐私中介阶层的崛起。① 正是这些中介在20世纪80年代有关人口普查的争论中动员了德国民众；也是他们扩大和深化了信息隐私的国家立法；他们还改头换面，以政治企业家的身份活跃于欧盟，起草综合性的欧盟指令并确保其通过。② 他们在反对英国的身份证项目的提案上卓有功绩。③ 他们也促成一件事，即欧盟暂时停止履行过去与美国达成的航空乘客数据共享协议——之后案件取得胜诉。④ 尽管迄今并未成功，但他们谋求让一项欧盟指令脱轨，该指令以通信数据广泛保留为内容。⑤ 总而言之，通过由专业信息隐私中介构成的网络，欧盟实行替代性合规机制，这就是欧盟实现对信息隐私的有效保护的原因。

（五）业务超越信息隐私的信息治理中介

这类中介的业务范围并不局限于处理信息隐私事务。在大西洋两岸的知识产权保护上，其工作亦高度引人注目。如前所述，版权或作者权利很少由原作者主

---

① See, e. g., Colin J. Bennett, *The Privacy Advocates: Resisting the Spread of Surveillance* 133-167 (2008).
② See *id.*
③ 参见 Edgar A. Whitley & Gus Hosein, *Global Challenges for Identity Policies* (2010)；该书详细描述了伦敦政治经济学院的信息隐私专家们如何与非政府组织"隐私国际"（Privacy International）一起领导对国家身份证项目的抵制。
④ Case C-317/04, European Parliament v. Council of the European Union, 2006 ECRI-4721；关于航空乘客数据共享的争议，参见 Electronic Privacy Information Center, *EU-US Airline Passenger Data Disclosure*, http://epic.org/privacy/intl/passenger_data.html (last visited Jul. 22, 2010).
⑤ 欧洲法院受理过一个案件，由爱尔兰非政府组织"数字权利"提起诉讼，挑战欧盟指令；参见 Press Release, Digital Rights Ireland, DRI Challenge to Data Retention (July 29, 2006), available *at* http://www.digitalrights.ie/2006/07/29/dri-challenge-to-data-retention/；另见 Case C-301/06, Ireland v European Parliament and Council of the European Union, 2009 E. C. R. I-593。

张。十之八九是由商事权利所有者,即高度集中市场的重要玩家,负责主张权利,而他们惯常利用另一阶层即治理中介代表他们行事。以近来针对利用点对点网络分享文件的执法浪潮为例:[1] 驱动者为传媒巨头,而非个人作者;传媒巨头拥有大量版权作品(在美国是如此),或是持有这些作品的排他性许可(在欧盟是如此)。[2] 并且,大西洋两岸的这些公司都习惯一件事,即利用版权中介在法庭上主张其权利请求。[3] 合并、专业化、规模经济效益得以实现。部分而言,一些欧盟国家的法律授权这样做(在内容公司的长期游说之下)。[4] 另外,其允许传媒公司——这些公司在舆论的法庭上潜在易受责难——隐于背后,独立的法律实施者站在台前,由此这些行动者作为高度重要的信息治理中介的作用得到深化和再加强。

这些中介对立法者和监管者进行游说,希望他们采纳其意见,扩大权利并促进法律实施。[5] 此时中介既是委托人的代理,也是自己的代理;相关知识产权法律的每一次加强,都将强化其作用,增强其力量。[6] 中介以这些形式存在:私企,非营利组织,为保证知识产权受到保护而设立的国家监管机构[7],专门受理知识产权案件的国内法院和国际法院[8],以及为在全球范围内促进合规和保证法律实施而设立

---

[1] See Lawrence Lessig, *Free Culture: How Big Media Uses Technology and the Law to Lock Down Culture and Control Creativity* 50-52 (2004); Kim F. Natividad, Note, Stepping It Up and Taking It to the Streets: Changing Civil & Criminal Copyright Enforcement Tactics, 23 *Berkeley Tech. LJ.* 469, 473 (2008).

[2] *Id.*

[3] *Id.* 这些组织包括美国唱片业协会(Recording Industry Association of America, RIAA)、美国电影协会(Motion Picture Association of America, MPAA)、商业软件联盟(Business Software Alliance, BSA);但也可能包括版权集体管理组织,如(在美国)美国作曲家、作家和出版商协会(American Society of Composers, Authors and Publishers, ASCAP)、广播音乐公司(Broadcast Music Incorporated, BMI)和版权许可中心(Copyright Clearance Center, CCC)。

[4] 例如,在德国,人们根据《著作权维护法》提起诉讼。参见 Urheberrechtswahrnehmungsgesetz [UrhWG] [Copyright Administration Act], Sept. 9, 1965. BGBI. I S. 1294, as amended Oct. 21, 2007, BGBI. I S. 2513, 2517。

[5] Jessica Litman, *Digital Copyright* 124 (2006).

[6] 这也可能引发委托代理问题。一般参见 Kathleen Eisenhardt, Agency Theory: An Assessment and Review, 14 *Acad. of Mgmt. REV.* 57-74 (1989)。

[7] 例如,美国有美国专利商标局(United States Patent and Trademark Office, PTO)和版税委员会(Copyright Royalty Board, CRB)。

[8] 例如,美国在 1982 年之前有美国关税与专利上诉法院(United States Court of Customs and Patent Appeals, CCPA),后在此基础上成立了美国联邦巡回上诉法院(United States Court of Appeals for the Federal Circuit, CAFC);英国有专利法庭(Patents Court, PC);德国有联邦专利法院(Bundespatentgericht, BPatG)。

的国际组织①。

总之，信息隐私治理在相当程度上超越于个人对信息隐私权利的主张，并且是以信息隐私中介所利用的治理机制进行。一个信息隐私保护系统就此诞生，与个人信息隐私权利相比，其更为庞大，更复杂多样，且可能更有效。这不是个例，我们可以发现，在美国的版权领域、欧盟的作者权利领域，也存在一个类似的超越权利的系统，一系列专门中介在其中发挥着核心作用。

果真如此的话，那么在思考放大的信息治理问题时，下面这种方式可能不太有用，即专注于特定信息治理机制，如财产或侵权法以至一般意义上的权利；因为这或许会导致我们依赖于个人行动之上的去中心化机制，而无协调的个人行动并不适合于应对当前挑战。取而代之的方式是从信息隐私权和知识产权的实践中发现端倪，此时信息治理系统会呈现在我们眼前。研究其相似之处（以及何处相异、原因何在），也许最终会通向发现信息治理系统的共同基因，从而为融贯的信息治理提供某种超越对特定治理机制的狭隘关注的合宜策略。

考察信息治理系统的决定因素与特征所在，也许会给我们带来新颖见解、面向未来的合宜策略及额外优势。首先，可以帮助我们克服权利进路目前具有的缺陷和局限。其次，可以向立法者提供一个更广泛也更灵活的框架，用于考虑和构思不同类型信息的治理。第三，可以帮助我们理解信息治理建制应然共有的核心特征。随时间推移，这亦会通向结构性一致而回避不必要冲突。

系统进路是否有用，有待更多研究予以证明。但考虑到如下两点，即目前基于权利的制度存在固有问题以及不同信息类型明显不相一致，所需要的或许正是一种新进路，一种基于对现存治理机制的理解而提出的进路。

结　语

50年前，在一篇开创性的文章中，普罗瑟院长推进我们对隐私权的思考。他采用沃伦（Warren）和布兰代斯（Brandeis）的概念，附上许多不同的法院判决，于混乱所在凝聚共识，于灰色地带澄清范畴。

---

① 其中最重要的是位于巴黎的世界知识产权组织（World Intellectual Property Organization, WIPO）。内容所有者和集体管理机构也组成国际组织，如国际唱片业协会（International Federation of the Phonogram Industry, IFPI）、音像作品国际集体管理协会（Association of International Collective Management of Audiovisual Works, AGICOA）、国际作家和作曲家协会联合会（International Confederation of Societies of Authors and Composers, CISAC）。

本文认为，今日我们在信息隐私权方面也许临近一个相似支点。数十年来，我们已大致基于个人权利提炼出信息隐私权与知识产权的概念。该进路无疑具有吸引力。这种进路不需要一个庞大的官僚机构执法，看上去增强了人的自由和自决，并通过健全的市场保证信息的高效配置。

并且，正如我在本文第一部分所阐述的，权利进路甚至可以引导我们在大西洋两岸生成一个趋同而融贯的信息治理概念。然而一个同时兼容于美国和欧盟的趋同概念并不存在。若我们渴望基于个人权利界定融贯信息治理的概念，就不妨认真看待欧盟出现的双向信息权利构造概念。

本文第二部分考察了这种权利进路的优缺点。至少在欧盟的信息隐私权生成语境中，权利进路在实践中已然失败——而且是严重失败。尽管如此，在欧盟，公民依然拥有信息隐私；这就指向一种替代结构的存在，即治理基于一个信息治理系统——而非单纯基于个人权利。这项事业的代理人，由个人转变为信息治理中介；而在这件事上个人一筹莫展，即如何作出有关信息隐私的复杂决策以行使和主张个人权利；作为替代，我们会迈向一个丰富而深刻的信息治理中介网络——其目标和宗旨是，在中介组织运行范围内、甚至是在全社会范围内，保证公民信息隐私不受侵犯。

第二部分最后提出，研究信息隐私权体系和版权体系并一般性地研究信息治理系统，考察不同中介所采用的治理机制，或许会产出较之现行的权利进路更为丰富、精准、高效的信息治理策略。

本文只是指出进一步研究的方向，希望其他人可以适时迎接挑战。如果说，50年前普罗瑟院长对隐私权进行再概念化时，时机已然成熟，那么也许当下就是重构信息隐私权概念的时机。

集体本位对西方自由主义法权思潮的回应

冉富强*

摘　要　集体本位是传统中国社会的基本价值取向，伴随着改革开放四十年来东西方经济社会的深度融通，以个人主义、权利本位为表征的西方自由主义法权思潮悄然传入中国，并对以集体本位为特质的传统文化产生强势冲击。通过理性思辨和仔细甄别可以发现，以集体本位为代表的现有政治法权结构——人民代表大会制度、社会主义市场经济体制、单一制国家结构形式、党的领导与依法治国有机统一等制度逻辑，都将保持持久定力，并在自我完善中逐步实现国家治理体系和治理能力的现代转型；与此同时，权力制约监督、人权保障、民众有序参与等自由主义法权的合理要素，也应被吸纳并作为中国特色社会主义法权体系的必要组成部分。

关键词　集体本位　自由主义　法权　人民代表大会制度

一、问题的提出

在法律价值承载主体上，是以国家、社会为本位，还是以个人为本位，进而

---

* 冉富强，河南财经政法大学法学院副院长，教授，法学博士。

延伸为法律究竟是以"义务为本位",抑或"权利义务统合体"为本位,还是以"权利为本位",当国家或社会公共利益与个人利益冲突时,哪种利益应当被优先考虑和保护?关于这一问题的讨论,学者胡玉鸿从法学方法论的视角将其分为整体主义方法论和个人主义方法论,其中"共同意志论""公共利益论""社会利益论""人民论"是整体主义方法论的表现形式。① 有学者从人生观视角指出,中国传统人生观强调整体本位,强调整体高于个体,以此为基础形成了中国传统的整体主义人生观,中国传统人生哲学从整体主义出发,割裂了人格与权利的本质联系,过分强调个人对家族和国家的义务,对群体的责任感和义务观念。② 有学者从思维认知角度指出:"在中国人的认知中,世界是由连续不断的物质构成的,是动态的,他们更加关注整体及事物间的关系,接受矛盾的互补性;西方人的世界是由独立的物体构成的,是静态的,他们习惯于通过解析单个物质(所谓'客体')的属性,进行形式逻辑分析。"③ 更有学者从文明演化视角指出,农耕文明属于国家本位的法治理念,个体从属于国家,群体优于个体,情感压倒理性,个人意识薄弱。中国几千年农耕文明决定了国家本位作为中国传统法文化的正当性。④ 国内有学者从家国天下的儒家法本质论的视角指出,无论是"国家本位",还是"社会本位",抑或"国家·社会本位",似乎均不正确。"从儒家将天下与国的严格区分来看,还是把天下看得更为根本一些,儒家所持的是天下本位"。⑤ 以上是诸位学者对传统中国群体本位(家族、国家、社会)等整体主义本位的大致解读。

钱穆先生认为:"中国传统文化理想,必以一个人之内心情感作核心。有此核心,始有人文化成与情深文明之可能。然而这亦并非如西方人所谓的个人主义。在个人与个人间相平等,各有各的自由与权利,此乃西方人想法。中国社会里的个人,乃与其家庭、社会、国家、天下重重结合相配而始成为此一人。人必在群中始有道,必与人相配成伦始见理。"⑥ 中国传统文化的个人一定是在家、国、天下等群体概念之下的个体,并非西方文化世界中的平等、独立而自由的个体。俞荣根先生也认为:"儒家法思想的天下主义,家族伦理主义等原则在法的本质论上都指向权

---

① 参见胡玉鸿:《法学方法论导论》,山东人民出版社2002年版,第268页。
② 参见戴景玉:《个人主义和整体主义的对立——中西方人生哲学理论基础的差异》,载《长白学刊》2010年第6期。
③ 翟玉忠:《道法中国——二十一世纪中华文明的复兴》,中央编译出版社2008年版,第3页。
④ 喻中:《社会主义法治理念的文化形态透视》,载《甘肃社会科学》2012年第3期。
⑤ 俞荣根:《儒家法思想通论》,商务印书馆2016年版,第154页。
⑥ 钱穆:《中国历史精神》,贵州人民出版社2019年版,第160页。

利和义务统合于家庭的团体本位。"① 中国传统文化中的个体实为"集体本位"之下的个体，在法权精神上，传统中国文化为"集体主义本位"的价值观。笔者所说的"集体主义本位"也称为"集体本位"，它包括家族本位、国家本位、社会本位、天下本位等一系列强调团体高于个体的整体主义思维定式、行为模式和交往方式。

基于中西个体意识价值观的本质差异，有必要在基本政治、经济、文化等法权层面与西方自由主义法权思潮开启有针对性的对话。为此，笔者从传统中国社会的价值取向分析入手，深入探讨当代中国法权思潮的历史变迁，着力解析西方自由主义法权思潮对当代中国法权思潮的强势冲击，审慎归纳提炼当代中国法权思潮，尤其是人民代表大会制度、社会主义市场经济体制、单一制国家结构形式、党的领导与依法治国之关系等基本政治经济文化制度中蕴含的"集体本位"价值逻辑，以期为法治国家、法治政府、法治社会建设提供智识参考。这里有必要指出，人民代表大会制度、社会主义市场经济体制、单一制国家结构形式、党的领导与依法治国的有机统一等国家制度的选择有着复杂、多元、深厚的历史背景因素，简单地概括为"集体本位"价值取向肯定有失偏颇，但笔者在本文仅就上述国家制度蕴含的"集体主义"价值逻辑进行单维度的探讨。

二、集体本位：传统中国社会政治结构的价值取向

"修身齐家治国平天下"是传统中国社会家国同构的经典表述。② 它不仅是一种精神价值体系，还深深扎根于传统中国的政治、经济、文化和社会生活之中。这种价值体系在传统中国社会政治结构中的体现就是皇权本位和家国本位。

（一）秦至清末皇权本位文化的体现

首先，在个人与社会的关系上，皇朝统治社会，社会依附于皇朝。在传统中国社会，民间组织始终没有获得长足发展，社会势力的活动范围很小。"臣民无私合"是中国传统政治哲学的核心理念。臣民没有自行组织社会团体维护自己权益的权利。臣民的义务就是听命于君主和官方。为了防止人民结成社会组织，儒家提出"坊民"，法家提出"弱民""制民"，道家则提出"愚民"。总之，要使百姓

---

① 俞荣根：《儒家法思想通论》，商务印书馆2016年版，第757页。
② 参见武树臣：《中国法律文化大写意》，北京大学出版社2011年版，第1—3页。

"无私"。①

其次，在中央与地方关系上，长期实行中央集权，地方听命于中央。秦之后，除了两汉和魏晋实行分封制和郡县制并行、郡县制为主以外，从隋唐至明清的各王朝都推行郡县制。②"在郡县制下，无论哪个行政层级，都没有封国那样相对独立的主权和治权，它们只是整个国家机器的一个组成部分，没有独立于中央的权力，没有自己的法律体系，没有游离于中央管理之外的行政机构；郡守和县令等地方官员都由皇帝直接任免，不得世袭。地方官员每年秋冬必须向中央报告治状，中央据此奖功罚过。"③

其三，在横向权力架构和运行机制上，中央推行"君主"负总责制度。中央政府唯天子乾纲独断，臣子们只是执行者。皇权全面掌管立法、行政、司法和思想控制在内的无限之权，大臣们虽然可以向皇帝进"谏"献"言"，但"谏言"只是"下"对"上"的劝说，不产生制度意义的监督和制约作用。皇权的至上性使其在运行中获得绝对的正当性。一旦出现所谓的"实力集团"，集权政治的核心就要不惜一切代价摧毁。④

中国古代地方政务的决策主体是地方各级政务长官。在政务长官决策之下，地方具体事务的执行由其他职能部门负责。地方政务长官对地方事务的管理是社会整体事务。中国传统的"政务"与西方"行政"的概念不同，中国传统的行政是"为民父母行政"，包括"作君""作亲""作师"。⑤

其四，在经济体制方面，推行土地国有，工商业实行官方专营。私人财产权绝对的观念根本不存在。从表面上来看，早在秦朝，"令黔首自实田"以后，土地便实现了"民得买卖"；汉唐时期更是有大量土地买卖的记载；宋朝时期甚至出现了"不抑兼并"的政策；明清土地不仅可以买卖，政府甚至成为土地产权的界定者、保护者。然而，事实并非这么简单，中国古代土地某种程度的私有只是无奈之举。"在不考虑饥荒、战争等极端的人口调整手段的情况下，较少的土地要养活较多的人口，只有两条路可供选择：一是技术进步，二是制度创新……相对而言，制度创新更容易成为一个合宜的选择，如抛弃效率低下的集体产权、引进效率较高的私有

---

① 参见范忠信主编：《官与民：中国传统行政法制文化研究》，中国人民大学出版社 2012 年版，第 51 页。
② 同上，第 29 页。
③ 郎毅怀：《从国家主义到民本主义——中国政治的体制与价值观》，中国发展出版社 2014 年版，第 20 页。
④ 参见冯俏彬：《私人产权与公共财政》，中国财政经济出版社 2005 年版，第 110 页。
⑤ 参见范忠信：《官与民：中国传统行政法制文化研究》，第 198 页。

产权可以从另一渠道缓解人地矛盾。"①

在中央集权的大背景下，经济上的私有产权与政治上的集权形成巨大张力，张力一旦超出统治者或时代包容的限度，私人财产权就将遭受致命打击。那些历代"发家致富"的土豪、地主及其宗族，往往由于君主的"徙民"政令导致几代人积累的田产化为乌有。在工商业经营管理上，长期实行官府专营制度。以宋代为例，凡是资源型、必需型及暴利型商品，如茶叶、盐、酒、醋、矾等都属于官府专营事项，民间资本只能从事一些分散型、劳务型、微利型产业。

皇权本位在社会生活的各个方面尽管根深蒂固，但自从清末洋人的洋枪大炮迫使清政府开放口岸以来，特别是甲午战争的失败，促使中国知识分子开始用权利表述自主性，以体现人们对国家自主性的认识。但是，这与西方社会把权利作为个人自主性大异其趣。②随之，"晚清社会的'内外'范畴发生了根本变化，它们不再是帝国内部的内外部关系或者朝贡关系的内外关系，而是民族国家间的内外关系。中国必须把自己看作是列国并争时代的一个主权国家。"③清王朝在巨大的国际国内压力面前开启一系列激进改革，比如，移植外国法，建构"宪政法治"制度；创建法律学堂，开展现代法学教育等；皇权本位也逐步演变为国家本位。

（二）民国时期国家本位文化的体现

孙中山几次革命的失败使他逐步认识到只有组建列宁主义式的意识形态政党，才能整合国内革命力量，实现中华民族的统一。这种组织模式使得军队服从意识形态权威，"党军"的本质并不在于以党组织建军、控军，而在于让军队服从党的意识形态。④此后，蒋介石继承孙中山先生的统一大业，实现了近代中国表面而脆弱的统一。在民国时期，国家本位作为集体本位的变体继续体现在社会各个方面。

首先，在国家与社会的关系上，国民政府基于孙中山先生提出的"军政""训政""宪政"三时期的革命理论，长期推行"军政"和"训政"。1928年，国民党中央通过《训政纲领》，明确规定训政时期由国民党的党代会代表国民大会领导国民行使政权，党代会闭会期间，政权交给国民党中央执行委员会；国民党"训练"

---

① 夏朝中国人口就已经达到1355.39万人，西周全盛时期人口达2000万人。公元前四世纪达到3200万人。盛唐时期达8000万人，北宋末年首次超过1亿人，清朝人口达到4亿人。参见冯俏彬：《私人产权与公共财政》，中国财政经济出版社2005年版，第116—117页。
② 参见金观涛、刘青峰：《中国现代思想的起源》（第一卷），法律出版社2011年版，第345—347页。
③ 汪晖：《现代中国思想的兴起》（上卷第二部），三联书店2015年版，第725页。
④ 国民党只能算是一个准列宁主义政党，它不可能持久地具备列宁主义政党的所有功能。参见金观涛、刘青峰：《开放中的变迁》，法律出版社2016年版，第249、第272页。

国民学会行使选举、罢免、创制、复决四项权利，国民政府统揽行政、立法、司法、监察、考试五权，国民党中央政治会议指导监督国民政府重大国务的施行，修改解释国民政府组织法。①

其次，在中央与地方关系上，联邦制、地方分权学说舆论高涨，许多人设想以联邦制重构中央与地方关系，但最终并没有实行联邦制。一方面，受中国传统君主专制中央集权思想的影响，联邦制被视为破坏统一、制造分裂的祸首；另一方面，军阀打着联邦制的旗号，贩卖个人、集团利益的私货，把联邦制的名声彻底毁坏。②在地方治理方面，虽然1936年立法院通过了《县自治法》，乃至后来《中华民国宪法》还规定了省县自治，划分了中央政府与自治政府的权限，但这部宪法尚未实施，国民党就败退台湾。

再次，在国家权力架构方面，《五权宪法》集中体现了国家本位的价值理念。五权宪法的精髓是"权能分治"，人民享有政权，先知先觉者行使治权，"权能分治"的目的是打造"万能政府"。"三权宪法的精神在使权力分立，以收制衡之效，五权宪法的社会在谋权力统一，以造成万能政府。"③在五权宪法中，国家最高机关有两个，一是行使政权的国民大会，二是行使治权的总统。"五权宪法则法治与人治并重，在治权机关内，有立法与司法，以达成法治的目的，有考试与监察，以达成人治的目的"。④

第四，在经济体制上，国民政府推行国家资本主义。1932年，国民政府成立国防设计委员会，后来改名为资源委员会，以两亿七千万元作为资本，发展中国的燃料、冶金、石油和重工业。1940年，国家资本已占全国资本总额的50%，1942年又进一步上升到70%以上。1947年，资源委员会控制电力行业的83.3%，煤炭行业的38.8%，钢铁行业的90%，水泥的51%，石油、铁矿石、锑、锡、铜等有色金属矿产品和食糖的95%以上。⑤

（三）新中国国家本位文化的体现

建国以后，我国长期与西方自由主义意识形态展开论战。改革开放之前，国家本位的文化固若金汤。

---

① 李贵连：《法治是什么》，广西师范大学出版社2013年版，第184页。
② 参见李治安：《中国五千年中央与地方关系》（下册），人民出版社2010年版，第719页。
③ 萨孟武：《宪法新论》，中国方正出版社2006年版，第25页。
④ 同上，第27页。
⑤ 参见陆仰渊、方庆秋：《民国社会经济史》，中国经济出版社1991年版，第766、772页。

首先，1954年宪法确立人民代表大会制度为国家的政权组织形式。全国人民代表大会是国家的最高国家权力机关，人民通过它行使或实现当家作主的权利。国家行政机关、审判机关、检察机关都由人民代表大会产生，对它负责，受它监督。

其次，在中央与地方关系上采取单一制国家结构。1982年宪法第3条第4款规定"中央和地方的国家机构职权的划分，遵循在中央的统一领导下，充分发挥地方的主动性、积极性的原则"。民族自治地方享有宪法、法律上的自治权力，但民族自治地方的自治权不是固有的，而是《宪法》《民族区域自治法》及其他法律赋予的自治权。香港、澳门的回归虽然在某种程度上改变了单一制国家结构，但香港、澳门作为我国的特别行政区，也仅仅行使《香港特别行政区基本法》《澳门特别行政区基本法》赋予的自治权。

第三，"民主集中制"作为国家权力组织和运行的原则。人民代表大会制度的权力构造决定我国的反腐败体制主要以监督机制为主，即各级人大对同级政府、审判机关及检察机关的监督，审计机关、监察机关对同级行政机关及国有企业、事业单位的监督，但是权力监督机制始终存在一个"谁来监督监督者"的悖论。除此以外，行政权力架构和运行机制还存在巨大的腐败隐患：一是"一把手"权力过分集中；二是领导系统的权力结构缺乏合理的分权制衡。[①] 这是当前国家出现大面积腐败的制度根源。

第四，在经济体制上，1993年宪法修正案虽然把市场经济体制写入宪法，并强调其"社会主义"属性，但宪法明确规定国有经济是国民经济中的主导力量。国家保障国有经济的巩固和发展，社会主义的公共财产神圣不可侵犯。非公有制经济只是社会主义市场经济体制的重要组成部分，国家虽然鼓励、支持和引导非公有制经济的发展，但需要对非公有制经济依法实行监督和管理。在自然资源产权上，宪法规定矿产、水流、森林、山岭、草原、荒地、滩涂等自然资源属于国家所有，城市的土地属于国家所有，等等。

三、西法东渐：自由主义法权思潮的中国话语

自由主义是与资本主义政治经济制度共生共存的意识形态，个人主义、平等主义、普世主义、社会向善论是自由主义的四个要素，自由、平等、人权是自由主义

---

① 参见任中平：《民主与法治：权力进笼的制度路径》，载《探索》2015年第2期。

的价值工具,权力分立制衡、有限政府、议会制度、政党政治、经济自由、文化多元、宗教宽容及宪政法治等是自由主义的政治、经济、文化和法律制度基石。它发轫于17世纪的英国,洛克《政府论》、亚当·斯密的《国富论》的问世标志着古典自由主义理论的大致形成。伴随着清末改革的推进,西方自由主义思想悄然传入中国。

(一)清末修律中自由主义法权思想的首次传入

以个人本位为基石的自由主义理论通过严复1902年翻译的亚当·斯密《国富论》(原译名《原富》)、密尔的《论自由》(原译名《群己权界论》)传入中国。除严复之外,19世纪末到20世纪40年代,郑观应、黄遵宪、康有为、梁启超、谭嗣同、蔡元培、陈独秀、胡适、鲁迅、梁实秋等人也从不同角度对西方自由主义推介做出努力。[①]以个人主义、个人权利为基点的契约论国家思想,与传统中国集体主义的伦理国家观形成强烈反差。[②]

为应对国内外压力,清王朝在1905年前后实施变法和新政。1903年商部奏准颁行《奖励华商公司章程》,推行重商主义政策,鼓励民间资本投资现代新型工业;1907年农工商部又修订颁布了《奖给商勋章程》,将奖励标准由2000万元降低到800万元。[③]1904年清政府颁布第一部商法《钦定大清商律》;1906年颁行《破产律》;1906年聘请日本法学家志田钾太郎起草了《大清商律草案》,聘请日本法学家松冈义正起草了《破产法》;1911年完成了《大清民律草案》的起草,确立了以个人主义为基础的契约自由、私有财产保护及过失责任为核心要义的近代资本主义三大民法原则。[④]

1905年,清朝正式宣布废除科举制度,兴办新式学堂,1907年清政府谕令设立资政院,1910年资政院正式成立,标志着封建帝制的终结。[⑤]1908年颁布《钦定宪法大纲》,决定预备立宪期为9年;1909年清政府仿效西方政治制度成立地方议会组织,在各地设立谘议局,由地方议员对政府财政、预算进行审议,给立宪派提供参政议政平台。总体来说,西方自由主义思想尽管在国内获得一定传播,但并未被国人普遍认同进而成为主流价值观。

---

① 参见马立诚:《当代中国八种社会思潮》,社会科学文献出版社2012年版,第115页。
② 参见雷颐:《面对现代性挑战:清王朝的应对》,社会科学文献出版社2012年版,第113页。
③ 参见金观涛、刘青峰:《开放中的变迁》,第121页。
④ 参见曹全来:《中国近代法制史教程》,商务印书馆2012年版,第183—184页。
⑤ 参见夏新华等整理:《近代中国宪政历程:史料荟萃》,中国政法大学出版社2004年版,第80页。

对于自由主义从 19 世纪末到 20 世纪初在中国传播的限制，徐友渔认为有如下原因：一是自由主义与中国文化传统隔膜，融入需要较长过程；二是社会条件不具备，缺乏现代经济基础，没有强大的中产阶级和起码的法治条件；三是战争不断，外敌入侵，容不得从容进行思想启蒙；四是第一次世界大战后自由主义理念相对衰落，而苏联建设取得巨大成就；五是自由主义仅在知识圈内流行，未能在民众中形成势力。① 金观涛则认为，中国文化对西方近现代主流价值的拒斥，与中国一元论思想结构和西方二元论不兼容有关。② 中国文化的终极关怀既不是上帝也不是求知，它始终是道德的，因此，西方 16 世纪后那种社会转型过程中对自由平等的道德论证在中国不可能发生。"一旦权利道德化，现代自由社会就会退化或变质，在某种程度上回退到传统社会组织形态上去或成为极权主义。"③

（二）20 世纪 80 年代自由主义法权思潮的复起

20 世纪 70 年代末 80 年代初，伴随着改革开放和对极左思想的批判，西方自由主义思想再次传入中国。改革开放之初，邓小平理论与自由主义思潮目标一致：打破个人崇拜，冲决思想禁锢，扩展个人自由，呼唤民主法治，80 年代最响亮的口号是"解放思想"。自由主义理论认为，思想解放的目标就是实现自由、人权、民主，最终建立宪政民主国家。④

改革开放以来，为适应社会生产力发展的迫切需要，充分调动公民的主动性、积极性和创造性，有必要赋予公民更多更具实质内容的自由和权利。特别是上世纪 90 年代，当时许多重要法律的修订和政策的出台，都吸纳了自由主义思想的元素。1993 年宪法修正案确立了"国家实行社会主义市场经济体制"；1999 年宪法修正案进一步明确"在法律规定范围内的个体经济、私营经济等非公有制经济，是社会主义市场经济的重要组成部分"；2004 年宪法修正案进一步明确"国家尊重和保障人权""国家鼓励、支持和引导非公有制经济的发展"，明确了"公民合法的私有财产不受侵犯"。在民商事法律制度完善上，相继颁布了《公司法》《合同法》《票据法》《破产法》《物权法》《侵权责任法》等一大批包含自由主义因子的法律制度。在当代中国商品经济和西方自由主义、个人主义思潮的冲击下，自由主义、个人主义、权利本位等西方法权思潮开始在中国广泛传播，并与国家主义传统文化形成此

---

① 参见马立诚：《当代中国八种社会思潮》，第 115 页。
② 参见金观涛、刘青峰：《中国现代思想的起源》（第一卷），第 344 页。
③ 金观涛、刘青峰：《中国现代思想的起源》（第一卷），第 335 页。
④ 参见马立诚：《当代中国八种社会思潮》，第 117 页。

消彼长的态势。

当代中国一些自由主义信奉者认为，阻碍中国进步的不是跨国公司，而是内在陈旧的政治经济体制。他们呼吁政治体制改革，推动民主发展，扩大公民政治参与，保障人权，发挥社会力量对公权力的监督与制约作用，推动问责制、预算公开、司法独立和言论自由，实现权力的授予、更替和运作的程序化、透明化，以及政策制定的程序化、透明化，建设民主法治国家。①

（三）两次自由主义法权思潮传入中国之异同

从表面上看，西方自由主义法权思潮两次传入中国只是时空转换，二者都是外来思想对中国文化的侵入，中国文化接受外来文化始终受逆反价值与选择吸收的影响。② 比如，19世纪末20世纪初，人们对儒家思想的逆反心理促使国人把冲决罗网、实现个人独立自主作为新道德，接受了英美自由主义思潮。后来，"随着儒学现代转化的失败，逆反价值迅速成为中国知识分子接受西方文化的意义结构。这使我们看到二元论立即让位于科学一元论和'道德价值一元论'，宇宙论社会制度再次同道德伦理高度整合起来。"③ 20世纪80年代，僵化的计划经济体制、文化大革命的极左错误及意识形态的一元化对经济自由、个人自主及言论自由的压抑，人们开始反思计划经济的正当性，期盼市场化改革，尊重和保护非公有制经济；呼唤尊重个人价值和权利；呼吁打破精神枷锁，扩大民主参与。在此背景下，西方自由主义法权思潮再次回归成为历史必然。

由此来看，自由主义法权思潮的两次传入都是中国社会的改革窗口期，都是国内主流意识形态出现社会整合和治理危机之时，人们基于对过去意识形态的反思和批判，进而逆反地接受外来思想的结果。严格意义上说，基于对自己传统文化的逆反而接受外来文化并非是一种理性行为。但事实上逆反心理接受特定外来文化又确乎存在一定的合理性。

然而，西方自由主义法权思潮两次传入中国也有实质区别。一是西方自由主义法权思潮经历了从古典自由主义到新自由主义的转换。古典自由主义专注于个人本位，而新自由主义承认社会本位法权的正当性。19世纪末20世纪初传入中国的

---

① 参见马立诚：《当代中国八种社会思潮》，第125页。
② 1900年—1915年，中国知识分子最早接受的是英美自由主义思想，这是思想史研究者公认的事实。当时中国文化吸收西方价值思想有两个因素：一是逆反价值，它同科学一元论、唯物主义和社会达尔文主义契合；二是儒家思想被迫转化。当时，中国社会主流思想是二元论儒学，与西方二元论理性主义相似。参见金观涛、刘青峰：《中国现代思想的起源》（第一卷），第329页。
③ 同上，第330页。

古典自由主义高扬个人主义的大旗，强调自由竞争，认为市场是自足的，要求最大限度地限制政府权力。而20世纪80年代至今传入中国的则是新自由主义和新古典自由主义的混合物。新自由主义在坚持政治、经济、文化自由的同时，强调有效政府的"新宪政论"，主张国家对经济的必要干预，希冀政府关注社会公正，如罗尔斯提出的财富分配的公平正义原则。当然，当代也有一些仍然秉持古典自由主义的学者，比如诺齐克、哈耶克、布坎南等。但新古典自由主义学者之间也存在一定分歧，比如诺齐克认为，只要财富是合法得到的，就不能被剥夺用来无偿补贴弱势群体，他赞赏"最弱意义的国家"；而哈耶克却支持"最低限度的财富再分配"。

二是中国两次接受自由主义思想的国际国内环境迥异。第一次接受自由主义法权思潮的主要动因是外患，国内儒学不能实现现代化转化，中国接受自由主义的主要目的是"救亡图存"。而第二次接受自由主义思潮的主要原因是内忧，在某种程度上具有一定的自觉性。20世纪80年代自由主义再次传入中国不是国家危机整合，这一时代特征决定：其一，自由主义法权的侵入不可能是第一次的昙花一现，其对中国固有社会政治文化的影响可能更加持久；其二，只有那些与当代中国正在运行的政治文化逻辑不构成根本冲突的自由主义元素才可能被吸纳；否则，根据逆反价值和选择接受的文化吸收规律，凡是与当代中国政治文化逻辑构成根本冲突的自由主义元素不可能被官方和民间接受，如多党制、大众民主制、三权分立模式，等等。

四、强势冲击：自由主义法权对集体本位文化的影响

20世纪80年代至今，自由主义法权思潮对我国政治、经济、文化、社会等方面产生了全方位的强势冲击，具体主要体现在以下几个方面。

（一）法权价值上的紧张关系

在当代，儒家"家国同构"大一统思想仍是中国社会的主流意识形态。由于马克思主义反对以个人本位为基础的社会契约理论，坚持用社会有机体理论来整合社会，因此执政党汲取了儒家意识形态的社会整合方式，而社会有机体理论又是典型的国家本位或社会本位。改革开放以来，受自由主义法权思潮的冲击，当代中国出现了国家本位与个人本位相互影响的"混合本位"理论。如以胡玉鸿为代表的学者批判社会本位法律观，指出社会本位不宜作为现代法律的基准，法律应当推崇与

强调以人为本的个人本位。① 除此之外，还有隐藏着个人本位的"权利本位""现代化范式""法律文化论"和"本资源论"等忽视中国法学"主体性"的各种学说。②"中国法学之所以无力引领中国法律／法制的发展，而只能致使西方法律／法制在中国的移植和拓展，实是因为它受到了一种源出于西方的'现代化范式'的支配，而这种'范式'不仅间接地为中国法律／法制发展提供了一幅'西方法律理想图景'，而且还致使中国法学论者意识不到他们所提供的不是中国自己的'法律理想图景'"。③

当然，也有一些学者认为，中国法学仍然应当保持国家本位或社会本位。武树臣先生认为"作为新型社会主义国家，指导法律实践活动的总精神既不是中国以往的单向的'集体本位'（家族、国家、社会），也不是西方的'个人本位'。它是双向的，既维护社会主义国家的整体利益，又维护公民个人权益。"④ 张恒山主张，应当以"义务为重心"，驳斥"权利本位"。他认为："所有的义务都可以这样来理解：它在本质上是要个人牺牲较小的自由代价来换取自身的其他重大利益。"⑤ 除了法权价值的争议论辩之外，自由主义法权思潮的冲击也促使一些国内学者进一步思考新中国政治经济文化制度的合理性及进一步完善空间。

（二）人民代表大会制度的正当性争议

宪法确立的人民代表大会制度是我国的根本政治制度。全国人民代表大会是国家的最高国家权力机关，作为一个"权力实体"，人民通过它行使当家作主的权利。这种制度架构完全契合凯尔森对民主政治体制的解析。"符合民主观念的，却是全部权力应集中于人民，以及在不可能是直接民主而只能是间接民主的地方，则全部权力均由一个其成员由人民所选出并在法律上对人民负责的合议机关所行使的观念。如果这个机关只有立法职能，必须执行由立法机关所发布的规范的那些其他机关也应是对立法机关负责的，既使这些其他机关本身也是由人民选出的。"⑥

近年来，国内有学者对人民代表大会制度的正当性提出质疑。有学者认为："毫无疑问，只有网络式的权力结构模式是以分权制衡的权力基本构件为基础的，

---

① 参见胡玉鸿：《社会本位法律观之批判》，载《法律科学》2013年第5期。
② 参见邓正来：《中国法学向何处去》，商务印书馆2011年版，第13页。
③ 邓正来：《中国法学向何处去》，第265页。
④ 武树臣：《中国法律文化大写意》，第439页。
⑤ 张恒山：《分析实证主义法学派义务观辨析》，载《苏州大学学报》2013年第2期。
⑥ 凯尔森：《法与国家的一般理论》，沈宗灵译，中国大百科全书出版社1996年版，第313页。

它的上下级关系是建立在法律的权威之上的'法律关系',不是绝对的下级服从上级的、以权力的强制性为依托的强权关系,更不是建立在身份基础上的人身依附关系。这一逻辑推论可以得到宪政史的充分佐证:一部宪政史其实就是一部由宝塔式权力结构模式向网状式权力结构模式进化的权力结构模式变迁。历史和现实昭示我们:凡是没有建立网络式权力结构的地方,就不会有真正意义上的宪法和宪政。"① 其实,网状权力结构模式只是西方三权分立制衡的宪法模式。其与各级人民代表大会作为一个"权力实体"代表人民行使国家权力的宪法模式形成明显反差。

国内还有一种观点认为,由全国人民代表大会统一行使最高国家权力没有法理依据。理由是"国务院、中央军委、最高法院、最高检察院的宪定职权无疑就是国家的最高行政权、最高军事领导权、最高审判权、最高检察权,它们是最高国家权力的具体构成因素;全国人大不能越俎代庖行使这些权力,它只能行使全部最高国家权力中除这些权力之外的部分。"② 此外,"议行合一"不能作为社会主义条件下国家机构内权力横向配置的一般原则。历史地看,"议行合一"说背离了权力运行的一般规律:巴黎公社是一个城市政权,而在那之后出现的包括中国在内的社会主义国家都是广土众民的民族国家,所管辖的范围相当于巴黎公社的万倍乃至数万倍,所以巴黎公社适用的"议行合一"体制不一定适合中国。"议行合一"不宜作为社会主义政权组织一般原则的最直接、最强有力的证据是社会主义国家法制建设的实践。③

(三) 公有制与市场经济的关系

我国是社会主义国家,公有制在国民经济中处于主导地位。公有制的主导地位在我国宪法、法律中都有充分体现。《宪法》第6条规定:"中华人民共和国的社会主义经济制度的基础是生产资料的社会主义公有制,即全民所有制和劳动群众集体所有制。"《宪法》第12条规定:"社会主义的公共财产神圣不可侵犯。"虽然非公有制经济和私有财产的宪法、法律地位在改革开放后日渐提升,但其依然不能与公有制经济的宪法、法律地位相提并论。2004年宪法修正案虽然进一步提升了私有财产和非公有制企业的宪法地位,但私有财产和非公有制企业仍然处于比较劣势地位。

随着中国改革开放进入深水区和攻坚阶段,国内外出现了一些质疑社会主义公

---

① 周永坤:《规范权力——权力的法理研究》,法理出版社2006年版,第241页。
② 童之伟:《法权与宪政》,山东人民出版社2001年版,第405页。
③ 参见同上,第406页。

有制的声音。经济学界的张五常认为:"在整个历史上,没有一个经济在不存在较为明确地定义和执行的私有产权结构的情况下取得了重要的增长。当私有产权被压制时,经济就会大大地增加交易成本和运行成本。结果是增长受阻。"① 基于对完全自由市场竞争的崇拜,他认为政府管制或调控是腐败之根源,他建议政府彻底取消政府权威和调控。②

当然,也有人对张五常的论断进行驳斥。"'所谓社会主义市场经济',之所以在市场经济之上冠以'社会主义'这个限定词,这不应单纯出于意识形态的需要。社会主义意味着国家干预,意味着宏观计划,意味着国有制的主体地位,同时并存作为补充的多种所有制的混合。"③

更有学者从苏联解体、阿根廷等经济改革失败的经验教训中对自由主义经济学提出质疑。作为完整形态的国际金融垄断资本理论体系的新自由主义思潮,即经济自由化(特别是金融的自由化)、私有化、市场化、全球一体化,其实就是"全球美国化"。④ 事实上,东西方冷战过后,人们逐步认识到,在政治哲学上应当把正确(right)和权利(rights)区分。社会制度正当性应建立在 right 而非 rights 之上,这就是 20 世纪真实的自由主义。⑤ 罗尔斯强调对弱者生存权优先保护的正义理论正是 20 世纪自由主义对资本主义突出矛盾的积极回应。

(四)央地关系与财政联邦主义

新中国成立以来,有关中央与地方关系的讨论从未停止。长期以来,在中央与地方关系的宏观把握上,我国始终坚持充分发挥中央与地方两个积极性的基本原则。改革开放以来,特别是 1994 年实行分税制以来,随着社会主义市场经济体制的构建与完善,人们对中央与地方关系的探讨更多集中在中央与地方事权、财权、财力及支出责任的划分上。国内财税法学者普遍认为,应当用德国学者伊森西提出的市民社会与政治国家二元论的"辅助性原则"来规范和界定中央与地方关系。市民社会能够解决的事项,国家无需介入;下级政府能够解决的事项,上级政府无需介入;地方政府可以解决的事务,中央政府无需介入。更有学者提出,引入西方市场经济体制普遍采用的财政联邦主义来重新定义中央与地方财政关系。"财政联邦

---

① 张五常:《经济解释》,商务印书馆 2000 年版,第 505 页。
② 参见何新:《新国家主义经济学》,同心出版社 2013 年版,第 37 页。
③ 同上,第 23 页。
④ 参见何秉孟、李千:《新自由主义评析》,社会科学文献出版社 2012 年版,第 50 页。
⑤ 参见金观涛:《探索现代社会的起源》,社会科学文献出版社 2011 年版,第 160 页。

主义意指联邦制政府是一个既有集中决策又有分散决策的公共部门,其各级政府有关公共服务的决策主要决定于各自辖区的居民对公共服务的需求"①。欧盟明确要求各成员国必须遵循"辅助性原则",以加大地方自治和地方治理的功效。

财政联邦制是否适合中国国情,国内学者一直存有争议。有学者认为,联邦制属于相对西化的产物,我国的经济与财政分权是集权之下的分权,既缺乏完美型财政联邦制的辅助性原则,也缺乏完美型财政联邦制维护个人自由和权利的原则,加之中国缺失"常规的规则约束",中国财政体制最多只能说具有联邦制某些分权的特征,"准财政联邦制"应当是对中国财政体制比较合适的定位。②郑永年先生认为,中国的中央与地方关系最多属于"行为联邦制"。"行为联邦制"是指政府体系由中央、省、县及乡镇等级组成,各级政府间放权制度化,各级政府特别是省级政府在主管辖区内具有相当的自主权;中国未来"行为联邦制"发展的方向为由"行为联邦制"向"法理性联邦制"逐渐过渡。③

(五)依法治国与党的领导的关系

1999年宪法修正案把"依法治国,建设社会主义法治国家"写入宪法。十八大以来,执政党始终把权力运行的制度建设作为治国安邦的总向度,坚持把所有国家权力纳入法治轨道,构建"有权必有责,有责必追究"的法治规范体系。为全面推进依法治国,中国共产党十八届四中全会做出了《关于全面推进依法治国若干重大问题的决定》(以下简称《决定》)。《决定》在总纲中特别指出,党的领导是中国特色社会主义最本质的特征,是社会主义法治最根本的保证。2018年宪法修正案又把"中国共产党的领导是中国特色社会主义的最本质特征"写入宪法总纲第一条第二款。

有人认为,依法治国与党的领导会产生不可调和的矛盾与冲突。依法治国需要把宪法、法律奉为圭臬,法治具有马克斯·韦伯所说的"非人格性",在法治国家里"法律就是国王、法律就是最高权威",而中国共产党的领导则需要把执政党的意志作为"最高权威",由此将会导致到底"谁是最高权威"的法治悖论。

综上所述,以权力分立制衡、有限政府、议会制度、政党政治为表征的"政治自由主义",以经济自由化、私有化、市场化为表征的"经济自由主义",以人权保障、言论与思想自由为表征的"文化自由主义",正在对以国家本位、社会本位

---

① Wallace E. Oates, *Fiscal Federalism*, New York, Harcourt Brace Jovanovich, Inc. 1972, p. 2.
② 参见冯兴元:《地方政府竞争:理论范式、分析框架与实证研究》,译林出版社2010版,第356页。
③ 参见郑永流:《中国的"行为联邦制"》,东方出版社2013年版,第4页。

为核心的传统政治文化逻辑产生巨大而深远影响。传统中国文化必须对自由主义法权思潮开启积极系统而有针对性地对话与回应，以便正本清源，为新时代中国特色社会主义法治建设提供理论自信、制度自信、道路自信和文化自信。

五、变革共生：自由主义法权思想的理性批判与合理吸纳

事实上，即便是在西方民族国家建构的历史长河中，自由主义与国家主义也始终是相伴而生、共同发展。"在后现代，自由主义文化和自由主义国家必须放弃普世主义权威的主张，并学会与其他非自由主义文化和政治和谐地生存。在国家与国家之间，以及各种国家的范围内，找到能够以和平的方式容纳文化多样性的制度多元论者对后自由主义文化的挑战。正是在应对这一挑战的后自由主义政治理论的发展中，才会有希望挽救和复兴仍然存留于自由主义思想和实践之中的价值。"[①] 笔者赞同上述观点，自从秦皇汉武以来，"家国同构"的大一统文化始终贯穿于中华民族生生不息的政治、经济、文化和社会变迁之中。在当前乃至今后相当长的历史时期内，国家本位、社会本位等集体主义传统文化仍将保持决定性影响，由此决定培育和展现"集体本位"固有精神的人民代表大会制度、社会主义制度、单一制国家结构、中国共产党领导与依法治国有机统一等基本政治、经济、文化、社会制度都将保持持久定力。当然自由主义法权思想的有益元素也应当被中华文化吸纳和借鉴。

（一）集体本位的持久影响力

1. 人民代表大会制度的正当性

首先，人民代表大会制度符合中华民族的历史发展逻辑。"20世纪的社会科学和宏观历史研究的成果，都表明独立的个人为实现各自目的通过契约形成组织的重要性，它是保障生产力超增长的基础（现代社会确立的标志）。"[②] 个人主义和个性自由保障固然重要，但其无论多么重要也离不开现代社会的载体——社会和民族国家，现代社会是个人权利实现的物质与精神实体，民族国家是个人权利实现的政治共同体。在现代社会，民族国家的建构有两种类型。第一类是指以英美等国为代表

---

① 约翰·格雷：《自由主义》，曹海军、刘训练译，吉林人民出版社2005年版，第142—143页。
② 金观涛：《探索现代社会的起源》，社会科学文献出版社2010年版，第29页。

的民族国家。它的主权被界定为由诸多个体根据社会契约组成，国家主权来自于相互独立的个人权利的让渡与合成。第二类是以德国、日本为代表的民族国家。国家被看作"我们"（民族）组成的实体，立法权（主权）被视为该实体（国家）的属性。国家主权与参加该政治共同体的个人权利无关。[①] 显然，第一种类型的国家比较适合建立权力分立制衡的自由主义法权政治制度；而第二种类型的民族国家则需要把"主权"（立法权）建构为实体。中华民族"家国同构"的文化源远流长，全国人民代表大会是国家主权的行使主体（国家立法权），人民代表大会制度更适合中国国情。

其次，无论是第一种类型的民族国家，还是第二种类型的民族国家，"政治共同体（国家）都必须由民族认同符号规定的全体个人（国民）建立。"[②] 截至目前，中华民族国家认同的历史进程尚未完成。[③] "像现代公共行政一样，强烈的民族认同往往在威权统治条件下形成得最为成功。"[④] 加上长期以来，中国人的社会生活有四大缺陷：缺乏法治精神，缺乏纪律习惯，缺乏组织能力，缺乏公共观念。[⑤] 为了整合由56个民族共同缔造的民族国家，人民代表大会制度是我们的最佳选择。全国人民代表大会作为行使最高国家权力的实体组织构造，能够通过"制度化民主机制"不断整合因民族众多、杂居、方言交流不便及风俗习惯差异等产生的离心力。

第三，中华民族悠久的历史证明，"权能分离"的政治权力构造符合中国国情。凡是由人民或人民代表直接行使的权力，称之为政权；需要由政府行使的权力，则称为治权。我国有十几亿人口，人民虽然享有全部政权，但并非都需要直接行使治权。孙中山先生设计的"五权宪法"就是这种体制的经典表述。"五权宪法是以民权主义为基础，而民权主义又以知难行易为根据。知难行易承认人类天赋的聪明才力各不相同。"[⑥] 人民代表大会宪法制度正是在赋予广大人民通过各种途径和形式，管理国家事务，管理经济和文化事业，管理社会事务，赋予公民社会监督权的基础上，授予社会精英立法权、行政权及国家审判权等治国理政的权能。

第四，当代高度竞争的国际秩序决定，国家与社会的关系既不是"自生自发"的"社会中心"模式，也不是纯粹国家主导的"国家中心"样态，而应当是"国家

---

① 参见同上，第68页。
② 同上，第68页。
③ 梁漱溟:《中国文化的命运》，中信出版社2010年版，第83页。
④ 弗朗西斯·福山:《政治秩序与政治衰败：从工业革命到民主全球化》，毛俊杰译，广西师范大学出版社2015年版，第26页。
⑤ 参见梁漱溟:《中国文化的命运》，第162页。
⑥ 萨孟武:《宪法新论》，第23页。

与社会互动"的混合模式。国家要保持埃文斯所说的"镶嵌式自主性",即"国家具有不受其他组织干预的特征与能力,但这并不意味着国家和市场的对立,相反,经济的发展不能只是依靠市场的力量,也不能只依靠国家的干预,而必须通过国家和市场的结合,官僚制度与社会的镶嵌才能保证经济的发展。"① "如果说有一种特性,把中国的党国体制与其他发展中国家区别开来,那就是自主程度。中国政府不是强大社会利益集团的简单传动带,它能按照自己的意旨来设定独立的政策议程。这种自主性是显而易见的,既体现于制定政策方向的共产党高层领导,又体现于有自由裁量权来执行上级指令的下级干部。② 中国的优势就是高度自主的中国共产党。这也是经济上实行社会主义公有制的自然结果,如果全盘私有化,则必然会带来政治国家被强大的利益集团所操纵的恶果。

2. 社会主义与市场经济体制的耦合

随着我国市场经济体制的逐步推进,社会贫富差距越来越大。1995年中国家庭净财产的基尼系数为0.45,2002年为0.55,2012年更是达到0.73,最富的1%家庭占有社会30%的财富,最富的10%家庭拥有的财富在63%—85%之间。③ 如果不给市场经济套上"社会主义"的笼子,邓小平同志所说的"共同富裕"就会成为"海市蜃楼"。国内有青年学者大声疾呼:"今日之中国,资本的力量还不足以支配政治、绑架政策是由于它还不是这个社会最强大的力量。如果像许多人不遗余力鼓吹的那样,中国也建立一个三权分立、多党竞争性选举的政体,政治权力分散的最大受益者将是资本,资本将实现它对政治权力的驯化和对于人民民主的阉割。"④

由此看来,中国社会主义初级阶段既要充分发挥市场在资源配置中的决定性作用,同时也要给资本套上"社会主义"的"共益性"笼子。社会主义是社会有机体理论的思想构造。改革开放以来,劳动报酬占我国居民收入的比重逐年下降。从1996年到2007年,劳动报酬占GDP的比重已经从53.4%下降到39.7%。⑤ 为了纠正这一不当倾向,2017年召开的中国共产党的十九大报告指出,中国特色社会主义进入新时代,我国社会主要矛盾已经转化为人民日益增长的美好生活需要和不平衡不充分的发展之间的矛盾。上述判断抓住了我国收入分配制度改革的关键问题。

---

① 王彩波、陈霞:《中国经济发展道路中的国家自主性》,《吉林大学社会科学学报》2015年第3期。
② 参见弗朗西斯·福山:《政治秩序与政治衰败:从工业革命到民主全球化》,第341页。
③ 鄢一龙、白钢等:《大道之行——中国共产党与中国社会主义》,中国人民大学出版社2015年版,第184页。
④ 鄢一龙、白钢等:《大道之行——中国共产党与中国社会主义》,第188页。
⑤ 参见2020年6月29日,http://news.xinhuanet.com/fortune/2012-11/14/c_123952943.htm。

要实现收入分配制度改革的宏伟蓝图，必须紧紧依靠社会主义公有制经济基础这个强大后盾。国有企业不但要上缴税金，而且还要按照法律规定上交利润，实现国有企业利税真正由全民共享。

3. 中央权威与地方自治

民国时期，有关联邦制和地方自治的讨论已经开始。① 然而，联邦制和地方自治制度最终都未被当时中国社会接纳。中国有几千年"大一统"的文化传统。自秦始皇统一开始，中国历史一直演绎一个规律：一个团结、统一的国家是中华各民族幸福安康的政治保障，分权与割据带给人民的只能是战乱和灾难。当前，在中国实现现代化的历史进程中，中央集权是"后发型"现代国家权力建构的第一步；第二步则是进一步扩大集权体系的权力，使体系更具有效能和影响力；第三步才是权力的分散。② 其实，即使是英美等"内发型"现代化国家，在市场经济体制发育之初，也是从加强中央集权着手。霍布斯的"利维坦"其实就是对英国建立强大中央集权民族国家的热切期盼；美国的"联邦主义"也是对各州分裂、割据的深刻反思和总结，1787年美国《联邦宪法》正是对上述争论的系统归纳和政治决断；美国联邦最高法院通过对联邦宪法"洲际贸易"条款的解读极大地扩展了联邦政府的权力；联邦宪法第13修正案对奴隶制的废除，联邦宪法第16修正案赋予国会针对直接税的立法权等，都是加强联邦政府权力的例证。中国作为新兴市场经济国家，当前首要的问题依然是打破各地区、各部门对市场经济的封锁和阻碍，这恰恰需要进一步加强中央权威。

总而言之，集体本位仍然是当代中国宪制的一个正确选择。"国家主义的一个基本判断是，在中国现代化转型过程中，中央集权国家的权威基础、行政效能、法律统一若被削弱，绝对不是现代化的福音，而是'封建化'的凶兆。另一个基本判断是，在现代化转型过程中，因为结构和秩序进入了一个世易时移的阶段，中央集权国家面临分权化改革的强大压力，充满着危机和变数，因此，必须在制度上健全完善国家的政治、行政、法律的统一，在资源配置上保证国家的主导地位，在行动上加强国家的自主性，在价值上维护国家的道义和象征。"③ 为加强中央政府权威，国内有学者甚至建议，中国应当参照美国联邦宪法、德国《基本法》和欧共体条约，通过宪法修正案赋予全国人大享有管理国际、省际贸易的专有立法权；中央政

---

① 参见李治安：《中国五千年——中央与地方关系》（上卷），人民出版社2010年版，第910—934页。
② 参见熊文钊：《大国地方——中国中央与地方关系宪政研究》，北京大学出版社2005年版，第9页。
③ 陈明明：《中国的政治改革为何难以形成稳定的共识——对当下政治改革讨论状况的一个观察》，载《江苏社会科学》2013年第2期。

府享有在国内全境维护内部统一市场、维护省际货物、人员、服务和资本自由流通的专属权力。①

中央集权固然重要,但地方政府的自主权也不能忽视。地方封锁和割据影响全国统一市场的形成,但必要的地方竞争却是市场经济体制的有机组成部分。实际上,改革开放以后,地方政府竞争一直是我国市场经济体制的主要动能之一。"虽然中国政体的正式的制度安排是单一制,但中国的政府体系事实上是竞争性的,即符合布雷顿所强调的'竞争型政府'概念。"②最近几年各地出台的人才引进补贴制度、营商环境优惠政策等实际上就是地方政府进行激烈竞争的例证。

为了进一步扩大地方政府的自主权,2015年《立法法》修改及2018年宪法修正案又全面赋予设区的市地方立法权。上述立法进一步提升了地方政府的自主性。当然,在赋予地方政府适度自主权方面,中央政府仍然拥有较多的开放空间。比如,公共服务功能齐全、要素完整的县市级政府的自主权还相对较小。如何用宪法、法律保障县市级政府的财政自主权,最大限度地满足地方居民不断增长的公共服务需求,仍然有极大的提升空间。

4. 党的领导与依法治国的有机统一

从表面来看,"西方法治是社会的产物,它不是理性建构而更多地是一种经验事实;法律制度是从社会内部产生的社会基本秩序的法律表现,其基础是这个社会的生产方式和生活方式。"③然而,无论是西方法治文明的形成,还是东方法治国家的建设,都离不开国家立法机关对民意的提炼,离不开行政机构对立法的严格实施及司法机关对公正司法的自觉遵循。在美国联邦最高法院"取消种族隔离"的判决下达之后,在蓄奴制被取消近一个世纪的南部,种族歧视仍然根深蒂固。一些州及地方政府甚至公开抵制联邦最高法院的判决。1965年,阿拉巴马州的州长乔治·华莱士(George Wallace)竟然亲自站在学校门口阻挡黑人学生进入原来全部白人的公立学校,在联邦部队到来之后才退却。④"对于转型国家而言,法治与政府能力的确呈现出一种悖论的状态:政府既是法治所要约束和限制的对象,但强大的国家能力却又是法治转型可能成功的必要前提。"⑤

---

① 参见冯兴元:《地方政府竞争:理论范式、分析框架与实证研究》,译林出版社2010年版,第154页。
② 同上,第17页。
③ 张建升、薄振峰:《从法律体系到法治体系——中国特色社会主义法律体系形成之后的思考》,载《东岳论丛》2013年第2期。
④ 参见张千帆:《西方宪政体系》(上册),中国政法大学出版社2004年版,第357页。
⑤ 支振锋:《大国法治与精细化治理》,载《理论视野》2014年第2期。

作为缺少法治传统的中国，法治国家、法治政府和法治社会建设更加需要国家机关的强力推行和介入；否则，法治进程必将被传统人治文化所淹没。正如有学者所说："共和国法治建设可以归结为三个方面：一是改革开放前国家主义绝对主导；二是改革开放后国家主义与自由主义此消彼长，法治思潮逐步兴起，与国家主义一道共同指向于完成社会治理法治化的任务；三是随着后来改革和法治建设的深入，国家主义强势回归，出现了纷繁复杂的争论局面……但总体来讲，国家主义在我国法治建构进程中居于主导地位，这既是对我国当下法治建设状况的概括，同时也是对后自由主义时代国家地位及其作用的重新认识的过程。"① 中国共产党作为执政党，对法治国家建设具有至关重要的推动和引领作用。2014年，党的十八届四中全会《决定》对党的领导和依法治国的关系进行了全面深入系统地阐述。如果不坚持中国共产党的领导，没有任何社会组织可以替代其执掌这么一个大国。不要说法治国家建设，其他任何目标都无法实现。据来自"亚洲晴雨表"（Asia Barometer）等的调查数据显示，民主在中国获得广泛支持，但当问及民主的具体内容时，不少受访者的答案，要么是更多的个人自由，要么是政府积极回应他们的需求。许多人并不反对整个体制，而且相信，当前中国政府已在提供这些东西。中国中产阶级不太可能支持在短期内过渡到普选的多党民主。②

当然，随着执政党本身空前的自主性减弱、权力腐败及经济增长放缓所导致的统治合法性挑战，"从长远来看，应对上述问题的唯一办法是增加对国家的正式的程序约束。这意味着，首先，要稳步拓展以规则为基础的决策让上级的政府和共产党也接受法律约束。其次，正式约束需要政策参与的扩大。信息问题曾经困扰王朝中国，现在又临到当今政府头上，它的最终解决还得依靠对信息的正式保障。中国的经济增长创造的庞大且不断增长的中产阶级，比较不愿意接受家长式权威主义。过渡到对权力的更正式约束，可以循序渐进，首先应该着眼于法治，而不是负责制。"③ 所以，在今后相当长的历史时期内，中国共产党的领导与依法治国方略是有机统一的。

（二）自由主义法权元素的理性批判与合理吸纳

国家主义法权文化对中国的法治建设能够起到固本的功效，但与此同时法治建

---

① 于浩：《共和国法治建构中的国家主义立场》，载《法制与社会发展》2014年第5期。
② 参见弗朗西斯·福山：《政治秩序与政治衰败：从工业革命到民主全球化》，第403页。
③ 同上，第348页。

设也必须合理吸纳和借鉴自由主义法权的有益元素，以弥补集体本位固有的权力缺乏有效监督制约、公民权利保障无力等制度缺陷。

1. 权力监督制约机制的完善

一直以来，集体本位权力配置和运行模式均存在诸多自身难以有效解决的缺陷：其一，横向权力配置模式难以形成有效的权力监督制约机制，容易形成党权和行政权"独大"的局面，进而滋生腐败。其二，纵向权力配置模式不利于实现国家权威与地方自治、公民自由的协调平衡。其三，权力内部运行机制容易滋生单位主要领导人的"霸权地位"，"民主"往往被"集中"所吞没。其四，国家权力过度介入市民社会不利于市民社会的生长发育，社会公共领域难以形成有效监督国家权力的合力，同时公民的创造性、能动性也不能获得充分施展。其五，权力控制模式主要采取权力监督机制，"谁来监督监督者"始终是个法治难题。

为了有效监督公共权力，有必要借鉴西方法治国家权力制约机制的有益元素。首先，可以借鉴自由主义权力分立制衡的有益成分，构建中国特色的权力监督制约机制。在横向国家权力监督制约机制完善方面，有必要进一步完善选举、罢免、提案及质询程序，进一步强化各级人大对各级行政权的工作监督；探索构建纪检监察、检察机关、审计部门等各个权力部门之间的相互监督制约机制，积极回应社会各界对"谁来监督监督者"的质疑；完善以审判为中心的刑事诉讼程序机制，进一步加强对侦查权、公诉权的有效制约；依法保障司法机关独立公正审判，构建中国特色的司法责任追究制度。在纵向国家权力监督制约机制完善方面，建立健全以事权、财权、财力及支出责任相匹配的法治化的中央与地方关系体系，适时构建并赋予一定层级的地方政府地域性公法人地位，实现中央必要权威与地方适度自治的有机统一。

其次，要依法保障公民对权力部门及公务人员，特别是对纪检监察部门、检察机关的社会监督。实践证明，反腐败不是纪检监察部门及检察机关的"独角戏"。众所周知，明朝有发达的"锦衣卫""东厂""西厂"等专门治理官员腐败的组织机构，但其依然没能有效阻断明王朝的腐败，其中一个至关重要的原因就是明朝的反腐败只是少数精英的"专场"，人民群众没有充分发动起来。2018年，为解决反腐败力量分散的状况，国家决定在中央与地方普遍设立了监察委员会，对所有行使公权力的公职人员实行监察监督。但是，要根治权力腐败的顽疾，必须充分利用和依靠社会公众的"千里眼""顺风耳"优势，赋予公民广泛的社会监督权。一方面，要让广大民众更多参与行政执法程序，特别是重大行政决定的听证权、参与权、知情权、决定权；另一方面，要全面推行网络举报和受理机制，严厉打击报复陷害行为，把腐败分子和腐败行为置于人民群众"天罗地网"的监督之中。只有这样才能取得反腐败斗争的决定性胜利。

2. 公民权利有效保障的制度建构

在自由主义法权理论看来，政府是"必要的恶"，公民权利保障才是国家治理的终极价值追求，也是宪法法律的价值旨趣所在。为此，首先要在宪法、法律上赋予每个公民平等的最大自由，构建强大的司法权，有效保障公民的自由权利。在当代中国，国家必须在法权上最大限度地解禁那些不必要的行政许可和职业禁忌，以负面权力清单制度建设为抓手，依法保证每个市场主体最大的经济自由权，只有这样才能超越"中等国家陷阱"。正如福山所说："中国政权的核心问题在于是否拥有足够自主性，转向更开放体系，鼓励更多的经济竞争，允许信息在社会的自由流动"。①

3. 有序扩大民众对政治与社会事务的参与

要依法保障公民有序参与国家及地方立法、平等地参与行政执法、理性地参与司法诉讼、文明地行使社会监督等权利，让权力在阳光下运行。无论是国家立法或地方立法、行政执法或人民陪审制度，都不应成为"社会精英"的封闭式运行体系。我们必须充分相信人民群众，放手发动人民群众，全心全意依靠人民群众，让人民群众全过程地参与立法、执法、司法及社会监督诸领域，让人民群众成为真正当家作主的时代"主人"。

4. 构建与社会经济发展相适应的社会保障制度

在市场经济体制下，难免会有一些市场竞争的失利者和社会变动的不幸者，他们不能通过行使经济自由权过上有尊严的生活。为此，为了充分体现社会主义制度的优越性，国家应当最大限度地保障这些失败者和不幸者的生存权。西方"新自由主义"代表人物哈耶克虽然反对国家利用民主立法实现再分配职能，但其并不反对国家对生存权的保障和救济。虽然西方国家至今尚不公开承认社会福利救助的"权利"（rights）属性，仅仅将其作为国家对公民的"恩惠"（privilege），但事实上，西方资本主义国家普遍在"二战"以后建立了发达的社会保障制度。作为社会主义国家，我国更应合理借鉴资本主义"福利国家"建设的有益经验，建立健全与我国社会经济发展水平相适应的社会救助和社会保障制度。

---

① 弗朗西斯·福山：《政治秩序与政治衰败：从工业革命到民主全球化》，第496页。

结　语

"现代性起源于个人观念出现后导致终极关怀和理性的二元分裂及社会有机体的解体,它在保证理性无限制地贯彻到一切领域的同时,也意味着高于个人之上的社会普遍目的之消失和世界的除魅。"[①] 社会主义理论建立在对现代价值系统批判的意识形态之上,作为社会有机体理论,它利用自己的普遍目标使得社会行动重新魅力化,加之中国缺乏道德终极关怀与理性的严格界分,始终没有阻断对权利的非道德性判断。集体本位是传统中国社会的基本价值取向,因此虽然伴随着国内外社会政治经济危机,以个人主义、权利本位为特征的西方自由主义法权思潮悄然传入中国,并对集体本位的传统中国文化产生强势冲击,进而在法权价值取向定位、人民代表大会制度的正当性、社会主义公有制与市场经济关系、央地关系与地方自主权、依法治国与党的领导的关系等方面产生诸多争议。但是,通过理性思辨和仔细甄别可以发现,以集体本位为代表的现有政治法权结构——人民代表大会制度、社会主义市场经济体制、单一制国家结构、党的领导与依法治国有机统一等制度逻辑,都应当保持持久定力,并在自我完善发展中逐步实现国家治理体系和治理能力现代化的转型。与此同时,权力制约监督机制、人权保障机制、民众有序参与机制等自由主义法权理论的合理要素,也应当被吸纳并作为中国特色社会主义法权制度的必要组成部分。总之,社会主义法治理念既要保留集体本位的传统文化因子,也应吸纳自由主义法权理论中的合理要素,最终形成权威与自由有机统一、秩序与效率并行不悖的特色中国秩序。

[①] 金观涛:《探索现代社会的起源》,第153页。

霍布斯与康德？

——关于霍布斯自然法的几点认识[*]

霍华德·沃伦德[**] 著

唐学亮 李健康[***] 译

摘 要 著名学者奥克肖特和泰勒对霍布斯义务理论的解读具有代表性。根据奥克肖特的解读，在霍布斯那里存在物理性义务、理性义务和道德义务这样三种不同的义务，道德义务是服从被授权的主权者的意志的义务。奥克肖特试图以这三者的混合解释政治义务，但忽视了物理性义务排斥道德义务的事实。除此之外，三者都不能解释个人在自然状态中的义务、主权者的职责以及霍布斯关于誓言的理论等。总而言之，奥克肖特教授的解释遗漏了从物理性义务和理性义务到道德义务的转换机制，难以发挥霍布斯义务理论的解释性价值。根据泰勒的解读，霍布斯的义务理论是康德式的道义论，霍布斯在行为的正义与人的正义之间的区分对应着康德

---

[*] 本文原文英语，译自沃伦德《霍布斯的政治哲学》（Howard Warrender, *The Political Philosophy of Hobbes: His Theory of Obligation*, Oxford University Press, 1957, pp. 330-337）一书的附录部分，文题、摘要与关键词均为译者所加。本译文系国家社科基金项目"现代法治视角下的霍布斯法律思想研究"（17XFX018）的阶段性成果。

[**] 霍华德·沃伦德（Howard Warrender, 1922—1985），英国政治思想家，生前曾先后任教于格拉斯哥大学、玛丽女王学院和谢菲尔德大学。

[***] 唐学亮，西安交通大学法学院副教授，哲学博士。李健康，武汉大学法学院 2018 级宪法学专业硕士研究生。

在仅仅与法律一致的行为和出于法律的行为之间的区分，自然法因其理性特征而具有命令性，只不过霍布斯以违背信约而不是"准则的普遍化"来检验是否免于矛盾。实际上，霍布斯与康德貌合而神离，自然法的约束力并非源自其理性形式，理性形式只能保障自然法的可知性，只有成为上帝的命令，自然法的定理才能成为义务。而且，霍布斯也没有提出人应该出于尊重法律的动机而行动的额外要求，因为人的正义是上帝的恩典，因此这也殊异于康德的那种绝对命令论。

关键词 霍布斯　康德　自然法　道德义务

对霍布斯的义务理论的研究通常是零碎的或间接的，而且还没有人尝试细致地检讨评论者们在这个主题上的工作。然而对奥克肖特教授和泰勒教授在这个问题上的两个主要贡献，[①] 我们要在这里附上一份简要的说明，由于他们的解释彼此大相径庭，并与前文提供的解释迥然不同，所以我们将针对这一主题已有的研究路径提供一份大致的样本。

奥克肖特教授的解释在诸多方面有别于本书提供的解释，以致于有必要概括一下他的总的立场。他区分了在霍布斯的学说中被使用的三种（或四种）[②] 义务：

1. 物理性义务

一个人可能受到他人的权力的妨碍而不能采取他意欲的行为。就此而言，他可以被说成在其权力上遭受到一个纯粹外在的障碍，或者在物理上受到约束。

2. 理性义务

一个人由于感知到某种行动的可能的后果对自己有害，他会因此受到妨碍而无法去意欲一种确定的行动。这里的障碍是内在的，是理性感知和恐惧的结合，它使人避开某些被认为是有害的事情。在某种意义上，这样一个人就受到约束，但在这种情况下是理性和恐惧限制着他的权力，其不是一种道德义务的情形。

3. 道德义务

"但存在另一种完全不同的义务类型；这种义务不仅仅减损人们运用自然权利

---

① M. Oakeshott (ed.), Hobbes's *Leviathan, Introduction*, pp. xxx-lxvi; A. E. Taylor, 'The Ethical Doctrine of Hobbes', Philosophy, vol. xiii (1938), pp. 406-424. 作者对于奥克肖特教授立场的不同意见曾在其他场合提及，但不够详尽（J. H. Warrender, *The Philosophical Quarterly*, vol. i, (1951), p. 362.）。

② 有理由认为，为了全面表述奥克肖特教授的解释，我们甚至需要区分出第五种类型的义务，虽然他没有这样做。正如原书前文中（see pp. 156-158）所示，他坚称，在霍布斯的理论中，世俗主权者承担职责（duty）却不承担义务（obligation），或者至少其义务仅限于一种非常特殊的种类。如果奥克肖特教授如其最可能的那样不把这些职责等同于他所列举的任何一种义务，并进而认为，在某种意义上，职责即意味着受到约束的话，那么对其清单的补充似乎就会得到揭示。

的权力,它还减损自然权利本身。我们把这种义务称为道德义务,其不是一种优位的权力的结果,也不是对行为后果的理性感知的结果,而是权威的结果。"①

奥克肖特教授继而对权威作出如下解释:

"权威是经过被称为授权的过程而被给予一种权利的意志,反过来,授权是一些人的自愿行为,他们在道德上受到被授权意志之命令的约束或限制。这个自愿的授权行为是每个人对其自然权利的放弃(通过相互的信约),这在一个单一的行为中创造出一个人造的代表人或代表人团体并赋予其权威,相对于这项授权,他被称作主权者……道德义务的唯一原因是这个主权者当局的意志;道德义务这个术语适用的唯一行为种类是服从一个权威的命令,该权威在负有义务之人的自愿行为中获得了授权。为什么我在道德上要服从这个主权者的意志?这一问题的答案是,我已经向这个主权者授权,'承认'了他的行为,因此我'被我自己的行为约束'"。②

其进一步解释到,信约本身并不创造道德义务;它自身在道德上没有约束力,并且由于不是法律(主权者的意志),它本身不能使任何行为在道德上具有约束力。存在一种去缔结信约的理性义务,但其殊异于道德义务。尽管如此,倘若主权者当局下令遵守的话,这份信约以及任何其他信约就会在道德上具有约束力。同样,直到主权者意欲施行自然法的指令,自然法在道德上才有约束力,除过世俗主权者命令的版本,《圣经》中所示的上帝之言也应如此,"源自那种解释的法律之所以在道德上具有约束力,不是因为它们是上帝的,而是因为它们是主权者的"。③

最后,按照奥克肖特教授的用法,政治义务这个术语是指一种由物理性义务、理性义务和道德义务组成的混合义务,他们共同追求一个目的,但彼此并不交融,政治社会是权威与权力的复合,在其中每一种要素都创造出其自身的恰如其分但截然不同的义务。④

奥克肖特教授认为在霍布斯那里存在一种物理性义务的主张,在本书中并没有得到辩难,尽管有人指出这只是霍布斯的一种隐喻性的用法,并且在他的理论中其意义是微不足道的。然而关于奥克肖特教授的理性义务,我们却没能在霍布斯的学

---

① *Introduction to Leviathan*, op. cit., p. lix.
② *Introduction to Leviathan*, p. lx.
③ *Introduction to Leviathan*, pp. lx-lxi (paraphrased).
④ *Introduction to Leviathan*, p. lxi (paraphrased). 奥克肖特教授对霍布斯的学说的解释在 J. M. 布朗先生的一篇文章中遭到了批评,这篇文章发表于本书第一部分和第二部分的初稿完成之后。请读者参阅这篇文章('A Note on Professor Oakeshott's Introduction to the *Leviathan*', *Political Studies*, vol. i, (1953), pp. 53-64.)。布朗先生特别针对奥克肖特教授关于义务的论述提出了不少反对意见,它们与后文指出的反对意见具有相似的特征。然而,他的其他批评所折射出的立场(例如关于"对万有的权利"和政治信约)似乎不同于我们曾作出的解释。

说中看到迹象，表明有一种义务既符合规定的标准，又能与霍布斯所构想的那种道德义务区别开。① 因此，我们仅仅看到了两种基本的义务类型，即支配非自愿行为的物理性义务和支配自愿行为的道德义务，以此代替奥克肖特教授的三种义务（物理性的、理性的和道德的）。②

政治义务是某个或者某些其他类型的义务的特例，而由于霍布斯没有采用这个术语，所以它的使用在一定范围内就取决于评论者的选择和便利。然而奥克肖特教授将政治义务描述成一种由物理性的、理性的和道德的义务所构成的混合义务，这就带来了一些难题。我们已经摒弃了理性义务，但是物理性义务引起了一个进一步的问题。霍布斯坚称，纯粹的物理性强制排除了受到其支配的行为当中的道德义务，因此，以一个披枷带锁的人为例，他对征服他的人不负有义务，除非他为了性命而与征服者立约并受到信任。换句话说，正如之前所指出的那样，③ 物理性权力从不具有道德上的约束力，因此就其与权力的关系而言，与道德意义上的义务始终相关的是政治权力。鉴于物理性义务和道德义务被施加于同一行为时互相龃龉，奥克肖特教授二者兼顾的术语便难以施展身手，因此只要这个术语暗含了一种多元并立的义务，它就是有误导性的。在本书中，政治义务仅仅被当成一个便利的短语使用，表示的是公民服从市民法和主权者命令的道德义务，虽然它是一种有着特殊内容的义务，但它无论如何都不是一个新型的或者不同类型的义务。

上文曾指出，我们不能轻易地使奥克肖特教授的方案符合霍布斯的许多说法。尤其是，因为道德义务被认为仅仅源自主权者的命令，所以主权者自己的职责和人在自然状态中的义务不得不被解释为一种不同的义务。奥克肖特教授以这种方式处理主权者职责的打算所牵涉的问题已经得到了阐明。④ 关于人在自然状态中服从自然法、遵守信约等义务，霍布斯的文本清晰地表明它们与物理性义务和非自愿行为没有关系，而且根据奥克肖特教授的观点，道德义务也被排除了，所以它们必须被解释为理性义务。然而我们已经知道，奥克肖特教授关于理性义务的标准不适用于霍布斯对自然状态下内在领域义务和外在领域义务的解释。⑤ 同样可能需要补充

---

① 如果霍布斯学说中的道德义务被解释为最终建立在神的赏罚的基础上的话，那么由于与损害的预期有某种关联，它确实就与奥克肖特教授的理性义务相类似。然而除了与得救有关的损害外，它不涉及别的损害，因此它是非常不同的。此外，不像奥克肖特的理性义务，它既减损权利，又减损权力，因此其贯穿于霍布斯的整个体系，是一种特别的约束公民服从市民法的义务类型。
② See *The Political Philosophy of Hobbes*, pp. 5–11.
③ See *The Political Philosophy of Hobbes*, pp. 312–314.
④ See *The Political Philosophy of Hobbes*, pp. 156–158.
⑤ See *The Political Philosophy of Hobbes*, pp. 75–78.

的是，类似的困难在解释霍布斯有关誓言的说法时也会出现。在讨论誓言的效果时，霍布斯显然以自然状态为语境，他坚称誓言尽管可以加强对违背义务的行为的惩罚，但却不能增设义务本身。① 因为奥克肖特教授的理性义务涉及到损害的预期，而誓言的目的大概就是为了增强关乎特定行动过程的损害预期，所以按照他的解释，誓言应该具有在自然状态中增强义务的效果，因此霍布斯对这一结论的否认便引起了麻烦。但是如果在类型上把这些义务当成道德义务而非理性义务，那么就能更易于安置霍布斯关于誓言的论断了。②

奥克肖特教授还认为在霍布斯的学说中，就其创设道德义务而言，自然法的权威应当被认为源自基督教圣经。在政治社会中，对这些经文的权威解释转而取决于主权者的意志，他因此获得了对道德义务律令的垄断。奥克肖特教授在这一点上总结到："霍布斯在《利维坦》前面章节里所说的有关自然法的一切只是一种与该书最后两部分观点毫不相干的前奏。除了对基督徒而言，它们实际上不是法律，也不存在困窘的问题；除非在基督教国家，它们与拯救不相干。他本可以在其论证的前一阶段就使他在最后两部分承认的观点浮出水面，但这样做必定要彻底改变计划。"③ 因为疏于向读者传达霍布斯没给出的说明，这种阐释理论的方式是非常怪异的和误导人的，故而不是一种毫不费力即可强加于霍布斯的方法，除了这样的反对意见，在这个问题上，奥克肖特教授的解释也不符合霍布斯文本中那些具有相反意思的段落，④ 这些前面曾引述过的段落出现在《利维坦》的后半部分，据说在这里霍布斯给出了其修正版的主张。⑤

霍布斯文本的其他部分也难以契合奥克肖特教授的解释，有关个人良知在政治社会中的作用的文本即是一例；公民在其意图上的义务、公民服从市民法的基本义务（市民法自身不能规定之）、个体不再作为一个公民的节点、被主权者下令从事

---

① See *The Political Philosophy of Hobbes*, pp. 300–301.
② 然而应当补充的是，甚至在自然状态中的义务通过道德术语得到说明的地方，某些关于霍布斯在誓言上的论述的解释仍遭遇困难。See *The Political Philosophy of Hobbes*, pp. 300–301.
③ *Introduction* to *Leviathan*, op. cit., p. xlvi n.
④ See *The Political Philosophy of Hobbes*, pp. 224–229, 294–295 n.
⑤ 奥克肖特教授对这一点的解释得到了多罗西娅·克劳克（Dorothea Krook）夫人的辩护（'Mr Brown's Note Annotated', *Political Studies*, vol. i, (1953), pp. 216–227.）。克劳克夫人认为霍布斯是为了其同时代的一个基督徒读者而写作的，她试图为此而举出历史证据，然而，她似乎把这个问题弄得使人迷惑不解。可能这种证据不足以抵销霍布斯想要为一切时代写作的强烈暗示，除开这个事实不谈，在他的理论中，关于自然法的意图问题实在无法通过诉诸于他所设想的读者而得到解决。同样，克劳克夫人主张，由于霍布斯的体系是一个逻辑的结构，它可以被倒着解读。然而，这本身不足以澄清对奥克肖特教授的关于霍布斯的作品应该被倒着读的主张的怀疑；换言之，第二部分矫正了第一部分。

偶像崇拜时得救的地位和殉道的可能性,等等。我们如果认为仅凭世俗主权者的命令就构建起政治义务来,那么所有这些情形都将呈现出一些相应的难题。

然而,除了这种对霍布斯文本的解释所出现的问题外,我们的一个更进一步的评价是,奥克肖特教授的解释具有在相当程度上限制霍布斯义务理论的解释性价值的后果。尽管奥克肖特教授持"道德义务的唯一原因是这个主权者当局的意志"的观点,但他确实没有简单地依赖这个教条,即这样的一个意志因其在道德上有约束力而在道德上有约束力。一种从公民的授权入手的解释声称,"为什么我在道德上应服从这个主权者的意志"这个问题的答案是"因为我已经向他授权"。然而这样一种对于公民的授权的诉诸,似乎不同于奥克肖特教授前面的说法,即道德义务的唯一的原因是主权者的意志。但是即使我们抛开这个考虑,公民的授权一旦完成,就没有更进一步的解释了,因此,为什么个人在道德上有义务服从经其授权的主权者的命令不得不被当成一个无解的问题,或者被当成一则教条。奥克肖特教授的解释顾及到了一个自然之人(处于政治社会之外的人),他负有物理性义务和理性义务,但不负有道德义务。在成为公民的过程中,他因市民法而在道德上负有义务,然而没有东西被用于一边衔接道德义务,另一边衔接物理性义务和理性义务。政治信约本身不使任何行为在道德上有约束力,但是倘若主权者下令遵守它的话,它在道德上就变得有约束力了。同样,直到主权者意欲施行自然法的指令时,自然法才在道德上有约束力,《圣经》所示的上帝之言被置于一个类似的地位。根据这种观点,我们对一个有望成功反叛的公民就不能说什么了,为什么公民拒绝服从经其授权的意志在道德上是错误的,关于这个问题,如果说有原因的话,其能给出的唯一原因就是主权者已经对这种服从下达了命令;而这似乎不是一个充分的理由。只要主张一种全新类型的义务与政治社会相伴而生,而公民服从市民法的义务就属于这种新的类型,那么任何对于霍布斯学说的解释都会遭遇类似的境遇。①

A. E. 泰勒提出一种观点②认为,霍布斯的伦理学说有别于在逻辑上与之毫无必然关联的利己主义心理学,是一种非常严格的道义论,尽管存在某些有趣的区别,但令人充满好奇地联想到康德的典型命题。为了说明这个类比,他提出霍布斯在行为的正义和人的正义之间的区分,他认为这刚好是康德在仅仅与法律一致的行为和出于法律的行为之间的区分,其中的显著差异在于,霍布斯试图把作为正直(virtuous)之人行为根据的法律还原为这个单一的法律,即承诺一旦被适妥地做出就必须

---

① See, e. g., *The Political Philosophy of Hobbes*, pp. 166–167.
② *Philosophy*, vol. xiii, 1938; op. cit.

被遵守。泰勒进而断言,霍布斯甚至预演了康德的尝试,将所有真正错误的意愿（willing）还原为同时欲求一个矛盾的两面的非理性尝试。（泰勒继续到）这里的思想实际上和康德的一样；只不过霍布斯将一切"侵害"还原为背弃明示或默示的承诺,而不像康德那样把"准则的普遍化"当做一个免于矛盾的标准。但重要的地方是,在道德律的命令性特征上,霍布斯赞同康德,正如在道德律是"正确理性"之法这种说法上他也赞同康德一样。①

为了支撑起他的解释,泰勒坚称,在霍布斯的学说中,人们服从自然法的道德义务先于世俗主权者的存在,因此自然法甚至在自然状态中也有约束力,尽管他在这方面又补充说,要是霍布斯更加强调基本的自然法和道德是一种交互（reciprocal）义务之法这一点的话,那么也许他本可以让自己的立场更加清晰。泰勒还强调,服从市民法的义务立足于公民已经缔约去服从它的事实,所以违背信约就是背弃自然法；他进而强调主权者自身亦负有职责。泰勒接着得出结论认为,在霍布斯的理论中市民法的义务性效力全然源于自然法——它是上帝的命令并且正因为它是上帝的命令才被人们服从——的义务性效力。

因为泰勒教授认为霍布斯将公民的义务最终建立在一个基本的自然法之上,而这种自然法先于并独立于世俗主权者的命令而设定义务,所以在大体的轮廓上,他的解释与本书相似。然而在不少重要的问题上,我们又存在分歧。泰勒从交互性的角度对自然状态中的义务所作的分析无法从霍布斯的文本中找到依据,前文曾主张过这一点。② 还要补充的是,他过分看重《圣经》在霍布斯学说中的地位而牺牲了理性的自然法；《圣经》是有关上帝意志的信息的一个预言性来源,它与自然法不同,因为它只是间接地影响到个人,霍布斯试图用大量论据表明《圣经》与得救没有关系。因此声明什么样的《圣经》要被公民当成可信的圣经,是一个可以稳妥地留给主权者去决定的问题。③ 再者,泰勒关于主权的论述与奥克肖特教授相仿,都沿袭着霍布斯对于设立的主权的解释,但这两位评论者似乎都忽视了霍布斯的征服或取得的主权的情形。

然而,对什么可被称为霍布斯学说中的康德式类比所采取的态度造成了泰勒教授的解释和我们所认同的解释之间的最大的差异。尽管获得泰勒的拥护并得到滕尼斯的某种支持,④ 但我们认为在霍布斯和康德的理论之间进行类比整体上是荒谬的。

---

① *Philosophy*, vol. xiii, 1938; op. cit., pp. 408–410 (paraphrased).
② See *The Political Philosophy of Hobbes*, pp. 73–75, 196–198.
③ See *The Political Philosophy of Hobbes*, pp. 170–176, 224–229, 294–295 n.
④ See, e. g., F. Tönnies, *Hobbes—Leben und Lehre*, p. 275.

诚然，有一些引人注目的相似之处，但这些终究徒有其表。霍布斯坚称，凭借理性的运用，自然法可以被人们知晓，他也试图说明违背信约是逻辑谬误的一种表现。但是在他的学说中，自然法的义务性特征并非源自其理性的形式；除非有能力成为上帝的命令，自然法不过是一些定理而已，不具有约束力。它们的理性特征不确保它们的义务性，但确保它们的可知性，从而不需要像上帝的命令一样需要专门颁布出来，所以我们发现自然法的合理性的基本功能在于满足这个目的。① 此外，即使霍布斯的自然法被认为具有内在权威，这一点仍然是对的，即信约之所以有约束力，不是因为毁约是一种自相矛盾的表现；而是因为遵守信约是"寻求和平"的一个途径并且源自那个原则。②

泰勒教授进而认为，根据霍布斯的主张，一个义务性行为是一种服从法律的行为，而这种服从的动机只是因为法律本身的缘故——他把这种学说和康德的绝对命令相提并论。③ 然而我们看到，虽然霍布斯要求一个人不仅有一个遵照法律的义务，而且还有一个意图这么做的义务，但是他没有提出个人应该出于尊重法律的动机而行动的额外要求。为了法律而行动会给霍布斯的动机理论带来麻烦，除了这个事实以外，我们还曾指出，在他的学说中，一个人没有义务成为正义之人，仅有义务做出正义的行为，因为人的正义是一项上帝的恩典之事。④ 一个类似的对康德式比附（parallel）的信赖，导致泰勒还夸大了恪守承诺原则在霍布斯学说中的重要性——一种已在别的地方得到讨论的情形。⑤

---

① See *The Political Philosophy of Hobbes*, pp. 80–81, 97–100, 230–233.
② See *The Political Philosophy of Hobbes*, pp. 230–233.
③ See *Philosophy*, vol. xiii, 1938; op. cit., p. 417.
④ See *The Political Philosophy of Hobbes*, pp. 87–93, 289–292.
⑤ See *The Political Philosophy of Hobbes*, pp. 222–237. 泰勒教授基于融贯性对霍布斯提出了一些批评（see, e. g., *Philosophy*, vol. xiii, (1938); op. cit., p. 419），这些批评仅仅在他关于信约在霍布斯学说中的作用的假定上才是有意义的。

皇帝何以"号令"天下?

——中国古代政权控制力的成因阐释

杨海舟[*]

摘 要 中国的历史自秦以后,就一直在大一统的范畴中徘徊踱步,王朝的更迭与变幻都离不开这一命题的界限,这种独特的国家格局和皇帝独揽之下的政权控制力成因,是诸多学者们津津乐道和积极探索的。其中建基于个体功利性之上的选择,为古代政权控制力的形成打下了坚实的基础,在物质资源匮乏的条件下,个人对于利益的追求,使他们要求获得更高的社会地位和政治身份,流动的阶层上升渠道与政治上的机会平等则为其打开了相应诉求的和平出口,塑造出了一套稳固的社会动态结构,古代政权的控制力也寓于这样的个体选择和外在社会环境的良性互动之中。

关键词 个体功利性 社会外在环境 皇权 控制力

一、问题的提出

不同于西方古代世界长期的封建形态,中国的历史总是走在大一统的框架与范式之内,它也恰恰展现了中华文明的独特绚丽之处。这样一种"分久必合"的国家

---

[*] 杨海舟,武汉大学法学院 2019 级法学理论专业博士研究生。

形态，与其说是人为设定好的历史剧目，毋宁说它更像是"一种历史宿命，既是我们的荣耀，也是我们走不出的迷境。"① 在这一迷境当中，最令人困惑的无异于在交通与信息传播均不发达的古代社会，来自朝廷中枢的政令如何能做到"虽万里外，朝下而夕奉行"②，值得深究的是，这样一种万里一统、朝令夕行的情景究竟是寓于史书之中的一个理想状态和文化情怀的表达，抑或是一个真实存在的历史事实？因此当务之急乃是要明晰中国古代大一统问题的真伪，只有在确立这一前提的基础上，才可进一步探讨相关成因问题。

"统者，所以合天下之不一也。"③ 如此的天下大同是大一统最为本质的内容，也是历代统治者和士人阶层最为关切的问题，从陆游的诗句"王师北定中原日，家祭无忘告乃翁"（陆游，《示儿》）里便可见一般，并且在"任何一个割据和分裂的时代，其统治者始终念念不忘、勠力以求的往往亦是全国的统一。"④ 对统一的执着和信念深深扎根于每一个古中国王朝的精神内核中。就大一统王朝的起源来看，可追溯至"秦始皇兼并六国，结束了数百年的分裂局面，开创了中华民族历史的新纪元。在那之后，以古华夏族为核心，在包容了众多民族后，中华民族共同体逐渐浮出了历史的地平线。"⑤ 不过，对于大一统王朝的认定标准学界仍有不少争论，通常来讲，一个大一统的王朝应具备以下几个元素："第一，要是疆域广阔、民族多元、完整统一的国家；第二，其本身不局限于国家政权的层面，同时还是一个文明体系，具有文化上的高度同质性；第三，作为居于中原的王朝与其它民族及地区之间的关系是等级化的朝贡、宗藩关系；第四，对周边的民族有一定的向心力作用，而周边民族则对其或多或少具有某种程度的依附。"⑥ 按照以上标准进行评定，自秦以降，我国历史上的大一统王朝包括秦朝、西汉、东汉、西晋、隋朝、唐朝、元朝、明朝、清朝，其它年代均为分裂状态，根据时间上的测算可以发现，大一统王朝的存在时间要远超过国家分裂的时间，它们的平均享国时间亦在百年以上，由此充分说明中国古代的国家形态是"合"大于"分"的，且每次统一大多能够持续数代人之久，这为以皇权为中心的中国古代政治的考察，设定了一种规范上的场景，即在

---

① 参见李宪堂：《大一统的迷境——中国传统天下观研究》，社会科学文献出版社 2018 年 11 月版，第 139 页。
② 万斯同：《明史·卷二百十三》，清钞本。
③ 欧阳修：《正统论》。
④ 参见周良霄：《皇帝与皇权》，上海古籍出版社 2006 年 11 月版，第 340 页。
⑤ 李宪堂：《大一统的迷境——中国传统天下观研究》，社会科学文献出版社 2018 年 11 月版，第 100 页。
⑥ 参见何君安，何梦圆：《"大一统"国家形态与传统中国的治理智慧》，载《中南民族大学学报（人文社会科学版）》2020 年第 2 期。

普遍的政治社会背景下,在幅员辽阔的国土范围内所有人皆尊当时的朝廷并恪尽服从,促使国家形成长期一统的景象,是故政令"朝下而夕奉行"并不是文士们单纯的臆想和愿望,而是一个真实存在的史实。继续对"奉行"一词展开更深的语义分析可见,所谓奉行是先奉而后行之,"奉"的本意是承受[1],置于政治语境中,这种承受可理解为一种上下级之间的施压关系,亦即处于下层的人必须接受来自上层的压力并受到上层的控制,同时为人所熟知的是,从秦始皇创立皇帝制度伊始,中国古代社会就一直延续了以皇权为核心的专制政体,因此可知,在"皇帝"的名义之下,确实存在着这样的控制力将庞大的中国凝聚维系在一起。综上便可顺理成章地提出文章所要解决的问题,在皇帝的"号令"之下,这样的控制力如何成为可能?

需要补充的是,跳出"奉行"一词的文本概念,从实际运行予以观察,其在实践维度中事实上包含有两层意蕴,一是实质意义上的照准执行,也就是地方各级官员和百姓不折不扣地完成朝廷所下达的命令;二是形式意义上的遵从推行,它的最低限度是无论是否通过现实行动去践行中央政令,都至少会在表面上显示出认同和顺从。前者涉及的是以皇权为中心的中央政府实质控制力能否下延至帝国的每一角落,后者关乎的则仅仅是各地方单位在形式上是否顺应朝廷意志,而不牵涉其政令在地方上的具体实施效果。文章所聚焦的主要是第二种层面上的"奉行",即中国古代政权怎样在皇帝这一政治符号之下,将广阔地域内的所有人在形式上控制起来,恭听皇命、保持统一。

二、个体的功利性基础

对上文所提问题及其类似问题的讨论(例如中华民族凝聚力如何产生等等),大多数历史学者都会从宏大叙事的角度出发加以思考[2],将这种现象纳入到一种共同的文化或精神范畴中去予以解释。如果说仅仅是归结为具有共通性的整体文化传统尚有可接受之处的话,那么进一步把它阐述为根植于每一位民众心中的文化信念与精神追求,则就显得不是十分具有说服力了。因为与现代社会不同,囿于物质条件和教育水平的限制,在古代社会中对大一统的执着和忧心苍生的情感,

---

[1] 奉,承也。【译文】奉,承受。可参见汤可敬:《说文解字今释》(一),上海古籍出版社 2018 年 3 月版,第 365 页。
[2] 譬如有的研究就从不同民族的关系方面进行考察,可参见陈育宁:《中华民族凝聚力的历史探索》,云南人民出版社 1994 年版。

更多是集中在统治者和读书识字的士人阶层当中①，而就大多数目不识丁、远离庙堂的平民百姓来说，天下一统与忠君报国之类的事务太过遥远，这也使得元叙事和个体分析之间呈现出了某些隔阂，从而难以进入到个体的层面之中。对于这一矛盾的解决，一种法哲学上的路径是基于个体的思考与行动去反观宏大命题，本部分便力图由个体的视角切入，以个体功利性作为古代国家政权控制力得以形成的奠基性假设②。

实际上，关于个人层面的功利性言说，先秦的墨、法两家早已有之，管子曾强调过，"刑罚繁而意不恐，则令不行矣。杀戮众而心不服，则上位危矣。故从其四欲③，则远者自亲；行其四恶，则近者叛之"④，意为国君的统治必须要顺应民众的基本欲望和需求，如果统治者的政策强行与他们的欲求背道而驰，那么国家的根基就难以稳固；墨子进一步表明，"于所体之中而权轻重，之谓权。权非为是也，非非为非也……害中之取小也，非取害也，取利也"⑤，在承认人的合理欲望的前提下，又指出人还要权衡利弊以实现这些欲望，即使面临着损害，也要力争将损害降到最低，这样的"权衡"便是功利的要旨所在；此外，商鞅还将人的前述两点特性在现

---

① 关于中国古代的人口结构和特点，可参见路遇，腾泽之：《中国人口通史》，中国社会科学出版社2015年12月版；何炳棣：《明初以降人口及其相关问题 1368—1953》，中华书局 2017年7月版。在有关人口的一些问题，如官民比等依旧没有统一定论，但无论哪种学说，官僚和士人必然都是占社会少数的群体，这也构成了中国古代的主要矛盾，人数少却占据大量资源的地主阶级和处于多数的受压迫的农民阶级的矛盾。

② 在儒家学说占据统治地位的帝制时代，以"个体功利性"作为大一统的根本性预设，乍一看似乎是不那么具有说服力的（甚至还有违背史实之嫌），特别是一种带有普遍性的观点认为，与唯利是图相异，儒家是唯义而已（"王何必曰利，亦有仁义而已矣。"焦循撰：《孟子正义》〈上〉，中华书局 2017年6月版，第39页），但当对以重义轻利为核心思想的儒家学派予以深究时，就会发现在儒家的传统中并不排斥个人对"利"的诉求，"儒家在义利问题上大致可分为三种立场，即（1）别义、利为二，义、利截然对立；（2）尚义但不排斥利；（3）兼重义利……除了极个别的人，如陈淳，认为'义与利相对而实相反'外，少有人认为义利是绝对无法兼容的"（参见张汝伦：《义利之辨的若干问题》，载《复旦学报》（社会科学版）2010年第3期）。冯友兰先生则对有关内容评述到，"不知儒家不言利，乃谓各事只问其当否，不必问其结果，非不言有利于民生日用之事"（冯友兰，《中国哲学史》〈上册〉，华东师范大学出版社 2000年11月版），也就是说，儒家并没有摒弃"利"的概念，而是关注获取利益的手段是否正当，这也为后文政治社会机制的引入创造了可能空间，人们只需要依凭类似机制去疏解对利益的欲求，就能够获得道德上的肯定与合法性的支持，因此儒家在一定程度上的"反功利"观念与"个体功利性"的设定并不冲突，反之还可以为中国古代的政治架构装点上道义的色彩，强化大一统集权的合理性，因而本文的论说不会与此产生矛盾，更不会悖离客观史实。

③ "民恶忧劳，我佚乐之；民恶贫贱，我富贵之；民恶危坠，我存安之；民恶灭绝，我生育之。"黎翔凤撰：《管子校注》（上），梁运华整理，中华书局 2004年6月版，第13页。其中闲适、富贵、安全、养育乃为正文引文中所言"四欲"。

④ 黎翔凤撰：《管子校注》（上），梁运华整理，中华书局 2004年6月版，第13页。

⑤ 参见孙诒让撰：《墨子闲诂》，孙启治点校，中华书局 2017年6月版，第404页。

实治理中加以利用，《商君书》中写道，"使民之所苦无耕，危者无战。二者，孝子难以为其亲，忠臣难以为其君，今欲驱其众民，与之孝子忠臣所难，臣以为非劫以刑而驱以赏莫可"①，直接将人们趋利避害的行为作为治国之策的基础。

概言之，所谓个体的功利性，涵盖了两方面的内容，一是个人在作出社会行动时的依据，二是其行动的主要目标。首先是行动依据，关于这一依据的适用，是针对普通民众（不区分时代和性别等因素，而从最一般的角度去窥探）而言的，亦即假定正常个体都是具有理性（追求自身利益）的，在这一背景下，他们对社会事务付诸行动的依据乃是利益的最大化以及成本与收益之间的核算，也就是要尽可能地去获得各种利益②，与此同时，"利益包括利和害两方面。利是实际获得的利益；害是指错误和挫折引起的损失、伤害、灾害、危险或威胁等。"③言下之意，个体不仅要竭力索取最大可能的利益，还要以最少的成本去获利，这就要求每个人在进行社会行为的选择之前都需进行成本——收益的核算与考量。

在理论上确定个体选择的依据之后，就要将它引入现实的政治社会中探究其所要达致的目标和渠道是什么，不同时代与国家的人的利益目标和获得利益的方式大都是迥然相异的。以中国古代政治社会作为基本场景，那时的生产力低下，一旦遇到自然灾害，就很容易引发饥荒④，故此在这样的环境下，生存成了第一要务，而生产落后造成的资源紧缺，致使围绕生存展开的相关资源的争夺变为了所有人的主要利益目标，这些资源的多寡决定了一个人能否顺利地生存下来以及生存质量如何，每个人都试图取得更加充足的生存资源，包含粮食、布帛、土地等等。尤其是土地的占有显得更为重要，在自给自足的自然经济时代，大多数资源的生产都是以土地为基础的，因此古代王朝都极为重视关涉生存的农业，而贬抑商业。既然以争夺生存资源为个人的首要利益目标，土地又是这一资源的关键所在，那么进入到占据大部分土地的地主阶级就成为了一个极佳的选项，这不仅仅是经济上的选择，更是一个政治上的选择。一种值得认同的观点是"将政治与社会存在进程中资源生

---

① 严万里：《商君书新校正·卷五》，平津馆本。
② 所有人类行为均可以视为某种关系错综复杂的参与者的行为，通过积累适量信息和其他市场投入要素，他们使其源于一组稳定偏好的效用达至最大。加里·S.贝克尔：《人类行为的经济分析》，王业宇、陈琪译，上海人民出版社1996年版，第19页。
③ 洪玲：《基于经济理论的理性人假设和利益场》，载《同济大学学报》（自然科学版）2008年第11期。
④ 民以食为天，粮食的生产是生存的必备要素，但中国古代社会灾荒频发，粮食危机时刻存在，尤其是处于社会底层的人，在历史上经常性处于饥饿的边缘，一旦面临天灾人祸，轻则流离他乡，饿殍遍野，重则人相啖食。从历代粮食的供求关系中便可一窥古代民众生存的紧迫性，具体可参见吴宾，党晓红：《论中国古代粮食安全问题及其影响因素》附表《中国历代粮食供求关系一览表》，载《中国农史》2008年第1期。

产、分配和使用相联系"①。首先政治决定着社会资源的生产，一切物质产品的产出均要经由国家政策置于政治的掌控之下，例如商鞅变法中的"事末利及怠而贫者举以收为孥"②对工商类产业就会起到巨大的打击作用，人们会顾虑于"收为孥"而对是否从事相关行业秉持谨慎态度，又如王安石一经推行农田水利法，便大大促进了农业的产量。故而一切生产活动都会受制于政治为其设定的导向，并在这一导向下开展工作。其次，政治会按照自身的模式（政体性质）去分配各类已生产完毕的资源，并且除了基本的生存资料外，还包括荣誉、声望等诸多附带性的利益，而在以等级为核心的古代专制政治模式下，资源的分配自然也会根据人们在政治当中所居位置高低从上往下予以分配。最后，在资源的使用上，政治往往也会作出一定的限制，在现代社会这通常是由资源的有限特点而要求的倾向性，但在古代社会则在此之上又添加了尊卑贵贱的色彩，比如"皇帝的衣食住行，国人不得模拟。皇帝尚黄色，穿龙袍、戴平天冠，皇后的服装绣凤，他人如有模仿，就是'僭用'，就是'大逆不道'，非杀即绞。"③这意味着普通百姓即使占有许多财富或其它资源也不能在衣着上刺龙画凤，不仅皇族与布衣在这些方面有别，官民之间对资源的使用亦有着严格界分，这完全取决于自己的政治身份。据上所述，投靠政治，进入处在社会最上层的地主阶级，从而得到以土地为根本衍生出的大量资源，毋庸置疑地成了一般人利益目标的深化体现。

政治作为一个关系从生产到使用资源的过程，是无法自行运转的，必须要依托实体性的内容才能够进行组织运行，而在自秦以后的中国古代社会，显而易见这一实体就是皇帝本身了，这主要表现在皇帝在古代政治运行中始终扮演着核心角色，此所谓"举天下而奉一人，以一人而率天下"④。整个国家的政治生活都是紧紧围绕他所展开的，皇帝能够对百姓生杀予夺、统领军队、审判案件，可以说"在皇帝的统治下无论是政治、经济、军事、文化，还是立法、司法、社会生活，没有皇权的触角伸不到的地方。皇帝是全国的最高主宰。"它作为一种政治符号，无论是真实地掌握有关权力，还是被宦官或外戚架空，至少在形式上都是拥有政治决定权的，他站在了一国政治的最顶端操控着政治的进程，也就是社会资源的分配。由此便显现出了一条清晰的逻辑路线，人们争相渴求以土地为核心的各种社会资源以满足基本生存需要和较高的生活质量要求，这些资源又是经政治所分配的，但具体分配多

---

① 安德鲁·海伍德：《政治学核心概念》，吴勇译，天津人民出版社2008年1月版，第40—41页。
② 司马迁：《史记·卷六十八》，武英殿本。
③ 白钢：《中国皇帝》，社会科学文献出版社2008年11月版，第329页。
④ 周良霄：《皇帝与皇权》，上海古籍出版社2006年11月版，第214页。

少资源、怎样分配则是皇帝来处断，因而对所有人来说，依附皇权是参与到政治当中取得利益的最为直接的途径。藉此演化出的问题是，在人们的利益诉求和获取途径都明确的前提下，所要考虑的必然是具体操作方式，通常而言，会有顺从当下的皇权并逐步向其靠拢的和平方式与谋反夺取皇权或者跟随叛乱首领夺得皇权并依附于他这两种方式。对于谋反，历代都有极严苛的处罚[1]，且在非常注重人伦的古代，犯谋反之罪，纵使是亲属之间也是不得相互隐匿的[2]，可知其罪之大。不过，"当某人从事违法行为的预期效用超过将时间及另外的资源用于从事其他活动所带来的效用时，此人便会从事违法"[3]，亦即当和平方式根本无法达到利益目标时，在成本-收益的衡量下，人们就可能会选择谋反这一方式。如果想让民众采取和平方式去获利，那么就必须订立国家制度和相关法律并就此作出规范，故而对于本文的问题来讲，在确立个体的功利性基础假设之后，还需要从个体与社会的交互关系中去考察政治与法律能否为其利益诉求与目标提供合理出口，这一任务将由文章下面两部分着重予以处理。

三、流动的上升渠道

如前文所述，皇权是中国古代政治社会的中心，它作为一种为人所公认的统驭天下的象征，与当时的政治生活及社会资源的分配紧密联系在一起，离皇权越近的地方，就意味着获得优质资源的机会越多，而和皇权最接近的无疑是官僚阶层，故此官僚阶层的开放就成为了为个体的利益诉求打开合理出口的一个重要选项。官僚与民众从属于两个不同的阶层，前者的开放表明不同阶层之间应当具备流动性，普通民众也可以上升进入到更高的社会阶层中。但很明显的是，对阶层间流动是需要控制的和筛选的，这种控制多由"选官"去完成，选官的方式也直接决定了人们阶层变化的形式和结果。

自秦之后的两千余年，各朝的选官办法多种多样，但居于主流的基本只有察举制、九品中正制、科举制这三种方式。察举制起源于汉代，实际选拔措施包含了三大类，"一是以廉能而被征用，又可细分为贤良方正和孝廉科。二是由群国举荐，

---

[1] 《大明律·卷第十八》就规定，凡谋反及大逆但共谋者不分首从皆凌迟处死。
[2] 具体内容可参见刘惟谦：《大明律·卷第十八》，明洪武刊本；三泰：《大清律例·卷五》，四库全书本。
[3] 加里·S.贝克尔：《人类行为的经济分析》，第63页。

分为茂材异等、孝弟力田、举荐勇武之士。三是由选举进身，分为博士子弟、文学掌故、以明经进身、以明法进身、以学童进身"[1]；九品中正制则诞生于汉末的历史背景下，后由魏晋所沿用，主要是中央政府派出中正官前往地方上遴选人才，同时以上中下各分三等共九等作为评判人才优劣的等级区分，刚开始创设这一制度的目的是简拔有才德的人担任官职，但后来愈加演变为地方豪强把持政治的器物，在对一般人品评等级时，几乎不太再以个人能力为标准，而是以家世出身取而代之，且"特别注重父、祖两代的当世官爵，而时代悬隔的远祖，对于定品的高低，并无重大关系。"[2] 由此可见，其在运行过程中逐步为当时的豪门望族把控，这一制度到隋唐之后也渐渐被废止；科举制是皇权专制社会中使用时间最长也最为稳定的一种选拔官员的方式，自隋时创立延续至清末，历经上千年，其采用考试的方法（内容多以儒家经典为主）为朝廷挑选人才，尤为注重备选人的真实才学，所以与其它方式相比也更为公正。除了三种主流的选官渠道外，还有任子、宗室补官等路径，但并非主流，不再赘述。

总体上看中国皇权时代的选官制度，具有以下五个特点。

第一，在官员的选拔对象上面对的是一国之内的多数人。在几种占有主导地位的选官方法中，除了九品中正制较为重视家世出身，造成大部分寒门子弟难以获得政治上的攀升机会之外，其余两种方式的大门几乎是对所有人都开启的，与家庭、财富等外在因素没有太多关系。即使是科举制对参加选拔的资格作出过一些限制，如宋代规定参加考试的"不许有大逆人缌麻以上亲及诸不孝不悌隐匿工商异类僧道之徒"[3]，又有清代"倡优隶皂与居父母丧者不得与试"[4]，这些限制面对的也是社会上的极少部分人，大多数人都具有形式上的平等机会进入地主阶级参与政治统治、满足利益诉求，而被剥夺参政权的少数人纵然想谋反也势单力薄很难成事。与此同时，通过几个选官途径的比较也可以发觉，因为隋唐之后实行了对多数人均能够接纳的科举制，自其之后的大一统时间比率远比隋之前要长久，九品中正制在一定程度上闭塞了上升通道（至少很不通畅），使得魏晋南北朝多为纷乱状态，人们不容易凝聚在皇帝的权威之下，这也从侧面印证了流动的阶层上升渠道对于古代国家保持统一的重要性。

第二，官员职位的高度开放性。各类官员的选拔并非只是将低级别的官职向民

---

[1] 参见陈茂同：《中国历代选官制度》，昆仑出版社 2013 年 1 月版，第 49—50 页。
[2] 陈茂同：《中国历代选官制度》，第 76 页。
[3] 脱脱等：《宋史·卷一百五十五》，武英殿本。
[4] 赵尔巽：《清史稿·卷一百十四》，民国十七年清史馆铅印本。

众开放，而是将整个官僚系统的门户都向人们敞开，因此有着高度的开放性。对于皇帝来说，要想统领和维系一个大一统的国家，其"皇权运作，绝非皇帝一个人的事。它需要一个庞大的国家机器、行政架构来支撑。这个国家机器、行政架构的组织保障和人才来源，是皇权运作的必要基础。"[1] 故而打开所有官职的入口尽揽天下人才任用，同时又避免官僚的世袭导致其中某些族裔势力坐大威胁皇权，是皇帝所乐于见到的，这也就有了唐太宗的"喜谓侍臣曰，天下英雄入吾彀中矣"[2]。另外，对普通人而言，他们可以藉此升入官僚统治阶层夺取利益，自然亦是欣喜万分，所以这种高度开放的官职机构对皇帝与民众是一项双赢的举措。

第三，官吏选拔的标准主要是才学和品德。无论哪一种选官制的设立，其最初目的都是为国家收录颇具才德的可用之人，就连基本成为表面文章的的九品中正制起码在形式上都曾讲求依才德对人评级。以个人能力作为选拔的最主要依据，虽然不可能彻底杜绝门阀对政治资源的掌控，但大体上创造出了公平的社会环境，与家庭、财力、外貌相比，个人的实际水平在选官中处在更重要的地位，也让每一个人特别是贫寒子弟看到了希望，预示着只要通过自身的刻苦努力就有可能进身官僚之阶，在科举制下尤其如此，大多数年轻人都渴求依靠着埋头读书，等待他日金榜题名，而不会将心思放在谋反或其它与朝廷作对的事务上。

第四，选官的权力一般集中在中央。察举制往往"由皇帝不定期下诏令，根据所需人才指定荐举科目，各地把所推荐的人才送集京都，由皇帝亲自对他们进行策问"[3]；九品中正制则是中央遣人去外面网罗各类才士；自隋唐后的科举制虽有地方性的考试选拔，但最终的省试、殿试等考试均在京城举行，只有通过这些考试才能够真正除授较为机要的官职，并在仕途上飞黄腾达。总的来说，选官权力出于中央，而"集中于皇帝，皇帝通过设计选官制度不断加强对选官的支配，在选官体系以及选官运作中处于主导地位"[4]。虽然鉴于地域广博，皇帝不太可能亲自任命每一位官员，但中央集权的选官制度表明，所有官员的权力在法理上都是来源于皇帝，或者说在名义上皆是皇帝选任的，也只有此才具有任职的合法性，唯有皇帝才可以"号令"天下之士。

第五，被选中的为官者在国人中居于少数。各朝的选官程序都较为严格，即使偶有滥选的现象发生，在整个历史进程中也不是主要面。以科举制为例，每次科举

---

[1] 何晓明：《中国皇权史》，武汉大学出版社 2015 年版，第 249 页。
[2] 王定保：《唐摭言·卷十五》，清学津讨原本。
[3] 陈茂同：《中国历代选官制度》，第 47 页。
[4] 王呈静：《我国古代官吏选任制度对中央与地方关系的影响》，载《山东社会科学》2005 年第 11 期。

考取进士以上者多则不过数百人，少则几十人，故此在全国当中都是极为稀少的，这样的取士方式可以确保官僚统治阶层结构的合理性，不至于因为人数太多而使人均分配资源的分量下降，保障了其内部成员都能享受到充足的社会资源利益。

纵观以上这些选官制度的特点，呈现出的是"等级世袭身份的相对薄弱，除了皇权维持'万世一系'的稳定性以外，社会各阶层之间上下的对流相当活跃，财产、权力、盛望、地位等都处于不断的再分配中。"[①]当进入官僚统治阶层的入口经由选官制度被和平打开了，那么依据功利性的分析（成本—收益），民众自然就舍弃了冒着一无所有的风险依靠暴力改变社会阶层从而获取利益这一途径，这保证了大部分民众的顺从，也完成了皇帝通过制度对全国在形式上达成控制的第一个步骤。

四、政治上的机会平等

在通过开放阶层上升通道而达致对普通民众的统驭之后，便要转向对握有军事、人事、财政等权力的官僚阶层的控制，这方面的内容亦不可松懈。实际上因为官民之间的流动已经成为常态，这也是对进入官僚阶层的民众予以管控的后续延伸，故而本质上乃是对全体国民施行控制的最后步骤。基于官僚阶层内部的分化，一个普通人在进阶这一阶层后大抵不会甘愿止步于最底层，作为一国之人，特别是俨然获得资源分配优先权的官僚，其利益诉求的最大化必定是期望覆盖全国的，这就涉及到官员调动和升迁的政治机会，若想让官僚集团均服从于皇权，就必须使这种机会趋于平等，从而让每一位官员利益最大化的实现都保持一种可期待性，不致堵塞升迁（利益范围辐射全国）的道路，这和不同阶层间的流动显得同样重要。

政治机会是由官员的调动和升降体现的，调任和升降职需要更为具体的制度来加以运行，这种制度就是官员考核制度，中国古代的官吏考核大致表现出下面几个特征。

首先，考核的程序基本都很严密和完善。历朝历代对官员的考核"一般有明确的项目规定甚至是量化的标准；多数朝代考课立等和复考都有严格的程序。"[②]例如

---

① 任怀国：《中国古代选官制度论析》，载《江海学刊》2001年第4期。
② 刘承：《中国古代官员考核制度及其借鉴意义》，载《北京联合大学学报》（人文社会科学版）2007年第4期。

汉朝就分为"先考课,根据官吏的德才和政绩确定其等级,而后铨选,决定升降以示奖惩"①这两个次序,及至明清时相关制度更趋精细,明朝不仅有京官考满和外官考满,还有京察和外察以纠察百官对政务的处理情况,其中外察更是进一步划分为朝觐考察、巡视考察两类②。繁琐的程序增加了一定的行政成本,但归根结底仍是有利于在朝官员的,考核过程的复杂化可以提高这一制度的审慎性,避免由于考察形式过于简单而将上级领导直至皇帝自身的喜怒哀乐迁移到官员的奖惩上,导致其任用和调动的恣意,同时在考核时间上以三年到四年一考为多,如是年考通常也需等到三年以上才会总计成绩对其作出擢贬的决定,这使得各级官员都可以获得心理上的安定,不用过于担心官位的朝不保夕。

其次,考核的评级以个人政绩为依据,标准亦较明确。古代官员考核的科目大都十分详尽,主体上要考察的是官吏的个人品德和为政的业绩,像对地方官员的"考核重点是管理辖区的户口增减、土地开垦、钱谷出入、治安稳定、文化教育以及监察管理下属情况等内容。"③这些科目都是可以量化的,像户口的多寡、钱谷的收入与收成、牢狱关押犯人的数目都能够统计出来,类似制度为官员们框定了清晰的施政方向,在政事上有道可循。另外,给予官员的评判标准也是明定的,譬如唐朝就叙以"四善""二十七最"④,其中指标多涉品德、廉洁、勤勉等事项,这类标准和依据完全建基于官员自身的作为之上,其升迁与否和身外因素关系不大,一方面督促了众大臣倾心图治,另一方面缔造了相对公平的竞争环境,人尽其才,所有官僚都可以依托优异的主业绩效获得同等的提升官爵的机会。

---

① 杨随平:《中国古代官员选任与管理制度研究》,中国社会出版社 2010 年 1 月版,第 222 页。
② 具体内容可参见杨随平:《中国古代官员选任与管理制度研究》,中国社会出版社 2010 年 1 月版,第 284—287 页。
③ 齐瑞:《中国古代官员考核制度的特点及功效》,载《理论视野》2017 年第 4 期。
④ "四善一曰德义有闻,二曰清慎明著,三曰公平可称,四曰恪勤非懈。善状之外有二十七最,一曰献可替否、拾遗补阙为近侍之最,二曰铨衡人物、擢尽才良为选司之最,三曰扬清激浊、褒贬必当为考校之最,四曰礼制仪式、动合经典为礼官之最,五曰音律克谐、不失节奏为乐官之最,六曰决断不滞、与夺合理为判事之最,七曰部统有方、警守无失为宿卫之最,八曰兵士调习、戎装充备为督领之最,九曰推鞫得情、处断平允为法官之最,十曰雠校精审、明于刊定为校正之最,十一曰承旨敷奏、吐纳明敏为宣纳之最,十二曰训导有方、生徒克业为学官之最,十三曰赏罚严明、攻战必胜为军将之最,十四曰礼义兴行、肃清所部为政教之最,十五曰详录典正、词理兼举为文史之最,十六曰访查精审、弹举必当为纠正之最,十七曰明于勘复、稽失无隐为句检之最,十八曰职事脩理、供承强济为监掌之最,十九曰功课皆充、丁匠无怨为役使之最,二十曰耕耨以时、收获成课为屯官之最,二十一曰谨于盖藏,明于出纳为仓库之最,二十二曰推步盈虚、究理精密为历官之最,二十三曰占候医卜、效验多者为方术之最,二十四曰检察有方、行旅无壅为关津之最,二十五曰市廛弗扰、奸滥不行为市司之最,二十六曰牧养肥硕、繁息孳多为牧官之最,二十七曰边境清肃、城隍脩理为镇防之最。"欧阳修:《新唐书·卷四十六》,武英殿本。

再次，京内京外官员的调任无明显限制。我国自秦之后的历代政府在处理中央和地方的关系上大多采取中央集权制度，大权皆统于皇帝，因此皇帝所在的京城便成为了号令天下之中枢，进入京城为官实际上就很接近取得全国的利益资源了，若能官至宰辅则更是如此，这也是一般人所能达到的最大利益了。在汉朝，"将地方官调入京城，是作为重用和奖励措施的"[1]，其它朝代虽不一定把进京为官当做一种表彰方法，但多半不会阻塞地方官调入京城的道路，这证明即使身处边陲的官员也可能有今朝守边明入庙堂的机遇。对他们来说，冒着身家性命不保的危险耗时耗力地谋反打进京城，成本太过高昂，不如服从朝廷召唤前往京师，既可以谋求全国的利益，成本也低得多。类似的状况是，在地方上分裂割据亦非一个上佳的选择，因为割据只能牟取一方的利益资源，显然与利益最大化的原则相悖，故而朝廷在开放京城内外官吏调动的坦途后，两相比较之下，唯有顺服朝廷、尊于皇帝才是最符合个体功利性选择的。需要注明的一点是，地方官员能否完全践行君主的意志不在拙文的讨论范畴之内，从某种程度上讲，地方官员在朝廷不知情的情形下，确乎是有很大可能独霸一方做"土皇帝"的，但只要名义上顺从朝廷和皇帝，政权的形式控制力就能够达成，因而并不妨碍本文的论述。

最后，考核实质上固化了官僚阶层的利益。各个朝代对考核结果的评定虽有不同，但大多都是按照上中下等来划定的，在这三等中再细分为若干等作为评级，基本上不犯太大的错误正常都可评到中等以上，至少不会丢掉现在的官位，再熬一熬资历，升迁也是指日可待的，这一情况十分普遍，以致有明一代"凡做官者不求有功，但求无过；只求享受，不思进取，官僚队伍也日趋老化、腐败。"[2] 但这样的考核模式，一是使那些进入官僚系统的人有了最起码的兜底，只要未闯下大祸，现有利益便不会旁落；二是即使碌碌无为，靠着多年的老资历仍然能获得攀升，就算未能进京，每位官员也可以在自己的能力范围内达到利益的最大化。这两项益处直接消解了臣子们的反心，虽然不利于国家的治理，但在庸官和反叛之间，这也是皇帝一个退而求其次的选择。

以上这些特征显示出古代官员往往是在完善的考核程序之下，面对这同样的考核标准，并且共有掌握全国利益资源的机会，这证明所有官员在理论上应当具备政治上的机会平等，故此也将其归纳为古代政权形式控制力的最后一重假设。

---

[1] 杨随平：《中国古代官员选任与管理制度研究》，第224页。
[2] 参见杨随平：《中国古代官员选任与管理制度研究》，第289页。

五、实例简析与结论

上文所作三重假设只是理论上的构想，因此还需要代入到真实的历史场景中予以适当的论证，兹以明代"宁王之乱"这一历史事件为窗口去观察当时的人和整体的社会环境。

据《明史》载，"宸濠自举事至败盖四十有三日"①，从时间上看较为短促，很快就被镇压下去了。按理说，藩王的谋叛与以往的农民起义有所不同，在准备工作方面，无论是资金的储蓄、武器的装备还是士兵的训练程度，肯定都是远远胜过农民军的，朱宸濠作为盘踞一方的藩王，本就占据了诸多的社会资源，但竟以四十三日而擒，不得不令人深思在正常的社会状态下，大一统王朝的凝聚力和控制力之强大，故而由宁王之败去理顺这种控制力的成因不失为一个上佳的路径。在古代从事反叛类活动，最需要的定然是人的支持，朱宸濠对此也是早有谋划②，他结党营私，四下招募才士，这和建基于"个人选择"之上的假设是十分契合的，因而可从"人"本身为突破去细加分析。在朱宸濠招纳的人当中，以唐寅、刘养正、李士实最具代表性，他们是宁王之乱终于失败的一个缩影，亦是窥探古代政治社会和验证三重假设的起点。

首先从唐寅的生平入手，作为赫赫有名的江南才子，他也曾参加科举考试，只是在弘治十二年时和徐经牵涉进了科场舞弊案，虽然并未找到确凿证据，但当时的朝廷为了平息舆论，认为他有夤缘求进之罪，与徐经两人"赎罪毕送礼部奏处皆黜充吏"③，这对于唐寅个人来讲，不仅是人生中的一个污点，在官吏有别的古代，做个官府胥吏也意味着未来仕途上升空间的渺茫，并且他自己同样感到深以为耻，不愿赴任④。仕途不顺，颇负才学，自然就被筹划谋反而"求贤若渴"的宁王所关注到，有意聘请他为己所用，明人何良俊这样描绘了事情经过，"宸濠甚慕唐六如，尝遣人持百金至苏聘之。既至，处以别馆，待之甚厚。六如住半年余，见其所为多不法，知其后必反，遂佯狂以处。宸濠差人来馈，则裸形箕踞，以手弄其人道，讥呵使者。使者反命，宸濠曰：孰谓唐生贤，直一狂生耳。遂遣之归。"⑤ 其具体过程

---

① 万斯同：《明史·卷一百十七》，清钞本。
② "世宁……历江西按察使时，宸濠有谋逆，要结权倖。"《大明世宗肃皇帝实录·卷之一百二十二》，红格钞本。
③ 《大明世宗肃皇帝实录·卷之一百二十二》，红格钞本。
④ "寅耻不就，归家益放浪。"万斯同：《明史·卷二百八十六》，清钞本。
⑤ 何良俊：《四友斋丛说·卷之十五》，明万历七年张仲颐刻本。

是否如此犹不可知，但唐寅投靠朱宸濠后又离去一事的真实性是无可置疑的①。

再看刘养正的经历，《明实录》记载"养正少有词藻，会试屡不偶，诡谈性理以要名誉……正德十年养正赴宸濠聘，一见许以可为汤武。又语及陈桥之变，意甚相得。"②由此可得出关于刘养正的两点信息，一是他和当时众多的人包括唐寅一样参加了科举，二是他屡次参加会试却未能登科。在明代会试基本是进入仕途并担任要职的唯一途径，"偶然有举、贡出身而居于重任者，则必横遭攻击"③，所以会试的多次落榜等同于进入官僚地主集团大受其益的通道受到壅塞，而后其才投到了宁王的麾下。从唐寅和刘养正二人来看，同是日后受聘于宁王的人，他们的第一选择却都是读书参加科举主动向皇权靠拢，依附于皇权之外的势力（藩王、叛匪等）甚或参与谋反，只是第一选择之外的无奈选择，这点可以证成个体功利性考量的假设，而两人之所以作出投奔藩王的不得已抉择都是因为通往官僚阶层的道路有所阻碍，这也反证了流动的阶层上升渠道对维护以皇权为中心的政权控制力的建构作用。不过，唐寅和刘养正的最终决定还是展现了两个不同的选择方向，刘养正坚持反叛朝廷，唐寅则主动回避，毕竟冒着凌迟的危险去争取利益，在唐寅看来可能仍是无法承受的高成本。只是在阶层流动通道受阻的情况下，这二人中便有一人决计要谋反，这一现象也更加表明了不同阶层的贯通对保持大一统王朝稳定的重要性④。

最后是李士实，他参与谋反乃是与政治上的机会平等有关。他本是进士出身，成功跻身官僚阶层，并一步步升迁，官至朝廷高位，说明当时社会的阶层上升渠道与政治机会的平等都是尚能得到保障的。《明实录》记，"丁丑，都察院右都御史李士实乞致仕，赐敕给驿归，命有司给食未月二石，役夫岁两名。"⑤他也是在交还官职之后，与朱宸濠勾结叛逆，朱宸濠亦许诺他事成之后拜为丞相⑥，对于已经告老还乡，彻底丧失了政治机会、更无机会平等可言的他来讲，若能由谋反而染指宰执

---

① 可参见万斯同：《明史·卷二百八十六》，清钞本。"宁王宸濠厚币聘之，寅察其有异志，佯狂使酒，露其丑秽，宸濠不能堪，放去。"
② 《大明武宗毅皇帝实录·卷之一百七十六》，红格钞本。
③ 陈茂同：《中国历代选官制度》，第233页。
④ 值得注意的是，刘养正的选择和他个人的性格多少有些关系，在他看来，数次无法登科几乎就代表了自己的上升通道已然关闭，这是他坚定谋反的根本缘由，也才会轻信宁王许以丞相的诺言（宁王对其允诺丞相一事，可参见《大明武宗毅皇帝实录·卷之一百七十六》，红格钞本）。这并不能证明科举落第就必然会造反，因为即使落第，阶层上升通道实质上也是照常打开着的，一般人大多会将落第归因于自身，而非外界环境。
⑤ 《大明武宗毅皇帝实录·卷之一百六》，红格钞本。
⑥ 可参见《大明武宗毅皇帝实录·卷之一百七十六》，红格钞本。

算是一步登天的机遇。但从他和他同僚各自的行为看，恰是印证了政治上的机会平等之于古代政权控制力成因的假设，在实际效果上，宁王的谋逆未能一呼百应，在职的官员由于政治机会的平等，都在积攒资历以求升迁，和李士实一样致仕的官员在告老还乡前也大都达到了个人能力范围内官宦生涯的最高峰，以颐养天年为乐，因此整个官僚阶层几乎无人响应这样的行动，倒是李士实妄图推翻当朝皇帝一跃霸占最高阶的官职，是在破坏现有的机会平等秩序，为人唾弃，故不日便被剿灭。

通过这一实例的分析可知，皇权社会中个人在功利的考量之下，首要选择都是以和平的方式贴近皇权，并且阶层的上升渠道和政治机会的平等也都不是浮于制度表面，而是深入于政治社会实践之中，担负着维护国家统一和稳定的功能，因而将这三重假设置于现实的历史语境里是可以成立的，它们共同构成了中国古代政权形式控制力的成因，这一控制力从个体逻辑出发隐藏在其与社会的交互关系中，并以皇权的号令天下为终点，最终形成了我国古代长期大一统、多民族的国家格局。

一言以蔽之，中国的历史是复杂而深邃的，也是魅力无穷的，解释历史现象背后的原因乃是学术的本质所在，文章提出的三重假设亦只是给出了一种具有可能性的解释，并非唯一的答案，对于这个问题的探索还有待后来者继续加以研究。

不可放弃的权利与自主相冲突吗？

——以斯泰纳的权利论证为切入点

吴佳训[*]

摘 要 是否存在不可放弃的权利涉及到两个重要问题：（1）权利是否在概念上或者价值上预设了自主的存在？（2）如果权利的确预设了某种自主的观念，那么权利具备的不可放弃性与自主是否矛盾？加拿大哲学家斯泰纳通过提出道德优先性命题与不可能命题对这两个问题均给以肯定的回答，所以不存在不可放弃的权利。本文将首先通过一种消极策略证明，道德优先性命题由于与伦理学中的义务论有着密切的亲缘关系而面临后果主义的猛烈攻击，不可能命题却又建立在一个对于霍菲尔德框架的前提性误解之上，所以斯泰纳的主张不能成立。其次，过去的相关讨论均以一种形式意义上的自主观为前提，如果接受作为一种诠释性概念的实质意义自主观，在接受（1）的前提下仍然能够对（2）给予否定的回答，在这一进路之下，以自主为核心的权利可以与某些权利所具备的不可放弃性相容。

关键词 权利 不可放弃 霍菲尔德 自主

---

[*] 吴佳训，西南政法大学行政法学院2020级法学理论专业硕士研究生。

引 言

权利，无疑在现代生活中扮演了极为重要的角色，我们通过主张自己的权利来实现那些对于自己人生而言极为重要的目标。范伯格（Joel Feinberg）有一个著名的思想实验：可以设想一个没有权利的世界，在这样的一个世界里每个人仍然可以生活地很好，但是却丧失了作为个人而言的一种"最小程度的自尊"。① 因为权利在我们的生活中不仅具有某种工具性的效用，它更代表了一种自主（autonomy）的观念：把每一个人当作一个拥有选择能力的个体来考虑。无论我们对于权利的概念和性质有着何种争议，可以肯定地是，权利一般意味着某种值得我们去追求的东西。然而，虽然在一方面，无论是行使权利还是放弃权利，都可以被看作是一种权利人行使其自由意志的表现。但是另一方面，我们又会承认存在许多不可放弃的权利（inalienable rights），例如生命权、尊严权等等。② 与其他权利不同，这些权利背后所保护的利益是如此重大，所以从直觉上看，似乎很难被看作是一种完全处于权利人意志支配之下的权利。

如果把这个问题放在一个更为广阔的语境下讨论，就会涉及到关于权利性质的两种不同看法：选择论（choice theory）与利益论（interest theory）。③ 在前者看来，每一个权利都必然包含一个霍菲尔德意义上的权力（power）。拥有权利就意味着权利人能够控制义务人对其所负担的义务，从而可以选择放弃、取消、转移义务人对其所负的义务。而利益论者则认为拥有权利并不等价于拥有选择，而拥有权利的核心在于权利保护和提高了权利人的某些利益。④

本文第一节将首先区分关于不可放弃的权利的三个层次。第二节和第三节将反思加拿大著名哲学家希勒尔·斯泰纳（Hillel Steiner）所提出的方案。这是因为在关于不可放弃的权利讨论中，斯泰纳的论证基本上是否认存在不可放弃的权利这一

---

① Joel Feinberg and Jan Narveson, "The Nature and Value of Rights", *Journal of Value Inquiry*, vol. 4, no. 4 (1970), pp. 245-257.

② inalienable 也会被翻译为"不可让渡"或者"不可剥夺"，但是至少在通常关于权利讨论的文献中，inalienable 更多指的是基于权利人自己的选择对于权利所做的处分，所以在这里我将接受陈景辉教授的译法，仍然翻译为不可放弃。参见陈景辉：《不可放弃的权利：它能成立吗？》，载《清华法学》2020 年第 2 期。

③ 选择论也被称作意志论（will theory），但是后者在中文语境里容易与中世纪自然法中的意志论（God's will theory）相混淆，故我在此仍使用选择论的提法。

④ Alone Harel, "Theories of Rights", in Martin P. Golding and William A. Edmundson (eds.), *The Blackwell Guide to the Philosophy of Law and Legal Theory*, Blackwell Publishing Ltd, 2005, pp. 193-197.

主张的最佳呈现。他通过霍菲尔德的分析框架完整地论证了不可放弃的权利在概念上无法成立，另一方面他通过道德优先性命题诉诸自主的观念论证权利的道德优先性，反驳传统上通过将不可放弃的权利与后果主义结合起来的主张。在第四节中，本文将考虑范伯格的调和论主张，即使承认生命权不可放弃，自杀与安乐死仍然可能被认为是正当的，这种主张试图调和以自主为核心的权利观与某些权利所具备的不可放弃性之间的矛盾，但是这种调和论并不成功。第五节将沿着范伯格的思路讨论一种的实质自主观，这样的自主观能够最大程度体现道德自主的要求，在实质自主观的进路下，自主与权利所具备的不可放弃性能够并存。

一、何种层次上的权利？

在当代权利理论的讨论中，往往涉及到两种权利理论的研究取向：描述性与规范性。前者试图回答权利是什么这个概念问题，而后者则试图回答权利的价值与重要性何在这个价值问题。霍菲尔德（Wesley Newcomb Hohfeld）的权利分析理论被看作是关于权利的描述性理论的经典框架。霍菲尔德区分了八种有关权利的概念，并将他们通过相关（correlative）和相反（opposite）两个关系分成四组概念，即请求权（claim）、特权（privilege）、权力（power）、豁免（immunity）。以及与他们分别相关的义务（duty）、无权利（no-claim）、责任（liability）、无能力（disability）。A拥有请求权，意味着A可以请求义务人做或者不做某事，义务人便负担相应的义务。当A拥有特权[1]时，其他主体便无权利请求其做或者不做某事。当A拥有权力时，其可以创设、变更、终止和义务人之间的法律关系，而义务人有责任承受该权力的行使。最后，A拥有豁免时，其便可以豁免于他人之权力对于其规范状况的改变。而相反关系意味着A拥有请求权，则A就没有一种无权利，A拥有特权时，其就没有义务，A拥有权力时，其就没有无能力。A拥有豁免时，其就没有责任。[2]

霍菲尔德的权利分析理论代表了一种纯粹意义上的形式或者逻辑框架，而不考

---

[1] 此处的特权在霍菲尔德的体系中应当理解为一种自由（liberty）或者允许（permission）。所以在后文我将使用自由来代替霍菲尔德所使用的特权。关于霍菲尔德框架的一个基本介绍：Wenar Leif, *Rights, The Stanford Encyclopedia of Philosophy* (Spring 2020), https://plato.stanford.edu/archives/spr2020/entries/rights/（2020年11月24日访问）.

[2] Willam A. Edmundson, *An Introduction to Rights* (second edition), Cambridge University Press, 2012, pp. 51-71.

虑权利的实质性内容，在这个意义上，霍菲尔德的分析框架在利益论和选择论之中保持了中立（neutral），所以成为了作为规范理论的选择论和利益论所可以共同接受的理论起点。[1] 基于此，可以区分出关于不可放弃的权利讨论的三个层次：（1）不可放弃的权利在概念上能否成立？（2）如果不可放弃的权利在概念上能够成立，那么在我们的法律生活和道德生活中存在这样的权利吗？（3）即使存在着这样一种不可放弃的权利，它在道德上是正当的吗？

以上的三个层次当中，1属于某种形式的概念论证，而一般不涉及到权利的内容。2和3有可能涉及到权利的具体内容，而一旦诉诸权利的内容来论证某种权利的重要性则会涉及到某种规范性的论证。例如，在涉及到生命权是否可以放弃的争论当中，利益论者的一个重要理由就在于生命利益对于一个人而言极其重要，因而不能放弃——这样的论证需要寻求权利内容（生命利益）的支持，所以表现为一种道德论证。然而，需要注意的是，这三种层次的区分在相当程度上可能只是初步的，并不意味着某种绝对意义上的区分。一个融贯的论证往往需要同时结合概念论证和道德论证。一方面，霍菲尔德理论是一个典型的概念理论，然而，正如哈特所举的那个例子，你所在的市议会没有一个授予你养老金的权力（power），相应的你就有一个霍菲尔德意义上的豁免（immunity），此时却很难说你有一个免于市议会授予你养老金的豁免权。[2] 这到底能否被看作是一种权利，显然需要依赖关于权利的规范理论，如果预设了一种利益论的观点，那么哈特这个例子当中的豁免就很难被看作是一种权利，因为它无法给权利人带来任何利益。另一方面，利益论和选择论虽然一般被看作关于权利的规范性论证。但他们需要同时依赖于霍菲尔德的分析框架作为论辩的起点。[3]

加拿大哲学家斯泰纳否认存在不可放弃的权利，并且给出了一个较为融贯的论证，他在《指向性义务与不可放弃的权利》一文的开头便提出他想要反对的两个主张"（a）权利可以被放弃（b）即使权利无法放弃，这在道德上也无法被证成（morally justifiable）"。[4] 斯泰纳通过发展两个命题来辩护他的主张：不可能命题（impossibility theorem）和道德优先性命题（moral primacy thesis），不可能命题建

---

[1] Matthew Kramer, "Rights Without Trimmings", in Matthew Kramer, N. E. Simmonds, and Hillel Steiner (eds.), *A Debate Over Rights: Philosophical Enquiries*, Oxford University Press, 2000, p. 61.

[2] H. L. A. Hart, *Essays on Bentham: Jurisprudence and Political Theory*, Clarendon Press, 2001, pp. 191-192.

[3] 当然，尽管如此，仍有重要的权利理论家并不采用霍菲尔德式的分析框架，并且因为他们的方案对霍菲尔德框架的有效性表示怀疑而被归类为非霍菲尔德式的进路，例如拉兹和麦考密克。

[4] Hillel Steiner, "Directed Duties and Inalienable Rights", *Ethics*, vol. 123, no. 2 (2013), pp. 230-244.

立在一个以霍菲尔德框架为前提的概念分析上，对应着上文所区分的第一种层次。而道德优先性命题则诉诸于权利所具备的某种独特的道德地位。对应着上文所区分的第三个层次。

二、不可能命题

（一）无限倒退的困境

在斯泰纳看来，不可放弃的权利实际上就是一个没有权力（power）的霍菲尔德权利集——A无法放弃其对B主张X的权利，就意味着A对于B侵犯X权利的同意不足以消灭B不得侵犯X的义务，所以A缺少一个放弃X权利的权力。如果A对于其所拥有的关于X的权利缺少权力，A就相应地存在一个无能力（disability），依据霍菲尔德的定义，无能力对应的是豁免（immunity），所以必然有一个第三人C具有豁免权——豁免于A对B有关X权利的权力。那么进一步需要的追问的是，C是否拥有放弃这一豁免权的权力？因为如果C的豁免权可以被放弃的话，相应的A的无能力也就不存在了，最后得出来的结论就是A对于B所享有的关于X的权利可以被放弃。所以，不可放弃的权利的支持者必然要否认的是C有权力放弃其所拥有的豁免权，而一旦C缺乏放弃豁免权的权力，那么C就产生了针对其豁免权的无能力，一个第四人D就有了针对C的豁免权的豁免，如此下来整个权利链条便会无休无止，形成一种无限倒退（infinite regress）的困境，整个权利系统呈现出一种非封闭性（non-closure）。斯泰纳认为，这就好比是一个游戏的规则中规定在每一轮游戏结束时，总有一方玩家有权要求再进行下一轮的游戏，这样的游戏永远不会有结束的时候。出现这种矛盾的根本原因在于：依据霍菲尔德的定义，每一个无能力必然蕴含，而且只蕴含一个相对应的豁免，因而豁免的数量必然等同于无能力的数量。在不可放弃的权利的情形当中，由于权利的概念中欠缺权力，所以最初的权利人A对于权利X拥有无能力，但是却并没有豁免，这导致了在整个权利链条当中豁免的数量总是比无能力的数量少一个，最后的结果就只能是权利链条的无限后退。要想斩断这个链条，只有承认处于不断后退的权利链条的最末端的权利人享有抛弃豁免的权力，这样的话，整个权利链条就会像多米诺骨牌般的瓦解，最后上溯到最初的权利人A对于权利人B关于X的权利是可以放弃的。

斯泰纳总结道，那些不可放弃的权利的支持者面对着一个困境，他们要么需要面对无限后退的逻辑困境,要么就要否定不可能命题所使用的分析框架——霍菲尔德的权利分析理论,而霍菲尔德的框架被看作是当代有关权利理论讨论的逻辑起点。①

(二)对不可能命题的批评

不可能命题完全建立在霍菲尔德框架之上,因而可能有两种批评的进路,一种外部批评式方案的就是直接否定作为前提的霍菲尔德框架的有效性。另一种内部批评的方案便是指出斯泰纳论证可能与霍菲尔德框架的基本预设相违背。

让我们先关注第一种批评采取的进路,斯泰纳试图通过不可能命题向我们展示霍菲尔德权利链中无限后退的权利困境是由于权利的不可放弃性造成的,正是由于在权利的概念中缺少了权力这个要素,最终一步步导致了非封闭性(non-closure)。然而,如果霍菲尔德框架本身就被证明是非封闭的话,那就无法通过斯泰纳的论证得出是因为权利不可放弃才导致这种困境。

现在让我们退一步,就像斯泰纳希望我们相信的那样,无限后退的逻辑链条在某一处被斩断了——第 n 个人拥有权力 P_n 放弃他的豁免权 I_n,这会使得整个多米诺骨牌倒塌,进而导致第一个权利人的权利时可以被放弃的。但是,此时的问题是,第 n 个人是否有权力放弃他所拥有 P_n?如果 P_n 可以被放弃,那就意味着第 n+1 个人将有一个对于 P_n 的权力 $P(n+1)$,那么,$P(n+1)$ 可不可以被放弃?这样一来,我们再次陷入那个熟悉的困境:如果 $P(n+1)$ 是可以被放弃的,那么整个逻辑链就会无限后退,如果 $P(n+1)$ 是不可放弃的,那么就会出现相反的无能力 $D(n+1)$ 和相应的豁免权 $I(n+1)$,而我们又可以问同样的问题,$D(n+1)$ 和 $I(n+1)$ 是可以放弃的吗?②

看起来,非封闭性似乎并不仅仅是因为权力被放弃而产生的困局——霍菲尔德框架自身就带有某种程度的非封闭性。我无意否认上述论证的有效性。③ 而且在我看来,即使接受上述的论证,也不必然要拒绝霍菲尔德体系的整个框架。但是这将会使本文过多的涉入"霍菲尔德框架是否可靠?"这个复杂的问题。因而本文将在接受霍菲尔德框架的有效性的前提下,提出一个不同的反思不可能命题的内部批评

---

① 以上论证,参见 Hillel Steiner, "Directed Duties and Inalienable Rights"。
② Pierfrancesco Biasetti, "Infinite Regress and Hohfeld: A Comment on Hillel Steiner's'Directed Duties and Inalienable Rights'", *Ethics*, vol. 126, no. 1 (October 2015), pp. 139-152.
③ 比亚塞蒂(Biasetti)在文中提出了一种修正霍菲尔德框架的尝试,然而这种尝试可能将权利现象退化为一种"自然事件",相关的批评可参见陈景辉:《不可放弃的权利:它能成立吗?》,载《清华法学》2020 年第 2 期。

方案。

不可能命题的一个问题在于,它可能误解了霍菲尔德框架成立的前提条件,正如霍菲尔德所言,他所做的是分析法律实践中对于"权利"这个语词的错误用法,并且寻找一种关于权利的"最小公分母",霍菲尔德通过土地、信托、合同等多个例子说明了在我们的社会当中我们会将请求权(claim)、权力(power)、特权(privilege)、豁免(immunity)等多种概念共同称为权利(right)。而霍菲尔德的权利矩阵恰恰是为了澄清这种对于权利概念的滥用。①

斯泰纳很显然误解了霍菲尔德的前提,重整一下斯泰纳的核心论证,他试图说明一个没有权力的权利概念在霍菲尔德的预设的权利矩阵中会面临着无限倒退的逻辑困境,问题在于,一旦接受了"没有权力的权利"这个概念,那么斯泰纳实际上就已经是在使用一种非霍菲尔德概念(non-hohfeld)进行论证,这涉及到我们应当如何理解霍菲尔德框架的性质,尽管霍菲尔德对于相关术语的选取的确参考了法律实践中的相关法律术语,但是其中的四对概念以及由此而形成的相关和相反关系既不是对于经验事实的抽取,也不是对于任何逻辑真理的演绎归纳。这其实是一种定义性的规定(definitional stipulation),各种霍菲尔德子项及其之间的关系本质上都是被定义的。所以使用霍菲尔德理论进行分析的前提在于接受霍菲尔德所规定的预设,至少存在某些权利是不可放弃的(不包括 power 的 right)就是这样的预设之一。否则,这会导致霍菲尔德概念的冗余。因为当两种情况出现时,power 以及有关的 immunity 和 disability 的概念就会变得冗余:所有权利在逻辑上都包括权力,所有权利在逻辑上都不包括权力,对于前者而言,这意味着不存在无法放弃的权利,所以就没有任何法律关系中的主体会享有 disability,disability 就会变成一个冗余的概念,作为与 disability 相关的概念,immunity 也因而变成冗余的概念。对于后者而言,所有权利都是不可放弃的,这意味着所有法律关系主体中的一方都享有对于另一方的 immunity,而相对应的对方便享有 disability。这样一来无论是否存在 immunity 还是 disability 都不会造成认识上的差异,所以这两个概念同样是冗余的。避免概念冗余的一个基本预设就在于承认有些权利逻辑上包括权力,而有些权利则不包括。只有这样,disability 和 immunity 在霍菲尔德的整体框架中才能够造成认识上的差异。② 当然,这并不能得出不可放弃的权利在概念上必然成立或者不

---

① 参见霍菲尔德:《基本法律概念》,张书友编译,中国法制出版社 2009 年版,第 1—26 页。
② 使用非霍菲尔德(non-hohfeld)概念推导出霍菲尔德框架中的逻辑困境,这种错误在诸多理论家对于霍菲尔德的误解中都可以发现,例如克莱默(Kramer)对于拉兹、麦考密克、怀特等人的批评。可参见 Matthew Kramer, "Rights Without Trimmings"。

成立,而只是得出这样一种结论:即在承诺了霍菲尔德的框架的前提下,这一主张显然无法成立。

三、道德优先性命题

(一)后果主义的辩护:对集体行动困境的回应

斯泰纳的道德优先性命题集中讨论权利所具有的独特的道德地位,他的这一主张主要是针对后果主义的权利理论,在后果主义看来,的确存在某些情况下权利是不可放弃的,这一主张不像传统上预设宗教或者神学背景去证明存在不可放弃的权利,相反,某些权利之所以是不可放弃的,就在于这是一个面对集体行动问题(collective action problem)的有效回应。[①]

后果主义论证往往通过这个例子展开:在一个工厂当中,对于每一个工人而言,在保证其他工人与他工作时间相同的情况下,他的福利境遇在每天工作九小时的情况肯定比每天工作十个小时的时候更佳。假如有一天工人们就每个人每天工作九小时的相关事项签订了一个协议,然而除非这个协议被法律强制执行,否则无法达到上述目标。因为作为一个集体的工人们此时面临了一个集体行动的困境,当每个人都只工作九个小时的时候,工人们的总体福利状况比每个人都只工作十个小时的时候要高,但是当其他人工作九个小时的时候,一旦有人愿意放弃工作九个小时的权利而选择工作十个小时,那么他多工作一个小时得到的单位酬劳将远比之前每个人工作十个小时的单位酬劳要多。因此,每一个工人就被潜在地激励去搭便车(free-ride),最终的结果又是回到了每个人工作十个小时的初始境况。所以,要想达到整体福利的最大化,必须把工作九个小时的权利设定为"不可放弃的权利"。[②]

这个论证在直觉上存在一些古怪的地方。首先,按照这个例子中所说的情况,我们似乎很难认同"工作九小时"是一个权利,这种关于权利的看法实际上预设了一种对于权利概念的区分,那就是区分选择性权利(option-right)和福利性权利(welfare-right),选择性权利就是指那些为权利人的选择留下了开放选项(open option)的权利,而福利性权利则是那些为了权利人的福利而必须行使的权利,在

[①] Russell Hardin, "The Utilitarian Logic of Liberalism", *Ethics*, vol. 97, no. 1 (1986), pp. 47–74.

[②] 这个例子最先出自于密尔,哈丁(Hardin)第一次完整的将其用于后果主义式的论证,参见 Russell Hardin, "The Utilitarian Logic of Liberalism"。

Golding 看来，受教育权就是这样的一个权利。① 然而，通常而言，权利至少包括了一定程度的自由（liberty）。依照霍菲尔德的定义，自由关联着义务的缺席——这意味着如果我对 X 享有权利，那么我既没有义务做 X，也没有义务不做 X。到底做不做 X，取决于权利人的自主判断。② 也就说，行使（exercise）权利和拥有（have）权利之间存在差别，即使我被承认拥有一个权利，我仍然在一定程度上享有是否行使这个权利的自由。例如，《宪法》规定了公民享有选举权与被选举权，但是这并不意味着每个公民都必须去投票和竞选，事实上，正是因为不可能所有的公民都去投票和竞选，选举权和被选举权才变得有意义。后果主义论证中与其说是工作九小时的"权利"，似乎更像是工作九小时的"义务"。

其次，即使承认这的确是个权利，困难依然没有解决，因为在后果主义论证中，无论是"工作九个小时的权利""工作超过九个小时的权利"还是"工作不超过九个小时的权利"，都可以被看作一个更为基本的权利"选择自己工作时间的权利"的三种变形。因而，一旦将工作九个小时的权利看作是一个不可放弃的权利的话，这就意味着对"选择自己工作时间的权利"这样一个更为基本的权利的剥夺，而非仅仅只是禁止人们放弃"工作九个小时的权利"。③ 所以，后果主义论证实际上说的是，通过剥夺每个工人选择自己工作时间的权利来换取一个集体层面中的合作均衡。显然，我们在直觉上会反对这个命题，但是问题到底出在哪？斯泰纳通过道德优先性命题给出了回答。

（二）权利的道德地位

在斯泰纳看来，我们在生活中所主张的道德权利事实上是基于某种正义原则（principles of justice）当中的基础元素（elementary particles），尽管我们对正义原则的内容，以及何种正义原则更具有说服力会存在争议，但是一般而言我们都会确信在生活中所使用的诸如道德权利、道德义务、道德责任这样的语词往往预设了某种形式的正义原则，正是在这个意义上，我们会把对于那些道德权利的侵犯看作是不正义（injustice）的。④ 这种正义原则构成了我们对于法律体系的首要评价标准，

---

① M. P. Golding, "Towards a Theory of Human Rights", *The Moist*, vol. 52, no. 4 (October 1968), pp. 521–549.
② 这里的自由是一种"双向自由"，因为严格意义上说霍菲尔德表述中的自由仅仅指的是对应义务的缺席，这是一种单向自由，例如，做某事的自由意味着没有不做某事的义务，而不做某事的自由意味着没有做某事的义务，而双向自由是以上二者的结合。参见霍菲尔德：《基本法律概念》，张书友编译，中国法制出版社 2009 年版，第 33 页。
③ Arthur Kuflik, "The Utilitarian Logic of Inalienable Rights", *Ethics*, vol. 97, no. 1 (1986) pp. 75–87.
④ Hillel Steiner, "Directed Duties and Inalienable Rights".

并且当特定法体系没有能够满足某种正义原则的道德要求时，这构成了一个批评这个法体系的好理由。从而，法体系就成为了一套"可被实施用于支配人类社会中盛行的其他规则的规则"。也就是说，在通常情况下，我在这个社会中所接受的其他规则对我施加的义务并不构成对于违反法律的正当的理由——遵守我所在公司的章程并不能构成对于我违反法律规定的一个有效辩护。

斯泰纳又进一步论述道，既然正义原则构成了对于法体系的评价的首要标准，而我们的道德权利又来自于正义原则中的某些实践的要求，这也就意味着"正义原则的要求具有一种相对于其他道德原则要求的优先性"，而权利基于这样的"性质传递"，自然具有某种意义上的道德优先性。① 并且这往往也与我们道德推理中的某些直觉相吻合，例如，权利经常扮演一种解决争议的最后诉诸手段（as a last resort）。考虑以下这个例子，假如我是报社主编，我和报社的其他编辑可能对于在一场竞选中我们应该支持哪一方产生争议，通常情况下，我们会就争议的事实部分进行讨论，例如哪一方的候选人更为优秀，或者他的竞选纲领更加全面，或者诉诸于其他的道德考量。但是当我们的争议陷入僵局之时，我就会说"就按我说的办，因为我是主编，这是我的权利"，权利具有某种独立于争论内容的分量，一旦当我主张权利时，我们就不是在争论各种道德考量的分量，因为权利基于它所具有的道德优先性直接就获得了某种优势地位，压倒了其他的道德考量。②

从中可以得出一个附带性的结论，如果接受道德优先性命题，那么拉兹式的利益论关于权利的定义看起来就是错的，在拉兹看来，权利指的是"X 拥有权利，当且仅当，X 能（can）拥有权利，并且其他事情不变，X 的福利（well-beings）中的某个方面，能够成为将他人置于某个义务之下的充分理由。"③ 在这里，X 之所以拥有某项权利，是因为这个权利所保护的利益足够重要。X 的权利成为了 X 的利益与义务人的义务之间的中介。在拉兹的理论中，权利与义务之间不再是蕴含关系，而成为一种证成性的关系。在证成性关系中，权利并不对应义务，权利起到的是一种证成的作用：当权利所保护利益足够重要时，权利本身构成了施加义务的根据（ground）与理由（reason）。利益、权利、义务三者形成了一个证成性的链条，利益证成权利的存在，而权利证成义务的存在。正因为如此，在这个链条当中的每一

---

① Hillel Steiner, "Directed Duties and Inalienable Rights".
② 这个例子同样来自于斯泰纳，参见 Hillel Steiner, "Directed Duties and Inalienable Rights"。
③ 这个定义最早来自拉兹的论文《以权利为基础的道德》，随后拉兹在《自由的道德性》中进行了进一步论述，参见 Joseph Raz, "Rights-based Moralities", in Jeremy Waldron (eds.), *Theories of Rights*, Oxford University Press, 1984.; Joseph Raz, *The Morality of Freedom*, Oxford University Press, 1988, p. 166。

个环节都无法在不经过理由衡量的前提下推导出下一个结果:并不是所有的利益都能证成权利的存在,也不是所有的权利都能证成对应义务的存在。需要附加的一个限制条件是利益/权利的分量要强于相冲突的其他考量。在权利现象当中,这就意味着只有当行动者进行理由衡量,发现不存在一个更强的理由能够凌驾于权利理由时,那个初步意义的"权利"才真正能成为权利。① 否则,权利就会被那个更强分量的理由所压倒。按照拉兹对于一阶理由和二阶理由的区分,一阶理由依靠对于各自理由强度的权衡比较分量,而二阶理由则是依据性质而非强度凌驾于一阶理由之上。那么在证成性关系中权利就是以一种类似于一阶理由的性质存在于权利人的实践推理当中。② 而在道德优先性命题之下,权利为了保持相对于社会利益等功利考量的独立性,它不能仅仅依赖理由分量上的权衡,而必然要以一种近似于二阶理由的运作方式。③ 道德优先性命题所揭示的,恰恰就是权利所扮演的二阶理由功能。由于在现代生活中我们面临着广泛的道德争议和分歧,在通常情况下争议双方会针对实质性主张展开论辩,但是这种论辩时常会陷入僵局。此时,权利就成为了一种保护模式的存在,能够使我们远离实质性的内容争论,而"我有权利这么干"这个主张本身就能够起到结束争论的作用。这就意味着权利在最低限度上至少要具有能够在性质上排除其他理由的力度,不然权利的保护功能就会荡然无存。

将权利赋予某种道德优先性的力量使得权利在我们的实践推理中成为了一个极其独特的角色——权利能够对抗各式各样非基于正义原则的道德考量。现在可以转到后果主义论证了,后果主义论证认为不可放弃的权利有助于实现某种特定的社会目标(social goals)与解决特定集体行动的问题(collective action problem)。但在道德优先性命题看来,各式各样的借助"目标""后果"来论证不可放弃的权利的论证都是一种将权利价值工具化(instrumentalizing)的手段,他们使得正义原则屈服于各种各样的利益化的道德考量,如果说权利享有某种优先性的话,那么这些论证就会最终被道德优先性命题所否定。在斯泰纳看来,即使工作九个小时的权利的确会导致工人总体福利薪资降低和比较优势的下降,这种结果也是有条件的与相对的,它会因为人力市场和交易成本状况的浮动而不同。而具有道德优先性的权利是无条件

---

① Joseph Raz, *The Morality of Freedom*, p. 183.
② 参见约瑟夫·拉兹:《实践理性与规范》,朱学平译,中国法制出版社2011年版,第27—45页。
③ 所以在西蒙兹(Simmonds)看来,拉兹通过利益定义权利的方案仅仅把权利看作是一种向他人施加义务的"非决定性理由"(non-conclusive reason),根本上否认了"权利蕴含义务"这个主张,因为权利有可能被其他理由所压倒。参见 N. E. Simmonds, "Rights at the Cutting Edge", in Matthew Kramer, N. E. Simmonds, and Hillel Steiner (eds.), *A Debate Over Rights: Philosophical Enquiries*, Oxford University Press, 2000, pp. 203-205。

（unconditionally）和绝对的（absolutely），所以权利无法被后果主义的考量所压倒。①

（三）对道德优先性命题的批评

道德优先性命题基本上可以被重构为一种对于权利的义务论（deontology）式的解释，义务论认为评价我们行动对错的道德标准不依赖于其能否最大限度的促进某种善（good），而在于行动本身是否具有内在的（intrinsic）道德上好的属性。②在这种义务论式的解释路径当中往往将权利看作是某种对于可欲目标追求的限制（constraints on the pursuit of desirable goals），③其中最为著名的主张便是德沃金的"作为王牌的权利"（"rights as trumps"），在德沃金看来，权利"最好被看作一个优先于背景性政治决定的王牌，这些政治决定表现了作为一个整体的社群的某些目标。"④而权利就像是扑克牌游戏里的王牌一样能够压倒相竞争的其他政治考量。显然，这样的优先性并非基于效用的功利计算，而是基于权利内在所拥有的独特道德地位。在这一进路的理论家看来，权利本身构成了一种"论辩性门槛"（argumentative threshold），也就是说权利使得权利人能够抵御某些当他没有这个权利时所无法抵御的外在干预和限制——这种限制往往基于一种对于社会总福利的功利主义追求。⑤义务论的权利理论反对后果主义的进路，而要求赋予权利一种独特的道德地位。而义务论的权利观背后所依赖的道德哲学根基则是一种康德哲学路径下对于自主观念（autonomy）的强调以及"人是目的，而非手段"的道德律令。⑥在斯泰纳的理论当中，权利的道德优先地位很大程度上来自对于自主这一价值的尊重，权利给予了权利人选择的空间，拥有权利本身就意味着将每一个人视作充分具有选择能力的理性个体，行使权利也成为了个人自主价值的最大彰显。所以，义务论的理论家们最后停留于"自主"这个观念，并将其视为权利的最终根据。

然而，如果自主观念被证明至少部分的与某些社会条件联系起来，而非孤立的与个人权利捆绑在一起。那么义务论的权利观实际上就不可脱离特定的社会条件。在拉兹看来，自主观念意味着人们有权选择自己过一种什么样的人生，这意味着自

---

① Hillel Steiner, "Directed Duties and Inalienable Rights".
② 参见徐向东：《自我、他人与道德——道德哲学导论》，商务印书馆2007年版，第357—366页。
③ Alone Harel, "Theories of Rights".
④ Ronald Dworkin, "Rights as Trumps", in Jeremy Waldron (eds.), *Theories of Rights*, Oxford University Press, 1984.
⑤ David Lyons, "Utility and Rights", in Jeremy Waldron (eds.), *Theories of Rights*, Oxford University Press, 1984.
⑥ 参见徐向东：《自我、他人与道德——道德哲学导论》，第367—427页。

主一定是某种程度上的成就（achievement），并且需要符合一定的条件才能达到。这些条件至少包括：（1）个人的状态，例如是否具有健全的心智，是否能够进行理性思考与行动。（2）个人生活的状况，例如生活中是否具有足够的可接受的选项以供选择，从而使得生活能够通过自主的选择而得以实现。如果一个人每天生活于外在的强制力或者威胁之下，那么这样的生活就不是自主的。同样，对于一个每天奔波于填饱肚子的乞丐而言，他可能具有健全的心智，但是并没有足够多可接受的选项供他选择，每天除了生存没有任何可能实现的目标。因而，这样的生活尽管没有外在的强制力，但仍然不是自主的。而是否拥有足够的可接受的选项这个条件则部分的与特定的社会条件有关。如果我想成为一个律师，这只有在一个"律师"这样的职业开放给所有人的社会中才有可能，同样，同性恋者也只有在一个同性婚姻合法化的国家中才有可能结婚。这就意味着一个开放、包容、多元的社会至少在某种程度上是一种共同善（common good）。共同善指的并不是一个社会中所有个人利益的总和，而是指在特定社会中人们所一般享有的不冲突、非排他、非独占的利益。这些利益一般而言服务于社会中的所有的人，例如，优美的环境通常而言就被视作是一种典型的共同善。①

在菲尼斯看来，尽管在友谊、游戏、政治共同体等不同语境下共同善所指涉的具体内容不同，它可能是一种价值，也可能是一种目的，或者为实现某种目的而需具备的条件。但他们都具备一个共同的性质：他们能够为人们提供互相协作的理由，或者使得人们之间的互相协作变得有意义。② 所以，共同善并不预设某种特定的价值，相反，他是所有想要实现自己独特的生活目标和价值的人所共同依赖的一系列前提条件。③ 正如拉兹所提到的，一个宽容、开放的社会正是这样的一种共同善。如果共同善也具有某种内在价值，并且依赖于特定的社会的话，这也就意味着只有在特定社会所依赖的共同善中，自主的观念才有可能形成，只有基于自主观念的权利才有意义。④

---

① Joseph Raz, *Ethics in the Public Domain*, Oxford University Press, 1996, pp. 52-53.
② John Finnis, *Natural Law and Natural Rights*, Oxford University Press, 2011, pp. 154-155.
③ John Finnis, opcit, p. 156.
④ 共同善的观念面临一个显而易见的批评，因为不同的共同善之间可能存在各种各样的竞争与冲突关系，最后仍然需要对不同的共同善之间进行利益衡量。严格意义上看，我不认为这对于本文的论证构成了有效的反驳。因为本文论证的是自主这一观念至少部分依赖于某个社会的共同善能否得到实现。这与多种共同善相竞争的观点能够相容。即使存在相竞争的共同善，这时我们面对的问题是"哪一种共同善应当胜出？"，而不是"自主与共同善是否有关系？"的问题，而对于前者的答案将会极其敏感于个案和语境的状况。关于这种批评，可参见朱振：《共同善权利观的力度与限度》，载《法学家》2018年第2期。

道德优先性命题所依赖的义务论式的权利观在一定程度上还可能是自我溃败（self-defeating）的，因为义务论的理论家们几乎都会承认权利所具备的优先的道德力量存在一个门槛与限度，而并非是绝对意义上不被任何外在的社会功利计算所击败，德沃金也承认权利可以被"巨大灾难"等紧急状况所压倒。[1] 此时面临的问题就是，如何解释权利可以被某种紧急状况所压倒？很显然，义务论者无法诉诸于"社会利益"这样的典型的后果主义式的考量，一方面，这样实际上就将外在的功利计算纳入了义务论的优先性考量当中，正如前文所述，义务论的权利观念是基于人所具有的独特道德地位而非功利计算从而获得相对于其他道德考量的优先性。另一方面，如果承认权利的例外情形是因为外在的社会利益的话，那么义务论就有退化为一种特殊的后果主义的危险。这种情况之下，一切对于权利优先性的保护，只能建立在后果主义所设定的"红线"之上，一旦超过了这个红线，权利的优先性就荡然无存。后果主义成为了悬在义务论之上的达摩克利斯之剑，使得义务论的成功与否依赖于后果主义所设定的红线高低，这也与义务论的基本立场不相容。

一个可能的回答是，权利之所以在紧急情况下可以被其他要求所压倒的原因不是在于可以保护某种社会利益，而是在于可以保护其他人的权利，在这个意义上讲，权利并非被社会利益所压倒，权利只能被权利所压倒。这种回答同样可能同样面临一些困难：一方面，既然权利都享有相同的道德优先性，我们该如何确定何种权利能够压倒另一种权利？如果承认是因为某些权利更为"重要"的话，这似乎又一次倒向了后果主义了。这意味着道德优先性命题可能很难处理权利冲突（conflict of rights）的问题。[2] 在这种情况之下，我们似乎不可避免地仍然要通过比较不同权利被损害的后果来赋予不同权利在冲突中的分量，义务论无法在不借助后果计算的情形下比较权利之间的分量高低。

此时仍有可能存在一个反对意见，即无法从 A 享有要求 B 做 X 的权利推出 B 应当做 X，尽管这可能是一个非常符合直觉的看法，但是义务论者的权利观中不包含这种"所有权利都是绝对的"的观点（绝对命题）。权利在特定的条件下当然是可以被正当地侵犯，并且这一条件不必然是后果主义式的。[3] 例如，假设我向 A 和 B 都作出了交付一个香蕉的承诺，而我却只有一个香蕉，基于先前的承诺，A 和

---

[1] Ronald Dworkin, *Taking Rights Seriously*, Bloomsbury Publishing, 2013, pp. 231-232.

[2] 沃尔德伦认为，像诺齐克这样支持权利享有优先性的理论家从前提上就已经排除了权利冲突的可能性，而像拉兹这样的利益论者的理论才更有可能与权利冲突相容。参见 Jeremy Waldron, *Liberal rights: Collected Papers 1981—1991*, Cambridge University Press, 1993, pp. 203-210。

[3] 感谢匿名审稿人提醒我注意到了这一点。

B 都有主张我交付一个香蕉的权利。如果基于绝对命题，那么我既应当向 A 交付香蕉，也应当向 B 交付香蕉，并且这两个陈述同时为真。这种主张的解释力在于，在权利冲突的情况下，当我基于各种考量决定向 A 履行我的承诺时，我应当对 B 怀有愧疚之情，并且有必要对于 B 因为我的毁约而造成的损失予以补偿，朱迪思·汤姆森将其称之为道德残余（moral residue）。如果我事先不存在一个应当向 B 交付香蕉的道德要求时，那么就无法解释这里出现的道德残余。① 但是在汤姆森看来，这种主张不能成立。首先，道德残余并不是只能由"应当做某事"来解释，违背承诺这个事实本身就能够解释道德残余，汤姆森在随后区分了侵犯（infringe）权利与侵害（violate）权利，B 未能满足 A 对其享有的权利主张时侵犯了 A 的权利，而这种侵犯却有可能是正当的，在这种情况下，B 就不应当做 X。当 B 不正当地侵犯 A 的权利时，B 就侵害了 A 的权利。② 在这里，B 侵犯了 A 的权利与 B 不应当做 X 同时并存，侵犯权利的行为就能够单独解释道德残余的存在，所以尽管 B 不应当做 X，但 B 仍然因为侵犯了 A 的权利而需要对 A 进行赔偿。其次，无论是在法律语境还是在道德语境下，都存在着相当多的情况即使 A 享有要求 B 做 X 的权利，B 基于更强的理由不做 X 仍然是正当的，而这些现象只有通过侵犯权利和侵害权利的二分才能够解释。③

在我看来，侵犯权利与侵害权利的二分并不能够很好地回应权利冲突给义务论制造的难题，汤姆森的主张承诺了一种诺齐克式的权利的道德空间观点（moral space conception of rights），即权利代表了一个独特的道德空间，所以权利的内容（content）并不会随着权利实践的具体情况而改变。④ 当 A 对 B 享有要求 B 不得进入其土地的权利时，权利的内容就是 B 不得进入其土地，这一内容无论在何种情况之下均不会发生变化。会随着具体情况发生变化的只是我们对于侵犯权利的行动的道德评价。例如，当 B 的孩子身患重病，而 A 的土地又是通往医院最近的道路时，B 穿过 A 的土地是被允许的，或者说是正当的。此时一方面，B 穿过 A 的土地一方面是对 A 享有的权利的侵犯，因为权利的内容此时没有发生任何变化，变化的只是权利实践的具体情况，外在条件的介入正当化了 B 的行动。所以在汤姆森看来，只有引入侵犯/侵害权利的二分，才能够同时解释 B 行动的正当性，以及

---

① 参见 Judith Thomson, *The Realm of Rights*, Harvard University Press, 1990, pp. 79–86。
② Judith Thomson, *The Realm of Rights*, p. 122.
③ 参见 Judith Thomson, *The Realm of Rights*, pp. 100–105。
④ 参见 John Oberdiek, "Lost in Moral Space: On the Infringing/Violating Distinction and its Place in the Theory of Rights", *Law and Philosophy*, vol. 23, no. 4（2004）, pp. 326–327。

此时 B 仍需赔偿对 A 所造成的损失这一道德直觉，道德残余的出现是因为 B 侵犯的 A 的权利，但这并不意味着 B 的行动是错的。

问题在于，侵犯权利和侵害权利之间的差异究竟是程度上的，还是性质上的？如果说两个事物之间的差异是程度上的，这就意味着二者可以发生相互的转化，并且在满足一定条件下两者的差异就会消失，性质上的差异则无法实现这种转化。对于汤姆森而言，她一定会坚持这一差异是性质上的，因为这涉及到对于一个行动是否正当以及是否被允许的道德评价，这一定是"对"和"错"的区别，而不是"多"和"少"的区别。然而，一旦坚持这一差异是性质上的，就很难解释在权利被侵害的情况下出现的道德残余，显然，侵害权利时出现的道德残余应当比侵犯权利时出现的道德残余更多，性质上也更为严重。而这种差别必须要被反应到道德残余的解决方案中，如前所述，在汤姆森的主张中，对于道德残余的解释却完全依赖于权利的侵犯，这实际上忽视了侵害权利的道德残余。一个可能的补救方案是，承认在侵害权利时要承担相比侵犯权利时更多的赔偿，但是侵犯权利与侵害权利之间的差异是性质上而非程度上的，这意味着通过制造程度上差异的赔偿方案无法反应二者性质上的区别。① 就好像盗窃和故意杀人是两种性质不同的犯罪，所以对二者的惩罚也应当体现性质上的区别，前者大多会被处以自由刑，而后者在很多情况下可能面临死刑的惩罚。

以上的批评更多是一个消极意义上的批评，退一步说，即使后果主义接受了这一侵犯/侵害权利的区分，仍然可以保持后果主义的基本立场，并且这种经过改造后的精致版本具有更强的解释力。后果主义可以以"权利是否得到尊重"这一后果式的判准重构汤姆森的主张。后果主义者可以将"权利侵犯的最小化"（minimization of the infringement of rights）看作是一种集体性目的，在这种判准之下，当对某一权利的侵犯能够阻止更多其他对于权利的侵犯时，侵犯权利就是正当的。义务论的确可能存在相当多的回应权利冲突的标准，但是在这种后果主义的版本中，能够将义务论回应的不同标准进一步的抽象为一种后果上的判断。这样一来后果主义可以解释那些一度相当棘手的例子，例如著名的外科手术例子，在面对五个急需器官移植的病人时，如果牺牲一个健康的人的生命，就能够挽回五个病人的生命。如果按照传统后果主义的观点看，五个人的生命显然比一个人的生命更加重要，那么就应当牺牲这一个健康的人，这种看法与我们的道德直觉严重冲突。但是在这种更为精致的后果主义版本中，一个健康的人的存活比五个病人的存活更为重要，因为

---

① 同上。

自然死亡并没有侵犯（infringe）任何人的生命权，所以在五个病人自然死亡的情况下，没有人的生命权受到了侵犯（infringe）。而如果牺牲了健康人，他的生命权则受到了侵犯。基于对于更多的权利得到尊重这一后果考量，没有权利被侵犯的情况自然比存在权利被侵犯的情况更好。这种版本的后果主义显然更适合我们的道德直觉。①

四、生命权与自主

之前的讨论主要关注了权利与自主之间的关系，这集中表现在后果主义与义务论两种权利观对于自主的不同理解。对于这些问题，范伯格提出了一个不同的主张，他通过将"放弃权利"进行一种特殊化的处理，使得在一些情况下，将放弃权利看作是自主的一种特殊表现形式，试图借此调和权利的自主观念与不可放弃的权利之间的矛盾。他通过一个生命权的例子集中论证了这一主张。

无论对生命权本身的内容存在何种争议，生命权的核心内容一定包括了权利人的生命不得被他人非法剥夺这项内容。这意味着权利人以外的其他人都负有一项不得杀害权利人的义务，而放弃生命权就意味着其他人负有的不得杀害权利人的义务因为权利人的同意（consent）而消灭，进而，经过同意而杀害权利人的行为不应当受谴责。

在范伯格看来，如果我们承认生命权是不可以放弃的，这里的放弃至少有两种含义：暂时地放弃（waive）权利与永久地放弃（relinquish）权利。② 如果说我们对于 X 享有权利，前者指的是权利人放弃了 X 本身，但是并没有终局性的放弃关于 X 的权利，这事实上是一种行使关于 X 的权利的方式。因为当权利人回心转意以后，他仍然可以回复他对于 X 权利的圆满状态。而后者的放弃则是一种终局性的放弃。范伯格用两个例子说明了这个差别：（1）张三是一个富翁，他选择捐掉他的全部身家并且过上一个乞丐的生活；（2）张三将自己锁在家里并且把钥匙从窗户外扔出去，并且安排了自己的朋友每天为自己送饭。③

---

① Alone Harel, "Theories of Rights".
② waive 和 relinquish 都有放弃的意思，但是根据范伯格在后文所做的区分，我将他们意译为"暂时放弃"与"永久放弃"。
③ Joel Feinberg, "Voluntary Euthanasia and the Inalienable Right to Life", *Philosophy and Public Affairs*, vol. 7, no. 2 (Winter 1978), pp. 115–123.

在范伯格看来，这两个例子都是对于财产权和自由权的暂时放弃（waive），更具体地说，只是对财产和自由的暂时放弃。在第一个例子中，张三只是暂时放弃了自己的财产并选择成为乞丐，而并没有放弃获得财产的权利（right to acquire），相反，这是他自主行使财产权利的一种表现。因为只要有一天张三回心转意，仍然有可能重新获得相关财产的所有权，而对于终局性地放弃财产权，我们只需想象在一个社会当中，法律规定了权利人在放弃他的财产以后终局性地不能够以任何形式回复对于有关财产的所有权。

在第二个例子当中，张三只是暂时地放弃了他的自由（liberty），这是张三行使自由权的一种表现，因为张三可以随时让朋友将钥匙还给他。而终局性地放弃自由权，只有可能存在于奴隶社会中，自由人所签订的自愿为奴的协议可以使自由人终局性地放弃自由权。

一个明显的反对意见会出现，因为无论是财产还是自由，的确会出现"暂时放弃，将来取回"的情况。但是很明显，生命权无法适用于这种情况，因为生命一旦放弃便终局性地不可回复。范伯格认为，我们仍然可以想象一个生命权暂时放弃的情况。他通过一个近似于"饥饿游戏"的思想实验说明了这点：某个原始部落每年都会举办一次生存竞赛，所有成年男子可以自愿参加这个生存竞赛，部落会给参与竞赛的每位选手分发武器，而生存竞赛的目的就是活到最后并且杀掉尽可能多的参赛者。在范伯格看来，在生存竞赛当中，每一个参赛者暂时地放弃了他的生命权，因为参赛者之间本来负有的不得杀害他人的义务因为参赛者们的自愿加入而暂时的消灭了。而对于终局性地放弃生命权的情形，只需设想一个世界当中，法律允许人们通过签订契约而放弃生命权，却不允许权利人事后反悔。这样，其他人所负的不得杀人的义务便终局性地消灭了。[1]

所以，范伯格认为，当我们承认生命权是不可放弃的时候，此处的放弃应当被理解为终局性地放弃，而无论是自杀还是安乐死，只要法律允许权利人在任何时候都可以反悔。都可以被看作是权利人行使自己生命权的一种方式，因为权利人可以随时回复对于生命权的圆满状态。因而，一旦我们采取这种方式理解不可放弃的生命权，那么安乐死与承认生命权是不可放弃的主张完全可以相容。

范伯格的方案并不是完美的，正如他在文章中就注意到的那点，自由权、财产权与生命权之间存在着某些不可忽略的差异，而范伯格的方案中并没有认真对待这些差异——无论是自由还是财产，权利人在放弃以后都可以重新获得，自由和财产

---

[1] Joel Feinberg, "Voluntary Euthanasia and the Inalienable Right to Life".

可以暂时地失去，而生命不可以。范伯格试图通过生存竞赛的例子来回应这个问题，然而，在生存竞赛当中，与其说参赛者是暂时放弃了生命权，毋宁说是暂时放弃了对于生命权的保护（protection）。① 在安乐死的情况下，这种区别仍然存在：当自由权被暂时地放弃时，自由可以暂时地放弃。当财产权被暂时地放弃时，财产可以暂时地放弃，而生命权被"暂时"地放弃时，只有对于生命权的保护被暂时放弃了，一旦生命被剥夺，那么生命权就终局性地丧失了。从这个意义上说，范伯格所举的自由权的例子中，张三并没有暂时地丧失自由，因为只要张三愿意，他随时可以出来。这也就意味着，即使范伯格对于两种放弃之间所做的区分能够成立，这种区分也只能适用于那些我们本来就认为可以放弃的权利，比如财产权和自由权。而生命权由于它所具有的独特的性质，很难适用于这个区分。②

五、形式自主观与实质自主观

总结一下目前的讨论成果，"不可放弃的权利"作为一个偏正短语显然具备两个部分，作为中心词的"权利"和作为修饰词的"不可放弃"。否认权利具有不可放弃性质的理论家首先将权利在概念上或者价值上与自主（autonomy）联系起来：在概念上，斯泰纳的不可能命题借助霍菲尔德框架论证权利不可放弃时出现的无限后退现象，反推出权利在概念上必然包含了权力（power）子项。在价值上，斯泰纳通过道德优先性命题力图论证权利的重要性就在于它所保护的权利人的自主价值，正是自主这一价值赋予权利道德意义上的优先性。所以（1）权利（在概念上或者价值上）预设了自主这一价值的存在。其次，权利的"不可放弃"意味着权利人不再能够自主地行使自己所拥有的权利，（2）权利具备的不可放弃性质与自主显然冲突。所以"不可放弃的权利"是一个自相矛盾的概念。

对于反对者而言，便自然存在着两种反驳的策略，要么否认命题（1），要么在肯认命题（1）的同时否认命题（2），即认为权利的不可放弃性与自主之间并不存在矛盾与张力，两者能够相容。后果主义理论大致上采取了第一种策略，范伯格对于生命权的论证采取了第二种策略。义务论对于后果主义的核心反驳在于，如果将权利同行使权利的后果联系在一起，将某些权利看作是不可放弃的能

---

① Terrance McConnell, "The Nature and Basis of Inalienable Rights", *Law and Philosophy*, vol. 3, no. 2 (1984), pp. 33–39.
② ibid.

够最大程度上解决集体行动的困境并且产生最佳的收益。权利现象本身就丧失了重要性，因为后果主义作为一种道德理论首先预设了一个行动正确与否的道德标准，而权利与这种道德标准捆绑在一起，有权利做的事实际上就相当于（后果主义标准下）道德上正确的事。对于一个行动的权利评价与道德评价重叠在了一起，权利在实践推理中所具备的独特的规范性地位便被道德标准所吸收。这实际上也是斯泰纳道德优先性命题的核心主张所在：如果承认权利本身具备一种独特的分量，能够独立于道德要求而辩护我们的行动，那么权利必然要与道德标准保持一定的距离，有权利做某事不等于做某事在道德上是正确的，而大多数情况下道德上正确的行动具备的正当性也并不需要诉诸权利，道德上正确本身就构成了一个独立的行动理由。

在承认命题（1）成立的前提下，部分理论家将方向转到对于命题（2）的反思，即化解自主与权利的不可放弃性二者之间的冲突关系。前述范伯格的主张大致采取了这一策略，范伯格一方面承认生命权具有不可放弃的性质，另一方面将安乐死视作权利人自主行使生命权的一种特殊形式，不可放弃的生命权不再成为自主的对立面，反而成为了自主的一部分。尽管范伯格的论证最终无法令人信服，但是这却指引出了一个值得努力的方向，在我看来，将自主与权利的不可放弃性对立起来的主张实际上预设了一种形式意义上的自主观，在这种自主观之下，"在拥有充分可选项的前提下，是否基于自由意志而做出行动"构成了判断权利人是否是自主的唯一标准。然而，如果承认自主的确是一个重要的价值的话，这种形式意义上的自主观无法与自由相区分，也无法解释道德自主与个人自主的区别。相反，一旦我们接受了一种实质意义的二阶段式自主观，那么权利的不可放弃性将不再与自主相冲突，并成为一个更为包容的自主价值的一部分。

首先考虑一个重要的区分：自主与理性。理性意味着行动者在实践推理中经过通盘考量以后，总是根据其所拥有的理由中分量最重的理由行动，也就是根据最强的理由（undefeated reason）而行动。而自主仅仅只是指行动者在实践推理中总是根据内容依赖且慎思性的理由（content-dependent and deliberative reason，CDD 理由）行动，而拒绝依照内容独立且具备断然性的理由（content-independent and pre-emptive reason，CIP 理由）行动。在这种区分之下，既有可能存在理性却不自主的情况，也有可能存在自主却不理性的情况。前者的典型例子是实践权威，实践权威要求行动者把权威给出的指令当作一种排除其他考量的二阶理由，所以权威所给出的理由既是最强的理由，也同时是 CIP 理由。而后者出现的情况更为普遍，基于权衡成本、意志薄弱等各种原因，即使根据 CDD 理由而行动，人们也有可能对何为分量最强的理由权衡错误，从而做出不理性的选择。[①]形式意义上的自主观便建立在自主与理性二分的前提下。

不可否认，在相当多的情况下，以自主为核心的权利扮演了辩护我们行动的角色，显然，没有任何人会否认我们享有挑选自己喜欢的衣服，选择自己喜欢的食物口味，选择自己未来职业的权利。在苹果、香蕉、梨子都是可选项的前提下，"我选择吃苹果"本身不但说明而且构成了对于我的选择的一种辩护。但是这种形式意义上的自主观面临一个严重的困难：人们不仅会去自主地做道德上正确与道德上无关的事情，还会自主地选择去做道德上错误的事情。在这些情况下，自主地参与不能构成一个有效的辩护性理由。一方面，"自主吸毒"与"强制戒毒"相比，前者并不会因为比后者多出自主这个要素而获得更强的正当性。另一方面，即使同样是吸毒，在日常生活中，"自主吸毒"与"强迫吸毒"相比，我们非但不会认为自主地去吸毒是一件好事，恰恰相反，相比起因为各种外界因素而被强迫去吸毒，根据理由的权衡而自主地去吸毒在道德上更为恶劣。在这个例子中，自主不仅没有构成为吸毒行为辩护的理由，反而成为一个谴责吸毒行为的理由。

问题就在于，为什么在这两个例子当中，自主所扮演的角色和功能会发生这么大的变化？这与自主去参与的实践有关，我们承认拥有自主选择衣服和口味的权利，却不承认拥有自主去吸毒的权利，原因并不在于行动是否是由权利人自主选择而成的，而是在于选择口味和衣服是道德上中性的行动，而吸毒却是道德上错误的行动。或者更精确地说，自主到底具有何种价值，并不在于自主本身，而在于对我们自主参与的那个实践来说，"自主"本身是否构成了这个实践要旨的一部分。在相当多的社会实践当中，自主参与本身就是使得所参与的实践更为有价值的一个重要部分，大多数俱乐部和社团的一个基本原则便是"自愿加入、自愿退出"，因为对于社团活动而言，有着共同爱好和兴趣的成员基于自愿原则参加活动正是这一实践所蕴含的价值所在，也由此将社团活动同其他不以自愿原则为基础的社会实践相区分开。例如，在中国，所有适龄儿童都应当接受义务教育，而不论儿童及家长是否自主地接受义务教育，这是因为在义务教育这个实践当中，自主并不是一个重要的价值，它可能需要让位于知识、平等或者其他更为重要的价值。即使是在食物口味这样一个形式自主观中的典范事例中，自主的地位仍然

[①] Scott Shapiro, "Authority", in Jules Coleman, Scott Shapiro (eds.), *The Oxford Handbook of Jurisprudence and Philosophy of Law*, Oxford University Press, 2002, pp. 387-391.

会随着背景性实践条件的改变而改变:尽管通常情况下,我们承认个人的口味属于自主选择的范围内。但是对于糖尿病患者而言,这一范围便会受到限制,这就是因为随着"保护生命健康"条件的加入,自主参与的背景性实践并不再能够呼应自主原初被赋予的正当性。所以,在形式意义的自主观之下,以"权利人是否基于自由意志行使或者放弃权利"这一纯粹形式的标准来判断权利人的行为是否满足自主的要求将无法容纳我们对于权利具体价值的深层次争议。之所以承认我们拥有自主选择职业的权利,而没有自主吸毒的权利,并不在于权利人是否基于自由意志选择吸毒,而在于对于前者而言,我的自主选择本身就赋予了我所选择的职业以价值。而对于后者,自主选择去吸毒并不能够让吸毒变得更有价值。借用范立波副教授的表述,这就是个人自主与道德自主的区别,真正的自主只能是一种道德自主,也就是自主的去做道德上正当之事,只有在这个意义上,自主才能够成为一种值得追求的价值。①

自主与自由不同,自主不能仅仅意味着成为人生的"作者",而是要成为人生的"好作者"。一个实质意义上的自主观必然要求首先确定我们所自主参与的实践的价值与要旨,根据所确定的价值与要旨来进一步决定我们以何种自主的态度面对这样的实践。此外,如前文所述,实质意义的自主观还应当能够容纳我们对于何种价值最佳的深层次争议。这样一来,自主便成为了德沃金所说的诠释性概念,我们并不是通过某种共享的标准实例或者自然结构来判断自主与否。② 除了形式意义上的自由意志之外,实质性的道德判断也进入到了自主的内部,自主并不再简单地依据是否形式上自主地做出,还需要进一步判断是否自主地做道德上正当之事。这使得自主呈现出一种鲜明的二阶段形态(two-stage):第一阶段,当形式意义的自主参与本身构成了所参与实践中的价值时,只需要动用形式意义的自主观便也能够同时满足实质的道德要求。在第二阶段,当所参与的社会实践的价值不支持形式意义的自主观时,便需要在综合考量各种因素之后,自主地去做道德正当之事。在选择职业时,无论我选择成为律师还是大学老师,二者之间本身不存在一个客观上可通约的外在评价标准,而哪一种选择更具有道德上的正当性则完全基于其是否由我自主地作出这一标准。因为对于职业选择而言,形式意义的自主本身就是使得这一选择更具价值的组成部分。而面对更具争议性的实践时,实质的道德判断独立于形式意义的自主

---

① 范立波:《权威、法律与实践理性》,载《法哲学与法社会学论丛》2007年第2期。
② Ronald Dworkin, *Justice in Robes*, The Belknap Press of Harvard University Press, 2006, pp. 4-9.

而单独构成了自主的判断标准，此时的自主就意味着当我们作出了何种行动是道德正当之判断后，在面对诸多可能存在的意志薄弱、欲望、情绪等相冲突的因素时仍然自主地做道德上正当之事。

　　经由实质自主观的诠释进路，权利所具备的不可放弃性便不再与自主相冲突，因为即使承认某些权利是不可放弃的，这种权利所具备的不可放弃性也是经过了两个阶段的考量后所做出的终局性的判断，在第一阶段，这种权利的具体内容并不呼应形式意义的自主观，自主地放弃权利无法使得权利体现出它所被赋予的那个价值。在第二阶段中不可放弃的权利被证明为最具备道德之正当性，所以它更能体现道德自主的要求。二阶段构造的另一个优势之处就在于，它避免了后果主义进路下将权利等同于道德要求的问题。它既使得道德判断成为了自主判断的标准之一，而又不会使得权利完全被道德要求所吸收，能够有效避免一些理论家所担心的权利冗余的后果。沃尔德伦在著名的《做错事的权利》一文中提出，如果不存在做错事的权利的话，那么权利就丧失了它独特的地位与重要性，因为权利完全可以被道德要求所替代。① 在第一阶段当中，形式自主观之下权利人的自主选择仍然扮演着重要的角色，沃尔德伦在文章中所提到的大多数"做错事的权利"的例子实际上都体现出自主选择本身就构成了某一权利的价值的组成部分，因而也更接近于上文中反复提到的选择职业和口味的例子。② 所以，接纳实质自主观的权利尽管与道德有着紧密的关系，但是仍然也保持了一定的距离。

结　语

　　日常生活中，人们可能会对哪些权利是不可放弃的有着广泛的争议，这些争议是源于我们对于不同权利的具体价值和要旨有着深刻的分歧。生命、尊严、自由这些善对于一个完满的生活而言是如此的重要，所以对于任何可能涉及到这些内容的权利都要谨慎对待。生命是否可以放弃？尊严是否可以放弃？每一个人都会根据他独特的生活史中所形成的价值认知和价值体系对这些问题给予不同的回答，人们

---

① Jeremy Waldron, "A Right to do Wrong", *Ethics*, vol. 92, no. 1 (October 1981), pp. 21-39.
② 沃尔德伦举了非常多的"做错事的权利"的例子：冷漠地拒绝陌生人的谈话要求，拒绝考虑那些使其信念受到困难的证据，拒绝将从博彩中赢得的钱用于慈善事业。显然，在这些例子中，自主本身就具有一定的价值，因而实质意义的自主观既不会否认有做这些事情的权利，也不会否认可以放弃这些权利。参见 Jeremy Waldron, "A Right to do Wrong"。

无法根据对权利所共享的某种结构或者标准来判断权利是什么，放弃权利意味着什么。从这个意义上来说，以自主为核心的权利必然是一种诠释性的概念，也是一种"本质上可争议"的概念，它敏感于不同的人对于自主这一价值的认知。对于价值的不同诠释的确存在客观真理，但是这种客观真理无法通过形式上的自主选择得出，所以，接受一种容纳实质性道德争议的自主观念看起来是一个更加值得努力的方向。

从波兰看欧盟线上公证的立法及其解释适用*

艾娃·罗特-皮特兹科　弗里德里克·佐尔　达里乌斯·索斯泰克

马特乌什·格洛科沃夫斯基** 著

张　蜜*** 译

摘　要　本文试图构想波兰公证文书程序可能的改革，研究了在双方线上交流的过程中，起草和签署这些文书的可行性。传统公证程序（基于纸质文件以及公证人和当事人的实际在场）受到新冠疫情引发的重大限制，本文的分析正是基于此。然而，本文不仅着眼于当前的现实，还看到更长远的目标：找到使公证文书规范全面现代化，并不断调整以适应社会中持续增多的线上交流的可行办法。本文肯定地认为，公证文书的现行规则结构已允许进行线上文书公证，而无须进行彻底的立法变革。这可主要通过改变规则解释态度来实现，特别是要更深入地观察这些规则的功能，观察它们的基本原理与线上交流的特征之间的相互关系。就后者而言，本文

---

*　本文原文为波兰语，题名为 "Czynności notarialne online — podstawy de lege lata i uwagi de lege ferenda"，原载于《法学论坛》（*Forum Prawnicze*），2020 年第 4 期。

**　艾娃·罗特-皮特兹科（Ewa Rott-Pietrzyk），卡托维兹西里西亚大学法学教授。弗里德里克·佐尔（Fryderyk Zoll），雅盖隆大学、奥斯纳布吕克大学法学教授。达里乌斯·索斯泰克（Dariusz Szostek），奥波莱大学道德与法律学院教授，法学博士。马特乌什·格洛科沃夫斯基（Mateusz Grochowski），汉堡马克斯普朗克国际和国际私法研究所的科学顾问，耶鲁大学法学博士。

***　张蜜，卡托维兹西里西亚大学法学院博士研究生。

深入研究了先进的线上传输和存储数据的方法，它们为通信效力和公证文书的真实性提供了可能的保障。

关键词　公证契约　新技术　公证　公证法律行为　网络法律行为

引　言

COVID-19 疫情的爆发给波兰和其他欧盟国家在几乎社会生活的各个方面都造成了彻底的改变。其中也包括公证行为，因为按照传统惯例公证事项是在公证员和当事人亲自在场的情况下完成的[①]。在这样的情况下，更需要注意的，也是一直以来都在被提及的问题[②]，即目前对于公证行为法律法规的解释和实践——尤其是关于起

[①] 截至目前波兰全国公证委员会的官网（https://www.krn.org.pl/1193/Aktualnosci）一共发布了三份关于在 COVID-19 疫情期间关于公证实践的文件：1）2020 年 3 月 24 日波兰全国公证委员会就卫生部于 2020 年 3 月 24 日颁布的疫情期间的临时行政命令以及其他提交给地方公证机构关于公证处运行原则提问的解释；2）在卫生部于 2020 年 3 月 24 日发布行政命令后波兰全国公证委员发言人于 2020 年 3 月 28 日颁布的关于公证处运行原则的解释；3）波兰全国公证委员会于 2020 年 4 月 1 日出台的就 2020 年 3 月 31 日政府关于在疫情期间设立一定限制、命令和禁令的行政命令的解释。根据波兰全国公证委员会的解释，关于 2020 年 3 月 31 日政府关于在疫情期间设立一定限制、命令和禁令的行政命令（2020 年法律公报第 566 项），依据其中的条款，例如"公证处作为履行公共事务的机构受到行政命令第 13 段第 2 款的规定，因此该规定授予公证员在行政命令第 13 段第 1 款第 1 和第 2 点指出的情况下限制公证处活动的可能性（自 2020 年 3 月 31 日起直至临时行政命令取消之日）。另外，依据该行政命令第 13 段，"如果是公证处，那么其业务活动的限制范围和形式由公证员决定。"新闻报刊也报道了相关问题：E. Wasińska, *Sytuacja notariuszy w obliczu zagrożenia epidemią koronawirusa* (z 17.03.2020r.), alty online https://www.lex.pl/sytuacja-prawna-notariuszy-w-obliczu-zagrozenia-epidemia-koronawirusa,6181; P. Rojek - Socha, J. Olczyk, *Koronawirus zatapia notariuszy, kołem ratunkowym* – (z 3.04.2020r.), alty online https://www.prawo.pl/prawnicy-sady/elektroniczny-akt-notarialny-rekomendacje-jak-wprowadzic-w,499237.html; P. Rojek - Socha, *Kancelarie notarialne zamykają się z powodu koronawirusa* (z 28.04.2020r.), alty online https://www.prawo.pl/prawnicy-sady/kancelarie-notarialne-zamykaja-sie-z-powodu-koronawirusa-dane,499846.html; D. Mikulska, *Czy w obecnej sytuacji możliwe jest doprowadzenie do sprzedaży nieruchomości*? (z 25.03.2020r.), alty online https://www.nieruchomosci-online.pl/porady/epidemia-koronawirusa-czy-mozliwa-jest-sprzedaz-nieruchomosci-11545.html. *O analogicznym problemie w belgijskim, austriackim, francuskim i niemieckim obrocie notarialnym – oraz o krokach podjętych w celu jego rozwiązania* – por. P. De Ryck, *COVID-19 and the passing of notarial deeds*, Lexology. com, 24.03.2020, alty online https://www.lexology.com/library/detail.aspx?g=d434c1cf-a5db-4bad-8462-9f72de72e959; R. Michaels, *Notarization from abroad in times of travel restrictions*, Conflicts of Law. net, 22.05.2020, alty online https://conflictoflaws.net/2020/notarization-from-abroad.

[②] A. Oleszko, *Akty notarialne. Komentarz* (art. 91–95 Prawa o notariacie), Warszawa 2012, s. 168; J. Przetocki, *Wykorzystanie środków przekazu elektronicznego*, między innymi e-podpisu w praktyce notarialnej, "Rejent" 2006; M. Lorenc, *Elektroniczna forma notarialna, rozwiązania przyjęte w prawie europejskim – model francuski*, "Nowy Przegląd Notarialny" 2008, nr 1; K. Rymanowska-Mrugała, *Akt notarialny jako szczególna forma dokumentu urzędowego*, Folia Iuridica Universitatis Wratislaviensis 2016, nr 5.

草公证文件的问题——是否需要改变和更新。从当前的情况来看，这样的改变有利于改善 COVID-19 疫情造成的负面影响，无论是在经济领域，还是在不同层面的社会关系上①。但是这样的改变还应该带来更广泛的效果，它能够保持公证事务的持续现代化——采纳其他国家的范例——将其适用到科技发展带来的新需求和条件中。

笔者认为，在当下的立法情况下，有可能通过司法解释的方式（除了一些细微的设计技术问题的立法修正）在波兰引入利用新技术更加现代化地起草公证文件的形式（可借鉴其他欧盟国家的解决方案）。COVID-19 造成的情况加强了利用新技术简化起草公证书的必要性。笔者基本的构想是，以新方式起草的公证书能够满足传统公证形式的所有功能②，并发挥所有的保证效力。

下文将进一步分析在波兰法律体系中，利用电子方式远程进行公证行为——尤其是起草公证文件的可行性。笔者的意图还包括，指出解决可能阻碍公证事务完全数字化问题的总体方。从而在本文中没有提及所有与实现线上公证行为相关的问题（尤其是偏技术的问题）。但是笔者们希望，他们所提出的思考能够有利于确定进行线上公证的问题范围，并且评估在现行波兰法律体系中的实现可能性（并且参考欧盟成员国的法律）。从长远来看，笔者们希望——通过讨论这个问题，就在公证行为中利用新技术以系统的方式，而不是列点的方式来展开对立法论的广泛讨论。

一、引入线上制定公证文件的必要性

在此我们希望强调，在当前的情况下，考虑利用新技术来做出意思表示是非常必要的（尤其是电子形式的公证书），目的是减少当事人之间以及他们与公证员的接触。并且这不是与欧盟相左的想法。欧盟法律研究院③在其发布的与 COVID-19 疫情相关的名为《欧盟法律研究院关于 COVID-19 危机的原则》④的指导意见中也表

---

① 在 2020 年 3 月 31 日出台的关于变更关于预防、抵抗和应对 COVID-19 以及其他传染病及其造成的违纪情况的具体解决方案法和其他法律的法案中（2020 年法律公报，第 568 项），完全没有提及关于保证公证处持续运作的手段；同样在 2020 年 4 月 30 日出台（议会文档 344-A，http://orka.sejm.gov.pl/opinie9.nsf/nazwa/344_u/$file/344_u.pdf）的关于在预防 SARS-COV-2 传染的情况下变更部分法规的法律中，也没有涉及该问题。

② 关于形式要求的功能和目的请参考 M. Grochowski, *Skutki braku zachowania formy szczególnej*, Warszawa 2017, s. 36 i n.

③ 欧盟法律研究院（ELI）。研究院官网：https://www.europeanlawinstitute.eu/。

④ 这些原则的详情可参见：https://www.europeanlawinstitute.eu/fileadmin/user_upload/p_eli/Publications/ELI_Principles_for_the_COVID-19_Crisis.pdf.

达了相似的态度。根据第 10（1）项原则，欧盟国家应该保证订立合同以及实施其他法律行为的可能性——其中包括远程实现公证行为①。这证实了有必要通过立法保证能够实现无需亲自到场的公证方式——而这样的方式需要一定程度的数字化。

　　COVID-19 只是笔者们撰写本文提出解决方案的一个契机。因为我们认为，本文所提议的方案不应该只涉及疫情期间。通过利用电子通信技术，可以解决必须亲自前往公证处的问题-甚至可以最大程度上保证公证行为的效力②。第一，现在的技术手段能够满足这样的条件。第二，早在 2015 年波兰法律中就引入了远程程序③的概念，也就是说法院听证可以完全在线上进行。同时还确定了远程提供证据，包括远程审问证人的可能性④。应该认定，上述行为与公证行为没有实质上的区别。第三，在未来应该考虑"绿色秩序"的方案，也就是减少碳排放的方式，而远程的行为则避免了不必要的交通⑤。

　　COVID-19 以及社会和经济生活方面的行政限制所带来的危机，可能导致波兰和其它欧盟国多个行业的交易量⑥大幅减少（最好的情况是维持现状），而这些活动大多依赖于公证行为。这主要涉及不动产交易（波兰民法典第 158 条）以及中介服务（因为授予代理权的行为同样需要公证（波兰民法典第 99 条第 1 节））。这样的情况当然也可能会限制到其他法律机制的运行，例如死亡赠与行为：遗嘱（波兰民法典第 950 条）以及其他与继承法相关的民事行为（例如确认接受遗产——波兰民法典第 1025 条第 1 节，拒绝遗产——波兰民法典第 1015 条，以及遗产分割——

---

① 原则 10（1）原文："States should ensure that contracts can be concluded, management decisions can be made, and all other legal steps can be taken at a distance, including notarisation and other participation by notaries."。

② 请参考 E. Rott-Pietrzyk, D. Szostek, *A New Approach to the Legal Understanding of "Directness" and "Participation" in the Aftermath of COVID-19*, w: Coronavirus and the Law in Europe, Cambridge: Intersentia Ltd, 2021 (w druku).

③ 民事诉讼法第 151 条，"法官可要求使用技术装置远程进行公开听证会。在这种情况下，诉讼参与人可以在法院之外的场所参加开庭，并在那里进行诉讼行为，诉讼活动的过程由诉讼法庭的法院传递到诉讼参与人的居住地，并由诉讼参与人的居住地传递到法庭。"；请参考 R. Markiewicz (w:) *Kodeks Postępowania Cywilnego*, T. I, (red.) T. Szanciło, Warszawa 2019, s. 591。

④ 民事诉讼法第 235 条第 2 节：在证据的性质不冲突的情况下，庭审法院可以决定是否利用电子设备远程提供证据。更多请参阅 A. Klich (w:) *Komentarz C. H. Beck Informatyzacja postępowania cywilnego*, (red.) J. Gołaczyński, D. Szostek, Warszawa 2016, s. 179 i n.; A. Łazarska (w:) *Kodeks Postępowania Cywilnego, T. I,* (red.) T. Szanciło Warszawa 2019, , s. 907-908. 另外，依据民事诉讼法第 235 条第 2 节远程提供证据的行为可以在任意地方进行，不仅限于法院建筑内。

⑤ 关于此问题请参阅：https://ec.europa.eu/info/strategy/priorities-2019-2024/european-green-deal_pl。

⑥ 根据波兰国家委员会在官网 prawo. pl (https://www.prawo.pl/prawnicy-sady/kancelarie-notarialne-zamykaja-sie-z-powodu-koronawirusa-dane,499846.html 2020 年 4 月 29 日）的数据，在 3600 家公证处中，376 家处于关闭状态，而 769 家已经限制了自身的业务范围。

波兰民法典第 1037 条第 2 节）[①]。这样的问题对于那些不够了解如何在公证员不在场的情况下实施上述行为（例如立遗嘱的其他可选方式），且资金有限或时间紧急的人来说格外重要。因此，这种情况可能导致一些交易参与者的弱势更加突出，并造成他们的二次隔离。另外，值得注意的是，为了避免风险，许多人（特别是老年人）可能在不久的将来避免以公证书的形式起草遗嘱，并寻求其他解决办法[②]。尽管对于老年人群体来说，在网上进行公证或许也是比较困难的（无论是从技术层面还是心理层面）。

因此，在这方面值得考虑的是——特别是由于交易的需要——能够以公证书的形式以安全有效的方式进行合法交易，而不需要交易参与者之间的直接接触（主要是商业交易，但不排除在下一阶段也在一般交易和消费交易中采取这样的方式[③]）。

到目前为止，已经有许多人表示（并且仍有论点）支持传统的公证模式（特别是公证书的编制），这其中应区分出三种主要观点：

第一，传统方式的公证书起草，以及与此方式相关的所有程序，都要求当事人亲自到场，且在公证员面前作出意思表示的书面声明[④]。

第二，以线上公证书的形式提交有效的声明目前在实践中不被接受（主要是对于远程起草公证书实践可行性的质疑）[⑤]。

第三，在实践中普遍认为，现行的法律只明确规定了传统形式的公证书和相关程序，也就是假定所有参与者都（现身）在公证人面前，而这样的现身是在出具公证书（或者通过代理人作出意思表示）时必不可少的。这里采用了行为统一（*unitas actus*）的原则，即公证书只有在其序言（公证书第一部分）中提及的所有人都在场的情况下才有效[⑥]。

[①] 请参考 K. Osajdy, *Prawo spadkowe (w) przyszłości. Perspektywy rozwoju prawa spadkowego*, MOP 2019, Nr 2, s. 72, 73, a także komentarz K. Dobrowolskiego zamieszczony w opracowaniu D. Mikulskiej, *Czy w obecnej... (z 25.03.2020r.)*, odnoszący się np. do odrzucenia spadku.

[②] 关于此问题可以通过 K. Osajdy, *Prawo spadkowe*, s. 73, 74. 的分析和结论找到相应的解决方案。

[③] 请参考本文第七点的观点。也可以参考 uwagi w pkt. VII tego opracowania. Por. także F. Möslein, *Rechtsgeschäfte unter Abwesenden: Vertragsschluss und Beschlussfassung trotz »Social Distancing«*, Juristische Ausbildung 2020, No. 10, s. 1004. 该文作者认为，德国关于公证形式的法律并没有要求当事人双方必须亲自前往公证处。在法律没有明确禁止的情况下，当事人的意思表示已经足够，只要公证员能够证明其签字的有效性。这意味着，当事人双方在履行法律行为时不一定必须都在场。

[④] 请参考文章 E. Drozd, (w:) *System prawa prywatnego*, t. 2, wyd. 3, Warszawa 2019, s. 228, 229。

[⑤] 请参考波兰国家公证委员会新闻发言人于 2020 年 3 月 28 日就在卫生部于 2020 年 3 月 24 日颁布关于变更波兰疫情状态的行政命令之后对记者提问作出的回答，可在国家公正委员会的网站：https://www.krn.org.pl/1193/Aktualnosci 上获取。

[⑥] 同上。

在这方面就波兰法律提出的假设参考了其他国家的解决方案，例如在奥地利，不仅在线公证活动可以通过远程核实身份，在线上进行验证，而且还可以使用合格的电子签名完成签字。在奥地利还可以证明在平板电脑上在线提交的手写签名的真实性。这是通过奥地利《电子公证法》[①]实现的，该法律在COVID-19期间得到了充分的实践。

我们认为，这些论点并不能有力地支持这样一个事实，即我们对公证实践的现状感到不满意，我们应采取行动，利用新技术让公证处能够开展公证活动。我们认为，在公证实践现代化的道路上，有必要开始第一阶段的工作，即提出改变公证实践的论点并加以讨论。然而，在COVID-19的背景下，考虑到因为公证活动受限而带来的社会成本，这一阶段不应持续太久。我们提出在这方面的观点是为了引起广泛的讨论；换言之，我们的目标是开始改变公证实践的第一阶段，使其向新技术开放。

二、公证书形式法条的解释方法

在包括私法在内的法律史上，许多时候，迅速的历史变迁都促使人们重新思考私法中法律规范的含义。例如，在第一次世界大战后不久，贸易实践中出现了私法应如何应对现有复杂情况的问题，现有法律结构采取这种创新做法并不令人惊讶[②]。像今天发生的那些突然的变化也是如此，这些变化以如此激进的方式改变了我们生活的环境。这种瞬息万变的状况，立法者在制定法律时没有考虑到，因此需要回答这样一个问题：在适用的法律秩序下，是否有可能使现有的法律制度适当地适应新的社会生活条件[③]。

这些问题完全有效的一个领域是遵守"其他特殊形式"的要求的问题，特别是那些需要公证人参与的要求。就公证书的形式而言，迄今为止，有关该形式规定的解释都是限制性的，这意味着过去在公证实践中，不允许利用远程通信手段作出

---

① E. Drozd, *Z problematyki zawarcia umowy w formie aktu notarialnego*, Rejent 1996, nr 4-5, s. 15, 16. Podobnie, jak zauważa F. Möslein, *Rechtsgeschäfte unter Abwesenden*, s. 1005, w niemieckich przepisach o formie notarialnej nie jest możliwe, by obecność notariusza przy składaniu oświadczenia przez stronę mogła nastąpić na odległość (np. za pośrednictwem ekranu komputera).

② 更多关于一战造成的民法变化的话题请参考 B. Rüthers, *Die Unbegrenzte Auslegung*, Tübingen 2012, s. 37, 42, 69, 216。

③ 请参考 F. Bydlinski, *Juristische Methodenlehre und Rechtsbegreiff*, Wien 1991, s. 128。

公证行为[①]。在当前COVID-19疫情下，出现了一个问题，即对于公证活动形式的规定是否可以被解释为远距离进行公证活动是可以接受的。在这方面，根本的问题是，就公证行为而言，是否只有在目前的危机状态下——从实体法的角度来看——满足宪法特别措施的条件，才有可能对条例作出更为自由的解释。重要的是，这种解释是否应该仅限于维持正常人际交往极其有限的紧急情况。从研究中的进一步考虑可以看出，解决这一困境不仅限于COVID-19疫情的背景。这项研究的作者的调查结果表明，已经生效的法规提供了足够有力的论据来说明线上公证是可行的。通过适当的程序，远距离进行公证活动，也能够保护与以传统方式进行公证活动相同的利益。

然而，一开始提出的问题尚未解决，即是否有可能仅通过解释来引入关于形式的特别制度。这种解决办法不能一概而论地排除。法律规范的解释往往涉及法律规范所处的空间、时间和社会现实。这意味着一定的规范必须实现相应的要求，因此，如果把这个问题完全抽象化，可以想象出一种解释，也就是只有在特殊情况下才有理由偏离相应的实践。然而，即便不排除这种理论上的可能性，也应该尽量避免这种方式，因为对于"情况的特殊性"的前提的定义含糊不清，可能会产生对某一特定活动是否得到有效执行的怀疑。这样，就会产生怀疑，往往是对法律行为有效性的怀疑，随着时间的推移在各种情况下对其进行评估都将越来越困难。

然而，在此处讨论的情况下，现行的规则已经具备充分的基础，无论当下情况如何。这种情况只表明迫切需要以新的方式重读法律条款，结合新技术提供的可能性来考虑。此外，可以说，它甚至不要求对目前适用的有关公证活动的规定，特别是对公证书的规定，适用功能性解释。事实上，与这些活动有关的规定的拟订范围足够广泛。到目前为止，人们对它们的理解过于狭隘（这是不恰当的），而现有的技术实际上允许人们对它们有更广泛的理解，而不需要应用目的论的简化方法，但在实践中，这种简化方法并没有被称为目的论。本文提出的解释方向也与适用规则的功能和比例法则相对应。因此，我们在这里讨论的是最理想的语言和功能解释一致的结果。

在这个领域，法律确定性是一个特别重要的价值取向，一直以来都有对上述条款的不同理解，因此只需要少量的立法干预，仅对目前适用条款进行技术性解释，便可以使得这些条款能够支持远程公证活动。

[①] 请参考 A. Oleszko, *Akty notarialne*, s. 168。

三、公证文件的法律法规

在法律制度中，关于形式的法规，就其本身的性质而言，应当从其在交易中所履行职能的角度来解读。然而，最重要的是，应当充分利用语言解释本身所带来的可能性。每一个按照具体形式作出意思表示或完成其他行为的情况①都有一个特定的目的——最常见的是为作出意思表示和特定声明的内容提供永久性证据（证据-记录功能）②，通常也为一方或双方提供了一个额外的机会来反思所进行的活动并了解其法律后果（警告功能）③。就公证活动而言，特殊形式（公证书、经公证人签字的书面形式或注明日期的书面形式）的典型功能是公证员的参与。公证员对某一特定事实（例如签名的真实性）进行正式认证，并从遵守法律的角度检查活动的内容，并可向当事人提供补充指示。因此，保留公证形式（特别是公证书的形式）是保证法律行为有效性的先决条件，例如公司合同和转让不动产所有权的法律行为。

公证行为则包含了其它的要素。首先是公证行为个别要素的确定性，这需要公证员的参与。他对某一特定事实（例如签名的真实性）进行正式认证，并检查活动内容是否符合法律。此外，它还可以就公证书的内容及其法律效力向当事人提供指示④。因此，与公证员活动有关的法律形式（如公证书形式）是保证法律行为具有有效性的先决条件⑤，这是交易中至关重要的因素——包括与设立和运营商业公司有关的合同和法律行为（如依据《商业公司法》第106条的行为）和转让房地产所有权的法律行为（《民法典》第158条）⑥。

关于形式的法规在交易中起着重要的稳定作用。它们明确了法律行为的效力和充分有效性所依赖的履行条件——在这方面，它们向当事方提供了关于如何提交声明的明确信息。基于这些原因，具有特定形式的条款——也适用于与公证人参与有

---

① 既包括遵守法律要求的具体形式，也包括按照合同的方式（pactum de forma）—即约定采用公证书的形式。

② 请参考 P. Mankowski, Formzwecke, *Juristenzeitung* 2010, nr 13; K. Górska, Zachowanie zwykłej formy pisemnej czynności prawnych, Warszawa 2007, s. 16–20; M. Grochowski, *Skutki braku...*, s. 36–38。

③ M. Grochowski, *Skutki braku...*, s. 38; J. Górecki, Forma umów obligacyjnych i rzeczowych w prawie prywatnym międzynarodowym, Katowice 2007, s. 26 i n。

④ 具体请参考公证法第80条

⑤ 若没有采用普通书面形式、文档形式或合格电子形式，则会导致绝对无效（民法典第73条）——请参考 M. Gutowski, *Nieważność czynności prawnej*, Warszawa 2017, s. 196, 197; P. Skorupa, Nieważność czynności prawnej w prawie polskim na tle prawnoporównawczym, Warszawa 2019, s. 574。

⑥ 值得注意的是，根据2020年3月2日关于预防、防御、应对COVID-19解决方案的法案（法律公报2020年，第374项），法人机构的会议可以利用通信技术进行，不需要机构所有的成员同时在场。

关的形式——应以尽可能稳定的方式解读，尽可能接近其文字（语言）措辞[①]。

然而，可能有一些情况需要直接提及特定形式的特定要求的功能，并说明在特定条件下，该要求对当事人是否仍然重要，或者是否成为他们不必要的负担，在特定情况下不可能承担。这种特殊情况在波兰法律中已经发生过多次，也与公证书和其他公证活动的形式要求有关。在这些情况下，要么需要对形式要求的重新解释，使其具有更大的灵活性，要么完全无视违反这一要求的后果（并将法律行为视为是被有效实施的，值得对重要的法律行为进行评估）[②]。

这种情况发生在 COVID-19 疫情的条件下，这给公证工作带来了非常严重的困难（考虑到公证服务领域的实践）。但是，这种情况并不构成本文提出的解释的前提。《公证法》对公证行为规定的传统解释要求公证行为各方当事人在同一地点、同一时间到场，在当前的危机形势下，这进一步加深了问题的严重性。目前公证界在实践中接受的解释，并不是唯一可以接受的对《公证活动法》规定的解释。同样在目前的法律情况下，也可以将现行有效的规定解释为目前的特殊情况——同时保持公证形式的基本功能。因此，以这种方式执行的行动可以被认为是完全有效的，与以传统方式执行的行动相同。此外，涉及公证人使用新技术的法律交易形式的履行——由于特殊情况——即使在终止后也可以继续。这些情况只会使人们对公证活动的实践有一个新的认识。在正常情况下，对所讨论的范围内的公证实践重新审视可能需要许多年的时间，而现在——有人可能会说——这已经成为一种必然。

考虑到上述关于在编制公证书时使用新技术的论点，可以得出结论，与电子协议（波兰语：e-protokół）类似，进行公证行为的程序可以完全是音频和视频性质的。然而，这一解决办法需要在立法、组织和技术上稍作改变，以便通过远程通信编制的公证文件可以存档，而且可以准备摘录。因此，完全有理由开始讨论必要的变化，在实践中运行良好的电子协议可以作为参考。

四、线上识别进行公证行为之人

到目前，公证界都认为如果不能识别行为参与者的身份，则不能完成公证行

[①] 请参考 M. Grochowski, *Wymogi formalne w umowach konsumenckich*, Warszawa 2018, s. 71–74; M. Matczak, *Summa iniuria. O błędzie formalizmu w stosowaniu prawa*, Warszawa 2007, s. 18; ogólniej o wykładni przepisów o formie oświadczeń woli także A. Jędrzejewska, Pisemna forma oświadczenia woli a „automatyzacja" obrotu prawnego, Panstwo i Prawo 1993, z. 1。

[②] 请参考 M. Grochowski, *Skutki braku...*, s. 184–201。

为。公证法第 85 条第 1 节规定公证员有义务在执行公证行为时核实其参与者的身份。根据第 2 节，鉴定应以法律规定的文件为基础，在没有这些文件的情况下，需要以排除对参与公证行为的人的身份有任何怀疑的方式进行。公证人正确履行第 85 条第 1 节规定的义务的条件，是事先通过对提交给公证人的身份证件的可信度进行肯定性核实（评估），确认参与公证行为的人的身份。公证人随后评估该文件的外部特征和其中所含条目的内容，并表示是否怀疑其真实性或是否有伪造嫌疑。

作为一项规则，如果提交给公证人的身份证件没有显示出引起怀疑的明显特征（无论是直接进行评估还是使用新技术远程进行评估），公证人就无法确定其是否是伪造的。司法规定，"公证人有义务在其参与的活动的每一个阶段行使'最大限度的谨慎'"。如果有特殊情况——涉及证件本身或证件外部——应通过向代理公证人提出质疑，对证件的真实性或参与诉讼的人的身份提出质疑，应加大对身份证件可信性的评估力度。这一假设同样适用于远程准备的公证书，没有任何障碍。

第 85 条无疑是保证由公证人参与作出或记录的声明的可信度和真实性的制度的一个要素。因此，它属于公证人性质的形式要件保障的特殊地位，作为私法形式要件体系中的最高层次。因此，在远程起草公证书时，有必要确保与传统起草的公证书具有相同的可信度和真实性保证水平。

到目前为止，在公证处都是通过出示身份证的方式进行身份认证的。然而，在 COVID-19 期间，这种解决方案至少在流行病学方面具有风险（办公室里有许多人，加上身体接触），而且在许多情况下，它可能仅仅是非法的（由于离家和搬家受到限制）。然而，这并不能使身份验证的传统做法成为唯一可能的解决办法。确认参加公证行为的人的身份也可以排除当事人之间进行身体接触的需要[①]。

解决这一问题的办法可能是公证人通过网上视频会议与公证行为的参与者进行沟通，并对其进行充分记录，身份验证将分三个阶段进行。

第一，参与者将在网上出示身份证（对着相机），然后公证员将证件中的照片与行为当事人的面部进行比较[②]（目前传统的公证书程序便是如此）。

第二，信息技术系统将同时对身份证的真实性进行技术确认，并通过并列一张照片和一张被核实人的面部扫描来核实生物特征数据。目前，一些银行或在某些过境点核查身份证时正在使用这一系统，这将大大有助于创建一个供公证员使用的类似工具。

---

① 请参考 M. Lorenc, *Elektroniczna forma notarialna, rozwiązania przyjęte w prawie europejskim– model francuski*, "Nowy Przegląd Notarialny" 2008, nr 1, s. 21 i n.

② 银行法允许这种核实方法。视频验证是满足波兰银行法第 7 条所要求的形式。

第三，在这些阶段之前，将根据欧盟电子签名和信任系统（eIDAS）条例和认证政策①，由受信任实体（签发合格电子签名）在激活合格电子签名时进行验证。通过该人出示的文件对该人进行实际核实（与实际在场的情况相同，按照目前公认的公证惯例，由公证人进行核实）②。

这种身份验证方法足以满足公证法第 85 条的条件。在民事诉讼中，作为远程讯问（《民事诉讼法》第 235 条第 23 款）和单独诉讼（《民事诉讼法》第 151 条第 2 款）的一部分，法律允许采用类似的核实方法。因此，这在波兰法律体系中③不是一个新的或未知的解决办法，它在法律体系中的地位也不会造成任何严重困难。

在解释与身份验证有关的法规时，应假定此类验证符合公证法第 85 条第 2 款（通过软件验证身份证）的要求。或者应该使用第 85 条第 2 款，即承认没有实际出示身份证件就被视为没有证件，然而尽管没有证件，也可以通过记录参与者的图像和声音来确认身份，以及证据的远程核实（如果以排除对参与公证行为的人的身份的任何怀疑的方式进行）④。

应当指出，公证活动本身的记录，包括身份查验过程，是波兰法律意义上的文件。根据《民法典》第 77（3）条⑤，文件是一种信息载体，使人们能够阅读其内容⑥，包括图像或录音⑦。eIDAS 法规第 3 条第 35 点也以类似的方式作出了定义，其中电子文件是指以电子形式存储的任何内容，特别是文本、音频、视频或视听记录⑧。因此，公证行为的记录本身就变成了一份文件——因此，它提供了符合《民

---

① 更多关于欧盟电子签名和信任系统（eIDAS）的问题请参考：D. Szostek, (w:) *Informatyzacja postępowania sądowego*, (red.) J. Gołaczyński, D. Szostek, Warszawa 2016, s. 91-100; tenże, (w:) *Informatyzacja postępowania cywilnego teoria i praktyka*, (red.) K. Flaga Gieruszyńska, J. Gołaczyński, D. Szostek, Warszawa 2016, s. 3 i n.

② 请参考 Por. także J. Przetocki, *Wykorzystanie środków*。

③ 2020 年 4 月 21 日，波兰第一次进行了完全线上的法院听证会。所有的内容都记录在 eProtokół 上面。

④ 第 85 条第 2 款："……在缺少证件的情况下如果以排除对参与公证行为的人的身份的任何怀疑的方式进行。"

⑤ 该法条于 2015 年 10 月 7 日添加至民法典、民事诉讼法以及其他法律，法律公报 2015 年，第 1311 项，于 2016 年 9 月 8 日生效。

⑥ 请参考 T. Tomczak, *Pojęcie formy dokumentowej i dokumentu na gruncie Kodeksu cywilnego oraz forma dokumentowa przy następczych czynnościach prawnych*, Monitor Prawniczy 2017, Nr 6, s. 314 i n.; P. Konik, M. Pannert, *Materialnoprawne i procesowe aspekty formy dokumentowej i dokumentu*, Edukacja Prawnicza 2018, Nr 2。

⑦ 请参考 M. Grochowski, *Nowe koncepcje regulacji wymogów formalnych w prawie polskim*, Kwartalnik Prawa Prywatnego 2017, z. 4, s. 837。

⑧ 请参考 D. Szostek (w:) *Komentarz...*, s. 69 i nast。

事诉讼法》第 308 条要求的正确核实身份的证据。

因此,这种理解文件和证据的方式对波兰法律来说并不是什么新鲜事(顺便说一句,在所谓的 e-protokół[①] 下所做的记录也有类似的含义)。因此,拟议对有关起草公证书的具有约束力的条款的解释进行修改,与司法实践并无不同。因此,将这些解决办法应用于公证活动,特别是公证书,不存在任何实际障碍。仅仅巩固以传统形式进行公证活动的做法,还不足以得出结论,即收集和传输数据的新技术——司法部门广泛使用的技术——也无法送达公证人。

五、公证书的签字

根据公证法第 88 条第 1 节,公证书和经认证的文件上的签名应在公证人在场的情况下进行。然而,这并不意味着这种存在必须是物理性质的,即公证人和交易的参与者必须在同一地点。根据 eIDAS 条例,公证文件可提供所谓的具有合格效力的电子签名,根据条例第 25 条第 2 款,本条例第 2 条具有相当于手写签名的法律效力。根据本条例,在任何情况下,如果国内法的规定要求在实质性和程序性(或实际)行动中使用手写签名,则可以用合格的电子签名取代手写签名。应当补充的是,会员国可以选择将这一规定排除在某些活动之外。波兰没有利用这种可能性。因此,应当假定它允许手写签名和电子签名在所有情况下具有同等性(可替代性)。

电子形式的公证书可以通过多种方式签署:通过电子邮件发送文件,然后提供合格的电子签名,或者将文件放入云中,由公证书的参与者进行电子签名,以满足公证法第 88 条第 1 节的要求,参与者的电子签名过程应由公证人在视频会议期间遵守。公证员首先应遵守使用 OTP(One Time Password "一次性密码")[②] 令牌激活

[①] Por. S. Kotecka, „*Protokół elektroniczny" w świetle rozporządzenia w sprawie zapisu dźwięku albo obrazu i dźwięku z przebiegu posiedzenia jawnego*, Kwartalnik Naukowy Prawo Mediów Elektronicznych 2011, nr 3, s. 22 i n.; J. Gołaczyński, *E-protokół wyzwaniem dla wymiaru sprawiedliwości*, Kwartalnik Naukowy Prawo Mediów Elektronicznych 2012, nr 1, s. 13 i n.; D. Szostek, Rozdział IV. *Quo vadis, czyli informatyzacja postępowania cywilnego w Polsce, (w:) Aktualne problemy egzekucji sądowej w Polsce i na Litwie. Zbiór studiów*, (red.) A. Marciniak, V. Nekrošius, 2017, pkt. 5.

[②] *Technika informatyczna. Zabezpieczenia w systemach informatycznych. Terminologia*, Polski Komitet Normalizacyjny, marzec 2002, s. 47. OTP jest to hasło jednorazowe, zmieniane po każdym użyciu, stosowane w celu autoryzacji dostępu w systemach teleinformatycznych. Hasła te pozwalają ograniczyć zagrożenie podsłuchania lub podejrzenia hasła przez osoby niepowołane i posługiwania się nim bez wiedzy podmiotu uprawnionego. Hasło jednorazowe jest wykorzystywane tylko raz i traci ważność po wykorzystaniu.

合格电子签名的方法，OTP 令牌是用于认证合格电子签名的电子设备①。其次，公证员有责任遵守以这种方式准备的公证书的签署过程。如果有疑问的话，那么比较记录（显示时间-小时）和签署文件的时间是没有障碍的。两者应该相同。提交一个合格的电子签字总是与执行时间的记录联系在一起。大多数符合波兰标准的电子签字都自动与符合波兰标准的电子时间戳相联系，因此，根据《民法典》第 81 条第 2 款第 3 点规定，自加盖合格时间戳之日起，符合特定日期的要求②。

六、保护者问题与电子摘录

在分析使用为允许充分安全的在线通信的技术所准备的行为的等效性问题时，应当考虑，事实上作为在参与者的实际在场（即以传统方式）下执行的公证行为，是否总是确保相同的功能。在纯粹的私人法律关系中，人们尤其感到关切。有一种风险是，如果远程起草一份契约，公证人将无法评估某个人是否受到以公证书形式作出遗嘱声明的所在地的人的影响。最后，在使用电子签字的情况下，不可能或至少很难核实是否是持此签字的人执行了提交电子签字的自主程序。同样在这类关系中，人们相对很少使用电子签名技术（而获得自己的电子签名的程序并不比起草公证书容易），通常需要与另一个人进行身体接触。因此，在这种情况下，应当考虑的是，这里提出的关于在线公证活动等同于中间人活动的论点是否不应主要适用于专业交易参与者，因为在专业交易参与者中，上述风险和限制的发生率要低得多。在任何情况下，未来规范网上公证契约问题的立法者都应考虑其主观范围，以便其所采用的解决方案对应当使用网上公证契约的交易参与人有用。

值得注意的是，在波兰法律中，已有一些解决办法在一定程度上与本文所提议的远程公证活动概念相类似。2018 年的《公证法修正案》引入了新的 110a 条③，根据该条，提供公证书的电子副本是被允许的。根据该条第 1 款，公证书电子副本的页眉表明所签发的文件为摘录。公证书的电子摘录是对原件的逐字重复，但原件中更正和划掉的外观不包括在摘录中。公证书的电子副本由具有合格电子签名的公证人提供，并存放在存储库中。

---

① 根据 eIDAS 规章；第 3 条，电子签名创建设备是指用于创建电子签名的配置软件或硬件（合格设备是指另外满足 eIDAS 规章附件 2 规定要求的电子签名创建设备）；请参考 D. Szostek (w:) *Komentarz do art. 781 KC,* (red.) J. Gołaczyński 2016, wyd. 1, Legalis。

② J. Grykiel, (w:) *Kodeks Cywilny, Komentarz*, T. I, red. M. Gutowski, Warszawa 2016, s. 560-565.

③ 公证法第 110a 条于 2018 年 1 月 26 日增添，《法律公报》2018 年，第 398 项，于 2018 年 4 月 9 日生效。

从远程起草的公证文件的概念上来看，公证法第97条第2款所提的解决方案也同样重要，根据该规定，副本、摘录或副本与所提交文件相符的电子证书由公证人提供，并附有合格的电子签名。公证认证是基于一个类似的假设，伴随着公证书本身准备使用新技术。区别在于，在电子认证的情况下，唯一合格的电子签名是在公证员电子认证的情况下递交的[①]。

结　论

根据这项研究，微小的立法修改将允许起草公证书和进行涉及使用新技术的其他公证活动的做法发生变化。对《化妆品公证人法》的修正案（下文公证法第92a条有关）以及组织和技术性质的变化可能很快使波兰公证人能够在实践中使用电子工具，远程执行——至少是一些公证活动。有必要建立或获得一个适当的信息技术系统，以改变有关文件储存及其归档的执行条例（在这方面，已经在行政和司法中使用的解决办法可能是一种模式）。

上述法律规定允许《拉丁法》采纳这一解决办法。首先，他们确保公证书的所有功能得到保留。其次，它们以现代信息技术为基础，适当利用现有的数据收集和传输工具，确保交易的安全。技术性质的改变必须涉及工作安排，确保（根据网络安全和公证保密的要求）有一个充分安全的信息技术系统，允许公证活动的远程传输、记录和文件的电子流通。

与COVID-19有关的情况迫使人们采取一种新的、灵活的公证做法，这将保证在危机情况下能够接触到公证人。然而，无论危机如何，拟议的解释和立法改革肯定会使波兰公证人在技术变革之后成为许多现代公证人中的一员。目前对公民流动和聚集的限制，加上传统的公证操作方法，在实践中大大阻碍了公证活动的开展，甚至使之无法进行——而不会对健康和生命造成真正的威胁，或违反关于社会隔离的规定。现在，关于COVID-19，我们已经可以观察到许多公证处的暂停运

---

① 这一问题在德国法律中也有类似的规定，Beurkundungsgesetz § 39a（BGBl. I S. 1513）允许签发电子公证书。它们要求用合格的电子签名签署声明的内容。此外，以这种方式编制的文件必须附有公证人身份确认书。同时，公证员还可以认证电子文件。在这种情况下，他有义务确认电子签字的真实性（并证明这种核实的结果）。这一概念基于公证文件的传统要素和电子要素之间的两个层面的等效性。一方面，公证人的手写签名被电子签名取代。另一方面，法律要求提供一份确认公证人身份的电子文件，以代替公证人的印章（作为对其执行这一公务的授权的确认）。

作，以及在任何情况下对他们提供服务的时间和范围的限制。在短期内，减少或限制进入公证处是可以接受的。然而，从长远来看（有许多迹象表明，目前的流行病状况将持续很长时间或可能重演），这种状况需要相当迅速的反应。限制（甚至不允许）进入公证处不仅对经济交易有害，而且最重要的是对社会生活有害，对健康和生命构成威胁。

考虑到对在官方活动（包括公证活动）中使用电子声明的可受理性有任何疑问，一些法院，如华沙地区法院，已经允许以电子形式提交诉状（在大流行病爆发之前，这似乎是不可能的）。我们相信类似的解决方案也可以在公证实践中采用。应利用现有的法律条例和技术工具，使公证人能够普遍获得现代服务。在特殊情况下，如COVID-19，它将使公证活动（特别是公证书的准备）不构成流行病威胁。

然而，应当强调的是，上述建议不应仅适用于流行病或紧急情况。我们深信，目前的情况特别强烈地表明，以前存在着使公证活动更加灵活和现代化的必要性。今后，应考虑对波兰公证活动条例进行全面、系统的现代化。在波兰经济和社会生活的现实正常化之后，由于受到COVID-19流行病的影响，现阶段提议的改革也为公证员的执业提供了极大便利。它们将为改进和加速公证活动创造更多的机会。尤其是在电子通信迅速普及的今天，它越来越成为许多贸易领域信息交流的基础。

在这样的背景下，也应注意修改公证法第92a条的迫切需要，涉及公证契约电子摘录的中央存储库。目前，有可能包括其中规定的电子摘录。法令第92a条第2款（只有在有特别规定的情况下，才将其他摘录列入其中）。因此，为了整个系统的一致性和功能性，有必要修改这一规定，使公证书的所有电子摘录都可以记入登记册。也可以考虑在不久的将来对存储库进行重组，以便通过使用区块链①和通证的标记化②，能够验证单个摘录。这种解决方案在今天不会带来任何严重的

---

① 请参考 Bliżej zob. D. Szostek, *Blockchain and Law*, Baden Baden 2019, s. 7 i n.; S. Nakamoto, *Bitcoin: A Peer-to-Peer Electronic Cash System*, 2008r., dostępny na stronie: https://bitcoin.org/bitcoin.pdf [dostęp z dnia 5 kwietnia 2020r.].

② 请参考 Bliżej zob. E. Ducas, A. Wilner: *The security and financial implications of blockchain technologies: Regulatiing emerging technologies in Canada*, International Journal 2017, nr 72, s. 544; S. Haber, W. S. Stornett, *How to time-stamp a digital document*, Journal of Cryptology 1991, nr 3, s. 99 i n.; R. Anderson, *Security Engineering: A guide to Building Dependable Distributed System*, New York 2008, s. 5 i n., dostępny na stronie: https://www.iacr.org/books/2010_ws_Anderson_SecurityEngineering.pdf [dostęp z dnia 2 kwietnia 2020r.] oraz wydaniewcześniejsze: Security Engineering: *A guide to Building Dependable Distributed System 1st*. New York 2001, s. 6 i n.; *Distributed Ledger Technology: beyond block chain. A report bythe UK Government Chief Scientific Adviser*, http://fintechpoland.com/wp-content/uploads/2017/01/Technologie-rozproszonych-rejestrow-UK-GOfS-FTP-NASK-PL-1.pdf dostęp z dnia 23 marca 2020r.].

技术问题。

COVID-19疫情证明了波兰公证处全面计算机化的必要性。波兰行政和司法部门——数据收集和传输的电脑化进程已经更为先进——尽管存在组织上的困难，但它们可以更灵活地应对危机的社会和法律后果[①]。

还应补充一点，将缔结公证书的方法从传统方式改为电子方式将意味着公证人目前的整个运作方式必须随着时间的推移而改变。拟议的解释和拟议的立法修改并不仅仅依赖于手写签名变为电子签名这一事实，而且公证书本身是远程制作的。还有更多的问题。首先，公证行为履行方式的改变将如何影响整个公证机构以及与公证员相关的机构（特别是法院）。其次，出现了一个关于电子数据和储存、获取和处理这些数据的实体的问题（特别是，这个机构是公证人还是另一个实体）。这些问题显然需要答案。但在此之前，必须克服抵制网上公证书概念的障碍[②]。这似乎是现阶段最困难的。然后，我们必须在两个层面采取行动：解释性（改变解释有约束力条款的方法）和在本研究确定的范围内立法。

[①] 由于COVID-19疫情，进一步实现交易的电子化在其它法律体系中也能观察到；请参考 R. X. Zhralddin-Aravena, A. Leduc, O. Antle, *COVID-19: A Catalyst of Modernization Across Jurisdictions*, American Bankruptcy Institute Journal, nr 7/2020, s. 41; I. A. Arif, N. F. Octarina, *Urgency of Cyber Notary Application In The Pandemic of Covid-19 For The Need of AuthenticDeed,* Jurnal Wacana Hukum dan SainsUniversitas Merdeka Surabaya, nr 1/2020。

[②] 目前，大多数公证人认为，允许当事人在公证处不出庭的情况下订立公证书是一种无法确保交易安全性和确定性的解决办法。这也将打破整个传统：语境、意义和社会声誉的传统形式的公证书。

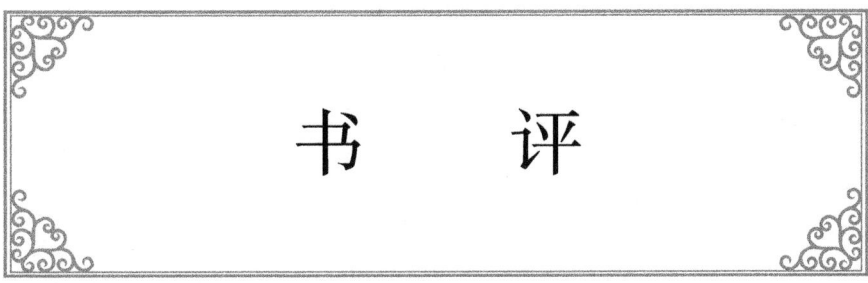

如何通过法官法进行漏洞填补？

——评克莱默《法律方法论》

付举乾　王威智[*]

摘　要　在《法律方法论》一书中，克莱默采用卡纳里斯的观点，将法律漏洞界定为"在可能的文义范围内的法律违反计划的不完整性"，并主要围绕着授权漏洞、公开的漏洞和除外漏洞三种类型阐述了漏洞填补的方式。漏洞填补主要是通过法官法来实现的，其中公开的法律漏洞和除外漏洞主要通过受约束的法官法进行漏洞填补，授权漏洞主要通过超越法律的法官法进行填补。然而，克莱默所继受的形式漏洞概念以及以词义理论为基本立场的法的续造理论无法满足其法官法的理论需求，对此，他不得不采纳其它法律漏洞和解释理论去完成法官法的扩张。这种对不同观点进行调和的尝试不可避免地引发了方法体系中的矛盾，对这种矛盾的准确认识是理解和反思克莱默法律漏洞、法官法理论的关键。

关键词　漏洞概念　法官法　法律续造　法律内漏洞　个案规范

引　言

在成文法国家，通常认为，法官法的产生要以法律漏洞的存在为前提，对法律

---

[*] 付举乾，中国政法大学比较法学研究院比较法学专业2018级硕士研究生。王威智，北京大学法学院法学理论专业2020级博士研究生。

漏洞的填补也部分地证成了法官法的必要性和正当性。在欧陆法学界关于法律漏洞和法官法与法律续造的文献著作浩如烟海，恩斯特·A.克莱默教授的《法律方法论》就是其中的出色代表。尽管本书是一本系统阐述法学方法论的著作，但其中关于法律漏洞和法官法的内容可被视为该著作最为引人注目的部分。这样说的理由包括但不限于：相比较原本的法律解释的"平淡无奇"，法律续造及法官造法更具争议，并且伴随着两大法系的沟通、融合，相关议题常谈常新；与拉伦茨等人的方法论（尤其是法律漏洞等方面）理论和主张相比，克莱默的理论显然更贴近今天的实践和理论，而且旁征博引，借助引注，几乎为读者勾勒了当代欧陆讨论相关议题的全貌；不同于老生常谈的德国样本，克莱默的阐发以新鲜的瑞士法实践为出发点，同时多数原理又在原则上适用于包括中国在内的制定法优先的法秩序，这使得我们更能从中窥探新意和启示。

克莱默对法律漏洞和法官法的阐述主要集中在第三章"法官法总论及'受约束的法官法'领域中漏洞填补"和第四章"超越法律的法官法"，在其中克莱默对如何通过法官法进行漏洞填补进行了详尽的论证。[①] 然而，这种径行将法官法嵌入法律漏洞理论的独特做法也令其理论存在不可避免的矛盾，进而给读者造成了一种理解上的障碍。

本文围绕着"法官法如何进行漏洞填补"这一问题，以克莱默的理论为出发点和分析核心，在第一部分阐明克莱默的"法律漏洞"和"法官法"的概念基础，第二部分分析克莱默如何通过法官法来填补法律漏洞，之后对其理论展开批判反思，第三部分介绍了形式漏洞概念、实质漏洞概念这两种法律漏洞观及其在漏洞类型上的分歧，以此指出克莱默法律漏洞理论中的矛盾，第四部分旨在通过将克莱默的法的续造、法官法理论置入现代方法论争辩的整体背景中来完成对矛盾成因的阐释，最后以一种在《德国民法典》第823条第1款规定的"其它权利"之上进行方法演练的形式结束了本文的讨论和评述。

一、法律漏洞与法官法的界定

（一）法律漏洞的概念与类型

对于法律漏洞的概念，克莱默采用了卡纳里斯的论述，即"如果在可能的文义

[①] 参见恩斯特·A.克莱默：《法律方法论》，周万里译，法律出版社2019年版，第149—269页。

范围内解释法律，该法律'违反计划'地遗漏一个规定，'而从整体上看，法秩序需要这个规定'，漏洞得以成立"。①

这样一个定义将问题的关键限定在"违反计划的不完整性"上，因此立法者故意留下的、（自愿）将法律创制权能转移到法律适用机关的"法律内漏洞"（或称"法律文义内的漏洞"，*intra verba legis*，或授权漏洞）就不能被涵盖在内了。② 同时，克莱默还强调法律漏洞的认定应注意区分基于现行有效的法秩序和基于将来法，我们通常所说的法律漏洞是法律内在的漏洞，是按照现行法需要解决的违反计划的不完整性，而"法律政策上迫切所需之物不是按照现行法应当填补的法律漏洞"。③ 这样一种区分是重要的，因为如果漏洞是现行法中违反计划的不完整性，那么法律适用者就能够按照现行法对其进行修正；而如果是法律政策的缺陷，则通常认为其修正需要留给立法者来完成。本书中克莱默展开分析所依据的重要法典《瑞士民法典》就只规定了按照现行法的漏洞的填补机制，而没有规定按照将来法的漏洞填补机制；当然正如译者周万里所言，这样一种区分有时在具体案件中是很难界定的。④

不难发现，上述对法律漏洞的概念界定会关涉到其类型的划分。克莱默对漏洞类型的体系界定如下：

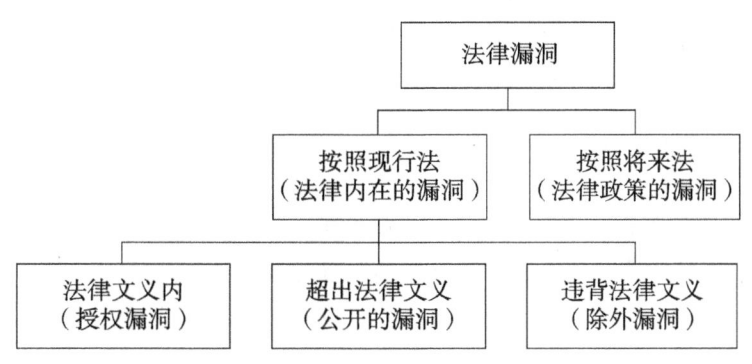

图 1 克莱默的法律漏洞体系

对于法律政策的"外部性"的漏洞，笔者不再赘述；细察法律内在的漏洞，它们主要是以下三类。

---

① 参见恩斯特·A. 克莱默：《法律方法论》，周万里译，法律出版社 2019 年版，第 157 页。卡纳里斯对法律漏洞的阐述，Vgl. Canaris, *Die Feststellung von Lüken im Gesetz*, 2. Aufl., 1983, S. 39。
② 参见同上，第 157 页。对于其中所存问题的分析，详见本文第三部分及以后。
③ 同上，第 158 页。
④ 参见同上，第 160 页，脚注 615。

首先是上文已经提到的法律内漏洞，它涉及到一般条款和法律指引法官进行自由裁量的规定，这些规定会有意识地授权法院或行政机关来解决问题，因此也被称为授权漏洞。克莱默指出，"法律内漏洞"的概念在瑞士法教义学中非常流行，[①] 因此他就采用并分析了这一概念，尽管它并不符合前文所采用的的卡纳里斯的法律漏洞概念。

其次是公开的法律漏洞。克莱默指出，对于一个法律问题，在可能的法律文义范围内解释，法律违反计划地（违背从规范性的整体关系中推导出的目的）没有给出肯定回答，只能超出法律文义去寻找肯定回答，那么公开的漏洞就出现了。[②] 克莱默为公开的漏洞给出了三种典型情形。一是技术漏洞，即"法律规定特定的国家任务，但是没有明确主管机关或为此需要遵循的程序"[③]；二是法律规定存在冲突或通过解释不能排除自相矛盾时出现的冲突漏洞；三是目的性漏洞，它是指借助目的性衡量能够确定制定法缺少规定，典型情况是基于"肯定的法律平等原则"[④]，考量被评判案件在评价方面是否与法律明确规定的情形相一致，对于评价上属于同类的案件，却由于文义界限使得规则不能涵盖，漏洞就出现了。

最后是除外漏洞，它与公开漏洞情形相反，指的是法律对案件有明确规定，但规定过于泛化，法律似乎应该予以调整，但基于法律规定的目的以及以"否定的平等原则"为基础的衡量，案件不应当受其调整。简言之，目的不支持的文义是多余的，应当通过违背文义却符合法律目的的方式排除。

（二）法官法的概念与层次

整体上看，克莱默沿用了"法官法律发现三阶层模式"。[⑤] 克莱默采用传统方法论的区分，也就是原本的法律解释（即狭义的解释或法律适用）和法官法领域（即法官的法律续造）两个层面的区分。以法律文义为界，前者"在规范可能的文义范围内运作"，后者则超越甚至违背法律文义。[⑥] 克莱默对法官法的法律发现也区分了层次，主张采用两分法，即"受约束的法官法"和"超越法律的法官法"。因此，形成了从原本的解释到受约束的法官法再到最后的超越法律的法官法的三阶

[①] 参见恩斯特·A. 克莱默：《法律方法论》，周万里译，法律出版社 2019 年版，第 161 页。

[②] 参见同上，第 163 页。

[③] BK-ZGB/Meir-Hayoz, Art. 1 N 274.

[④] "肯定的平等原则"即指同样的案件同样处理，"否定的平等原则"指不同案件不同对待。

[⑤] 恩斯特·A. 克莱默：《法律方法论》，第 152 页。

[⑥] 同上，第 22 页。

层框架。

克莱默指出"受约束的法官法"主要满足三个条件：法官以"思考上服从"[①]的方式，在现行法具体可证的评价范围内，将其"思考完毕"[②]。在这一领域内，核心方法是类推填补法律漏洞，以及目的性限缩。

"超越法律的法官法"是指法院如同立法者（modo legislatoris）通过法律创制活动填补漏洞，进行法律续造，通常适用于现行法中没有规定或没有具体规定指导性观点时。它也适用于涉及填补法律事先规定的法律内漏洞的法官法的填补行为。[③]

值得补充，并且克莱默也注意到的是，以上两者（以及三阶层的区分）并没有清晰的界限，区分只为表明观点，实现"描述-结构化的意义"[④]。对此，克莱默给出了两个情形来解释：比如说，没有法律规定情况下的法律续造，以一般法律原则为导向，这可以被称为受约束的法官法，也可被称为超越法律的法官法；再比如说，在一般条款的解释中，形式上看是在文义范围内运作，这就是原本的法律解释，但如果立法者在一般条款之外进行非穷尽的列举，那么在适用时的法官造法可被称为受约束的法官法，再如果任何具体的法定例子都没有，那么对一般条款的具体化就可被称为超越法律的法官法。[⑤]

二、通过法官法的漏洞填补

基于上文论及的对法官法的二分法，克莱默在《法律方法论》一书中，分别以第三章和第四章对法官法的这两个层次进行了论述。尽管克莱默并不否认超越法律的法官法（第四章）仍是在处理漏洞填补问题，但从其行文的形式上看，对法律漏洞的阐发集中在受约束的法官法范围内（第三章）。这样处理的理由及遗留问题，笔者留待后文解决；在本部分，笔者主要对克莱默关于如何利用法官法进行漏洞填补的理论观点进行介绍。

（一）通过受约束的法官法进行漏洞填补

在克莱默那里，公开的法律漏洞和除外漏洞主要通过受约束的法官法进行漏洞

[①] 克莱默采用了黑克的表述，Vgl. Heck, *Gesetzesauslegung und Interessenjurisprudenz*, 1914, S. 20.
[②] 克莱默采用了拉德布鲁赫的表述，Vgl. Radbruch, *Rechtsphilosophie*, S. 207.
[③] 参见恩斯特·A. 克莱默：《法律方法论》，第 151 页。
[④] 同上，第 152 页。
[⑤] 参见同上，第 152 页。

填补。

1. 公开的法律漏洞填补

公开的漏洞的填补方法主要有三，分别是类推（及其特殊与反面形式）、援引具有"预先效果"的立法、援引习惯法。

首先是类推、轻重推理和反面推理。

类推填补漏洞在受约束的法官法实践领域中处于核心地位，[①]也是填补公开的漏洞的最重要方法。[②]尽管有学者主张类推仍是（狭义上）原本的解释，[③]但按照德国方法论中的通说和克莱默的观点，在文义涵盖范围内的扩张解释和借助类推填补漏洞之间存在明确界限。[④]类推适用法律的方法在古罗马法实践中已有例证，展现了其克服法秩序中形式主义的文字约束的特征和功用。类推适用的核心内容是，尽管当前案件没有被某个（或多个）法条的文义所涵盖，但仍然根据该法条的模式评价待处理案件。其进行的是"不合文字但合法律目的"的法律发现，旨在保障实现法律"评价体系"的"无矛盾性"。[⑤]

轻重推理或称当然推理，是一种特别性质的类推，主要有举轻明重论证和举重明轻论证两类。前者是指"如果基于法律目的而作出合乎评价的法律后果适用于权重更小的事实，那么该法律后果更应当适用于评价方面权重更大，法律却没有调整的事实"；[⑥]后者是指"如果按照法律规定具有更大权重的事实都没有引发特定的法律后果，那么具有更小权重的更不会"。[⑦]

反面推理是类推的反面，旨在否定法律漏洞的存在，表明法律条文确实不应调整该案件，因此拒绝类推适用。典型场景就是刑法中的禁止类推适用原则。不过，无论是理论学说、法律规定还是判例对于一些问题在类推适用和反面推理之间都存在犹豫不决的情形。[⑧]此外，通常而言，对于例外规定也不得作扩张解释，甚至不可以类推适用，否则就会有架空法律想要的一般规定和例外规定之间关系的危险。[⑨]

其次是援引具有"预先效果"的立法填补漏洞。这主要发生在法律的"产生阶

[①] 参见恩斯特·A. 克莱默：《法律方法论》，第151页。
[②] 同上，第168页。
[③] Vgl. *Recht und Rechtsverwirklichung: Probleme der Gesetzgebung und der Rechtsphilosophie*, S. 354.
[④] 参见恩斯特·A. 克莱默：《法律方法论》，第170页。
[⑤] 参见同上，第172—173页。
[⑥] 同上，第177页。
[⑦] Vgl. F. Bydlinski, *Juristische Methodenlehre und Rechtsbegriff*, 2. Aufl., 1991, S. 479.
[⑧] 参见恩斯特·A. 克莱默：《法律方法论》，第180页。
[⑨] 参见同上，第182—183页。

段（status nascendi）将要完成已经成熟"的情况下，例如"法律已经通过、全民公决已过，或之前明确不进行全民公决并且只是等待法律生效"。① 正如克莱默所言，这种借助尚未生效的法律修正案去填补漏洞的方法，使得法院的裁判会处在受约束法官法与超越法律的法官法的边缘地带。②

最后是援引习惯法填补漏洞。援引习惯法是一种常见的进行漏洞填补的方式，并且可能被法律所规定下来。《瑞士民法典》第1条第2款即指引法官在进行漏洞填补时，优先适用习惯法。由于法律明文规定的存在，从这个意义上说，援引习惯法获得了相较于类推的优先性，并且援引习惯法进行判决也归属于受约束法官法的范畴。当然从理论上讲，习惯法的概念及其与法官法的关系仍然是复杂未定的。③

2. 除外漏洞的填补

目的性限缩是填补除外漏洞的主要方法。其渊源可追溯至亚里士多德的《尼各马可伦理学》④，在当代得以深入探讨和广泛使用得益于拉伦茨、卡纳里斯等人的研究⑤。目的性限缩是指法律文义相对清晰，但与法律目的相比较却过于宽泛，因此将文义限缩在与法律目的相一致的适用领域内。⑥ 如果类推填补公开的漏洞可以用"'超出法律文义而符合法律目的'的法律发现方法"概括的话，那么目的性限缩填补除外漏洞就可表述为"'违背法律文义而符合法律目的'的法律发现方法"。⑦ 克莱默指出，有一种特殊情形可能会出现，即需要"附带类推的目的性限缩"来填补漏洞，其具体过程是，先使用目的性限缩的方法，揭示了文义过广的假象掩盖的法律漏洞（也即"隐藏的漏洞"⑧），然后再以类推适用的方法按照填补公开漏洞的方式进行填补。⑨

目的性限缩因为要"违反规范的明确文义"，所以有滥用权利的危险，其正当性面临着挑战。⑩ 从瑞士的学说和大部分判例来看，原则上反对目的性限缩；但近

---

① 参见恩斯特·A. 克莱默：《法律方法论》，第188页。
② 同上，第187页。
③ 对于超越法律的法官法能否通过赋予其习惯法的性质进而获得法源地位，克莱默进行了论述。参见同上，第208—211页。
④ 参见亚里士多德：《尼各马可伦理学》，廖申白译，商务印书馆2003年版，第161页。
⑤ Vgl. Larenz/Canaris, *Methodenlere der Rechtswissenschaft*, 3. Aufl., 1995, S. 210 ff.
⑥ 恩斯特·A. 克莱默：《法律方法论》，第190—191页。
⑦ 同上，第191页。
⑧ 对于"隐藏的漏洞"，可参见恩斯特·A. 克莱默：《法律方法论》，第166页脚注636及其中列明的文献。
⑨ 参见恩斯特·A. 克莱默：《法律方法论》，第192—193页。
⑩ 参见同上，第193页。

些年来，目的性限缩理念得到了联邦法院的重视，并在一些案件中明确论述了相关学说中支持目的性限缩的建议。① 围绕着如何妥当界定和使用目的性限缩，克莱默从"按照将来法的法律修正""依据'失去法律意义的法律本身失效'原则的整体修正""借助禁止滥用权利原则的个案相关的公平修正""'违背法律目的'的不正当、一般化裁判""极端情况下对抗'法律不正义'的反抗权"五个方面进行了论述；应当说，这五个方面理论上疑难、实践中复杂，关涉到的问题仍有待进一步阐明，限于篇幅，笔者也不在此过多说明。②

（二）通过超越法律的法官法进行漏洞填补

当现行法中没有规定或没有具体规定指导性观点时，就需要通过法官的法律创制活动去填补漏洞，而这就属于超越法律的法官法的范畴。超越法律的法官法主要涉及法律内漏洞的填补。③

法律内漏洞，特别是涉及一般条款以及指引法官自由裁量的规定，从形式上看有法律的规定，但究其本质，是立法机关赋予法院一定的自由裁量权，法院甚至需要如同立法者一样作出裁判。因此，黑德曼才说一般条款等同于"一块开放的立法"。④ 克莱默给出了瑞士司法实践中大量的私法中一般条款具体化的例子（涉及到格式条款合同、侵权法规则、公司法以及劳动法中的各类问题），宪法和公法中通过法官法精细化规则、形成判例、甚至被落实到制定法当中的例子也不胜枚举。⑤

1. 超越法律的法官法的法源争议

关于超越法律的法官法，其核心难题依然会落到"在法典化优先的法秩序下，超越法律的法官法是否具有法源地位"这一有争议的问题上。

在这一问题上，克莱默首先从相对无争议的认识入手，这包括两点：一是法官作出的单个发生法律效力的判决，被视为当事人的"单个法源"；二是从事实以及现实主义理论来看，除了制定法，法官法的确是法秩序中最为重要的产生一般抽象效果的法源。而问题在于，能否在规范性意义上赋予法官法以法源特征？⑥ 克莱默

---

① 参见恩斯特·A. 克莱默：《法律方法论》，第 195 页。
② 克莱默对该问题五个方面的阐述，参见同上，第 196—203 页。
③ 参见同上，第 151 页。
④ Hedemann, *Die Flucht in die Generalklauseln. Eine Gefahr für Recht und Staat*, 1933, S. 58.
⑤ 参见恩斯特·A. 克莱默：《法律方法论》，第 206—208 页。
⑥ 参见同上，第 208—209 页。

认为对这一问题的回答关键在于探讨法官法在何种程度上，对其它层级法院、以及规范适用对象产生规范性的重要影响。①

克莱默在以上两个方面的结论是：对于下级法院，遵循联邦法院（此处特指瑞士联邦法院）一贯实践做法的要求，要低于"受法律规范约束"的要求。因此，并不要求下级法院绝对服从已明确的联邦法院的实践做法，当下级法院不服从联邦法院实践做法时，联邦法院只能是全面审视下级法院的判决，而且会根据下级法院的观点来反思、精确化和修正自己的司法裁判。②这种情况在成文法国家较为普遍，但不同法体系可能存在例外，比如在德国，所有的法院和国家机关都受联邦宪法法院先例的约束。

对于规范适用对象（公民），法官法则具有法的重要性。比如说合同中违反法官法的可以认定无效或者被撤销；律师没有注意已确定的法官法的，会承担委托法上的责任。因此，克莱默的结论是，在制定法和习惯法之外，我们最好把联邦法院发展出的、确定的法官法视为规范性的（补充法律的）"辅助法源"，或者"独立法源"。③

2. 对超越法律的法官法进行漏洞填补的限定

克莱默对这一问题的回答有着三个层次，首先是宏观的超越法律的法官法的界限问题，其次是中观的如何限制超越法律的法官法专断以确保其客观性，最后是微观的置于瑞士法体系中，观察瑞士法对超越法官法的法定指引。鉴于第三点仅限于瑞士法，涉及大量具体的法律条文，笔者就不再赘述，仅将具有一般性和原则性的前两个方面进行介绍分析。

克莱默指出近几十年来我们都处在对"从制定法国家走向法官国家"持乐观态度的时代，这种趋势的背后尽管有着多种不同的原因，④但法官国家所带来的问题却不应当回避。克莱默对相关问题的论述是以迈尔·哈尧茨的《法律续造的策略和战术》⑤一文为基础展开的。其核心问题是民主正当性问题，也即在大多数国家，法官不是民主选举产生，而是政府任命的。其附带的问题还包括：法官法裁判准备阶段没有公开的征求意见程序；法官独立性限制了法律适用的政治责任；与立法等

---

① 参见恩斯特·A. 克莱默：《法律方法论》，第 211 页。
② 参见同上，第 211—212 页。在法官法对其它层级法院的规范性影响问题上，克莱默显然是以瑞士法体系为分析样本的，尽管各个法体系的具体规定和实践会有差异，但原则上他的分析同样适用于其它的法典化优先的法秩序。
③ 参见同上，第 212—213 页。
④ 参见同上，第 263 页。
⑤ Vgl. Hayoz, *Strategische und taktische Aspekte der Fortbildung des Rechts*, JZ 1981, 417.

大型集体机关的决定相比，法官裁判个性化和个人特征明显；法官"如同立法者"进行法律续造，缺少加工处理案件所必需的基础设施，没有辅助工具，也没有类似立法的形成程序；受制于法官活动的个案相关性，结构性的视野狭窄，对裁判理由进行一般化表述会产生不良后果；等等。①

为此，哈尧茨得出、克莱默认可的结论是"司法克制"（judicial restraint），强调立法者的"法律创制特权"，而法律续造应当被归纳为法律变迁，以弥补立法缺乏的灵活性。②此外，"法律续造应当不包括属于法律政策的根本性和'策略性'的全新判决，否则就会变成所谓的'无委托的立法'"，同时，"在现有的评价框架之内"，应当只"被限定在法律的'战术性'适应和续造范围内"。③形象地说，法官应当是钢琴演奏者，而不能僭越立法者的作曲家身份。不难看出，这一观点与超越法律的法官法的"辅助法源"地位的结论是契合和融贯的。

接着在中观层面上，克莱默认为超越法律的法官法，应当如真正的立法那样必须受到整个法秩序的约束。④而这意味着：法官一方面要遵守"法治国家立法的一般'形式的'基本原则"，另一方面内容上，"法官法应当尽可能地以可讨论的客观性观点为导向"。⑤

在形式的法治国家原则方面，克莱默主要给出了三点。一是"法官应当表述一般化的裁判理由（ratio decidendi）和个案规范，使该规范也成为评价其他相同或类似案件的基本原则"。⑥不过困难和具有争议的是，应不应该以及能不能从个案具体情况给出一般性的裁判理由；对于这个问题，克莱默认为需要反对的只是过度的一般化，而且固执接受先例性的裁判理由并不可取。⑦二是法律平等原则，这与第一点的一般化原则紧密关联，一般化的裁判理由为后案法官审查判决是否符合平等对待原则提供了依据。⑧三是公开论证原则，也就是法官必须"方法忠诚地论证如同立法者作出的裁判"，这才能使得法官法有可能接受民主商议，具备可讨论性和可接受性。⑨

---

① 恩斯特·A. 克莱默：《法律方法论》，参见第 264—266 页。
② 参见同上，第 267 页。
③ 同上，第 268 页。
④ 参见同上，第 214 页。
⑤ 同上，第 214 页。
⑥ 同上，第 215 页。
⑦ 同上，第 216 页。
⑧ 参见同上，第 216 页。
⑨ 参见同上，第 216—217 页。

在内容上的导向性观点上，克莱默指出了五种，分别是先例、学理、一般法律原则、比较法和法外论证（主要包括法律经济学、心理学、艺术学及调查问卷等）。[1] 内容上的客观性要求实际上依据的又是法治国家的形式要求，即要满足"法行为内容的可论证性（及可核查性）要求"。[2] 这五个方面的重要性、内容和具体应用常被学界所讨论，为学人所熟知，笔者不再过多阐述。

三、反思起点：法律漏洞上的矛盾与对立

就法律漏洞概念的理解，学说上向来存在来自形式和实质这两个不同维度的分歧。依形式的漏洞概念观，若规则未由文义却由法律的"意义"（Sinn）所涵盖之处，则法律有漏洞；反之，实质的漏洞概念观认为，法律评价阙如之处，漏洞存在。[3] 基于一种漏洞理论融贯性，法律漏洞概念之分歧不可避免地会产生法律漏洞类型建构上的差异，这主要表现在对法律内漏洞这一类型的态度上。换言之，漏洞概念的立场抉择构成了对漏洞类型叙述的一种必然限制。职是之故，为了漏洞类型的完整叙述，部分方法论作者实质上对漏洞概念的问题在一定程度上保持着缄默，认为漏洞是指"法律'违反计划的不完满性'"，而这种"不完满性"的衡量应以整体现行法秩序、以法律的评价计划（Wertungsplan）为标准。[4]

与之不同，克莱默明确选择了以卡纳里斯学说为代表的形式概念观，亦即：法律漏洞存在，"如果在可能的文义内解释法律，该法律'违反计划'地遗漏一个规定，'而从整体上看法秩序需要这个规定'"。[5] 对此，克莱默也注意到了这种形式的漏洞概念观与其所接纳的法律内漏洞类型之间有着一种不协调。[6] 至于这种矛盾具体为何，又为何存在，则是对克莱默方法体系进行认识和反思不可绕过的问题。

（一）实质漏洞概念

利益法学创始人黑克于其作品《法律解释与利益法学》中详细阐述了他的实质

---

[1] 恩斯特·A. 克莱默：《法律方法论》，第220—242页。
[2] 同上，第214页。
[3] Vgl. Canaris, *Die Feststellung von Lüken im Gesetz*, 2. Aufl., S. 20.
[4] Vgl. Rüthers/Fischer/Birk, *Rechtstheorie mit Juristischer Methodenlehre*, 10. Auf., 2018, Rn. 832-834.
[5] 同上，第157页。
[6] 同上，第157页，脚注608。

漏洞概念。黑克分别于广义和狭义这两个层次上使用"漏洞"一词。广义上,漏洞指称所有"评价性命令形成"(wertenden Gebotsbildung)的情形,此处,法官应当为相应的利益提供法律保护,即便案件事实无法涵摄于规范的构成要件之下。[①] 于是,问题的关键在于如何理解"评价性命令形成"。对此,依黑克之观点,法律和习惯在一定程度上仅包含了"基本规范"(Grundnormen)或"基本陈述"(Grundaussagen),不可避免地需要指向补充材料(Ergänzungsmaterial),故而法官在一系列的案件中都有权限依照价值判断形成命令,这样的命令观念(价值判断),并未事先存在于一般规范之中,无法从法律和习惯中寻得,对于法官的这种活动可称之为"评价性命令形成"。[②] 狭义的漏洞概念仅指涉(立法者)"不欲(ungewollte)"的漏洞。[③] 很明显,二者的差异通常在于是否包含"有意识的漏洞",亦即授权的情形,这里,虽然存在一个特殊的命令,但还留有"空白领地",如何填补,则交由学说和判例去处理。[④]

黑克的法律漏洞理论很明显与其对待文义的态度之间存在很大的关联:"语言规则有很大的启发意义,但不具有规范意义。它随时由其它工具所补充,甚至推翻。"[⑤] 换言之,法律的字义对法律适用者而言仅为认识规范工具之一,不具有拘束力。在法律解释时,规范意义超出法律文义的情形并不罕见。[⑥] 在此种理论语境之下,法律不会因为文义较之规范意旨过宽或过窄而呈现出不完满状态,亦即漏洞。反之,在法官无法探得立法者对当前案件冲突利益的决断或者说命令观念之时,则须自为评价,形成命令,从事上述评价性的命令形成活动,法律在这时方才出现漏洞。

(二)形式漏洞概念

与实质漏洞观相反,在对待文义的态度上,形式漏洞观认为,规范依其本质作为命令和效力主张,法律之命令仅能通过文字进行表达,或者说,立法者命令的权威仅附着于法律文本之上[⑦],因此,文义划定了解释活动的界限,[⑧] 若逾越文义范围,

---

① Vgl. Heck, *Gesetzesauslegung und Interessenjurisprudenz*, S. 161.
② See ibid. p. 100.
③ See ibid. p. 162.
④ See ibid. p. 162.
⑤ See Ibid. p. 121.
⑥ See ibid. p. 121.
⑦ Vgl. Canaris, *Die Feststellung von Lüken im Gesetz*, 2. Aufl., S. 19-21.
⑧ Vgl. Larenz, *Methodenlere der Rechtswissenschaft*, 6. Aufl., S. 322.

则法律适用者便无法直接援引受到法律文义限制的立法者命令的权威,而需要特别的正当理由(Rechtsfertigung)①。漏洞概念的任务正是在于划定这一界限,界限之外,法官须为其所从事之法律外法之发现(Rechtsfindung praeter legem)的正当性进行额外地论证。这种以文义界限作为漏洞的确定标准或者法律解释和法的续造之间的划界,虽已遭至批评责难②,但至今仍未丧失通说地位。

两种漏洞概念的差异直接影响了对漏洞类型的认识,其争论之点主要在于是否承认"法律内漏洞"(Lücken intra legem)这一概念,并继续延伸至对"有意识漏洞"(bewusste Lücken)内涵的理解。

如前文所言,按照克莱默的理解,法律内漏洞更准确的称呼应为法律文义内的漏洞,主要与由法律所赋予的法官自由裁量权有关,③类似于上述黑克所提及的"评价性命令形成"。这种漏洞又可被称为"授权漏洞"(Delegationslücken),④因为立法者通过有意识地对具有规范需要的案件事实作出开放式回答,赋予了法官制定相应具体规范的任务以及权限。这类产生"授权漏洞"的"授权规范"(Delegationsnorm)通常会涉及一般条款(Generalklauseln)以及不确定的法概念(unbestimmte Rechtsbegriffe)。一般条款所采用的一般-抽象式的语言表述给予了法官极其广阔的法律适用空间,从中几乎不可能推断出立法者究竟对当前案件作何具体评价,为了当前案件符合事理正义(Sachgerechtigkeit)的解决,法官自为评价不可避免,故此,一般条款亦可完整地被称为"需要价值填补的一般条款(wertungsfüllungsbedürtige Generalklausel)"。

很明显,法律内漏洞这一类型与形式漏洞概念所提出的"文义界限"标准之间存在着一种逻辑上的对立。卡纳里斯明确对法律内漏洞提出了质疑,依其理解,法律内漏洞指称虽有法律规定,但缺乏足够具体化评价的情形,这种提法很明显与其所定义的形式漏洞概念不相符合,而且消解了漏洞概念的清晰界限,缺乏法律评价的所有情形均可统一归入"自由的法律发现"(freie Rechtsfindung)概念之下,其中,仅有一部分属于漏洞领域。⑤

对法律内漏洞的承认与否,直接关系到了"有意识漏洞"这一概念的理解,因

---

① Vgl. Canaris, *Die Feststellung von Lüken im Gesetz,* 2. Aufl., S. 20.
② 比如,旺克(Wank)从语言学的角度认为,词语含义本身离不开其所处语境,法学上如此依赖一种脱离语境的文义很明显是错误的。Vgl. Wank, *Juristische Methodenlehre,* § 15 Rn. 15.
③ 恩斯特·A. 克莱默:《法律方法论》,第 161 页。
④ Vgl. Rüthers/Fiescher/Birk, *Rechtstheorie mit Juristischer Methodenlehre,* 10. Auf., 2018, Rn. 860.
⑤ Vgl. Canaris, *Die Feststellung von Lüken im Gesetz,* 2. Aufl., S. 130.

为法律内漏洞或者说授权漏洞构成了"有意识漏洞"的主要内容。若因漏洞概念的不同理解而将这一概念核心抽离，那么有意识漏洞的基本含义也将随之发生变化，甚至被否认。比如，拉伦茨认为，大多数情形下，有意识漏洞的问题仅与表达不确定有关，因而仅涉及解释问题，而非漏洞填补。① 卡纳里斯也认为法律起草者有意对法律问题不作回答的情形甚为罕见，通常情形下，起草者都会留下一个非常一般、需要具体化的规则，但是，历史上的立法者确实是放弃了对一些具有高度意义问题的裁断，因为它并不认为自己对这些问题具有裁断能力，而将其交由判例及学说解决，比如，民法上的被害人同意（Einwilligung），虽未有条文规定，但仍作为一种正当化事由存在于侵权法之中。② 不难发现，立法者对"被害人同意的阻却违法效力"这一命令观念若以某种方式可以认识，按照前述黑克所持实质漏洞概念为标准进行判断，法律并不因之未成文化而存在漏洞。

不同于卡纳里斯等形式漏洞概念的主张者，克莱默明确承认了法律内漏洞的存在并自然地将之归入有意识的漏洞类型。③ 单独观察，这似乎是一套违反体系的法律漏洞理论。但结论不应止于此，而应进入更广阔的方法体系中去寻找这种矛盾的成因及其合理性。因此，接下来的任务就是对克莱默方法体系中漏洞理论的两侧——法官法以及法律续造理论——进行具体考察。

四、再析克莱默的立场与理论

（一）克莱默的实质立场与法官法理论

对于法官法如何理解的问题，存在诸多观点。比如，菲肯切尔认为，法官法应从两个层面进行理解：一方面，法官法指法官言说法的活动，通过这种活动，法官以方法论为视角从法律形成理论（Rechtsbildungslehre）中发展出了得适用于当前待决案件的个案规范；另一方面，法官法又指先例中续造的法，它在将来法官的活动中可以作为准则使用。④ 或者说，法官法概念之形成在于学界对判例理解的变化：现行法中的部分判例与其说仅仅是对法律的解释，毋宁是法官进行法的续造、法

---

① Vgl. Larenz, *Methodenlere der Rechtswissenschaft*, 6. Aufl., S. 379.
② Vgl. Canaris, *Die Feststellung von Lüken im Gesetz*, 2. Aufl., S. 134.
③ 恩斯特·A. 克莱默：《法律方法论》，第 168 页。
④ Vgl. Fikentscher, *Methoden des Rechts* Ⅳ, 1977, S. 313-314.

的创制、法的形成、规范形成、规范制定的结果。① 克莱默法官法理论的首要特点在于明确将法官法放入法律创制方法中，其方法主要为类推以及目的论限缩此类传统的漏洞填补方法，以此与法律适用方法或者说法律解释方法之间作出区分。② 而在其它诸多学者的方法体系中，法官法于法律解释这一方法位阶中已然具有一定地位，无须法律漏洞的存在为其前提。③ 不过，仅以此得出克莱默对法官法的理解因之而与众不同的结论，为时尚早。

克莱默的法官法理论因其体系定位与法律漏洞问题存在不可分离的关系，二者之间必然会产生体系联动：漏洞概念的限缩自然会对法官法领域产生限制；相反，漏洞概念的扩张也会引起法官法领域的扩大。若仅以法律文义界限作为漏洞是否存在的判准，法律文义范围内皆无法官法存在之空间，则法官法领域难免失之过窄，这显然与法官法强调法官自主性（Eigenständigkeit）、创造性而非仅是依附性地执行实证法④的价值内涵不太相符，因为法官并非仅受法律文义之拘束，其自由裁量之限度亦非仅由文义单独划定。对于采纳了形式法律漏洞概念的克莱默而言，若仍欲令法官法在其理论体系中保有重要位置，则漏洞范畴的扩张在所难免。

克莱默首先是通过实质漏洞概念所含因素之引入完成了对法官法领域的初步扩张，亦即承认法律内漏洞之存在。法律文义之内，特别是在一般条款适用的情形，仍然可能属于漏洞填补领域。法官法作为法官填补法律漏洞的活动或者结果因之而突破了法律文义的限制，其领域获得了适当的扩张，法官法的价值内涵由此得到了彰显。

克莱默对法官法领域理论的扩充并非止步于此，通过将法官法二分为"受拘束的法官法"和"超越法律的法官法"，实质上，法官法领域已经超出了法律漏洞的范畴，而渗透进了法律解释阶层。在对"受拘束的法官法"的定义上，克莱默明确引用了黑克的观点："只要法官能够以'思考上服从'的方式，追溯现行法中具体可证明的评价，并将其'思考完毕'，这被称为'受拘束的法官法'"⑤。不过，需要注意的是，其所引用的是黑克的法律解释理论，而非法律漏洞理论。依黑克之见解，法律之解释，是"一种历史的探究或者说历史的观念探究，也就是以认识立法

---

① Vgl. Ipsen, *Richter und Verfassungsrecht*, 1975, S. 26.
② 恩斯特·A. 克莱默：《法律方法论》，第 20、151 页。
③ 比如旺克所著《法学法方法论》第 6 章直接使用了"法条的解释——法官法和法学"作为标题。Vgl. Wank, *Juristische Methodenlehre*, 2016, § 6.
④ Vgl. Müller, *Richterrecht*, 1986, S. 25; Vgl. Ipsen, *Richter und Verfassungsrecht*, S. 26.
⑤ 恩斯特·A. 克莱默：《法律方法论》，第 150 页。

者与立法时的命令观念为目的所作的历史研究"①，相反，法律漏洞仅于现行法中可识别价值判断或者说立法者的命令观念缺位时才存在②。借此，克莱默的法官法理论实际上是超越了其形式上的体系位置，不再仅仅局限于法律漏洞填补的问题，而是同时涵盖了法律解释的"部分"领域。之所以强调"部分"，是因为在一些案件中，法官仅借助涵摄模型即可完成其正当裁判的任务，无需另外形成规范，在这些情形中，法律解释并未给法官法留下运作空间。这也是为什么克莱默未直接以法官法作为标题统摄法律解释理论，尽管按其观点，任何法院判决中或多或少都包含了法律创制的成份。③ 同样地，也是因为法官法的这种扩张，克莱默强调了法官法与法律解释之间，在结构上有诸多共性，呈现出了一种融合趋势，二者之间的界限也是模糊的。④

可见，克莱默在法律漏洞中所采实质立场为其法官法理论使然。就此，克莱默实质立场的成因得以回答。但是，问题在于，为何克莱默不直接采用与其法官法相配套的实质漏洞概念，或者说，在其理论体系中为何仍有形式立场的存在？对该问题的回答，需要进入克莱默法律漏洞理论的另一侧翼——法的续造理论——进行探寻。

（二）克莱默的形式立场与法的续造理论

基于想要建构或遵循的方法论体系之差异，各个学者对法的续造（Rechtsfortbildung）此一概念的理解或使用并未达成一致。菲肯切尔主要是在与法的新造（Rechtsneubildung）相区分的意义上去使用法的续造，依其见解，法的新造是指未以实证法源（positive Rechtsquellen）为基础形成规范的活动，与之相较，法的续造中，规范之形成皆应以实证法源为其"确证工具"（Bestätigungshilfe），诸如法律解释即为一般法的续造理论的一部分。⑤ 相反，通说认为，法的续造之正当性以法律漏洞的存在为前提⑥，就法的续造与解释之间的关系而言，广义的法律解释包含了法的续造⑦，狭义的法律解释则以文义界限为标准进行区分：方法上的结论

---

① 吴从周：《概念法学、利益法学与价值法学——探索一部方法论的演变史》，中国法制出版社 2011 年版，第 274 页。
② Vgl. Heck, *Gesetzesauslegung und Interessenjurisprudenz*, S. 158.
③ 恩斯特·A. 克莱默：《法律方法论》，第 152 页。
④ 同上，第 150 页。
⑤ Vgl. Fikentscher, *Methoden des Rechts* Ⅳ, S. 223, 310.
⑥ Vgl. F. Bydlinski, *Juristische Methodenlehre und Rechtsbegriff*, 2. Auf., 1991, S. 472.
⑦ Vgl. Larenz, *Methodenlere der Rechtswissenschaft*, 6. Aufl., S. 366.

若处在可能的文义范围内则为解释,若超越可能的文义则为(补充性的)法的续造。① 克莱默在与(狭义)法律解释区分的意义上使用法的续造概念,② 可见,其观点与通说一致。

上述通说对法的续造的理解是在与法律解释进行比较的视角下完成的,因此,同时也回答了一个问题:法律解释与法的续造如何区分?又因为这种区分关系到法律漏洞的认定,故而也可以直接回溯到上述所提及的漏洞概念问题。与漏洞概念的立场分歧相对应,在法的续造与法律解释之间区分界限如何划定的问题上,也存在通说所持的词义理论(Wortsinntheorie)与法律意旨理论(Gesetzessinntheorie)之间的争论。依法律意旨理论,法律解释与法律续造之间应以规范意旨界限(Normsinngrenze)为其区分标准。就文义与规范意旨之间的关系而言,规范意旨既可能超出亦可能不及文义范围,又因每一规范均以目的为基础,故而规范意旨界限还可称为规范目的界限(Normzweckgrenze)。③ 两种理论之间的对比如下图④ 所示:

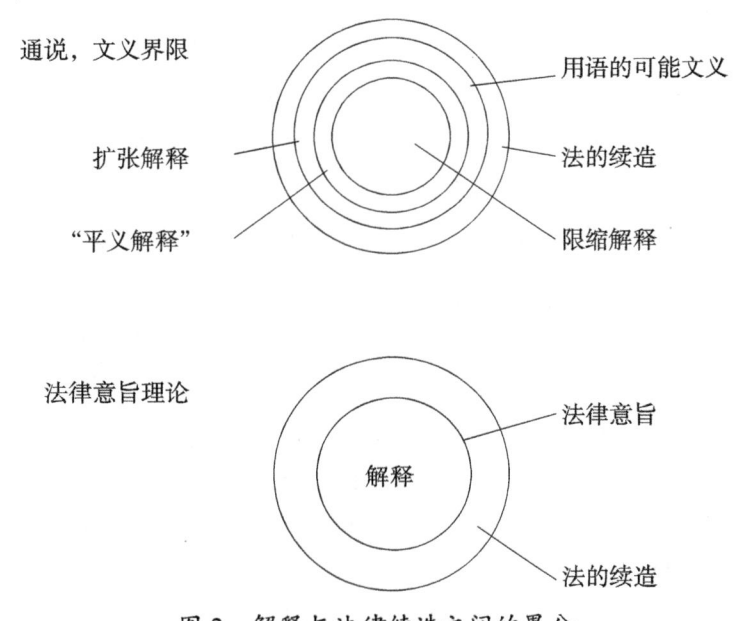

图 2 解释与法律续造之间的界分

---

① Vgl. F. Bydlinski/P. Bydlinski, *Grundzüge der juristischen Methodenlehre*, 3. Aufl., 2018, S. 81.
② 恩斯特·A. 克莱默:《法律方法论》,第 20 页。
③ Vgl. Fikentscher, *Methoden des Rechts* IV, S. 293.
④ 该图摘自 Wank, *Juristische Methodenlehre*, 2016, §15 Rn. 12.

在法的续造理论的立场选择上，克莱默并未偏离通说，他明确区分了词义以及规范意旨，并将（作为典型法的续造方法的）类推之内容理解为将法条适用于虽超出了文义界限，但仍落在规范意旨内的案件事实①。这种对通说的继受与其所采纳的形式法律漏洞概念无法分离，共同构成了其方法体系中的形式立场。相反，黑克或者说利益法学派因其实质立场对类推的内容就有着不同的理解。利益法学派的类推模型主要是为了解决立法者概观漏洞（Anschauungslücken）②所产生的问题，在概观漏洞存在时，法官必须如同立法者一样对未规定的案件——亦即立法者并未对其中利益冲突进行决断的案件——进行裁判，首先，他必须检讨立法者如何规定类似（可比较）的利益冲突，然后将相应的规则转而适用到当前冲突之上。③

代结语：两种立场的方法演示——以《德国民法典》第823第1款中的"其它权利"为例

通过演练上述所提及之方法，可以更加直观、形象地展现相关的方法问题。作为演练对象，笔者选取的是《德国民法典》第823条第1款中"其它权利"的适用问题，该款规定："基于故意或过失违法侵害他人生命、身体、健康、自由、所有权或者其它权利者，负有义务补偿他人因之而生的损害"。④侵权法中，该款所涉及的问题之一在于，除该款明确所列举的几项法益之外，还有哪些法益应作为"其它权利"受到该款的保护？其中主要涉及债权以及作为框架权（Rahmensrechte）的一般人格权以及设立和从事营业的权利（Recht am eigerichteten und ausgeübten Gewerbebetrieb）是否应作为该款保护法益的问题。而在上述讨论的方法论问题上，该款适用可能存在的分歧包括：1."其它权利"的理解和适用位于法的发现的哪一阶段，是属于法律解释还是法的续造；2. 该款是否因使用了"其它权利"这种不确定的法律概念而存在漏洞；3. 该款的适用是否位于法官法领域。

---

① 恩斯特·A. 克莱默：《法律方法论》，参见第172页。
② 概观漏洞：法律中之所以没有规范包含案件事实，是因为立法者在表述涉及相关利益冲突的法律时并未想到这类事实。Vgl. Pawlowski, *Einführung in die Juristische Methodenlehre*, 2. Aufl., 2000, Rn. 164a.
③ Vgl. Pawlowski, *Metodenlehre für Juristen*, 2. Auf., 1991, Rn. 481.
④ 本文引用的《德国民法典》条文如未特别说明均为笔者自译。

知识产权、用益物权等绝对权毫无争议地属于《德国民法典》第823条第1款的法益保护领域，因其权利人所享有之法律地位如同物之所有权人一般，得请求任何人不妨害他行使权利，反之，作为相对权的债权，因其权利人与所有权人之间的差异，仅能向特定人提出请求，不在该款的保护范围。① 按照形式漏洞概念及词义理论之观点，这种结论尚处在"其它权利"的文义范围内，不存在法律漏洞，仍然属于法律解释；同样地，若以实质漏洞概念以及法律意旨理论为准据，这种对"其它权利"的理解同样属于法律解释，无关法律漏洞填补的问题，因为立法者通过该款保护绝对法益之规范意旨或目的可轻易从"其它权利"前面所列举几项法益之特征推断而知，解释结论并未超越该款的规范目的。但是，依照克莱默所持有的法官法理论，这种涉及一般条款解释的结论因仍在文义范围内运作，故而从形式上看，仍然属于法律解释，但实质上已经涉及到了法官法，具体而言，基于"其它权利"前面几项具体法益的列举，其解释毫无疑问地与"受拘束的法官法"有关。②

一般人格权与前述所言及的用益物权、知识产权不同，并非由法律所明确规定的权利，且按立法者之意志，对诸如名誉及私人领域这样的非物质人格利益的保护亦不应纳入《德国民法典》第823条第1款之中③。战后，经德国联邦法院判例的发展，一般人格权作为一种"其它权利"而受该款侵权法保护已并不存在争议。④ "一般人格权"这一概念本身仍然可由"其它权利"文义所涵盖，因而，若以形式漏洞概念和词义理论之标准进行判断，这种结论仍然是法律解释的结果。相反，因为立法者明确将"一般人格权"排除于"其它权利"之外，缺乏将该权利纳入其中的"可识别的命令观念"，按照实质漏洞概念和法律意旨理论的观点，这种结论实质上是在肯定存在法律漏洞的前提下，法官进行法律漏洞填补的结果。若将"法律内漏洞"与"授权漏洞""有意识漏洞"的概念等置，则这种漏洞并非法律内漏洞，而是因社会价值观念变迁而产生的"嗣后漏洞"；若仅以文义界限作为认定"法律内漏洞"的标准，则这种漏洞为法律内漏洞。另外，按照克莱默的法官法理论，"一般人格权"的创制仍然属于法官法领域，不过，这种法官法不再是"受拘束的法官法"，而是"超越法律的法官法"，因为这里法官法的形成并非是法官"思考上服从"现行法中可以证明的评价的结果。

法官法在方法论作品中的叙述大致可以分成这样两类体系安排：1. 法官法贯穿

---

① Vgl. Kötz/Wagner, *Deliktsrecht*, 13. Auf., 2016, Rn. 159, 163.
② 恩斯特·A. 克莱默：《法律方法论》，参见第152页。
③ Vgl. Kötz/Wagner, *Deliktsrecht*, 13. Auf., Rn. 168.
④ Vgl. Peifer, *Gesetzliche Schuldverhältnisse*, 6. Aufl., 2020, § 3 Rn. 47 ff.

法律适用①方法的全过程，不论是法律解释还是法律续造均存在法官法的元素；2. 法官法作为一种独立于法律适用理论的存在，它可能但非必然地存在于法律适用中，其理论内容着重于阐释法官法的现象与意义，不涉及法律解释、类推以及目的论限缩等具体方法。当然，这两种安排并非是任意的，而是受到各自方法体系中其它理论影响的结果。如果承认个案规范理论，那么法官法作为个案规范理论的重要内容必然会贯穿于法律适用的始终。依照个案规范理论，法由个案规范组成，若待决案件未由个案规范所覆盖，则没有法律可供适用，因而需要额外形成一个个案规范，个案规范在民主国家通常由法官所创设，因此法源面相的个案规范也可表述为法官法。②相反，若否认个案规范理论，认为通常适用于个案的法仍然是由立法机关所制定的一般规范，那么法律适用就不会必然与法官法存在关联，将法官法放在法律解释的任何一个部分或多或少都会存在一定的问题，法官法理论在体系中便成为了一种相对独立的存在。

克莱默的选择则是这上面两种类型折中后的结果：将法官法放在了法律适用中，但仅涉及法的续造阶段，不包含法律解释；虽然没有直接承认个案规范理论，但也认为，"任何一个法官判决都包含适当数量的独立的法律创制成分"③。这种体系选择如何与其所继受的传统法的续造理论所坚持的形式文义立场协调也成了一个难点，因为这种形式立场并未给他的法官法理论留下足够的空间。为了消除这种弱点，他不得不接受实质立场的法律解释和法律漏洞理论。这样将两种本来对立的形式与实质理论放入同一体系中不可避免地引发了矛盾与冲突。不难发现，若将法官法理论从法律漏洞、法的续造理论中剥离，无论是放入整个法律适用之中，还是作为一种相对独立的理论进行阐释，这种矛盾即可消解。同时，这也反映了克莱默对"法官法"这一理论的冒进与谦抑：他并不满足于将法官法仅仅看作是一种法律适用中可能发生的现象，但却对于突破传统理论而将法官法全然融入法律适用中保持着审慎。

---

① 这里对"法律适用"概念的使用不同于克莱默在《法律方法论》第 20 页的用法，除法律解释外还包含法的续造。
② Vgl. *Fikentscher, Methoden des Rechts* IV, S. 220, 222.
③ 恩斯特·A. 克莱默：《法律方法论》，第 152 页。

论作为环境法核心范畴的环境法法权

——《环境法的法权结构理论》述评

李小强[*]

摘　要　目前，学界关于环境法核心范畴的争点主要包括环境权利说、环境义务说和环境利益说等。但是，环境权利说理论视角过于单一，环境义务说与环境权利说存在"一体两面"的暧昧关系，环境利益说仅仅是环境法学的逻辑起点；它们各自存在缺陷或瑕疵，以致关于环境法核心范畴的通说始终无法生成。史玉成教授《环境法的法权结构理论》一书跳脱出原有学说间的争拗，提出"环境法法权说"这一环境法核心范畴基本命题。这一理论拓展了环境利益内涵，统合了环境法学理论，实现了环境善治目标，证成了环境法法权作为环境法核心范畴的价值和意义，为解决环境法核心范畴论争提供了新的可能性。其内容主要涵括了环境权利与环境权力两个面向，其中，环境权利可以被类型化为生态性环境权利、资源性环境权利与排放性环境权利；环境权力则可以被类型化为环境立法权力、环境司法权力与环境行政权力（狭义的环境权力）。

关键词　环境法核心范畴　环境法法权　环境权利　环境权力

---

[*] 李小强，华东政法大学经济法学院2019级经济法学专业（环境法学方向）博士研究生。本文系国家社会科学基金一般项目"生态恢复性司法的实证考察与制度完善"（项目编号：19BFX184）、中国法学会环境资源法学研究会招标项目"中国环境法法典化之反思——兼论我国环境立法模式之选择"（项目编号：CSERL-FDH-18011）的阶段性研究成果。

引 言

1988年在长春召开的"法学基本范畴"研讨会,旨在克服以阶级斗争为纲的法学理论研究缺陷,提出了法学应当是权利之学,"权利与义务"应当是法学研究的基本范畴等振聋发聩的观点。[①]这一法学基本范畴的话语转向标志着我国法学研究迈向了"权利的时代",人们开始认真对待权利,权利与义务成为法学研究的重点,法学研究进一步深化和发展。从某种意义上来看,这次研讨会具有开拓性的时代价值。但是,随着法学研究的深入和发展,将"权利与义务"作为法学的基本范畴引起了学者们的质疑。其中,以童之伟提出的"法权中心说"[②]最具有代表性。该理论在对传统法学的核心范畴"权利义务"研究范式进行分析批判的基础之上,以经验和事实为基础,认为法学的核心范畴并非"权利义务"而是"权利与权力"。他认为,权利和权力才是法律世界中最重要的法现象,权利与权力的统一体,即"法权"应当成为法学研究的核心范畴。[③]

该理论自提出以来主要存在于法理学界且一直疏离于主流法理学之外,除了理论创设者之外很少有人提及与探讨。随着法学学科的发展和新兴法学学科的产生,很多传统的法学理论并不能很好的解释这些法现象。以法学核心范畴理论为例,自20世纪90年代前后,提及法学的核心范畴,人们普遍认为非"权利义务"莫属,这似乎已经成为法学界的共识。但是,随着法学学科的发展,特别是像环境法学这样被人们称之为社会法学科的兴起,以"权利义务"作为核心范畴对此类学科进行分析已经显然解释力不足。相反,用"法权"理论进行分析反而更具有解释力。史玉成宏著《环境法的法权结构理论》正是这样一部作品。该书认为"权利义务法理学"的研究路径在环境法学中存在解释力不足、统合力不够的局限性。鉴于此,他提出了"环境法法权理论"这一概念以求达至正本清源之效。

《环境法的法权结构理论》一书主要包含以下内容:首先,该书从环境法的核心范畴概念入手,对具有代表性的几种环境法核心范畴观点(环境权利说、环境义务说和环境利益说)进行了分析;在此基础之上,该书认为环境法的核心范畴应当是"环境法法权",并且对环境法法权应当作为环境法的核心范畴进行了理论证成和概念辨识。其次,该书认为环境法法权的逻辑起点应当是环境利益,环境利益应

---

① 张文显:《关于权利和义务的思考》,载《当代法学》1988年第3期。
② 童之伟:《以"法权"为中心系统解释法现象的构想》,载《现代法学》2000年第2期。
③ 史玉成:《环境法的法权结构理论》,商务印书馆2018年版,第36页。

当界分为资源利益和生态利益，其增益减损应当通过正向激励"环境善"[①]和反向抑制"环境恶"；并且，环境利益的表达机制是通过环境法法权（以权利义务机制和权力职责机制）予以实现。再次，该书将环境权利界分为环境权、资源权和排污权，并且对其进行了详细的论述；将环境权力界分为横向的权力分工、纵向的权利分工和多元合作的权力格局，并且对其进行了较为全面的列举。最后，该书从实践和经验出发，通过规范法学的视角对环境法法权理论的实然面向进行了系统的分析，以求达至在多元合作中走向"环境善治"。

一、何谓环境法的核心范畴：众说纷纭的议题

法学的核心范畴是什么？这一命题在20世纪80年代末就已经形成了共识，即法学的核心范畴是权利义务，法学是权利之学。但是，随着新兴的部门法的不断发展，这一命题不断地遭受质疑和挑战。对于新兴的部门法而言，权利义务对该部门法并不具有"全景式"的解释力，因为其仅仅将目光置于"一隅之地"。以环境法学科为例，环境法的核心范畴是什么？这一命题自提出至今，论者们各持己见、毫不妥协，各自坚守自己所认为的环境法的核心范畴。这其中，比较具有代表性的观点有环境权利说、环境义务说、环境利益说、环境责任说[②]和环境法律关系说等内容。其中，环境权利说、环境义务说和环境利益说三种观点最具有代表性且信众颇多。史玉成在《环境法的法权结构理论》一书中对以上三种观点进行了深入的分析，他认为此三种观点均是从某一视角出发，缺乏宏观把握，因此得出的结论有失偏颇。《环境法的法权结构理论》一书对环境权利说、环境义务说和环境利益说[③]所作出的深刻分析引起了多数学者的共鸣。

（一）环境权利说：理论视角过于单一

"权利"是人类社会发明的最伟大的概念之一，人类社会唯有认真对待权利，才能彰显人的尊严和价值。"我们的时代是一个迈向权利的时代"[④]，对于新兴学科

[①] 沈费伟、刘祖云：《合作治理：实现生态环境善治的路径选择》，载《中州学刊》2016年第8期。
[②] 巩固：《政府环境责任理论基础探析》，载《中国地质大学学报（社会科学版）》2008年第2期。
[③] 史玉成：《环境利益、环境权利与环境权力的分层建构——基于法益分析方法的思考》，载《法商研究》2013年第5期。
[④] 张文显、姚建宗：《权利时代的理论景象》，载《法制与社会发展》2005年第5期。

而言，从权利的角度进行规范建构无疑是一种完善学科体系的有效途径。一直以来，环境法学界认为环境法也应当以"环境权"作为核心范畴的观点呈主流之势。正是如此，多数学者对环境权展开了研究和论述，观察现有的环境法研究不难发现，几乎所有的环境法学者均对环境权理论有过相关论述。可以说，在环境法学研究中任何一个学者都必须关注环境权，环境权成为了学者们无法绕过的理论议题。关于环境权的研究自上世纪80年代引入以来，学者们各自有不同的观点。其中，最具代表性的有蔡守秋、陈泉生等人的最广义环境权，该说认为环境权包含了国家环境权、单位环境权、自然人环境权、后代人环境权和自然体环境权等；吕忠梅、周训芳等人的广义环境权，该说认为环境权不仅包含了实体性的环境权，还包括了作为程序性的环境权；吴卫星等人的狭义环境权，该说认为环境权应当仅仅指自然人环境权，且该权利只能是实体性权利。① 由是观之，将环境权作为环境法的核心范畴进行研究响应者众多。史玉成从环境权内涵之理论分歧、环境权语境与功能之边界、环境法治之实证层面三个维度进行分析之后得出，将环境权视为环境法的核心范畴是一种"理想的言说"。并且，环境权利作为环境法学的核心范畴在理论视角上过于单一，忽视了环境义务、环境权力和环境责任等概念。

从《环境法的法权结构理论》提出的"环境法法权理论"来看，环境权利的确对厉行环境法治、对抗环境污染、平衡环境权力和环境治理转型均起到了一定的积极作用。但是，环境权利说忽视了一个重要的方面，即将环境法中的另一种权力类型环境权力视而不见。由此造成了环境法体系建构过程中理论视角过于单一向度，以至于导致环境法学科成为了"一条腿"走路的学科。无论是从理论之构建抑或是从实践之反思来看，环境法理论的研究和实践之展开都应当围绕着"法权"这一双重面向而展开，忽视任何一个面向都会造成视角的"偏视"。应当说，对于环境法核心范畴的探讨，既要看到环境权利在参与环境法治实践过程中的重要性，也要看到环境权力在监管中的重要性，二者相辅相成，共同促进了环境善治目标得以实现。就现有的研究成果来看，将环境权利视为环境法的核心范畴并不能完全涵摄整个环境法学的学科体系内容，也不能统摄环境法治实践。相反，若是将环境法法权作为环境法的核心范畴则更具有说服力和解释力，因为其不仅关注到了作为私权利的环境权利面向，也关注到了作为公权力的环境权力面向。再者，正如书中所言，将环境权视为环境法的核心范畴在逻辑上明显无法自洽，在实践中则要面临诸多困境。因为环境实践中，环境权力的作用是无法忽视

---

① 吴卫星：《我国环境权理论研究三十年之回顾、反思与前瞻》，载《法学评论》2014年第5期。

的，也是不应该忽视的一个方面。鉴于此，对于环境法核心范畴的思考应当另辟蹊径，于是环境法法权结构理论顺势而出。根据环境法法权理论，只有通过从环境权利和环境权力两个方面出发，基于环境法法权的双重视角审视环境法，才能更好地丰富环境法理论并回应环境法治实践①。但是，理论研究和实践操作中多数情况下都将环境权力归于行政法的范畴之下，对于这一问题应当引起环境法研习者足够的重视，因为环境权力与传统的行政权力并不完全一致，不能简单的将环境权力完全纳入行政法研究的范畴。

（二）环境义务说：环境权利说的一体两面

环境义务论者将"环境义务"视为环境法学的核心范畴，认为由于环境利益的特殊性，权利路径无法有效保护生态环境，唯有通过义务路径方是解决生态环境问题的有效方式②。环境义务论者对环境权利理论进行批判之后，提出了应当将环境义务理论作为环境法的核心范畴，该论者认为环境问题的解决和应对之道应当给各类环境法律关系主体设定相应的环境义务③。环境义务理论主要有两种代表性的观点：其一，以环境损害为逻辑起点，认为唯有通过环境义务的分配才可以应对环境危机④；其二，从消费主义逻辑观察，认为环境法学应该通过环境义务理论来建构环境法律制度的研究范式。⑤环境义务论者并没有对环境权利理论予以完全的否定。因为有的学者认为环境义务是与环境权利不同的两种路径范式，二者可以并存，也有学者认为环境义务是与环境权利对应的概念。总之，无论持哪种观点，他们都认为应该将环境义务视为环境法的核心范畴。那么，环境义务是否可以作为环境法的核心范畴呢？《环境法的法权结构理论》一书持反对意见，书中认为与概念模糊不清、内涵似是而非的环境权利相比，环境义务理论的确显得更具有可操作性，但是这一理论自身仍然存在逻辑缺陷。它从传统法学研究范式、国家环境义务和权利义务对等性等角度进行了分析，认为将环境义务理论视为环境法的核心范畴，这不免显得有些"现实难以关照未来"。

的确，正如史玉成之观点。将环境义务视为环境法的核心范畴无法体现出现代

---

① 常纪文：《三十年中国环境法治的理论与实践》，载《中国地质大学学报（社会科学版）》2009年第5期。
② 徐祥民：《告别传统，厚筑环境义务之堤》，载《郑州大学学报（哲学社会科学版）》2002年第2期。
③ 刘卫先：《环境义务初探》，载《兰州学刊》2009年第2期。
④ 周玉华、郭永长：《环境法"义务重心论"》，载《环境法治与建设和谐社会——2007年全国环境资源法学研讨会（年会）论文集（第四册）》2007年8月。
⑤ 刘卫先：《环境法学基石范畴之辨析》，载《中共南京市委党校学报》2010年第1期。

环境法发展之愿景。首先，就法学学科而言，法学是一门权利之学。启蒙时期以来，人们为了打破中世纪对人的束缚和桎梏，反对过分强调人们的义务和服从观念，所以将权利理论引入近代法治理念并且不断地对这一理论予以强化。倘若将环境义务视为环境法的核心范畴，难免无法得到认同。其次，环境义务论自身概念不明确且响应者较少。就目前来看，虽然环境义务论作为环境法核心范畴的一种观点而存在，但是其自身无论是从概念的明确性还是支持者的普遍性来说都不足以成为环境法的核心范畴。最后，环境义务论者过分地强调环境义务却忽视了环境权利。在传统法理学研究中，权利义务是一对相辅相成的概念，没有无权利的义务，也没有无义务的权利。从这个层面来看，环境权利与环境义务并没有任何实质性的差异。因此，强调环境义务作为环境法的核心范畴与环境权利并没有本质上的不同之处，相反，可以说环境义务说只是环境权利说的另外形式的一种表达，仅仅将目光投向了同一个"实体"的另一个侧面而已。由此可见，环境义务说和环境权利说是同一个事物的"一体两面"。

（三）环境利益说：逻辑起点难负核心范畴之重

将环境利益理论视为环境法核心范畴的观点兴起相对晚于环境权利论和环境义务论，这是因为环境利益论出现在环境权利论和环境义务论两种观点都遭到理论和实践的困境之后。环境利益论者主要有两种观点：其一，环境公共利益论。该说认为环境公共利益作为环境法的核心范畴能够把环境法的原则、制度、理念和环境法现象统合起来。① 其二，环境区分利益。该说认为环境利益在不同区域和不同人群中存在着不平衡性，环境利益的考量应当从中国社会的现实场景出发，关注不同群体和不同区域之间的人们在环境正义理念引导下的环境利益分配。② 以上两种观点都将环境利益视为环境法的核心范畴，均是以环境利益为逻辑起点去统合环境法。不同的是，前者通过"权利与义务"和"权力与职责"的路径得以实现，而后者通过经济手段和民主协商方式予以实现。《环境法的法权结构理论》从环境利益概念的内涵和外延、环境利益的保护手段、环境利益与实体环境权的关系进行分析，认为将环境利益视为环境法的核心范畴存在"路径引导意义下制度建构的不足"，因此，环境利益说也不足以成为环境法的核心范畴。

相较于环境权利论和环境义务论而言，环境利益说是环境法研究中的一个新

---

① 参见秦鹏、杜辉：《环境义务规范论-消费视界中环境公民的义务建构》，重庆大学出版社2013年版，第2—8页。
② 巩固：《私权还是公益？环境法学核心范畴探析》，载《浙江工商大学学报》2009年第6期。

范式①，有关这一理论研究的展开无疑为环境法研究开辟了一个新的面向。但是，将其视为环境法学的核心范畴未免显得解释力不足。首先，环境利益说作为一个新兴的概念内涵和外延均不统一，倘若将其视为环境法的核心范畴难免出现概念的混乱。比如，就环境利益与经济利益之间的关系而言，就存在不同的观点。一种理论认为环境利益应当是与经济利益同等层次的概念，环境法就是要在环境利益和经济利益二者之间寻求动态平衡，既要经济发展也要不对环境造成过于严重的破坏，其本质就是想要在经济利益和环境利益之间找寻"帕累托最优"。另一种理论则认为环境利益可以分为资源（经济）利益和生态利益，环境利益是资源利益和生态利益的上位概念，资源利益是环境利益的下位概念。其次，环境利益作为环境法学的逻辑起点并不具有成为环境法学核心范畴的资格。由于环境利益保护的是某些不足以权利化的公共利益，从这个角度来看，环境法的范畴至少要保护环境权利和环境利益，那么，仅仅将环境利益视为环境法的核心范畴明显存在着不周延性。最后，环境法法权说更具有解释力和说服力。将环境法法权视为环境法的核心范畴并不反对环境利益的存在，相反，可以将环境法法权视为环境利益的进一步深化和具体构建。

总之，通过对以上环境权利论、环境义务论和环境利益论三个具有代表性的主流观点进行分析会发现这三者均不足以成为环境法的核心范畴。由此得出，关于环境法的核心范畴应当寻求另一种路径。

二、环境法学核心范畴的理论证成

环境权利说、环境义务说和环境利益说作为环境法核心范畴明显具有不足之处，那么环境法的核心范畴应当是什么，何种理论应当作为环境法的核心范畴，这无疑要从核心范畴概念谈起。"范畴"一词古语有之，该词最早是一个哲学层面的概念，意旨所归类的事物具有共同的性质，也就是指某种事物的本质。法学的核心范畴简而言之就是指法学这种现象具有的共同性质，也就是法学的本质。自20世纪80年代以来，我国法学界经过了激烈的争论，最终确立了以权利义务为核心的法学范畴②。自此，权利义务作为法学的核心范畴成为了法学界无法撼动的

---

① 杜健勋：《环境利益：一个规范性的法律解释》，载《中国人口·资源与环境》2013年第2期。
② 张文显：《法学基本范畴研究》，中国政法大学出版社1993年版，第13—19页。

基石。随着社会的发展，法学学科逐渐出现了新的领域，环境法学就属此类，环境法学是随着环境问题的产生而不断发展起来的一门学科，该学科自产生伊始就肩负着改善生态环境的使命。面对这一新兴的法律部门，如何建立自己的学科体系与核心范畴就显得尤为重要。与传统的法学学科不同，环境法学的社会性决定了传统的权利义务法学范畴并不能含括其学科体系。职是此故，人们不得不寻找新的环境法核心范畴，于是环境法法权理论便应运而生。环境法法权是建立在法权概念上的一个环境法所具有的殊相概念，旨在对环境法的本质进行理论抽象，从而更好地解释环境法治实践，有效地应对现实世界中的环境问题。为何环境法法权可以成为环境法的核心范畴，主要可以从环境法法权理论的拓展功能、统合功能和目标功能予以审视。

（一）环境法法权理论拓展了环境利益内涵

环境利益作为环境法学范畴研究中的逻辑起点[①]，是环境法法权结构理论的基础。环境利益是利益理论在环境法学科上的体现，利益是人类社会向前发展的动力所在，在法学世界中，利益法学派是一个具有代表性的流派，根据利益法学派的观点，利益乃是产生法律的根源，是法律产生的原因，也是法律的基本目的和使命所在。众所周知，利益是全部法律的创造者。作为法律保护的利益如何实现，一般而言，存在两种路径，一种是公法主导的权力路径，另外一种是私法主导的权利路径。在利益实现的权力路径过程中，权力总是与责任相对应，权力享有者往往要承担责任，正如我们常说之言，有权必有责，这凝练的揭示了权利责任作为利益实现的公法路径。在利益实现的权利路径过程中，与权利相应的概念是义务，权利的享有者往往要履行相应的义务，没有无权利的义务，没有无义务的权利，权利和义务总是相互统一的，这完全揭示了权利义务作为环境利益实现的私法路径。循此思路，按照环境利益是利益在环境法上的体现，环境法法权是法权（权力与权利）在环境法上的体现，那么，环境利益的实现也应当包含作为公法路径的环境权力和作为私法路径的环境权利[②]。由此可见，环境法法权理论是环境利益实现的路径导向，这一理论拓展了环境利益的内涵。

根据史玉成《环境法的法权结构理论》一书之观点，环境利益是环境法法权理论的逻辑基础，环境法法权理论作为环境法的核心范畴是建立在对环境利益深化拓展之下得以形成的。书中对环境利益进行了不同的价值分析，其中，最具有代表性

[①] 王春磊：《法律视野下环境利益的澄清及界定》，载《中州学刊》2013年第4期。
[②] 金福海：《论环境利益"双轨"保护制度》，载《法制与社会发展》2002年第4期。

的就是论证了环境利益的容量价值、经济价值和生态价值,在此基础之上,将环境利益界分为资源利益和生态利益①。随后,在环境利益概念基础之上,该书从环境权利和环境权力两个路径出发,分别对环境利益实现的不同路径予以类型化研究,将环境利益的权利化路径分为了排放权、资源权和生态权;而对环境利益的权力化路径主要从狭义上的环境权力出发,将其体系化为环境规划制定权、环境标准制定权、环境行政许可权、环境行政命令权、环境监督检查权、环境行政处罚权和环境纠纷调处权等。由是观之,环境法法权理论拓展了环境利益的内容,使得环境利益由静态理论发展成了一个动态运行机理。

(二)环境法法权理论统合了环境法学理论

根据环境法法权理论的核心要义,环境法法权理论发轫于法权理论。法权是一个历史性的概念,在我国,法权概念的产生与对权利义务作为法学核心范畴的反思有关。自权利义务被确立为法学核心范畴之后,虽然关于法学核心范畴基本上达成了共识,但是对于权利义务作为法学核心范畴的反思从未停止,特别是随着新兴的社会法领域的兴起,以权利义务作为核心范畴在解释力上明显捉襟见肘,有学者认为权利义务法学是"中国法律的理想图景"②,并非基于中国实践所构建的现实图景。与此同时,与其遥相呼应的法权理论正好契合了这一理论反思的时代之风。法权理论最早提出者认为,应当将权利与权力的统一体视为法权,法权概念的外延包含了自由等各种内涵的"权",因此,这一理论也被称之为"法权中心主义"③学说。环境法法权理论正是建立在法权理论基础之上,环境法法权理论是环境权利和环境权力的统一体。由于环境法法权理论统合了环境权利和环境权力,因此在环境法理论命题的分析中具有强大的解释力,并且这一理论在内涵上整合了环境权利、环境义务、环境权力、环境责任和环境利益等一系列关于环境法学的基本概念,这充分体现了该理论所具有的包容性。另外,环境法法权理论也并非概念的堆积,而是一个具有层次性、逻辑性和体系性的理论,这一理论从以环境利益作为逻辑起点出发,对环境权利和环境权力进行统合,而环境权利与环境义务、环境权力与环境责任又是两对相互对应的一体两面的概念。由是观之,环境法法权理论统合了环境法学的基础理论,这也是该理论能够胜任环境法核心范畴的原因之一。

---

① 史玉成:《生态利益衡平:原理、进路与展开》,载《政法论坛》2014 年第 2 期。
② 邓正来:《中国法学向何处去(上)——建构"中国法律理想图景"时代的论纲》,载《政法论坛》2005 年第 1 期。
③ 童之伟:《法权中心主义要点及其法学应用》,载《东方法学》2011 年第 1 期。

从《环境法的法权结构理论》一书可以看出，该书提出的环境法法权理论虽然"借壳上市"，采用了法权概念的核心，但是并未完全等同于对法权概念的"照搬照抄"，正是如此，使得该理论在理解上更加容易，在受众上也更具有接受度，在解释上也更加简明扼要。虽然书中对环境法法权中的环境权利和环境权力进行了具体的类型化界分，并且对各类具体的环境权利类型和环境权力类型进行了详细的论述，但是，针对与环境权利相对应的环境义务和与环境权力相对应的环境责任却着墨显少，这不得不说是本书较为遗憾之所在。从整个环境法法权理论的统合性来看，很明显，环境义务和环境责任应当也是极为重要且不可或缺的理论组成部分。当然，对于一本书而言，也并不可能面面俱到。虽然如此，但是《环境法的法权结构理论》一书所搭建的环境法学理论框架将会是之后环境法学研究者无法绕开的基础性理论研究。

（三）环境法法权理论实现了环境善治目标

环境法法权理论的提出是立基于我国环境法治实践的运作机理，从现实图景中找寻出的解决环境问题的理论方案，这一理论有利于实现环境善治的目标①。环境善治是环境法治运行的最终方向，也是环境法学理论研究的终极目标，从社会治理的整体视域而言，环境善治是整个社会善治理念在环境领域的体现，而环境法领域的环境善治又是整个环境善治理念在法律领域的体现。环境法法权理论从法律领域实现了环境善治的理论图景。本质上而言，无论是环境权利理论、环境义务理论、环境权力理论、环境责任理论以及环境利益理论，最终的目标都是实现环境善治，毫无疑问，作为环境法核心范畴的环境法法权理论在实现环境善治目标的诸多理论之中应当是最全面的一种。这一理论的整全性让环境善治的实现由单一的路径主导开始转向了双向的二元互动，从我国四十多年的环境法治实践来看，环境权力一元主导的现象尤为明显，环境问题的解决方案大多是在政府部门的主导下予以制定，缺少环境权利的参与，环境法法权理论正好从理论上解决了这一难题，将过去环境治理②一元主导的环境权力模式转向了环境权利与环境权力二元一体的互动模式，即环境治理的环境法法权模式。环境治理的环境法法权模式顺应了生态文明时代应对环境问题、解决环境风险的历史需求，积极地回应了我国当下环境法学研究的理论呼声，为多元主体参与到环境治理过程中提供了理论上的智识支持。

---

① 沈费伟、刘祖云：《合作治理：实现生态环境善治的路径选择》，载《中州学刊》2016年第8期。
② 杜辉：《论制度逻辑框架下环境治理模式之转换》，载《法商研究》2013年第1期。

《环境法的法权结构理论》一书从环境法核心范畴出发，通过对环境法法权理论进行论证分析，最后也将目标指向了环境善治。可以说，环境善治是环境治理最终的追求目标。书中提到对于当下中国的环境治理模式，主要体现为赋予环境权力主体以环境权力的方式运行，因此环境法在本质上仍然难逃管控法之嫌，环境法学界多年以环境权利为主的研究并未撼动这种治理格局；应当在环境治理格局中明确环境权力主体的环境责任，优化环境权力的内容[①]，适度的控制环境权力的扩张，赋予环境权利主体更多的参与机会，从而在环境治理结构上平衡环境权利与环境权力的法律配置。环境法法权理论所关注的正是环境权利与环境权力，以及在实践运行中如何平衡环境权利与环境权力之间的关系，这正好契合了环境善治的目标要求，因此说环境法法权理论从理论层面实现了环境善治的目标。

三、"环境法法权理论"的具象阐释

《环境法的法权结构理论》一书是基于对环境权利论、环境义务论和环境利益论等学说分析之后，发现这三种学说均不足以成为环境法的核心范畴，于是将立足于法权理论之上的环境法法权视为环境法的核心范畴。环境法法权概念的提出是建立在环境权利、环境义务和环境利益三种学说的基础之上，具有正本清源的效果。一方面，对旧理论之不足进行了弥补；另一方面，对环境权利与环境权力进行了统合。该书认为，环境法法权是立足于部门法的视角，以环境利益为逻辑起点对环境权利和环境权力进行统合而形成的环境法制度的元概念。

（一）环境法法权的理论蕴含

所谓环境法法权结构是指环境法上不同的权利和权力类型按照一定的逻辑建立起来的，具有紧密逻辑联系和内在协调统一的理论结构。环境法法权结构是基于整体主义视角对环境法核心范畴的重构，它将环境利益视为环境法法权的基础，将环境权利机制和环境权力机制视为环境利益实现的路径，通过整合和协调环境权利与环境权力之间的内外部关系从而达到统合环境法整体之效果。在《环境法的法权结构理论》一书中，将环境法法权理论视为环境法的核心范畴，主要从三个方面进行了论证和分析。第一，环境法法权是环境法的"元概

---

① 肖磊：《多元治理语境下的环境权力优化及其制度因应》，载《中国矿业大学学报（社会科学版）》2019 年第 3 期。

念"。从传统的权利理论来说,权力产生于权利,广义上的权利内容包含了权利、权力、特权和豁免等[①]。但是权力一经产生就不完全受权利的约束,其必将成为一种独立存在的实体并且与权利在相互协调中实现其所要追求的目标。第二,环境法律关系表征着环境权利和环境权力是组成环境法法权理论不可偏废的两个重要部分。正如该书之观点,环境法律关系应当包含"环境权利与环境义务关系"和"环境权力和环境职责关系"两个方面。目前来看,在环境法理论中过于重视环境权利而忽视了环境权力;相反,在环境法治实践中却大多是以环境权力来予以主导。而环境法法权正好可以将"环境权利和环境权力"予以统合。第三,环境法法权对于环境法的诸多现象具有较强的解释力和统合力。相较于环境权利论、环境义务论和环境利益论[②]等诸多学说只将目光局限于一隅而言,环境法法权所关注的环境权利和环境权力是一种全景式的理论描述。以环境权利论为例,环境权利仅仅着眼于权利理论这种环境法的现象而忽视了权力在环境法中所起的作用,就我国环境法的实践和经验来看,对于环境法现象的解释需要通过关注环境权利和环境权力才更具有全面性。因此,该书认为环境法法权更适宜作为环境法的核心范畴。

环境法法权应当作为环境法的核心范畴。理由如下:其一,就理论研究而言,环境法学界将目光大多锁定在环境权利的研究。以环境权研究为例,在知网上以"环境权"为关键字进行搜索就会发现,其研究数量之多,研究领域之广,研究人数之众,由此足以看出环境权利研究之深入。反而观之,对于环境权力的研究环境法学界成果相对阙如,与数量庞大的环境权利研究成果相比,环境权力的研究似乎可以被忽略。由此观之,在环境法学界,相较于环境权利而言,环境权力成为了一个被遗忘的研究领域,这与环境实践对环境权力的需求不相符合。因此,需要将环境法法权作为环境法的核心范畴来破除这种理论研究的"偏见",引起学者们对环境权力研究的重视。其二,就实践经验来看,当下我国的环境治理格局是由"公权力主导下"的命令管控式治理模式,环境权力起着至关重要的作用。但是,从长远来看环境法治实践的有效展开必然要走向"多元共治"[③],即命令管控式(政府)、市场调节式(企业)和公众参与式(公众)三种治理模式并存。因此,就必然要求市场和公众所行使的环境权利和政府所行使的环境权力共同发挥作用。

---

① 陈锐:《对霍菲尔德法律概念论的逻辑分析》,载《西南政法大学学报》2003年第5期。
② 杜健勋:《环境利益分配的法理研究》,中国环境出版社2013年版,第24页。
③ 史玉成:《环境法学核心范畴之重构:环境法的法权结构论》,载《中国法学》2016年第5期。

(二)环境权利的界分及其实现

对环境权利进行类型化界分是环境权利理论进一步深化和完善的必然。就环境权利的界分类型而言,主要有如下观点:其一,就环境权利享有的主体而言,有个人环境权利、公众环境权利、人类环境权利、国家环境权利、动物环境权利和自然体环境权利等;其二,就权利内容而言,有环境人格权、环境物权、环境相邻权和环境利用权[1]等诸多实体性权利和程序性权利;其三,就权利客体而言,有生态性环境权利、资源性环境权利等。可以说,就目前而言,环境法学界对环境权利的界分存在着一定程度的混乱。从环境权视角和环境法律关系视角对传统环境权利理论进行反思,可以发现传统环境权利体系均不能廓清环境权利体系的基本构造,应当从法益分析的视角将环境权利进行类型化界分,具体而言,可主要界分为三类:其一,生态性的环境权利,即环境权;其二,资源性的环境权利,即资源权[2];其三,排放性的环境权利,即排污权。所谓环境权是指公民享有在良好环境中生存和生活的权利,权利内涵主要是指环境生态利益;资源权是指享有自然资源的主体对资源开发利用的权利,权利内涵主要是指经济(资源)利益;排污权是指排污主体利用环境容量向环境中排放污染物的权利,权利内涵主要是指环境容量利益。

三种类型权利如何得以实现。就生态性环境权利而言,由于其本身是一种单一的实体性权利,若要其权利内容得以实现就需要程序性权利予以保障。如果缺乏程序性权利,环境权则难以实现。因此,就生态性的权利来说,其实现路径就是依靠程序性权利。就资源性的环境权利而言,由于资源性环境权利是一种集合性权利,作为一种权利束存在。因此就资源性权利的实现路径而言应当进行权利的具体化建构。对于资源性环境权利的具体化,有学者认为可以分为"对物的采掘"和"非对物的采掘",[3] 也有学者认为可分为"资源产品取得权"和"资源载体使用权"。《环境法的法权结构理论》一书另辟蹊径将资源性权利具体化为"利用性资源权"和"获取性资源权"。就排放性权利的实现路径而言,由于排放性权利具有双重属性。一方面需要设置义务来限制污染物的排放,另一方面需要对排污性权利进行具体化。具体而言,可以将其具体化为气态污染物排放权、液态污染物排放权、固态污染物排放权、噪声污染物排放权和放射性污染物排放权等权利类型。

对环境权利的类型化界分及其实现路径的分析对环境法法权的内涵构建意义重

---

[1] 王社坤:《环境利用权研究》,中国环境出版社 2013 年版,第 144 页。
[2] 王剑、史玉成:《中国自然资源权利体系的类型化建构》,载《甘肃政法学院学报》2019 年第 6 期。
[3] 张璐:《生态经济视野下的自然资源权利研究》,载《法学评论》2008 年第 4 期。

大。环境权利作为环境法法权"两翼"中的重要组成部分,对其进行分析无疑有利于更进一步深化环境法法权结构理论的内涵。《环境法的法权结构理论》一书中这种对权利类型的界分在学界尚属首次,从这个角度而言,这一分类具有一定创新性;另一方面,将环境权利进行此种界分正好整合了现有的环境法体系,覆盖了环境法体系的污染防治领域、自然资源领域和生态环境保护领域三个方面,从这个角度来看,这一分类具有整合环境法上权利类型的意义。

(三)环境权力的界分及其实现

一直以来,对于环境权力的研究被环境法理论研究者所忽视,但是环境权力在环境法治实践中却起着至关重要的作用。究其原因是由于学者们大多将目光盯在环境权利这一话语之上,以至于环境权力被环境权利所遮蔽。"权力"一词既具有法学意义又具有政治学意义,就其含义而言多是指一种控制、支配的强制性力量。环境权力则是指国家在环境保护领域行使环境管理职责的一种强制性权力,包含了环境立法权力、环境行政权力和环境司法权力。环境权力性质上是一种政府公权力,目的上是为了保护环境公共利益,构造上是"环境权力与环境责任"的统一体。环境权力随着环境问题的出现和环境风险社会的产生而出现,特别是世界范围内环境问题愈发严重,环境权力也随之不断扩张。环境权力的来源并不像环境权利一般,必须要有法律的明确规定,否则"法无授权即禁止"。对于环境权力的配置可分为横向的部门配置和纵向的层级配置。就环境权力的横向部门配置而言,主要是指政府统一监管,环境保护部门主管①,各类环境保护部门分管的环境权力配置模式;就环境权力的纵向层级配置而言,主要是指中央政府及其环境保护部门统管全国,地方政府及其环境保护部门负责本区域,将中央的统领性和地方的主动性、积极性相结合的环境权力配置模式。

就环境权力的实现而言,《环境法的法权结构理论》一书通过对环境权力具体化的方式体现了环境权力的内容,具体来说,该书将环境权力的内容划分为环境规划与环境规范制定权、环境标准制定权、环境行政许可权、环境行政命令权、环境监督检查权、环境行政处罚权和环境纠纷调处权等七项具体化的行政权力,并且认为通过行使以上七类环境权力可以达到环境权力实现的目的。

对环境权力的界分及其实现的研究是尤为必要的,通过对环境权力的研究对环境法法权理论有进一步的深化意义。书中对环境权力的实现方式进行列举式的具体

---

① 邓海峰、李燕:《环境行政强制机制监督体系的建构》,载《中国环境法治》2006年刊,第95—98页。

化有着深化环境权力研究的意义,但是如果能将环境权力进行类型化列举无疑显得更具有说服力。仔细阅读《环境法的法权结构理论》一书可以发现,现有对于环境权力的列举内容基本上都是环境行政权力,缺乏对环境立法权力和环境司法权力的关注。自《立法法》修改以来,设区的市在"环境保护"领域立法权限得以放开,① 随之,对于环境立法特别是地方环境立法的研究逐渐增多,因此很有必要对环境权力中的环境立法权力进行细致的探讨以求回应现实。另外,就环境司法权力而言,环境司法特别是环境司法专门化在我国司法实践中已经呈遍地开花之势,因此也就很有必要对环境司法权力进行研究以回应现实。再者,对于环境司法权力的研究有助于搭建环境权利与环境权力沟通的桥梁,因为在实践中一旦环境权利受到侵害,人们往往通过司法手段寻求救济。因此,关注环境司法权力显得尤为必要。

(四)环境法法权的实然配置和规范建构

对于环境法法权理论的研究最终目的是为了实现环境法法权的实然配置。在《环境法的法权结构理论》一书中,从环境权法权的实然层面进行考察不难发现,当下存在环境法法律体系不完善、环境权利结构不平衡、环境权力配置不规范和环境法法权运行不协调等诸多问题。一直以来,环境法体系的划分遵循污染防治法、自然资源法和生态保护法的划分类型,但是该种划分明显没有完全容纳环境法所有的范围体系。于是,该书将环境法体系划分为综合性环境保护法、污染防治法、自然资源法、生态保护法、资源循环利用法、能源与节能减排法和 防灾减灾法等七大门类。② 就目前环境法体系的内容而言,主要是围绕"环境权利与环境义务"和"环境权力和环境责任"而得以展开,但是仔细观察就会发现现有的环境法体系中对于环境权力的规范远远多于环境权利的规范,这就使得环境法体系具有明显的"管制性"特征。就环境权利方面,环境权尚未成为法定的权利,资源权配置不均衡,排污权保障不充分等问题依然存在。另外,程序性环境权利也明显不足。就环境权力而言,存在环境权力与经济权力、中央权力和地方权力、不同区域环境权力和不同部门之间的环境权力的非均衡性。除此之外,环境法法权的运行之间也存在诸多冲突,主要体现在环境权力对环境权利的不当侵害和环境权利对环境权力的"非理性"挑战。以邻避运动为例,在近几年发生的诸多邻避运动事件过程中,经常会出现环境权利对环境权力的挑战和质疑。

---

① 杜辉:《"设区的市"环境立法的理想类型及其实现——央地互动的视角》,载《法学评论》2020年第1期。
② 石佑启:《论法治视野下行政权力的合理配置》,载《学术研究》2010年第7期。

针对以上环境法法权实然层面的诸多问题，有必要以一种规范建构的方式去消解、协调、矫正这些问题，从而实现环境法法权的良性运行和环境权利、环境权力的良性互动。首先，就环境权利的规范建构而言，将环境权由理论权利变为法定权利，对资源权的保护实行所有权和监管权分开的保护方式，对排污权进行立法和相关的配套制度保障。其次，就环境权力的规范建构而言，需要改革相关管理体制，落实相关环境责任，协调好不同区域和不同部门之间的权力运行机制。另外，可以通过利益补偿机制，矫正环境利益的失衡。最后，对于环境权法法权的规范建构而言，主要是对环境权利和环境权力二者的均衡配置和良性互动，从而实现"环境善治"。[①]

结　语

就目前来看，关于环境法核心范畴的学说包括环境权利说、环境义务说和环境利益说等诸多具有代表性的观点，但是，一直以来没有哪一种观点可以令所有人都信服。学者们众说纷纭难以达成共识。《环境法的法权结构理论》一书提出的"环境法法权"理论无论是从环境法学的本体论角度抑或是从环境法学的方法论角度而言都对环境法学理论的深化、发展和完善做出了较大的贡献。这一理论最终的命运如何或许要交给时间去验证。正如蔡守秋对本书的评价："作者试图整合环境法学基础理论研究中有关的环境权利、环境义务、环境利益和环境责任等基本范畴的各自表述，建立起符合学科本质特点的环境法学核心范畴；并在制度层面推动构建内在协调、动态平衡和逻辑自洽的环境法法权结构体系，为生态文明时代环境治理迈向多元合作共治提供制度保障。应当说，这是环境法学基础理论研究的一次有益尝试，值得期许。"诚如斯言，"环境法法权"理论的后续发展是整个环境法学界值得期待的一件事，或许对于环境法核心范畴到底谓何，在短时间内根本没有办法得出一个定论。但是，我相信在不久的将来，这一理论必定会成为环境法学界关于环境法核心范畴最具有代表性也是最有影响力的观点之一。倘若想要更深入的了解环境法法权结构理论，请打开《环境法的法权结构理论》一书阅读品鉴。

---

① 黄锡生、史玉成：《中国环境法律体系的架构与完善》，载《当代法学》2014年第1期。

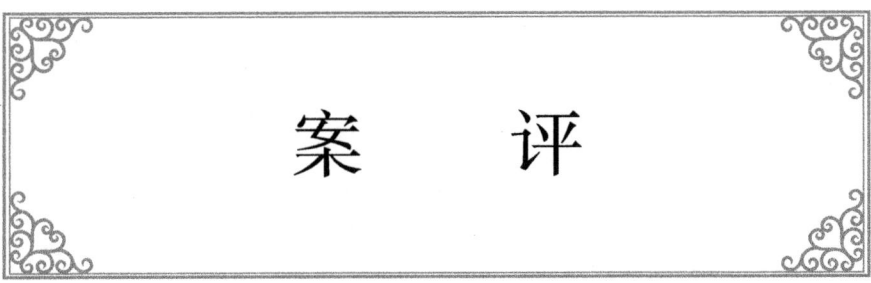

对赌裁判的发展与思索：资本维持、同股同权与法定抗辩

——从海富案、瀚霖案、华工案、银海通案的评析切入

游冕[*]

摘 要 PE/VC 投资中的对赌纠纷是广受关注的疑难法律问题，司法实践尝试多种方案不断寻求妥当的裁判之道。海富案、瀚霖案、华工案、银海通案的裁判脉络逐步呈现出对赌裁判的基本思维：投资方既是目标公司的债权人，也是目标公司的股东，司法规制的核心是资本维持原则，效力规制转向履行规制。本文总体认可裁判案例的最新发展，但认为规制逻辑还值得继续探讨、完善："金钱补偿视同利润分配、股权回购必须减资"是否为资本维持项下妥当的履行标准？除资本维持以外，中小股东的利益保护还有赖于同股同权原则。就对赌纠纷未尽的其他问题，本文会依据资本维持和同股同权等公司法制度，推演并提供合理的解决方案。明确对赌裁判的规制精神后，再回归到"请求-抗辩"体系，检视请求权基础，将资本维持归置为权利阻却抗辩、一时性抗辩，将同股同权归置到请求权成立要件，进而讨论举证责任与裁判方式等问题。

关键词 对赌　资本维持　同股同权　财源限制　权利阻却抗辩

---

[*] 游冕，北京市天同律师事务所律师。本文写作过程中，作者得到了北京市天同律师事务所辛正郁律师、韦元进律师和汤友军律师的支持与帮助，谨致谢意。当然，文责自负。

一、案例切入：问题的提出

自"海富案"①开始，对赌纠纷②进入到法律人视野，并逐步成为广受关注的疑难法律问题。其中，投资方与目标公司原股东的对赌协议纷争较小，但投资方与目标公司之间的对赌（包括目标公司为投资方与原股东对赌提供担保）因关涉股东、公司与公司债权人多方之利益，且伴随股东出资的"入"与"出"，面临极大争议。为妥善协调各方诉求，司法实践尝试了多种解决方案，不断寻求妥当的裁判之道。认定公司为投资方与原股东对赌提供担保有效的"瀚霖案"③与区分对赌协议效力与履行的"华工案"④在一定程度上代表了裁判的发展与演进，体现了裁判者就对赌问题的认识深化。其后，最高人民法院发布《全国法院民商事审判工作会议纪要》（法〔2019〕254号，下称"《九民纪要》"），吸收司法实践的经验，就对赌协议的效力与履行专门作出规定。在此背景下，司法实践基本遵循《九民纪要》的观点，以"银海通案"⑤为代表的司法案例落地《九民纪要》的规制逻辑与裁判理念。本文先简要介绍四个典型案例的案情如下：

"海富案"：本案被学界和业界称为"对赌协议第一案"⑥。最高人民法院认为投资者与目标公司本身之间的补偿条款将使投资者可以取得相对固定的收益，该收益会脱离目标公司的经营业绩，直接或间接地损害公司利益和公司债权人利益，故根

---

① 最高人民法院（2012）民提字第11号甘肃世恒有色资源再利用有限公司、香港迪亚有限公司与苏州工业园区海富投资有限公司、陆波增资纠纷民事判决书。
② 对赌纠纷是对赌协议引发的纠纷。对赌协议广泛运用于投融资与企业估值的交易安排，法律的定义与分类可参考《九民纪要》"二、关于公司纠纷案件的审理"之"（一）关于'对赌协议'的效力与履行"部分，即"投资方与融资方在达成股权性融资协议时，为解决交易双方对目标公司未来发展的不确定性、信息不对称以及代理成本而设计的包含了股权回购、金钱补偿等对未来目标公司的估值进行调整的协议"。
③ 最高人民法院（2016）最高法民再128号强静延与曹务波、山东瀚霖生物技术有限公司股权转让纠纷案民事判决书。
④ 江苏省高级人民法院（2019）苏民再62号江苏华工创业投资有限公司与扬州锻压机床股份有限公司、潘云虎等请求公司收购股份纠纷再审民事判决书。
⑤ 最高人民法院（2020）最高法民申2957号北京银海通投资中心、新疆西龙土工新材料股份有限公司股权转让纠纷再审审查与审判监督民事裁定书。
⑥ 参见彭冰：《"对赌协议"第一案分析》，载《北京仲裁》2012年第3期；曾思：《对赌协议的金融衍生品解释及其启示——以"对赌协议第一案"为例》，载北京大学金融法研究中心：《金融法苑》（第86辑），中国金融出版社2013年版，第15—31页；韦祎、崔蕾：《"对赌协议"司法第一案的评析与启示》，载《天津法学》2013年第2期；熊智、杨泽：《私募股权投资中对赌协议的定性及效力的司法认定——以"对赌协议无效第一案"立论》，载《北京仲裁》2013年第2期；潘林：《"对赌协议第一案"的法律经济学分析》，载《法制与社会发展》2014年第4期。

据《公司法》第 20 条与《中外合资经营企业法》第 8 条认定协议无效。

"瀚霖案"：本案涉及目标公司为投资方与原股东对赌提供担保。最高人民法院再审认为，投资方已对目标公司提供担保经过股东会决议并尽到审慎注意和形式审查，并且投资有利于提升目标公司持续盈利能力，并未损害公司及公司中小股东权益，所以最终判定目标公司对股东承担担保责任。本案二审判决援引"海富案"的观点认定担保条款无效，但最高人民法院再审判决并未予以认可。

"华工案"：本案明确投资方与目标公司的对赌协议原则有效，规制重心后移至对赌协议的履行阶段。江苏省高级人民法院认为：首先，公司在履行法定程序后回购本公司股份，不会损害公司股东及债权人利益，亦不会构成对公司资本维持原则的违反。其次，对赌协议具备履行可能性，法定减资程序使得目标公司的股份回购不会损害公司股东及债权人的利益，且股份回购款项的支付不会损害扬锻公司对其他债务人的清偿能力。基于目标公司存在拖延、阻碍、拒绝履行回购义务的事实，法院最终直接判令目标公司支付股份回购款。

"银海通案"：本案裁判作出于《九民纪要》以后。《九民纪要》承认投资方与目标公司对赌协议的效力，对赌规制转向能否"实际履行"：公司回购型对赌可履行性的判断标准是"公司是否已经履行了减资程序"，金钱补偿型对赌可履行性的判断标准是"公司是否有足够利润支付补偿款"。最高人民法院在"银海通案"中遵循《九民纪要》的思路，认为目标公司系股份公司，回购股份属于减资情形，目标公司未完成减资程序，故无需支付对赌款项，目标公司的担保方亦无需承担担保责任。

如上，以对赌纠纷为焦点，裁判案例的发展脉络逐步清晰化对赌裁判的基本思维：投资方与目标公司对赌并非单纯的合同法问题，投资方作为公司股东，将受到资本维持原则及项下具体规则的规制，规制重心从合同效力转向合同履行。但《九民纪要》的框架性规定与裁判案例的针对性回应是否完全妥当，以及能否全面覆盖争议问题，还需进一步论证和检验。本文尝试深入揭示对赌纠纷的规制逻辑，并以此为起点推演合理的解决方案，依该等方案评价、阐述与校准现有争议解决思路，同时覆盖未尽的争议解决问题。沿着"本土问题-规范识别-诉讼归置"的路线，本文拟阐明的解决方案包括三个层次：第一，法律逻辑层面，所谓"履行规制"所确定的法律适用的整体框架为何，争议解决的基础逻辑何在；第二，裁判尺度层面，"履行规制"的模型之下，合乎基础逻辑且具备实践可能的履行标准如何；第三，诉讼实战层面，民事诉讼与裁判秉持请求权思维，对赌纠纷的"履行规制"应如何归置在"请求-抗辩"体系内，完成合理之诉讼构造与裁判归位。

二、对赌裁判的法律逻辑：资本维持与同股同权

（一）对赌裁判不仅是合同法问题，同时需引入公司法逻辑

目标公司直接履行对赌协议项下的金钱补偿、股权回购义务，或为投资方与原股东之间对赌提供担保，之所以引发实践争议，主要原因在于涉及目标公司的对赌场景，不能仅以合同法审视。投资方与目标公司签订对赌协议的基础是其增资入股或受让股权而成为目标公司的股东，投资方进入目标公司以后，身份转变为公司股东，而非单纯的公司债权人。由此，对赌协议就进入到股东与公司发生交易的场景。

从法经济学视角来看，公司是一个"企业资产池"[①]，股东与公司债权人均会向"企业资产池"中投放资产，但取出资产的方式有所不同。对公司债权人而言，其依赖于正常商业往来，从公司取出资产。对股东而言，其享有"剩余索取权"，劣后于债权人取得资产，但高风险对应高收益。当然，股东也可以与公司进行一般性的经营行为，此时转而依据债权人身份经由商业交易取出资产，构成关联交易。

为避免公司财产向股东方面不当流出而任意减少[②]，就股东从公司取出资产的"交易行为"，对应"资产池"模型，美国等域外法一般区分"资本性交易"和"经营性交易"对股东行为予以规制。资本性交易是指股东基于出资人身份或股权属性而与公司进行的交易，贯彻股东平等及债权人保护原则；经营性交易是指公司在经营活动中可能与股东之间发生的市场交易，适用公平交易规则与关联交易约束。[③]

显然，投资方与目标公司的对赌不是单纯的市场交易、经营性交易，而应归属于资本性交易。第一，合同内容方面，对赌协议的交易标的不是其他，正是公司股权，投资方将资金投入目标公司，是为了获得股东身份，投资方收取金钱补偿乃是基于股东身份而无需另为对待给付，投资方要求公司回购股权则是返还投

---

① 有关"企业资产池"的比喻，参见贝利斯·曼宁、詹姆斯·汉克斯：《法律资本制度》，后向东译，载王保树主编：《商事法论集》（第12卷），法律出版社2007年版，第96页。
② 参见格茨·怀克、克里斯蒂娜·温德比西勒著：《德国公司法》，殷盛译，法律出版社2010年版，第402页。
③ 参见刘燕：《"对赌协议"的裁判路径及政策选择——基于PE/VC与公司对赌场景的分析》，载《法学研究》2020年第2期。

资、退出公司的途径;第二,会计记载方面,投资款计入所有者权益的"股本"或"资本公积金"科目,属于"资本"范畴,与经营性交易计为负债完全不同。因此,由当事人的意思表示,结合交易结构与商业理性,对赌协议应定性为投资者伴随股东身份与目标公司签订的合同,系资本性交易,除适用合同法外还应受到公司法规制。其中,保护公司债权人依赖于资本维持原则,保护其他股东利益依赖于同股同权原则。

(二)资本维持的规制

1. 资本维持原则的概念及必要性

在资本性交易项下,股东从公司取出财产应具有正当依据[①],这既是避免股东与债权人发生利益冲突的考量[②],也是《公司法解释(三)》第12条第(四)项兜底性规则的要求,"未经法定程序将出资抽回的行为"将被认定为抽逃出资。资本维持原则的本原含义就是对股东从公司取出资产的行为施加法定限制[③],即股东仅能通过合法方式(法定程序)从公司分取红利或收回投资。资本维持正是为"禁止非法返还"[④]建立秩序,避免股东随意撤回出资转嫁公司经营风险,损害债权人利益[⑤]。资本维持原则系公司法原则,其下具体规则包括禁止违法分配利润、依法定程序减资规则、限制回购股份规则与禁止抽逃出资规则。[⑥]

实际上,司法实践中的经典对赌案例,均在资本维持原则下选取不同视角进行分析。最高人民法院在"海富案"中论述,"这一约定使得海富公司的投资可以取得相对固定的收益,该收益脱离了世恒公司的经营业绩,损害了公司利益和公司债权人利益",透射的是资本维持原则的经济学内涵,反映了企业作为"资产池"的对外财产流出之顺序要求,并以该等理念阐述《公司法》第20条第1款,进而认定对赌协议无效,"瀚霖案"的二审判决则重述了这一原则。"邦奥案"[⑦]以《公司

---

① "股东从公司取出财产应具有正当依据"不仅体现在资本性交易项下,对经营性交易亦有相同要求。经营性交易项下,股东从公司取出财产纳入市场交易,双方在交易合同项下存在对待给付,还会面临关联交易的审查,实际具有"正当依据"。
② 参见贝利斯·曼宁、詹姆斯·汉克斯:《法律资本制度》,后向东译,载《商事法论集》(第12卷),法律出版社2007年版,第89—90页。
③ 参见刘燕:《重构"禁止抽逃出资"规则的公司法理基础》,载《中国法学》2015年第4期。
④ 张保华:《资本维持原则解析——以"维持"的误读与澄清为视角》,载《法治研究》2012年第4期。
⑤ 参见冯果:《慎重对待"资本维持原则"的存废》,载《中国法律评论》2020年第3期。
⑥ 参见王军:《中国公司法(第2版)》,高等教育出版社2017年版,第158页。
⑦ 最高人民法院(2017)最高法民申3671号郭丽华、山西邦奥房地产开发有限公司股权转让纠纷再审审查与审判监督民事裁定书。

法》第35条的抽逃出资规范审查对赌，在股份回购的司法审查中亦不鲜见，"舜天案"①之二审法院否认股份回购的裁判法即落在抽逃出资规范。"华工案"再审法院江苏省高级人民法院具体考察并较为系统地阐述了资本维持原则项下的股份回购与减资程序。《九民纪要》强调资本维持及相应规则后，"银海通案"再审裁定明确援引了《公司法》第35条的抽逃出资规范、第142条的股份回购规范和第177条的减资程序规范。

资本维持引入对赌裁判的必要性在于，从目标公司债权人视角来看，投资方就是目标公司的股东，投资方无正当理由（未经法定程序）从目标公司取出财产，应当受到资本维持原则及具体规则的规制。这一过程存在两种解释路径：

第一，法律规则的直接适用。对赌协议的履行本身就构成收回投资或利润分配，应接受资本维持原则及具体规则的规制，系资本维持项下具体规则之直接适用。

第二，法律规则的类推适用。对赌协议的履行在案型事实上与收回投资或利润分配具有重要因素上的同质性②，均是股东通过非经营性交易从公司取出资产，从而改变公司财产流出的序位，由于损及公司底线资产，进而损害公司债权人的权益。对此，法律本应作积极规制，但对赌协议的履行案型却缺乏明设规则，存在开放的法律漏洞（offene Lücke）③，应适用具有同等规范目的与同一法律理由（Ratio Legis）之规则④。所以，资本维持原则项下的减资、利润分配等具体规则，有关公司债权人保护的实际履行标准应作为参照，用作对赌协议能否履行及履行多少的判断，本质是"等者等之，不等者不等之"⑤的类推适用（Analogie）。在类推适用的逻辑下，对赌协议的履行不直接等同于收回投资或利润分配，仅是在资本维持的面向上类推适用减资、利润分配的履行标准，有关减资、利润分配的其他规则（例如股东会议决议等前置程序）是否适用，尚需另行判断。

两种解释路径的理解分歧其实在于，对赌协议的履行本身是否就构成收回投资或利润分配。进一步的差异或许在于两个追问：第一，投资方作为公司股东，从公

---

① 最高人民法院（2009）民申字第453号沛县舜天房地产开发有限公司与叶宇文股权转让纠纷再审民事裁定书。
② 参见易军：《买卖合同之规定准用于其他有偿合同》，载《法学研究》2016年第1期。
③ 参见王泽鉴：《民法思维：请求权基础理论体系》，北京大学出版社2009年版，第199页。
④ 参见王泽鉴：《民法总则》，北京大学出版社2009年版，第69页；王泽鉴：《民法思维：请求权基础理论体系》，北京大学出版社2009年版，第200页。
⑤ 易军：《买卖合同之规定准用于其他有偿合同》。

司取出资产的途径是否仅有收回投资、利润分配与经营性交易？如果答案为是，那么对赌协议的履行既然不属于经营性交易，就必然应归类到收回投资或取得利润，相应需接受资本维持原则及具体规则的规制。第二，如果认为对赌协议的履行系收回投资与取得利润之外的其他资本性交易行为，进一步的问题便是，对赌协议的履行相比收回投资与取得利润等典型的资本性交易，有何特殊性？此种特殊性不能使对赌协议的履行免于资本维持的规制，那么是否能够使其免于资本维持以外制度，例如同股同权的规制？

本文认为，资本维持并非法律明设原则，所谓资本维持项下的具体规则也只是散落规范，被学理归集在资本维持的集合之下。就此，不宜直接推导出投资方作为公司股东，除经营性交易以外，从公司取出资产的途径仅有收回投资、利润分配的结论，更不应以收回投资和利润分配"削足适履"地概括资本性交易项下的丰富类型，从而由"学理归纳"抹杀商业创新，忽视黑白观念之间的模糊地带。由此，本文在认可对赌协议属资本性交易的前提下，同时认为对赌协议的履行不能直接划等号于收回投资或利润分配，对赌协议构成收回投资或利润分配以外的其他资本性交易，所以资本维持项下具体规则应系类推适用而非直接适用于对赌协议的履行。更进一步，从保护公司债权人之规范目的与实质理由来看，必然可以类推的也只是履行标准问题，股东会议决议等涉及同股同权的法律规制是否应类推适用，留待下文探讨。

2. 履行阶段的规制最为符合资本维持的规范意旨

相比于"海富案"，"华工案""银海通案"及《九民纪要》有关规定的最大变化在于，"海富案"原本将资本维持的相关内涵倾注于《公司法》第20条第1款的原则性规定，以该条款作为效力性规定否定对赌协议的效力。但自"华工案"开始，代表性司法观点却在坚守资本维持原则的情形下，不再直接认定对赌协议无效，而将规制重心后移到履行环节。本文对此裁判视角转换深表赞同：

第一，资本维持原则的制度价值在于平衡股东与公司债权人的利益冲突，避免股东从公司取出资产，降低公司偿债能力，损害公司债权人利益。如公司拥有大量现金，向股东支付后便不会损及债权人利益。① 循此逻辑，一概否认对赌协议的效力失之武断，履行阶段的规制才最为符合资本维持的规范意旨。

第二，即使股东的不当行为突破了资本维持的限制，该行为在公司法的兜底意

---

① 参见最高人民法院民事审判第二庭编著：《〈全国法院民商事审判工作会议纪要〉理解与适用》，人民法院出版社2019年版，第115页。

义上也应认定为《公司法解释（三）》第 12 条第（四）项"未经法定程序将出资抽回的行为"，构成抽逃出资。根据《公司法解释（三）》第 14 条的规定，股东负有向公司返还出资的义务，公司债权人可以要求股东对公司债务不能清偿的部分承担补充赔偿责任，从而实现救济。此项义务的法律基础是侵权责任[①]，亦无需引入合同无效规则。

第三，资本维持的必要性在于限制财产流出，保证偿债资产，如能通过履行限制保障公司资产，自也无需通过极端的合同效力否认予以实现。否认合同条款效力的路径反而破坏了公司内部当事人的事先安排与合理预期，往往造成当事人之间利益失衡，以保护外部债权人之名而使内部背信者获益。

由此，资本维持的贯彻有赖于履行层面的规制，公司法实为就目标公司履行合同向股东流出资产设定相应标准。

（三）同股同权的规制

除资本维持与债权人保护问题外，对赌协议履行还涉及其他股东的权益保护问题。如果大股东或实际控制人力主引入投资方时未向中小股东披露对赌协议，不存在"华工案"的全体股东签字或其它载入章程、作出决议的情形，对赌协议的履行可能就存在损害中小股东利益的可能，而资本维持原则实系保护公司债权人利益之法则，在股东利益保护方面无能为力。就此问题，需在同股同权原则下予以考量。实际上，典型裁判案例注意到该问题，只是尚未着以浓墨，如"海富案"再审判决引用《中外合资经营企业法》第 8 条有关"净利润根据合营各方注册资本的比例进行分配"的规定，"瀚霖案"论及"投资……并未损害公司及公司中小股东权益"，"华工案"认为"有限责任公司在履行法定程序后回购本公司股份，亦不会损害公司股东及债权人利益"。

同股同权的规制逻辑在于，既然对赌协议项下的金钱补偿应视同利润分配进行规制，对赌的股权回购应受到回购程序和减资程序的限制，而利润分配、回购程序和减资程序等不仅在资本维持原则项下存在具体规制要求，同时也涉及股东层面的规则约束，那么相应规则应一并适用。所以，《九民纪要》等司法观点为保护债权

[①] 《公司法解释（三）》第 14 条第 1 款规定，"股东抽逃出资，公司或者其他股东请求其向公司返还出资本息、协助抽逃出资的其他股东、董事、高级管理人员或者实际控制人对此承担连带责任的，人民法院应予支持。"本条体现共同侵权的法理，认可抽逃出资返还的法律基础为侵权责任。具体观点，参见最高人民法院民事审判第二庭编著：《最高人民法院关于公司法解释（三）、清算纪要理解与适用》，人民法院出版社 2014 年版，第 230—231 页。

人利益[①]引入资本维持原则及其具体规则规制对赌协议，由此产生的"牵一发而动全身"的体系功效可能溢出规制目的。

如前所述，在法学方法上，同股同权是否应当用于规制对赌协议存在两种不同解释路径：第一，投资方作为公司股东，从公司取出资产的途径只有收回投资、利润分配与经营性交易，收回投资与利润分配必须以法定程序为之（《公司法解释（三）》第12条第（四）项），所以对赌协议的履行均应纳入收回投资与利润分配，是收回投资与利润分配的形式之一，那么利润分配、回购程序和减资程序等便是直接适用于对赌协议的履行，自然包括涉及同股同权的股东会议决议前置程序。第二，投资方从公司取出资产的方式并不是封闭的，对赌协议的履行系投资方要求目标公司履行合同的过程，并不直接等于公司法意义上的收回投资和利润分配，只是因为该过程有别于一般的经营性交易而具有资本性交易的属性，从目标公司债权人视角来看有等同于股东收回投资或获取利润之效果，故基于保护公司债权人之目的，类推适用资本维持原则项下的具体规则，实际是借用减资和利润分配等程序的履行标准规制目标公司资产向投资方（股东）流出，至于是否适用有关同股同权保护的股东会议决议前置程序等，需结合规范目的另作分析。

本文总体赞同第二种观点。对赌协议的履行不直接等同于收回投资或利润分配，资本维持项下具体规则只是类推适用于对赌协议的履行，且必然可以类推的只是履行标准问题。在此基础上，需具体讨论同股同权原则项下的具体规则能否类推适用。

对此，部分学者指出，"现金补偿毕竟不是严格意义上的盈余分配，其不需要履行盈余分配的程序，只需要满足资本维持原则或清偿能力标准的底线"[②]，实际否认了同股同权之于对赌协议履行的严格适用。本文认为，类推适用的关键在于拟处理案件具有待类推规范对应案型之重要特征，不具有之特征则属于法律所认为不重要之处[③]，所谓案型事实在重要因素之外的差异程度不致影响将两种案型同等规范的妥当性[④]。以此观之，投资方作为公司股东，不应在其他股东毫不知情的情况下享有优越地位，获得优先且无需决议的出资撤回权或利润分配权。但是，不同于信

[①] 从《九民纪要》的有关规定来看，对赌协议的审理主要是为"贯彻资本维持原则和保护债权人合法权益原则，依法平衡投资方、公司债权人、公司之间的利益"，没有特别强调其他股东的权益保护。当然，《〈全国法院民商事审判工作会议纪要〉理解与适用》对其他股东的权益保护有所涉及。

[②] 刘燕：《"对赌协议"的裁判路径及政策选择——基于PE/VC与公司对赌场景的分析》。

[③] 参见黄茂荣：《法学方法与现代民法》，中国政法大学出版社2001年版，第383页。

[④] 参见易军：《买卖合同之规定准用于其他有偿合同》。

赖资产不会被随意撤回的目标公司债权人，其他股东作为目标公司"内部人"，大概率了解PE/VC投资方进入公司的原委及投资模式，是故不可机械适用各项程序规制。实际上，其他股东经由默认引入投资方而实际受益等考量，对同股同权规制均具有重要意义。例如，"瀚霖案"论及"投资有利于提升目标公司持续盈利能力"，实际可能包含软化理解股东同意的裁判考量，是从股东受益角度软化类推之必要性，或是在承认类推之基础上软化理解股东会议决议，以引入投资时的实质同意代替决议程序。

正如部分学者指出，公司融资应重视整体解释，行为意义应置于整个融资交易链条与履行前后的商业背景中进行综合考察。① 交易的前因后果对某一财产行为是否应纳入分红领域具有重要的参考意义，公司在经营资金短缺情形下引入PE/VC投资者等事实不可忽略，PE/VC投资者投入大量资金而其中仅部分转为股本，大多计入资本公积金，用较多的资金获得较少的股份，至少在公司股东层面，于对价提供了一定的合理说明（但公司债权人信赖出资真实与资本维持，与该等对价合理性无关）。金钱补偿与非以减资为目的的股权回购在债权人视角与资本维持规制下应当符合利润分配标准，并不等同于金钱补偿与非以减资为目的的股权回购会被受益于PE投资的股东当然视为"隐形偏颇分红"。若相关交易中不存在后续加入而完全不知情的股东，是否还需要就金钱补偿与股权回购达成额外的股东会议决议，以及是否支持中小股东的决议效力之诉，还需深入考虑。

三、对赌裁判的履行标准：事由限制、财源限制与程序限制

（一）资本维持的履行标准：事由限制与财源限制

1. 事由限制

事由限制是通过设定公司向股东流出资产的前提条件来规制资本性交易。

例如，对于股份公司的股份回购，我国公司法采取"原则禁止，例外允许"的态度，仅在符合《公司法》第142条的法定回购事由时，公司可收购股东持有的股份。因此，如目标公司为股份公司，投资方要求目标公司履行对赌协议项下的回购义务即要面临事由障碍。从《公司法》第142条供给的事由来看，唯有依

---

① 参见陈克：《不完全合同背景下的公司融资——'商业理性与合同解释衔接'视角之展开（中）| 民商辛说》，2019年7月9日，"天同诉讼圈"。

据"减少公司注册资本"的情形可作为与对赌履行相关事由启动股份回购,故相应对赌协议的履行便只能构成以减资为目的的股份回购,受到减资规则的限制,在资本维持层面最重要的限制就是目标公司应先履行债权人保护程序,再回购并注销资本。

2. 财源限制

资本维持的指导思想是,"只要不损及资本,公司可以自由地向股东进行盈余分配、回购股份或以其他方式输送利益。"① 因此,规范公司向股东流出资产的"财源",无疑是符合制度目的与效用的规范措施。财源限制的关键在于确认公司资产符合履行标准,可以向股东流出。

特需注意,合同法意义的履行与资本维持视角下的履行并非同一概念:合同法意义的履行是指符合债之目的的给付行为(《合同法》第91条规定的一种合同权利义务终止原因)或违约方不履行合同时的强制履行(《合同法》第107条规定的一种违约责任承担方式);资本维持意在规制一切不符合履行标准的公司资产向股东的流出,不仅包括合同法意义的履行,也包括债务的免除、抵销,还包括赔偿损失等违约责任。只有明确资本维持的规范意旨,才能全面把握其履行标准,准确归置其体系定位。

第一,对于金钱补偿,具体意义为目标公司资产向股东流出,但股东未同时注销股份,对公司债权人而言等同构成利润分配,应受到利润分配的财源限制。以有限公司为例,利润分配的限制包括《公司法》第34条的分红比例限制、《公司法》第37条有关利润分配方案的股东会决议等,但涉及资本维持原则的限制仅有《公司法》第166条第5款的违法分配利润条款,"股东会、股东大会或者董事会违反前款规定,在公司弥补亏损和提取法定公积金之前向股东分配利润的,股东必须将违反规定分配的利润退还公司",因为只有本条款着眼于弥补亏损与提取公积金,关注公司债权人利益保护,《公司法》第34条与第37条实系有关同股同权的法律规则。依据《公司法》第166条第4款的规定,"公司弥补亏损和提取公积金后所余税后利润"(未分配利润)可任意分配,从第5款违法分配利润条款来看,法定公积金不得用于分配,任意公积金则存在一定争议。但需注意到任意公积金乃是经由股东会或者股东大会决议所提取,由此股东会议决议再作分配似不应存在障碍,那么至少在资本维持的履行标准上,任意公积金可以作为金钱补偿的财源。最后,资本公积金产生自股本溢价,主要系"资本"范畴,欧盟国家基本原则是不允许将

---

① 刘燕:《"对赌协议"的裁判路径及政策选择——基于PE/VC与公司对赌场景的分析》。

其作为利润分配乃至股份回购的财源①,《公司法》第168条明确规定"资本公积金不得用于弥补公司的亏损",表明资本公积金不得转入负数的未分配利润,以达到消除账面亏损、"创造可分配利润",所以实际是迂回地禁止了资本公积金用作利润分配,不应作为金钱补偿的财源。

第二,对于非以减资为目的的股权回购,公司资产流向股东的同时,发行在外的股份并未减少,而是部分股份由股东持有转为公司持有,仅体现为会计记载变动②,在实质上相当于公司对股东的分配③。虽然股份回购的后续步骤可能是另行转让给其他股东,公司资本不见得会受到侵蚀,但是法律不能期待这种不确定的结果,而应配置相应的规则,即同样适用利润分配标准④。因此,一般性的股份回购与金钱补偿的要求应当一致。美国法上,非以减资为目的的股权回购实际纳入大"分配"概念,即是例证。

我国法上,股份公司回购受到事由限制,无需考察财源限制问题。本文认为,财源限制对非以减资为目的的股权回购的最大运用是有限公司的意定股权回购:《公司法》第74条仅规定有限公司"被动回购"的事由,未给"意定回购"施加事由限制。有限公司的任意性较强,较之法定定性、强制性较强的股份公司,允许更广泛的协议治理,包括股东与公司的合同安排。⑤由此,有限公司在股权回购方面没有直接理由类推《公司法》第142条的事由限制,排除股东与公司的自治空间。因此,目标公司作为有限公司履行对赌协议的股权回购义务,应适用更符合资本维持规制之本旨的财源限制。具体标准上,目标公司可动用可分配利润进行股权回购。原因在于,投资方未提供任何对价,从目标公司取得的金钱补偿尚可从可分配利润中提取,举轻以明重,投资方将股份作为对价提供给目标公司,同时从可分配利润中提取金钱补偿,正当且合理。由此,有限公司履行对赌协议项下的股权回购,完

---

① 参见李晓春:《论公司买回自己股份之财产来源限制——比较法考察及我国立法模式之选择》,载《法商研究》2015年第4期。
② 详见会计科目中的"库存股"。
③ 美国《修订示范公司法》就直接将股份回购视为公司对股东的分配,MBCA § 6.40. DISTRIBUTIONS TO SHAREHOLDERS, "(b) If the board of directors does not fix the record date for determining shareholders entitled to a distribution (other than one involving a purchase, redemption, or other acquisition of the corporation's shares), it is the date the board of directors authorizes the distribution."
④ 参见贝利斯·曼宁、詹姆斯·汉克斯:《法律资本制度》,后向东译,载《商事法论集》(第12卷),法律出版社2007年版,第205—207页。
⑤ See Melvin Aron Eisenberg, the Structure of Corporation Law, 89 *COLUM. L. REV*. 1989, pp. 1463-1470. 参见弗兰克·伊斯特布鲁克、丹尼尔·费希尔:《公司法的经济结构》,张建伟、罗培新译,北京大学出版社2005年版,第264—265页。

全可以适用利润分配的财源限制①。当然，有限公司股权回购也可能约定以减资为目的，此时适用减资的债权人保护程序②，则无不妥。

循此逻辑，《九民纪要》第5条认为"投资方请求目标公司回购股权的"，在"目标公司未完成减资程序"情形下一概驳回诉讼请求，值得商榷。就目标公司作为有限公司的情形，股权回购应允许在大"分配"概念下，适用利润分配的履行标准判断可履行性，避免有限公司资本制度"股份公司化"，亦赋予投融资合理、灵活且不损害公司债权人的操作空间。

（二）同股同权的履行标准：程序限制

同股同权是否应作为履行标准规制对赌协议的履行，尚存争议。如同股同权就对赌协议产生规制，其作用主要发生在股东会议决议等程序事项。

就金钱补偿而言，投资方从公司定向分得利润，打破了股东按持股比例分红的结构，实际成为了"超级股东"③。对于有限公司而言，根据《公司法》第34条的规定，股东应当按照实缴比例分取红利，全体股东约定不按照出资比例才能另行约定分红比例；对于股份公司而言，根据《公司法》第166条第4款的规定，只有章程规定不按持股比例分配，才能另行确定分红比例。由此，投资方要打破分红比例的默示规则，在有限公司中就需要全体股东对资产流出方案表示一致同意（决议或协议），在股份公司中就需要修改章程（全体股东通过的协议能否依据《公司法》第37条第2款视为修改章程的决议值得探讨）。司法实践中，"华工案"的投资方是与全体股东共同签订对赌协议。相反，如果金钱补偿仅作出简单多数决的股东会议决议，中小股东应有权依据《公司法》第34条或《公司法》第166条第4款提出质疑，包括实质的分红决议因违反实缴出资比例而归于无效，实质的分红决议因违反全体股东一致通过的章定分红比例而可予撤销。④

就股权回购而言，需区分以减资为目的的股权回购和非以减资为目的的股权回购。对于以减资为目的的股权回购，股权回购构成投资方定向从目标公司收回投

---

① 参见潘林：《股份回购中资本规制的展开——基于董事会中心主义的考察》，载《法商研究》2020年第4期。
② 参见最高人民法院民事审判第二庭编著：《〈全国法院民商事审判工作会议纪要〉理解与适用》，人民法院出版社2019年版，第116—117页。
③ 最高人民法院民事审判第二庭编著：《〈全国法院民商事审判工作会议纪要〉理解与适用》，人民法院出版社2019年版，第118页。
④ 参见游冕：《有限责任公司股东分红约定问题研究》，中国政法大学2019年硕士学位论文，第21—25页。

资，形成"定向减资","定向减资"将导致公司股权重新分配，而且某一股东优先从公司收回投资后，公司规模减少剩余资产后将可能不足以保障对其他股东的利润分配和收回投资，典型例子是公司在履行减资的债权人保护程序后可用于减资的款项仅能满足投资方收回投资，那么此后其他股东实际不可能再通过减资收回投资，而要等到公司净资产提升后再获机会。由此，部分观点认为如果定向减资未经全体股东一致同意，实质上是以多数决的方式改变公司各股东合意形成股权架构，违反同股同权原则，应认定决议不成立。[1] 对于非以减资为目的的股权回购，股权回购可在大"分配"概念下按照利润分配规制，满足相应的股东会议决议要求。

（三）目标公司为投资方与原股东对赌提供担保的履行标准：程序限制与可能的财源限制

在符合《公司法》第 16 条的情形下，"瀚霖案"认可公司为投资方与原股东对赌提供担保的有效性。那么，如果公司为股东对赌提供担保，是否可以不再讨论资本维持规制？本文认为，虽然"瀚霖案"在再审理由中未对资本维持规制予以论述，但并不意味着公司担保的履行阶段就可以完全不考虑资本维持原则及项下规则。正如张勇健法官在《深入贯彻落实党的十九大精神，开创巡回区民商事审判工作新局面》的讲话中指出，"在有限责任公司股权转让过程中，目标公司以其自有资产对股权转让款承担支付义务或担保责任，其他股东表示同意或经股东会议决议的，可以认定为有效。股权受让方在此过程中滥用股东权利给公司、其他股东造成损失，或损害公司债权人利益的，应当按照公司法等有关法律的规定承担相应法律责任。"

诚然，《担保法》规定了担保人的追偿权，担保人承担的是非终局责任，有权向回购股东全额追偿，一如"中航信托案"[2] 的裁判意旨，此种交易行为并不必然落入资本维持原则与抽逃出资规则的作用域。但是，货真价实的现金变成了难以执行的债权，投资方也难以免于《公司法解释（三）》第 12 条第（三）项"利用关联交易将出资转出"的检验，背后法理仍是资本维持原则。

因此，目标公司为投资方与原股东提供担保是典型的商事链条交易，不可简单、孤立地提出结论，宜溯回至担保订立时把握原股东的偿付能力，考察目标公司提供担保是否预期将承担责任。如答案为是，那么目标公司为投资方与原股东对赌

---

[1] 参见任明艳：《未经全体股东一致同意定向减资决议则不成立》，载《法人》2020 年第 2 期。
[2] 最高人民法院（2015）民二终字第 435 号中航信托股份有限公司、毛信吉股东损害公司债权人利益责任纠纷二审民事判决书。

提供担保的履行阶段仍应受到资本维持规制，具体应参照利润分配的履行标准。

《公司法》第 16 条设定了明确的公司对外担保程序，构成典型的程序限制，体现其他股东对担保交易的决策，实际兼顾了同股同权问题。在公司担保场景下，该等程序限制无需讨论类推适用问题，应得到严格遵守。

四、对赌裁判的体系归置：成立要件与权利阻却抗辩

从裁判案例提供的本土问题出发，以上有关对赌裁判之法律逻辑与履行标准的探讨处在规范识别层面。规范识别完成后，进一步作业是将履行标准等问题安置在"请求-抗辩"的攻防体系中，运用于诉讼实战和裁判思维，完成法律规范对案件事实的适用。

请求权方法下，基本出发点是原告确立请求权，即"依据什么"（Woraus）来"请求什么"（Was），分别对应请求权基础和当事人主张。① 在此框架下，核心工作有二：一为多项请求权的检视，审查确定可主张之请求权；二为确定的单项请求权内部检视，包括"请求权是否产生"（Ansupruch entstanden，积极成立要件、权利阻却抗辩事由）、"请求权是否消灭"（Ansupruch untergegangen，权利消灭抗辩事由）、"请求权是否可贯彻执行"（Ansupruch durchsetzbar，实体法抗辩权）。② 请求权方法同时揭示举证责任之所在，请求权的积极成立要件由原告举证，各类抗辩事由则由被告举证。③

对赌纠纷中，原告确立的请求权清晰明了，即在"履行条件"达成时要求目标公司履行对赌协议之债务（金钱补偿或股权回购）。因此，原告的请求权确定为合同请求权，具体而言属于原给付请求权（基于迟延履行等亦可能包括迟延赔偿等次给付请求权），即合同履行请求权④。请求权外部检视已经完成，接下来的主要工作是沿着请求权的产生、消灭和可贯彻执行进行内部检视，又可具体化为四个步骤：

---

① 参见朱晓喆：《请求权基础实例研习教学方法论》，载《法治研究》2018 年第 1 期。
② 参见姚明斌：《民法典违约责任规范与请求权基础》，载《法治现代化研究》2020 年第 5 期；朱晓喆：《请求权基础实例研习教学方法论》。
③ 参见吴香香：《请求权基础思维及其对手》，载《南京大学学报（哲学·人文科学·社会科学）》2020 年第 2 期；吴香香：《民法典编纂中请求权基础的体系化》，载《云南社会科学》2019 年第 5 期。
④ 我国法律中作为原给付请求权的履行请求权与违约责任情景下的继续履行请求权易至混淆，本文认为履行请求权应属原给付层面，在此基础上讨论权利阻却抗辩事由（请求权是否产生）、权利消灭抗辩事由（请求权是否消灭）、履行抗辩权等，逻辑更为通顺。

请求权成立（正面满足构成要件），权利阻却抗辩（导致请求权未发生），权利消灭抗辩（导致已发生的请求权归于消灭），权利阻止抗辩（对抗已存在之请求权的实体抗辩权）。① 因此，下文沿四个步骤进行分析：

（一）请求权成立要件：原则满足正面构成要件，唯一的障碍是同股同权所涉程序限制

投资方主张的请求权是否在正面满足全部成立要件，是"请求—抗辩"体系下的第一步骤。规范解释层面，需明确请求权成立的全部构成要件；举证责任层面，构成要件所对应的要件事实均需要作为原告的投资方达成证明责任②，否则其诉求无法得到支持。

对赌纠纷中，投资方主张的请求权系基于对赌协议的合同履行请求权，必要要件仅有合同成立有效③，具体到对赌纠纷中再满足对赌协议之"履行条件"即可主张。

重点问题在于，资本维持与同股同权是否应置入对赌协议之合同履行请求权的成立要件，该问题事关请求权是否产生，且决定投资方是否就此负担举证责任：

第一，从合同请求权的一般进路来看，资本维持或同股同股的要求除非被理解为对赌协议的附款或"履行条件"，否则难以成为合同履行请求权的成立要件。但在实践中，相应要求并不会写入合同，实际情况是投资方反而会拟定一些规避程序要求的条款。由此，未记载于合同甚至被反向排除的资本维持或同股同股之要求，恐怕难以被解读为合同条款（附款）乃至生效要件，进而作为合同履行请求权的成立要件，否则对私法自治与合同自由有干涉过深之嫌疑。

第二，从公司法规则类推适用来看，需区分资本维持与同股同权。《公司法解释（四）》第 14 条规定："股东提交载明具体分配方案的股东会或者股东大会的有效决议，请求公司分配利润，公司拒绝分配利润且其关于无法执行决议的抗辩理由不成立的，人民法院应当判决公司按照决议载明的具体分配方案向股东分配利润。"可见，股东要求公司分配利润，仅需提交分红决议，资本维持等要求并不需要股东加以证明，而属于公司"关于无法执行决议的抗辩理由"。实际上，司法解释的判断殊为合理，公司对自己是否具备分配条件等情况应最为了解，要求股东加以证明

---

① 参见吴香香：《请求权基础思维及其对手》。
② 参见胡东海：《"谁主张谁举证"规则的法律适用》，载《法学》2019 年第 3 期。
③ 参见王洪亮：《债法总论》，北京大学出版社 2016 年版，第 207 页；吴香香：《〈民法典〉第 598 条（出卖人主给付义务）评注》，载《法学家》2020 年第 4 期。

过于苛刻，公司对此予以抗辩则合情合理。减资情形类似，但较为特殊之处在于减资的债权人保护程序是否履行，相比于公司是否具有可分配利润（一般需借助财务报表予以审查），相对容易观察。可见，资本维持项下的利润分配与减资并未将公司满足分红的财产要求或履行了减资程序作为股东请求分红款或减资款的成立要件，交由股东承担举证责任，相应要求自不会类推至对赌协议的履行，资本维持的规制不会成为投资方要求目标公司履行对赌协议的成立要件。不过，从《公司法解释（四）》第14条的规定来看，同股同权所要求的股东会议决议等分红、股权回购的前置要求应为收取分红款或减资款的成立要件，符合公司治理之精神。但需强调，如前所述，同股同权规制是否类推适用于对赌协议的履行存在争议，且股东会议决议等程序要求恐怕应从宽处理。

（二）权利阻却抗辩：资本维持规制的妥当位置

投资方增资入股以后便成为目标公司股东，即使以债权人身份主张对赌协议的履行，也必须遵守《公司法》框架内的股东义务。如前所述，不符合利润分配条件的情况下，公司向股东的支付构成《公司法》第166条第5款所称的违法分配利润，股东对公司负有利润返还义务，依此可以推导出股东在公司不具备利润分配条件时无权受领分红款，这也就意味着公司可以对股东的支付请求提出抗辩；同理，基于抽逃出资的返还规范对资本维持事项的辐射，股权回购情形下，公司同样可以提出回购款的支付抗辩。上述分析表明，资本维持的有关规定可以视为公司对抗股东支付请求的法定抗辩，在对赌协议的履行中亦可同样得到适用。

1. 资本维持应定位于权利阻却抗辩

理论上，抗辩包括权利阻却抗辩（rechtshindernde Einrede/rechtsverhindernde Einwendung）、权利消灭抗辩（rechtsvernichtende Einrede/rechtsvernichtende Einwendung）与权利阻止抗辩（rechtshemmende Einrede/Einrederecht）。[①] 权利阻却抗辩的意义在于，阻却原告请求权的产生，即主张请求权根本不发生。权利消灭的抗辩，在于主张请求权曾一度发生，但嗣后消灭。[②] 权利阻止的抗辩则对应实体法的抗辩权，并不否认请求权的产生和消灭，而仅以实体抗辩权对抗请求权之实现。[③]

资本维持正应定位于权利阻却的抗辩。理由在于，资本维持的意义在于避免公

---

① 参见朱庆育：《民法总论（第二版）》，北京大学出版社2016年版，第516页；王泽鉴：《民法思维：请求权基础理论体系》，第135页。
② 参见王泽鉴：《民法总则》，第104页。
③ 参见朱庆育：《民法总论（第二版）》，第516页。

司资产以任何形式向股东流出，因此阻断股东请求权产生之理解最符合其规范意旨。同时，将"盈余足够"与"已履行债权人保护程序"置入股东对公司之请求权的产生层次，作为消极要件予以把握，可以有效诠释"无盈余、不分配"和"债权人先于股东取得财产"的公司资本制度，反映公司作为"资产池"的资产流出序位。可见，资本维持作为权利阻却抗辩，来自于资本维持的规制理念和基本要求，由具体规则类推至对赌协议的履行，不同于抗辩权需有法律明文规定。

此外，"权利阻却抗辩"无需被告主动提出，法院即可主动援引①。也就是说，在投资方要求目标公司履行对赌义务时，法院可在目标公司没有提出抗辩的情形下，主动适用资本维持的相关规则规制公司资产流出，这对缺席于投资方与目标公司诉争的潜在公司债权人保护意义重大，展现出资本维持安放于"权利阻却抗辩"概念之下的良好辐射价值和重要实践意义。

不过也需注意，所谓"法院可否依职权主动援引"，是指法院能否在诉讼中根据已有事实和证据主动适用某抗辩规范②，本身不会颠倒举证责任。导致请求权未发生的权利阻却抗辩和导致请求权消灭的权利消灭抗辩，纵然可由法院主动援引，但仍属抗辩范畴，需由主张抗辩的一方承担举证责任。③具体到对赌裁判体系内，投资方无需就其不违反资本维持原则及各项具体规则承担举证责任，例如在金钱补偿场景下投资方无需举证证明目标公司具有足额的可分配利润，而应由目标公司举证证明自己并无足额的可分配利润。可见，法院的主动援引，应局限在当事人提供财务报表等相关证据材料的情况下。当然，目标公司是否履行减资的债权人保护程序较为容易观察，该等事实无需当事人提出证明，法院可主动援引适用，例如"银海通案"中，目标公司确认其未履行减资的债权人保护程序，该等事实明确易查，法院依此主动援引抗辩并无不妥。

2. 资本维持应定性为一时性抗辩

资本维持的法定抗辩应当理解为一时性抗辩（延缓抗辩、延期抗辩，aufschiebende Einwendung）。理论上，公司通过后续的商业经营，可以提升可分配利润，达到利润分配或股份回购条件。因此，目标公司在某一时点拒绝投资方的履行请求，意在表达现实条件下并无足够的合法可用之资金，不陷入履行迟延，但并无永

---

① 参见王泽鉴：《民法总则》，第 104 页；张海燕：《论法官对民事实体抗辩的释明》，载《法律科学（西北政法大学学报）》2017 年第 3 期。
② 参见张海燕：《论法官对民事实体抗辩的释明》。
③ 参见胡东海：《"谁主张谁举证"规则的法律适用》；吴香香：《〈民法典〉第 598 条（出卖人主给付义务）评注》，载《法学家》2020 年第 4 期。

久使对方请求权归于不发生状态的效力,"一旦抗辩事由消失,目标公司仍应履行债务"①,一时性抗辩在权利主张与诉讼裁判上存在一定的特殊性。

典型的一时性抗辩是同时履行抗辩,法院宜作出同时履行判决,判决主文为"原告提出对待给付时,被告即向原告为给付"②。资本维持的法定抗辩有所不同,公司能否足额给付的关键在于后续的公司经营状况,这与作为原告的投资方是否为给付无关。因此,关于诉讼的程序问题,法院可作出附履行期限判决,为目标公司履行减资的债权人保护程序或核算利润分配资金留出时间,在目标公司一次性支付不足的情况下,投资方在未来一段时期可能获得的利润也可以用于持续支付,符合一时性抗辩的宗旨。投资方与目标公司可以在期间内恰当评估公司经营状况,争取调解、和解,至迟在履行期限届至时,按照公司合法可用之资金履行对赌协议。对于投资方来说,应结合已知的目标公司的资产状况,必要时行使股东查阅权,提出合理的诉讼请求,比如可以要求目标公司先回购部分股份(支付部分金钱补偿),嗣后再寻时机,或者主张目标公司附期限、分阶段进行支付。当然,法院亦可部分支持投资方诉请,待到今后目标公司有利润时,投资方还可以依据新事实另行提起诉讼,不构成重复起诉,《九民纪要》第 5 条予以明确认可。

由此,"银海通案"再审裁定认为"新疆西龙公司的减资程序尚未完成,股份回购的主合同义务尚未成就,故奎屯西龙公司的担保义务未成就",归置于"请求-抗辩"体系应解释为:减资程序尚未完成,目标公司主张权利阻却抗辩/法院援引权利阻却抗辩,担保人援引作为债务人的目标公司的抗辩,担保人无需承担担保责任。

(三)权利消灭抗辩:履行不能难以为资本维持发挥逻辑顺畅的有效规制

"华工案"关于对赌协议具备履行可能性的讨论中直接出现了"法律上及事实上的履行可能"的表述,似乎指向了《合同法》第 110 条的规定,"当事人一方不履行非金钱债务或者履行非金钱债务不符合约定的,对方可以要求履行,但有下列情形之一的除外:(一)法律上或者事实上不能履行;(二)债务的标的不适于强制履行或者履行费用过高;(三)债权人在合理期限内未要求履行。"《九民纪要(征求意见稿)》第 6 条亦明确指引了《合同法》第 110 条与"法律上不能履行",引入了履行不能制度进行履行规制。

---

① 韩世远:《合同法总论(第四版)》,法律出版社 2018 年版,第 379 页。
② 王洪亮:《〈合同法〉第 66 条(同时履行抗辩权)评注》,载《法学家》2017 年第 2 期。

《合同法》第110条系对非金钱债务的履行不能作出规定。非金钱债务发生履行不能以后，继续履行不再具有可行性，违约责任承担方式应当转化为采取补救措施与赔偿损失。所以，（事实不能与法律不能所导致的）履行不能的法律效果为，债权人的履行请求权消灭，合同仅为损害赔偿的请求权基础[①]，故履行不能在抗辩意义上归属于权利消灭抗辩[②]。

但是，履行不能（权利消灭抗辩）难以真正解决对赌纠纷的履行规制问题，为对赌裁判提供有效支持。"法律上或事实上不能履行"的适用前提是非金钱债务，金钱债务原则上不存在履行不能与违约责任转化的问题。简单的对赌结构中，不论是金钱补偿还是支付股份回购款，目标公司均负担金钱债务，不应考虑《合同法》第110条的适用。从公司程序来看，虽然对赌协议可能包含目标公司须"完成股东大会决议，签署股权转让合同"等行为义务，但上述行为义务恐怕也并不存在所谓"法律上或事实上不能履行"的情形，其难以得到履行的理由往往在于股东、董事的无谓拖延，决议投票等行为又不宜被代替或控制[③]，投资方不得主张强制履行的原因是"债务的标的不适于强制履行"。以此观之，"法律上或事实上不能履行"的考察似乎走错了方向。

更为关键的是，即使存在金钱补偿与股份回购的"履行不能"而不能诉请继续履行，投资方转而要求目标公司赔偿损失，同样会导致公司资产向股东流出。合同法意义的"履行"可能没有实现，但公司法意义的财产流出仍然发生，资产流出未被合乎规范目的地遏制。由此，债权人并未得到合适的利益保护，资本维持规制没有发挥效用。除非法院先论证金钱债务亦存在履行不能，且于此场合适用一时履行不能规则，不发生原给付消灭而替代赔偿的法律效果[④]，但目标公司是否需要赔偿迟延履行的损失仍然存在争议。由此可见，履行不能思路似乎难以为资本维持规制发挥逻辑顺畅的有效规制。

当然，"华工案"并未得出目标公司在法律上或事实上不存在履行可能性的结

[①] 参见王洪亮：《债法总论》，第217—218页。

[②] 参见王洪亮：《债法总论》，第208页。我国台湾地区"不可归责于债务人或双方当事人事由的给付不能"之法律效果同样是产生权利消灭抗辩，参见王泽鉴：《民法思维：请求权基础理论体系》，第136页。

[③] 英国法支持当事人通过强制委托投票的方式要求预期违约方履行表决权协议，参见许德风：《组织规则的本质与界限——以成员合同与商事组织的关系为重点》，载《法学研究》2011年第3期；法国法的最新发展也出现了支持表决权强制履行的判决，参见谭海：《法国法上的股东协议制度之研究》，复旦大学2009年硕士学位论文，第30—31页。但在我国，相应的配套制度尚未建立，决议投票等行为还难于强制履行。

[④] 参见卢谌：《论一时给付不能》，载《河北法学》2007年第5期。

论，江苏省高级人民法院的进一步论证并未展开，本文将"华工案"的思路理解为履行不能也可能只是一场"望文生义"的误会。同样，《九民纪要》正式稿亦未将履行不能作为阻断投资方要求实际履行的理由。总之，资本维持的有关规定可以成为目标公司对抗投资方履行请求权的法定理由，但借道于履行不能却是徒增论证成本，直接理解为法定之权利阻却抗辩恐怕是更佳思路。

（四）权利阻止抗辩（实体抗辩权）：资本维持规制的一种解释可能

资本维持的规制可否理解为权利阻止抗辩（实体抗辩权）？原则上，抗辩权是一种对抗请求权的权利，主张抗辩权的一方在承认请求权合法成立且未消灭的情况下，仍能援引抗辩权阻止请求权之顺利实现。[①]因抗辩权作用对象是合法有效之请求权，并可实现剧烈影响，抗辩权被要求由法律明确规定[②]。

由此，资本维持原则及具体规则本来就没有被法律明文确定其阻止请求权行使之法律效果，故将其定性为抗辩权并类推适用至对赌协议的履行，解释力有所不足。由此，本文仍倾向于将资本维持原则及具体规则等定性为权利阻却抗辩。

不过，抗辩权的解释路径有制度功效方面的优势。权利阻却抗辩之法律效果在于，请求权未能发生，目标公司由此不陷入债务不履行。但是，目标公司拖延款项支付，本质还是缘于其自身偿债能力的不足，依此就完全豁免迟延履行的责任，恐怕亦不完全妥当。因此，目标公司是否应就迟延履行金钱债务承担违约损害赔偿呢？如答案为是，那么将资本维持等理解为法定抗辩权，即可在不否认投资方请求权的基础上，仅产生暂时免于对外支付的抗辩效果，但并不豁免目标公司迟延履行的违约责任，待到目标公司资产能力恢复而可履行对赌协议之时，一并承担迟延赔偿责任，似乎在兼顾各方意思自治与利益安排方面更具合理性，且在"请求-抗辩"体系下亦能基本逻辑自洽。

结　语

投资方通过增资入股的方式成为目标公司的股东以后，便不再是单纯的公司债权人，其应当受到《合同法》与《公司法》的双重规制。资本维持的规制是公司法

[①] 参见张海燕：《论法官对民事实体抗辩的释明》。

[②] 参见王利明：《民法》，中国人民大学出版社2008年版，第105页。

框架内的应有之义，但简单认定对赌协议无效的判断既不符合效力审查的谦抑性，也背离了资本维持规制的初衷。资本维持的规制后移至履行阶段，在法律适用上更为可取。履行标准应当依据资本维持项下规则确定，核心是满足同等规范目的、法律理由一致而开启类推适用：金钱补偿与非以减资为目的的股权回购应当符合利润分配标准，以减资为目的的股份回购须满足减资的债权人保护标准。否则，公司有权主张一时性抗辩，暂时性拒绝支付。该等法定抗辩为权利阻却抗辩，法院亦可主动援引。

对于目标公司为投资方与原股东对赌提供担保的场景，"瀚霖案"认可合同的有效性，未在个案中审查资本维持与公司债权人保护问题，但公司向股东流出资产的行为，并不能一概免于资本维持的规制，结合订立担保时的具体情况，公司担保在部分情形仍应经受履行标准的检验，目标公司和法院仍有援引抗辩的空间。

实践中，对赌纠纷容易被忽视的未尽事项主要是中小股东的利益保护，背后是同股同权原则。程序利益能够保护中小股东利益，"请求-抗辩"体系中位于对赌协议履行请求权的成立要件，不知情股东可依此否认请求权的产生。进而，决议效力之诉，乃至于起诉股东滥用股权作为公司治理工具，仍然可能为中小股东所用而发挥救济作用。唯需注意，分红、减资与股权回购的股东会议决议程序，已经溢出资本维持规范目的之类推适用，是否应类推适用于对赌协议之履行，还需考量同股同权之规范目的是否应等同适用于对赌协议之履行，因其他股东系公司"内部人群"，其是否实质受益、事先知情未作反对等，对是否类推适用、类推适用后严格抑或宽松把握程序限制均有影响。

总而言之，对赌一类的新型商事实践在现有法律体系之内可以寻找到规范适用，司法实践探索目前主要依托于资本维持原则，在结论意义上提供了相对妥当的解决方案。但不论是基于裁判思维的要求，还是实务工作的考量，仅仅停留于现有案例的裁判梳理并不足够，忽略案例特殊情形而抽取规则更为有害。本文的思索在于，对赌协议的效力与履行问题的解决方案应在现有法律框架内依解释方法展开，同民商法体系内的其它规则相协调，并在程序上确定逻辑完满、行之有效的诉讼模式与裁判方法。

基于人权框架的尊严诉讼*

——以美国法院判例为中心的考察

约翰娜·卡尔布** 著

冷建兵*** 编译

叶会成**** 校

摘 要 自从《世界人权宣言》颁布以来,尊严权概念不仅在美国国内诉讼中出现,而且在许多国际人权文书及其他国家的法律中发挥了突出作用。但是,这一概念虽然在国内和国际领域得到了同步发展,但它们却很少有重叠之处。学者和人权倡导者们于是努力地增强二者的关联,并将这一关联作为一种更广泛努力的一部分,即把解决国内法律诉求安置在一个国际人权框架之中。首先,本文将追溯尊严的起源,以强调这一术语的国际观念与国内表现的历史关联;其次,揭示尊严概念在州法院判例中的出现,以证明尊严诉讼所呈现出的大好前景;最后,探讨倡导者们如何能够利用尊严概念作为渠道,从而将以人权为基础的框架引入到诸多实质性

---

* 原文为英文,题名为"Litigating Dignity: A Human Rights Framework",刊载于《阿尔巴尼法律评论》(*Albany L. Rev.*) 2011 年第 19 卷。本文的中英文摘要、关键词均系译者所加。

** 约翰娜·卡尔布(Johanna Kalb),时任洛约拉大学新奥尔良法学院(Loyola University New Orleans College of Law)Edward J. Womac Jr. 杰出法学教授,主要研究领域为宪法和人权理论。

*** 冷建兵,华东政法大学研究生教育学院法学理论专业 2017 级博士研究生。

**** 叶会成,复旦大学法学院师资博士后研究人员。

法律主张的考量中去。

关键词 人格尊严　人权　尊严诉讼　国际人权法

引　言

在第二次世界大战的恐怖影响下，联合国大会公布了振奋人心的《世界人权宣言》（UDHR）。① 除其他保障外，《世界人权宣言》谈到了人的尊严权，承诺"人人生而自由，在尊严和权利上一律平等。他们富有理性和良心，并应以兄弟关系的精神彼此对待。"②《世界人权宣言》颁布之后的几年，受保护的人格尊严权的概念，开始出现在美国州法院和联邦法院的判例之中。美国最高法院在讨论"第八修正案的禁止残忍和不寻常的惩罚，第四修正案的保护不受非法搜查和扣押，第十四修正案和第五修正案规定的不受歧视的权利，以及第九修正案和第十四修正案的自行决定生育的权利"时，甚至已经采纳了这个术语。③ 与此同时，尊严既出现在了一些州宪法的文本之中，也出现在了——正如我在下文将更深入探讨的——其他非宪法性的州法院判例之中。

除了在国内诉讼中出现以外，尊严权概念在《世界人权宣言》以后颁布的许多国际人权文书及其他国家的法律中，都发挥出了突出作用。例如，人格尊严（personal dignity）的重要性频繁出现于《残疾人权利公约》（CRPD）中，并将其签约国"促进尊重所有残疾人固有尊严"④ 的承诺，与它们促进残疾人获得教育和医疗之机会⑤ 的义务（还包括其他义务）紧密联系在了一起。《消除对妇女一切形式歧

---

① See Johannes Morsink, *The Universal Declaration of Human Rights: Origins, Drafting & Intent* 38, University of Pennsylvania Press 1999.

② Universal Declaration of Human Rights, G. A. Res. 217 (III) A, U. N. Doc. A/RES/217 (III), at Art. 1 (Dec. 10, 1948).

③ Judith Resnik & Julie Chi-hye Suk, Adding Insult to Injury: Questioning the Role of Dignity in Conceptions of Sovereignty, *55 STAN. L. REV.* 1921, 1935 (2003). See Wyoming v. Houghton, 526 U. S. 295, 303 (1999)（在第四修正案的一个案例中提及个人尊严和隐私）; J. E. B. v. Alabama ex rel. T. B., 511 U. S. 127, 142 (1994)（在第十四修正案的一个案例中提及尊严）; Planned Parenthood v. Casey, 505 U. S. 833, 851 (1992)（将尊严适用于与婚姻和家庭有关的权利）; Dayton Bd. of Ed. v. Brinkman, 443 U. S. 526, 532 n. 6 (1979); Furman v. Georgia, 408 U. S. 238, 270 (1972) (Brennan, J., concurring)（将人的尊严适用于第八修正案）; Schmerber v. California, 384 U. S. 757, 767 (1966); Trop v. Dulles, 356 U. S. 86, 100 (1958). See also Chimel v. California, 395 U. S. 752 (1969).

④ Convention on the Rights of Persons with Disabilities, G. A. Res. 67 (b), U. N. Doc. A/RES/61/106, at (j) (Jan. 24, 2007) [hereinafter CRPD].

⑤ Ibid. arts. 24, 25.

视公约》(CEDAW)强调了尊严，它在《世界人权宣言》对尊严的承诺[1]与其自身消除对妇女歧视的目标[2]之间，建立了明确的联系。在许多国家（包括德国[3]、南非[4]与以色列[5]）的宪法性文件和若干地区性人权文书中，也强调了人的尊严的重要意义。[6]

有意思的是，尽管尊严概念在国内和国际领域都得到了同步发展，但它们却很少有明确的重叠之处。也就是说，美国法院（不论是联邦的、州的还是地区的）在讨论尊严利益（dignitary interests）对于解决他们所面临的诉求所要发挥的作用时，仅在极少数情况下才会考虑"尊严"的国际观念，即使美国已经签署和批准了的人权文书中已经吸纳了这些观念。近年来，学者和人权倡导者们已努力在增强二者的关联，并将这一关联作为一种更广泛努力的一部分，即把解决国内法律诉求安置在一个国际人权框架之中。鉴于国际文书所保障的权利与某些州宪法中积极权利条款之间常有相似之处，学者们就特别关注运用人权原则影响州宪法解释的潜在可能性。因此，例如当州法院在解释宪法对福利权或教育权的保障时，学者们就主张要考虑国际标准。[7]

在尊严诉求的语境下，国际保障与国内权利之间的联系特别明显，因为它们都共同源于战后话语和联合国的创始文件。正如薇姬·杰克逊（Vicki C. Jackson）教授所阐明的，蒙大拿州宪法和波多黎各宪法中的尊严条款都是直接或间接地从《世

---

[1] Convention on the Elimination of All Forms of Discrimination Against Women, G. A. Res. 34/180, at Annex (Dec. 18, 1979).（"指出《世界人权宣言》确认了禁止歧视原则，并宣称人人生而自由，在尊严和权利上一律平等……"）

[2] Id.（"回顾了对妇女的歧视违背了权利平等和尊重人的尊严原则……"）

[3] See GRUNDCESETZ [GG] [CONSTITUTION] art. 1 (F. R. G.).（"人的尊严不可侵犯。尊重和保护的尊严是所有国家权威应负的责任。"）

[4] See S. AFR. CONST. 1996, Bill of Rights § 10.（"人人享有固有尊严与让其尊严受到尊重和保护的权利。"）

[5] See Basic Law: Human Dignity and Liberty, 1992, [CONSTITUTION] (Isr.).

[6] See, e. g., Charter of Fundamental Rights of the European Union, art. 1, 2000 O. J. (C364)（人的尊严是不可侵犯的。它必须受到尊重和保护）; *American Declaration of the Rights and Duties of Man, Preamble*, May 2, 1948, available at http://www.oas.org/DIL/access_to_information_human_right_American_Declaration_of_the_R ights_andDuties_of_Man.pdf. 泛美体系的公约和其他文书见于 http://www.oas. org/dil/declaration_and_resolutions.htm. American Convention on Human Rights: "Pact of San José, Cosa Rica," arts. 5 (2), 6 (2), 11 (1), Nov. 22, 1969, 1144 U. N. T. S. 123; African Charter on Human and Peoples' Rights, June 27, 1981, 1520 U. N. T. S. 217。

[7] See Robert Doughten, Filling Everyone's Bowl: A Call to Affirm a Positive Right to Minimum Welfare Guarantees and Shelter in State Constitutions to Satisfy International Standards of Human Decency, 39 *GONZ. L. REV.* 421, 437–42 (2004); Martha F. Davis, The Spirit of Our Times: State Constitutions and International Human Rights Law, 30 *N. Y. U. REV. L. & SOC. CHANGE* 359, 372–74 (2006).

界人权宣言》文本中吸纳了其基本原则。①因此，她认为，"做跨国人权话语研究的学生，如果关注到人类尊严的基本概念之发展、传播和表达有多重场域，将会大有裨益……。"②

尽管杰克逊教授侧重讨论的是州宪法判例，但其得出的结论却有着更广的意涵。即便只是对州法院判决的粗略回顾，也足以表明：州判例的很多语境中出现了作为一个概念的尊严，并广泛接受了人格尊严的权利，即使它未被清晰地界定和理解。本文提出了一种"尊严诉讼"的策略，该策略不仅适用于那些以尊严为明确宪法原则的州，而且更为广泛地借鉴了很多案例，在这些案例中，尊严激励着州法院对各种成文法、行政命令和普通法上的主张做出裁决。州法院判决意见中的这些援引，为人权倡导者们提供了机遇，他们得以将法院对尊严的承认与国际人权法范围内的概念基础联系起来，从而在一个更为广泛的人权框架中安置其论点。因此，它们使得倡导者们可以将人权原则，纳入到州法院已经决意将之作为内在于基本人类尊严的各种实质性法律主张中——即使是在没有特定的州宪法条款规定的情况下——这些实质性法律主张要么是关于尊严原则，要么是关于处于争议中的实质权利。这并不是说在没有公认的尊严概念的中介作用之下，法院本身就不能直接寻求比较性和国际性的经验。相反，我的论点是：法院对人格尊严权的承认，为加入正在进行的、并驾齐驱的国际和国内话语提供了渠道。

本文接下来将分为两个部分。在第二部分，本文将会追溯尊严的起源，目的是想强调这个术语的国际观念与它的国内表现形式，紧密联系在一起的历史关联。然后，本文将会揭示尊严概念在州法院判例中的出现，以证明尊严诉讼所呈现出的大好前景。在第三部分，本文将会探讨倡导者们如何能够利用尊严概念作为渠道，从而将以人权为基础的框架引入到诸多实质性法律主张的考量中去。

二、尊严的起源

尽管援引人的尊严如今已遍布于州和联邦判例法当中，但情况并非始终如此。朱迪丝·雷斯尼克（Judith Resnik）和朱莉·苏克（Julie Suk）回顾了美国联邦最高法院出现"尊严"这个术语的 900 条意见，得出了如下结论：

---

① See Vicki C. Jackson, Constitutional Dialogue and Human Dignity: States and Transnational Constitutional Discourse, 65 *MONT. L. REV.* 15 (2004).

② Ibid. at 40.

> 18和19世纪期间，最高法院仅在主权和法院等实体方面提及"尊严"一词。进入20世纪，……该词开始与人有了关联。直到20世纪40年代——第二次世界大战和《世界人权宣言》的10年——最高法院才接受尊严为个体的人所拥有的东西。①

雷斯尼克和苏克"在这种相关性中……识别出了因果关系。"② 换言之，她们认为，"美国法中的尊严话语就是美国法如何受国家规范、跨国经验和国际法律文件影响的一个例证。"③

尽管她们的研究集中于联邦法，但人格尊严概念在州法院判例中的出现也遵循了类似的时间表。在万律数据库（Westlaw）检索"人的尊严"或"人格尊严"词条，能搜到2721个案例。④ 近几十年来，对这些案例的引用率看起来在急剧增长，这可能要部分归因于，以电子方式获取这些判决的便利性在不断提高。自1992年以来，法院在意见中对这些观点的引用已超过了2000次。⑤ 相比之下，在《世界人权宣言》之前只有21个判决，第二次世界大战爆发之前，也只有17个。⑥

在大多数战前案例中，涉及的都是法官的人格尊严。⑦20世纪30年代晚期，人格尊严这一术语开始在更广泛的各种不同的语境中使用，有时是在明确涉及世界性事件的案例中使用。例如，在纽约的一个案例中，作为被告的丈夫是德国公民，却虚假陈述其已归化为美国人，法院基于此，对正发生于世界舞台上的、"已然贬低了人的尊严本身"⑧ 的事件，进行了冗长地辩论，并宣告这桩因欺诈而结成的婚姻无效。

短短几年后，法院开始在其判决中提及个体的人的尊严权。在1949年，另一家纽约法院裁决，"如果同意一名精神病患者的妻子对释放该患者提出的反对意见，那将可能对该患者采取终身性的拘留，而这似乎与我们对人格尊严权和个人自由权的信念并不相符。"⑨ 在1950年，佐治亚州最高法院解释道，"人的尊严和个人自由

---

① Resnik & Suk, Adding Insult to Injury: Questioning the Role of Dignity in Conceptions of Sovereignty, 55 STAN. L. REV, at 1934.

② Ibid. at 1926.

③ Ibid.

④ "尊严"这个术语出现于万律数据库上的10000起州案例中，这使得全面的研究变得极为复杂。

⑤ 案例的准确数字是2035。

⑥ 第二次世界大战始于1939年，而《世界人权宣言》则于1948年通过。

⑦ See, e. g., Haines v. Dist. Court of Polk Cnty., 202 *N. W.* 268, 270 (Iowa 1925)（讨论了藐视权（the contempt power）的目的）。

⑧ Laage v. Laage, 26 N. Y. S. 2d 874, 878 (Sup. Ct. 1941).

⑨ People ex rel. Eskenazi v. Corcoran, 89 N. Y. S. 2d 769, 772 (Sup. Ct. 1949).

要求，任何从事没有损害他人利益、从事合法商业活动的人，不得根据（反竞争）城市条例而被武断地阻止提起合法的商业诉讼，"①且随之废止了一条禁止在县内销售未经巴氏消毒牛奶的城市条例。②

对涉及人格尊严或人的尊严的案例进行抽样调查表明，它们通常可以分为三类。首先，也是最常见的，这个术语出现于宪法解释中。蒙大拿州和波多黎各法院的判例法在这一方面讨论得最为频繁，因为它们的宪法明确保护尊严性利益；尤其是在关于监狱条件③、死亡权④、工作场所歧视⑤以及承认同性伴侣关系⑥的案件中，都会援引这些宪法里的尊严条款。

然而，即使在绝大多数不把尊严承认为明文宪法原则的各州，该术语也已进入了宪法话语当中。有时在最高法院先前已经承认尊严性利益的领域，州法院要面对联邦宪法的问题。在"人民诉史蒂文森案"（People v. Stevens）中，加利福利亚最高法院驳回了一个挑战刑事审判合法性的联邦正当程序之诉求，认为"一名（审判中站在刑事被告方一边的）法警的出庭，既不会直接损害被告的行动能力，也不会造成像肉眼可见的枷锁对人的尊严带来那种令人扼腕的侮辱"。⑦在其他案件中，州法院已将对个体尊严的关切独立地纳入到了对其宪法条款的解释之中。例如，加利福尼亚州、堪萨斯州和西弗吉尼亚州通过考虑刑罚是否"与所犯罪行如此不成比例，以至于让人义愤填膺，并冒犯人类尊严的根本观念"⑧来检验刑罚的合宪性。

尊严论辩出现在州法院判决中的第二种方式，是通过州立法机关和行政机关的行动。在这些情形下，法院要对受到质疑的、违反法定或行政标准的公共或私人行动作出审查，而这些法定或行政标准明确地将保护或促进人的尊严列为其众多目标之一。在有些案件中，尊严概念对于判决似乎至关重要。例如，"刘易斯诉哈里斯"（Lewis v. Harris）一案，新泽西州最高法院根据州《家庭伴侣法》的条文规定判决：没有合理依据可以拒绝给予忠诚的同性夫妻以已婚夫妻应得的全

---

① Moultrie Milk Shed, Inc. v. City of Cairo, 57 S. E. 2d 199, 202 (Ga. 1950).
② Ibid. at 203.
③ Wilson v. State, 2010 MT 278, ¶ 31 (Mont. 2010).
④ Baxter v. State, 224 P. 3d 1211, 1214 (Mont. 2009).
⑤ Colón v. Centro Grafico del Caribe, Inc., 98 T. S. P. R. 20 (P. R. 1998).
⑥ Kulstad v. Maniaci, 220 P. 2d 595, 611 (Mont. 2009) (Nelson J., concurring).
⑦ People v. Stevens, 218 P. 3d 272, 282 (Cal. 2009).
⑧ State v. Gomez, 235 P. 3d 1203, 1210 (Kan. 2010) (quoting State v. Freeman, 574 P. 2d, 950, 956 (Kan. 1978))（考虑无期徒刑是否违反堪萨斯州宪法第9条）; In re Lynch, 503 P. 2d 921, 930 (Cal. 1972). See also State v. Booth, 685 S. E. 2d 701, 708 (W. Va. 2009).

部利益，其中特别强调了获得婚姻利益与拥有"基本的人的尊严与自主"①之间的关联。②

在其他的情形下，立法对人格尊严的强调对判决似乎不那么重要，但它激发了更为具体的成文法探究。在"州诉德劳兹"（State v. Delaoz）一案中，佛蒙特州最高法院在考虑了州不确定量刑法背后的立法目的之后，撤销了对被告的量刑（最低刑期为 4 年零 11 个月，最高刑期为 5 年），因为这是一个法律所禁止的"固定刑期"。③不确定量刑法规定，矫正部门的目的"是制定和管理旨在纠正犯罪的矫正程序，设计该程序是为了……给予犯罪者以旨在让他们以州和社区公民的身份成功回归并参与社会的待遇；增进他们的人格尊严并维护社区的人力资源。"④法院得出的结论是，在本案中判处的量刑"太轻，以至于实际上构成了对不确定量刑法的规避"，以及对其恢复性目标的规避。⑤

最后一类州法律援引尊严的情形，很难被归类。在这些案件中，法院为了支持其判决的正确性提出了这一概念，但通常都没有做出说明或援引。因此，这类案件中尊严观念的功能尚不清楚。得克萨斯州的一所法院指出，"儿童的基本尊严权和获取必需品权"在法律上不亚于父母对其子女的抚养权，据此法院得出的意见是支持终止一位父亲的亲权（parental rights）。⑥加利福尼亚州的一所法院对《美国联邦残疾人法案》所保障的权利，持有的是一种广义观，因为这么做会"允许该法案（ADA）得以在日常生活中增强个人自主和人的尊严"。⑦密西西比州的两名持异议的法官，对法院授予疗养院管理人和被许可人豁免权的决定提出了批评，认为该决定为"负责老年人和体弱者的健康、安全和基本人的尊严的人提供了法律庇护"。⑧尽管每种情形下呈现的方式不尽相同，援引尊严概念似乎是为了解释和强调法院所面临之当前议题的重要性，并且这些援引的潜在预设似乎是出于一个共同的理解或价值——人的尊严权。

---

① Lewis v. Harris, 908 A. 2d 196, 215 (N. J. 2006)（其描述：对于同性伴侣来说，"获得这些权利和利益是至关重要的，因为它们与基本的人的尊严与自主的任何合理观念都息息相关"）(citing N. J. STAT. ANN. § 26: 8A-2 (d) (West 2007)).

② Id. at 217. 法院质疑，"拒绝忠诚的同性伴侣剩余的'权利和利益'，如何能与'基本的人的尊严与自主'这一合理观念相互兼容。" Id.

③ State v. Delaoz, 2010 VT 65, ¶¶ 40–42, 2010 WL 2795084 (Vt. 2010).

④ VT. STAT. ANN. tit. 28, § 1 (a) (2008).

⑤ Delaoz, 2010 VT 65, ¶ 44.

⑥ In re V. V., No. 01-08-00345-CV, 2010 WL 2991241, at *1 (Tex. App. 1st July 29, 2010).

⑦ Nicholls v. Holiday Panay Marina, L. P., 93 Cal. Rptr. 3d 309, 311 (Ct. App. 2d 2009).

⑧ Howard v. Estate of Harper ex rel. Harper, 947 So. 2d 854, 862 (Miss. 2006) (Diaz J., 持异议).

三、尊严诉讼

州法院在各种实质性领域的判决里,广泛承认了人格尊严权。然而,它们很少赋予该术语以任何内容;人格尊严权的考量是如何影响到法院对特定议题的推理的也并不清楚。但是,一个缺乏明确实质性内容的公认概念之特殊组合为倡导者们提供了机会,他们得以利用人格尊严权的国际和跨国渊源,在一个人权框架内来解释特定的法律议题。

那些将尊严概念与其国际渊源联系在一起的著名判决,向我们证明了法院利用这一概念来构建实质性议题的有效性。在"斯特林诉卡普案"(*Sterling v. Cupp*)中,俄勒冈州最高法院被要求确定对囚犯的跨性别搜身之做法是否违反了州宪法关于以"不必要的严厉"①方式对待囚犯的禁令。林德(Linde)法官为法院撰文指出,存在"大量而普遍的条件,这些条件是囚犯的生活所固有的,只要是没有丧失自由的人就不会愿意失去它们",②但他将囚犯的反对意见表述为"强加了一种不必要的侮辱,侵犯了他们仅剩的人格尊严,这种强加已然超出了公认的必要性"。③他接着解释道,"即使是已被定罪的囚犯,也保有人格尊严主张权",④并指出在很多国家监禁标准以及众多国际法渊源中,都能发现人道惩罚、身体完整与人格尊严之间存在明确的关联。⑤他的结论是,鉴于搜身的私密性,例行的跨性别搜身是违宪的,除非其被证明是必要的。⑥

斯特林案表明,即使在缺乏明确宪法条文的情况下,人格尊严观念也能对政府行为施加重要的限制。⑦此外,它还表明了国际人权框架是如何有助于将这一表面上的障碍进行概念化的处理。林德法官借助了国际法渊源来支持他的这一主张,即囚犯保有人格尊严权。他追溯了从《世界人权宣言》到《公民权利与政治权利国际

---

① Sterling v. Cupp, 625 P. 2d 123, 130 (Or. 1981); see also OR. CONST. art. I, § 13.
② Cupp, 625 P. 2d at 130.
③ Ibid.
④ Ibid.
⑤ Ibid. at 130–32.
⑥ Ibid. at 136.
⑦ 当然,它在联邦语境中也扮演了类似的角色,例如作为对政府侵犯隐私的限制,以及作为对政府可能施加的诸种惩罚的限制。See, e. g., Schmerber v. California, 384 U. S. 757, 767 (1966)(指出"第四修正案的最重要功能,是保护个人隐私和尊严不受国家无根据的侵犯");Hope v. Pelzer, 536 U. S. 730, 745 (2002)(将对囚犯施加的某些不人道和危险条件描述为"与人的尊严相对立",并因此违反第八修正案禁止残忍和不寻常惩罚的禁令)。

公约》中的人格尊严概念，该《公约》条文规定"所有被剥夺自由的人，应当受到人道待遇，并因人的固有尊严而受到尊重"，①而且他还解释了该规范是如何被纳入到了诸多国际和区域人权文书之中。②借由将对囚犯受保护的人格尊严权的承认纳入到禁止不必要的严酷措施的禁令之中，法院扩展了宪法的保护范围，超出了"诸如枷锁、铁球和锁链，以及身体上残忍的对待或疾病这些历史上的'严酷'实践"，支持了对伤害更广义上的理解。③

人格尊严的概念也可能有助于创设积极义务。加利福尼亚州的一所法院在"伯姆诉最高法院（*Boehm v. Superior Court*）案中的判决，为尊严概念如何能在法院面对的实质问题与人权框架之间发挥桥梁作用提供了另外的例证。④在伯姆案中，一般福利援助的接收者试图阻止其所在的县减少这些福利。法院解释称，有关公共援助计划的法定条款要求提供"基本生存必需的利益"。⑤该法院继而引用州在确定贫困家庭的生活开销时，所使用的方法以及加利福尼亚州最高法院将这些支出描述为必需品的判例，来支持其判决，即这样的"最低生活"水平……"必须包括住房、食品、水电、衣物、交通和医疗的配给"。⑥法院接着援引《世界人权宣言》中保障每个人享有适足生活标准权的规定，继而指出：

> 将衣物、交通和医疗补助从最低生活保障中排除的做法，藐视了常识和所有人的尊严观念。这样一些补助，对于以符合现代标准的人道方式"鼓励自尊和自立"，是必不可少的和必要的……"。受助者如果没有衣物补助，便必然会衣衫褴褛。缺乏适当和体面的衣服以及基本的交通，既损害了受助人的自尊心，也损害了他们的就业能力。最后，让受救济者没有最低限度的医疗援助，是不人道且让人心生愤慨的。⑦

审理伯姆案的法院依据人格尊严概念，将《世界人权宣言》的保障与最低生活水平的法定释义联系在了一起。该法院通过将贫穷所致的伤害，部分地构建为一种

---

① Cupp, 625 P. 2d at 131 n. 21（强调省略）。
② See ibid.
③ Ibid. at 129.
④ Boehm v. Superior Court, 223 Cal. Rptr. 716 (1986), superseded by statute, CAL. WELF. & INST. CODE § 17000.5 (West 2001), as recognized in Hunt v. Superior Court, 987 P. 2d 705, 711 (Cal. 1999).
⑤ Boehm, 223 Cal. Rptr. at 720.
⑥ Ibid.
⑦ Ibid. at 72（引文省略）。

尊严上的伤害，成功地在州法律条文与更广泛的人权框架之间建立起了关联，由此，对"什么利益对于基本生存是必须的"有了一种更为稳固的理解。

这两个例子表明，倡导者在各种实质性语境下，如何能够推进基于人权的尊严诉求。当然，正如其他论者所建议的，州法院可以仅仅借鉴相关的比较和国际经验，而不必依赖尊严诉求的中介作用。但我这里的主张是，"尊严诉讼"具有额外的双重价值。第一，当考虑人格尊严权，怎样影响到美国法院对具体实质性权利的考量时，主要国际法律文书中人格尊严概念的共同历史根源，为援引国际法和比较法渊源提供了进一步的证成理由。倡导者通过明确这一关联，能够以一种看起来更为合法或至少更为相关的方式，为公认的规范提供内容。第二，把尊严引入到考量之中，将推动对摆在法院面前的狭窄议题，进行更广泛意涵的讨论（并有望对之加以考虑）。这反过来又使得提出的议题，与美国已承诺的人权原则之间有了共通性。换言之，它有助于倡导者们，对那些原本看似平常的普通法发展问题或制定法解释问题之根本重要性的强调。

但这在实践中如何可行呢？倡导者们应首先看看，在什么地方及什么时候，人格尊严权在相关州的制定法和普通法中得到了承认。例如，新泽西州立法机关承认了老年人、残疾人[1]、精神病院的病人[2]及濒临死亡之人[3]的尊严利益。假设一位成年残疾人的父母，对其儿子被决定安置在一家州设施中的过程提出质疑，因为它对被收容者及其监护人参与其中的开放程度不够。[4]根据此处概述的方法，他们的律师[5]将强调州立法机关对于残疾人尊严保护上所投入的重要性；以及强调立法机关在个人尊严，与残疾人在"达到治疗目的最低限制的必要条件"[6]下的安置权之间的关联。然后，律师将指出《世界人权宣言》的条文中，人格尊严权概念（现今已在新泽西州法律中确立）的历史根源，并指出这一概念在《残疾人权利公约》中的发展——它将"促进尊重"残疾人的"固有尊严"列为了其目的。[7]继而，倡导者

---

[1] See, e. g., *N. J. STAT. ANN.* 26: 2Y-10 (West 2007).（"成人家庭护理院的客户……有权：（1）被当作成年人来对待，享有尊重、尊严、礼貌与体贴……"）

[2] *N. J. STAT. ANN.* 30:4-27.11d (West 2008).

[3] See, e. g., *N. J. STAT. ANN.* 26:2H-54 (West 2007).（"这个国家承认人的生命的固有尊严和价值，并在此范围内承认个体这样一项根本权利，即他们有权做出享有、拒绝或撤回用以延长生命的药物、手术方式或程序的医疗决定"）

[4] 1993年，新泽西州最高法院审理了此案。See J. E. ex rel. G. E. v. Dept. of Human Services, 622 A. 2d 227 (1993).

[5] 考虑到篇幅限制，也可能是法庭之友意见的作者。

[6] *N. J. STAT. ANN.* § 30:4-24.2 (e) (2) (2011).

[7] See CRPD, supra note 4, at 4.

们可以指出《残疾人权利公约》实现此目的所做的具体承诺——其中最为相关的承诺包括残疾人的自由不被任意剥夺①、他们能够独立生活并充分参与生活的各个方面、以及他们在行使法律能力时获得所需的支持②——以主张充分参与这些安置决定是合理的人格尊严观念的核心内容。正如斯特林案③与伯姆案④中的情况一样，策略性的目标是：将一个特定的经受挑战的实践之争议，放置于残疾人个体根据国际人权法主张人格尊严，这一更广泛的语境之中。

当然，这两个案件到现在多少都有点久远了。随着《世界人权宣言》及其他几份主要人权文书的通过，变得日渐遥远（而且随着政治气候变得愈加敌对），⑤法官们在界定基本人权时可能更少地意识到（或者更不太愿意考虑）国内的、国际的与比较的渊源之间的关系。然而，这不应当阻碍倡导者们在其宣传辩护中，策略性地利用这些渊源。即使这些渊源从未出现在法庭判决中——而根据目前的趋势它们出现在法庭判决中似乎是有可能的⑥——将实质性问题置于人权框架中，也可能有助于以最终产生积极影响的方式界定提交给法院的有关议题。换言之，尊严援引会作为一种"规范入口"（norm portal），将包含在《世界人权宣言》及其他条约文书之中的人权规范纳入到国内判例当中。创造了这个术语的玛格丽特·麦吉尼斯（Margaret McGuinness）教授，用它来：

> 描述任何一种水平入口（horizontal gateway），也即通过正式的程序性机制或实质性权利，允许将外部规范引入一个法律体系之中。规范入口代表了国际人权规范进入一个法律体系的替代性路径。在这些规范可能无法通过传统的垂直裁决过程而得以施行之时，……规范入口将允许它们渗入到法律体系之中，迫使外部规范与国内标准之间发生关联。⑦

---

① See CRPD, at 10.

② Ibid. at 9.

③ See generally Sterling v. Cupp, 625 P. 2d 123 (Or. 1981).（在因犯待遇的语境下使用了"人的尊严"概念）

④ See generally Boehm v. Superior Court, 223 Cal. Rptr. 716 (1986), superseded by statute, CAL. WELF. & INST. CODE § 17000.5 (West 2001), as recognized in Hunt v. Superior Court, 987 P. 2d 705, 711 (Cal. 1999).

⑤ 这种敌对态度的最新表现形式是，利用立法及其他方面的努力禁止州法院的各级法官运用国际法和比较法。See Martha F. Davis & Johanna Kalb, Oklahoma State Question 755 and An Analysis of Anti-International Law Initiatives, *AM. CONST. SOC'Y*, 1–3, (Jan. 2011), available at http://www.acslaw.org/files/Davis%20and%20Kalb_Anti-International%20Law.pdf.

⑥ See Johanna Kalb, Human Rights Treaties in State Courts: The International Prospects of State Constitutionalism After Medellín, 115 *PENN STATE L. REV.* (forthcoming 2011) (on file with author).

⑦ Margaret McGuinness, Medellín, Norm Portals, and the Horizontal Integration of Human Rights, 82 *NOTRE DAME L. REV.* 755, 760 (2006).

因此，我认为推进这些类型的论证具有内在价值，即使这样的推理不太可能被复制到法院的判决之中。通过修改法院的分析框架，法院将被迫与外部的规范打交道，而这样的方式可能会最终影响到它的判决。

结　论

有关人格尊严权的渊源与内容，已经有很多著述。[①] 尽管如此，作为一个实践问题，当其在州判例中被援引时，它通常是自成一体的。给予"尊严"以内容能够增强其在影响法院判决中所发挥的作用，而且鉴于其在国际人权法中的根基，倡导者们应向法院重提此渊源，以寻求有关其发展的建议。虽然不太可能对司法意见的措辞产生立竿见影的改变，但是采纳这一框架可能会开始微妙地影响我们对关键问题的集体理解。

[①] See, e. g., Arthur Chasakalson, Human Dignity as a Constitutional Value, in *The Concept of Human Dignity in Human Rights Discourse* 133, 134 (David Kretzmer & Eckert Klein, eds., 2002)（"在广义和一般意义上，对尊严的尊重意味着对每个人自主的尊重，以及对每个人不受非人的贬低、或不被以侮辱或羞辱的方式以对待的权利之尊重。"）; Matthias Mahlmann, The Basic Law at 60—Human Dignity and the Culture of Republicanism, 11 *German L. J.* 9, 13–17 (2010)（讨论了古代人的尊严概念的发展及其在世界各种宗教中的根源）; Neomi Rao, On the Use and Abuse of Dignity in Constitutional Law, *14 Colum. J. Eur. L.* 201, 202–204 (2008)（讨论了以人之尊严模式为价值基础的欧洲宪制是如何不可以转译为以权利为基础的美国宪制）。

Ratio Juris 2021

Legal Philosophy, Legal Methodology and Artificial Intelligence 2

Vol. 07 December, 2021

Featured Article

The Nature and Genealogy of the Knowledge of Jurisprudence
The Conference Summary of the Academic Conference of "the Property and Pedigree of the Knowledge of Law"

Wang Zhiyong, Fan Xiaolei

Abstract: The nature of the knowledge of jurisprudence is a fundamental problem in legal studies. From the perspective of genealogy, the study of the nature of the knowledge of jurisprudence has the meaning of radically reforming. The contemporary Chinese law research has made a great progress in both quality and quantity, but there are still some bottleneck problems restricting its further development. The reconstruction of the knowledge of law in China needs to be preemptively analysed from the perspectives of motivation, resources and difficulties. The reconstruction impetus lies in the Chinese legal practice and the intellectual responsibility of Chinese scholars, the resources reconstructed present a pluralistic state of the coexistence of the local and western countries, and there are difficulties of path dependence and system construction in the reconstruction. In the future, the Chinese law research should not only be tolerant to diversity and all-inclusive, but also bring forth the new on the basis of eliminating the old and form its own characteristics.

Keywords: knowledge of jurisprudence; knowledge nature; knowledge genealogy; Chinese law research

Symposium 1: Social Legal Theory

The Third Pillar of Jurisprudence

Social Legal Theory

Author: Brian Z. Tamanaha

Translator: Guo Xiaoming

Abstract: Jurisprudence is generally thought to consist of two main classical rival branches — natural law and legal positivism — followed by a bunch of modern schools — legal realism, law and economics, critical theory, legal pragmatism, etc. In this essay I argue that three main branches of jurisprudence have existed, and battled, for centuries, not two, but the third goes unrecognized as such because it has traveled under different labels and the underlying connections have been clouded by various confusions. The core insights and focus of this third branch, what I call "Social Legal Theory," trace in a continuous thread from Montesquieu, through historical jurisprudence, sociological jurisprudence, and legal realism, up to the present. This third branch, I argue, provides a contrasting/complementary perspective, in conjunction with natural law and legal positivism, which rounds out the full range of theoretical angles on law: natural law is normative; legal positivism is analytical/conceptual; and social legal theory is empirical. (Among a number of clarifications, I answer the common objection that empirically-grounded theories are not sufficiently theoretical.) The conventional jurisprudential narrative is redrawn in this essay in a way that exposes unseen connections among theoretical schools and brings into focus critical issues about the nature of law that currently are marginalized by natural law and legal positivism.

Keywords: jurisprudence; legal philosophy; law and society; legal realism; legal development; legal history

How Pre-Modernity Religionary Regulations Intervene Modern Judicially Conciliation?

Study on Imam Based on Luhmann's Theory of Social System

Hu Zongliang

Abstract: Our Motherland is a united multi-nations state. In the background of

"ADR", "The Conciliation of Imam", firstly established in Ningxia Hai Autonomous Region, is characterized with the fully effection of the religious public figure in the grass-root, presenting the reception of national minorities in our country. We'll follow Niklas Luhmann's Theory of Social System, describing and analyzing this institution. The departure point will be how the structural coupling between the legal system and the religious system unfold the paradox of "Law or the *Koran*?", step by step, dissolving this paradox. Our consequence, finally, may be that the aim of "acceptability", so to speak, a "semantic" would like to be the final method of dissolving this paradox, as well as a temporary means of maintaining the unity of such two systems, whereas that is against the independence of the operation of legal system. But what we should admit is, as an unavoidable schema of semantics, "acceptability", in the temporal dimension, must be accepted for the "Pro-Modernity in the Modern Age".

Keywords : ADR; national minorities' folk law; modernity; theory of social system

Symposium 2: The Study of Guiding Cases

How to Improve the Argumentation of Guiding Cases: Taking the Guiding Case No. 106 as the Analysis Object

Wuriliga

Abstract: The orientation of guiding cases requires that they represent the highest level of judicial argumentation. However, some of the guiding case can't set an example as argumentation, and even failed to meet the requirements of interpretation and reasoning of general judicial decisions. For example, in the guiding case No. 106, the judges redefined the subjective and objective elements of the crime of opening casinos only through simple literal interpretation, which lacks the method of proof and value guidance. The reason is that there are some defects in methods of guiding case argumentation, such as not playing an effective role of consensus on legal propositions, not paying attention to the possible refutation, and not ignore the measurement between support and refutation. In order to improve the argumentation level of guiding cases, it is suggested to improve the acceptability of the judgment by consensus, to respond effectively to refutation or query, and to attach importance to the proof of legal evaluation. The above measures can not only help guide cases to find the focus of argumentation, but also improve the argumentation level of whole judicial field through the influence of guiding cases.

Keywords: legal argumentation; guiding cases; casino crimes; teleological interpretation

Application Mode and Effect Improvement of Social Self-made Norms in Guiding Cases

Zhang Teng

Abstract: Social self-made norms have the effect of complementing loopholes and adding icing on the cake to the legal norms in the judicial related fields, and can be used as a part of the governance of multiple norms. Different types of social self-made norms have different distribution characteristics in guiding cases. They are generally used as factual evidence, as supplementary normative basis for referee reasoning, and clarifying or improving the effectiveness of norms. Some guiding cases also hold negative evaluation on certain social self-made norms. Based on the current situation of application, we can improve the applicable effect of social self-made norms in guiding cases by pointing out the types and conclusions of social norms in the "key points of adjudication", substituting the part of "relevant laws" with "judgment basis", accurately quoting the names and terms of social self-made norms, and strengthening the full reasoning of focusing on social self-made norms in the "judgment reasons" part.

Keywords: social self-control norms; multi governance with pluralistic norms; guiding cases; judicial adjudication

Symposium 3: The Paradox of Privacy Protection in the Internet Era

Four Discourse of Digital Rights

Promises and Problems of Rights-Based Politics

Author: Kari Karppinen, Outi Puukko

Translator: Zhao Jingwu, Zhang Yingying

Proofreader: Zhao Beibei

Abstract: The notion of digital rights has recently generated a number of political declarations and civil society initiatives across the world. By critically examining these declarations and academic debates on digital rights, this article asks: Why is it that information policy issues are increasingly framed in terms of individual rights? And on what understandings of rights do various political, corporate, and civil society declarations of digital rights rest? The article identifies four dis- courses of digital rights, linked to different ideological assumptions and political contexts. Finally, possible limitations and pathologies of the rights discourse are discussed.

Keywords: digital rights; human rights; discursive contestation; Internet policy; data justice

Beyond Privacy, Beyond Rights

Toward a "Systems" Theory of Information Governance

Author: Viktor Mayer-Schönberger

Translator: Luo Kexin

Abstract: For decades, we have refined concepts of information privacy, as well as intellectual property, that are largely based on individual rights. Such an approach is undeniably appealing. It does not necessitate a large enforcement bureaucracy, ostensibly enhances human freedom and self-determination, and ensures efficient information allocation through robust markets. As this article explains, a rights-based approach may even lead us to a convergent and coherent concept of information governance on either side of the Atlantic. Such a convergent conception would, however, not be able to extend to both the United States and Europe. For that it may behoove us to take a serious look at the bidirectional information rights structures emerging in Europe. The problem with such rights based approaches is that they have largely failed in practice. In contrast, information privacy protection works when it rests on a rich and deep network of information governance intermediaries. This article concludes by suggesting that studying the system of information privacy and copyright in particular, and of information governance in general, and examining what mechanisms of governance are employed by the various intermediaries may yield a richer, more accurate, and more effective strategy for information governance than the current rights-based approach.

Keywords: information privacy rights; information governance system; personal information protection

Essays

Response of Collective Standard to the Western Liberal Ideological Trend of Right

Ran Fuqiang

Abstract: Collective standard is the basic value orientation of traditional Chinese society. Along with the deep integration between the eastern and western economies and societies in the past forty years of reform and opening up, the western liberal ideological trend of right characterized with individualism and right standard has been quietly introduced into China, and has exerted a strong impact on the traditional culture characterized with collective standard. Through rational thinking and careful screening we can find that represented by the collective standard, all the existing political structures of right and power — the people's congress system, the socialist market economy system, unitary form of state's structure, and the systems' logic such as the leadership of the party and the organic unity of rule, will maintain persistent concentration, and gradually achieve the modern transformation of national governance system and ability in the self-improvement. At the same time, the reasonable elements of liberal legal right such as power restriction and supervision, human rights protection and orderly public participation, should also be absorbed and taken as the necessary components of socialist right system with Chinese characteristics.

Keywords: collective standard; liberalism; right; the system of people's congress

Hobbes and Kant?

Some Views on the Natural Law Conception of Hobbes

Author: Howard Warrender

Translator: Tang Xueliang, Li Jiankang

Abstract: The interpretations of Hobbes' obligation theory by professsor Oakeshott and by professor Taylor are representative. According to Oakeshott, there are three different types of duties in Hobbes' theory: the physical duty, the rational one and the moral one, and the latter is the obligation to obey the will of the authorized sovereign. Oakeshott tries to explain political obligation in a mixture of the three, but ignores the fact that physical obligation excludes moral obligation. Beyond that, none of them can explain the obligation of the individual in the state of nature, the duty of the sovereign, and Hobbes' theory of the oath. In a word, Professor Oakeshott's explanation omits the transformation mechanism from physical obligation and rational obligation to moral obligation, so it is difficult to give full play to the explanatory value of Hobbes' obligation theory. According to Taylor, Hobbes' obligation theory parallels to Kant's deontology, especially, Hobbes' distinction between justice of actions and justice of persons corresponds to Kant's distinction between action done merely in accord with law and action done from law. The rational character of natural law makes itself imperative. But for the differences that Hobbes takes the violation of a contract rather than the "universalizing of a maxim" as the criterion of freedom from contradiction. As a matter of fact, Hobbes and Kant are in superfacial harmony, and the force of natural law does not originate from its rational form, which can only guarantee the knowablity of itself. The theorem of natural law can only become an obligation if it becomes the command of God. Moreover, Hobbes doesn't lay down the additional requirement that individual shall act from the motivation of reverence for the law, because the justice of persons is a matter of God's grace, and therefore departing a lot from Kant's categorical imperative.

Keywords: Hobbes; Kant; natural law; obligation

How Emperor "Commands" the World?
The Cause Interpretation for the Controlling Power of Chinese Ancient Regimes
Yang Haizhou

Abstract: Since Qin Dynasty, Chinese history had lingered in the category of the great unity. The change and reform of dynasties can't break the limit of this proposition. This peculiar national pattern and the causes of emperor monopoly regimes' controlling power are always talked about delightfully and explored actively by many scholars. Among the causes, the choice based on the individual utilitarian laid a solid foundation for the formation of the controlling power of ancient regimes. In the absence of material resources, individual pursuits of benefits make them ask for higher social status and political identity. While mobile ways of ascending to a higher hierarchy and equal political opportunities open up a peaceful outlet correspondingly for their demands and built a solid social dynamic structure. The controlling power of ancient regimes also resides in the benign interaction between such individual choices and external social conditions.

Keywords: individual utilitarian; social external condition; imperial power; controlling power

Does the Inalienable Right Contradict Autonomy?

From the Point of Steiner's Right Argument

Wu Jiaxun

Abstract: Whether there is an inalienable right involves two important issues: (1) Whether the right presupposes the existence of autonomy in its concept or value? (2) If rights do presuppose a certain conception of autonomy, does the inalienability of rights contradict autonomy? Canadian philosopher Steiner argued that there is no inalienable right by proposing the moral primacy thesis and the impossibility theorem. However, this article will first use a negative strategy to prove that the moral primacy thesis faces a fierce attack from consequentialism due to its close kinship with the deontology in ethics. And the impossibility theorem is based on a prerequisite misunderstanding to the Hohfeld's framework. Steiner's claim cannot be established. Second, Related discussions in the past were based on a formal sense of autonomy. We can still give a negative answer to (2) under the premise of accepting (1) If we accept the substantive autonomy as an interpretive concept.

Keywords: right; inalienability of right; Hohfeld; autonomy

Czynności notarialne online

podstawy de lege lata i uwagi de lege ferenda

Author: Ewa Rott-Pietrzyk, Fryderyk Zoll, Dariusz Szostek, Mateusz Grochowski

Translator: Zhang Mi

Abstract: The text attempts to conceptualize the possible reform of the procedure of making notarial deeds in Poland. It examines the feasibility of drafting and signing these deeds in the course of online communication between parties. The analysis builds on the significant constraints for the classic notarial procedure (based on paper documents and on the physical presence of a notary and parties) that were triggered by the COVID-19 pandemic. Its aim reaches, however, further beyond the present-day realities and seeks possible ways to generally modernize provisions on notarial deeds and to adjust them to the growing proliferation of online communication in the society. The text ascertains that the existing structure of provisions on notarial deeds already allows for making notarial deeds online, without profound legislative changes. It can be achieved predominantly by altering the attitude towards interpretation of these rules, especially through a more profound insight into the function of these provisions and the interrelation between their rationale and the features of the online communication. In the latter regards, the text makes an in-depth scrutiny of possible guarantees for communicational efficacy and for authenticity of notarial deeds that are provided by the advanced methods of transmitting and storing data online.

Keywords: notarial deed; new technologies; notarisation; notarial legal acts; online legal acts

Book Review

How to Fill the Gap in Law through the Judge-made Law
Review on Kramer's Methodenlehre Juristische

Fu Juqian, Wang Weizhi

Abstract: In Legal Methodology, Ernst A. Kramer adopts the viewpoint of Canaris to define gap in law as "the incompleteness of legal plan within the possible meaning of words", and mainly elaborates the ways to fill gap around three types: authorised gap open gap and excluded gap. The gap filling is mainly realized through the judge-made law, in which the open gap and excluded gap are mainly filled through the restricted judge-made law, and the authorised gap are mainly filled through the judge-made law that surpasses the law. However, the concept of formal gap and the theory of meaning which Kramer adopted cannot meet his theoretical needs of the judge-made law, so he has to adopt other theories of gap in law and interpretation to complete the expansion of judge-made law. The attempt to reconcile these different viewpoints inevitably leads to the contradiction in the method system, and the accurate understanding of this contradiction is the key to understand and reflect on Kramer's theory of gap in law and judge-made law.

Keywords: the concept of gap in law; the creation of law; judge-made law; gap within the law; fall norms

On the Legal Rights of Environmental Law as the Core Category of Environmental Law

Comment on the Theory of Legal Right Structure of Environmental Law

Li Xiaoqiang

Abstract: At present, the disputes about the core categories of environmental law in the academic circle mainly include the theory of environmental rights, the theory of environmental obligations and the theory of environmental interests. However, the theoretical perspective of the theory of environmental rights is too single. There is an ambiguous relationship between the theory of environmental obligations and the theory of environmental rights. The theory of environmental interests is only the logical starting point of environmental law. Each of them has defects or blemish, so that the general theory on the core category of environmental law can not be generated. Professor Shi Yucheng's Theory of the Legal Right Structure of Environmental Law breaks away from the disputes among the original theories and puts forward the basic proposition of "the legal right theory of environmental law", which is the core category of environmental law. This theory has expanded the connotation of environmental interests, integrated the environmental law theory, achieved the goal of environmental good governance, proved the value and significance of the legal right of environmental law as the core category of environmental law, and provided a new possibility for solving the debate on the core category of environmental law. Its content mainly includes two aspects: environmental rights and environmental powers. The environmental rights can be classified into ecological environmental rights, resource environmental rights and emission environmental rights. Environmental powers can be classified into environmental legislative power, environmental judicial power and environmental administrative power (in a narrow sense).

Keywords: core category of environmental law; legal rights of environmental law; environmental rights; environment powers

Case Review

Capital Maintenance, Equal Shares Enjoying Equal Rights and Legal Defense
Beginning with Analysis of "Haifu Case", "Hanlin Case", "Huagong Case" and "Yinhaitong Case"

You Mian

Abstract: The Valuation Adjustment Mechanism (VAM) dispute in PE/VC investment is a complicated legal issue which attracts great attention. In judicial practice, various schemes have been put forward to seek proper judgment. The judgment of "Haifu Case", "Hanlin Case", "Huagong Case" and "Yinhaitong Case" gradually reflects the basic thinking of courts. Firstly, the investor is not only the creditor of the target company, but also the shareholder of the target company. Secondly, the core of judicial regulation is the principle of capital maintenance, and the regulation focus has been changed from effectiveness to performance of VAM contract. This paper generally accepts the latest development of judicial cases, but holds the opinion that the logic of regulation needs to be further discussed and improved. Especially, is it a proper performance standard under the principle of capital maintenance that monetary compensation is regarded as profit distribution and equity repurchase must trigger capital reduction procedures? In addition to capital maintenance, the protection of the interests of minority shareholders also relies on the principle of "equal shares enjoying equal rights". As for the other issues of VAM dispute, this paper will deduce and provide reasonable solutions based on the principles of company law such as capital maintenance and "equal shares enjoying equal rights". After clarifying the regulatory spirit of VAM judgment, this paper shifts the focuses to the "Anspruch-Einwendung" system. According to the Anspruchsgrundlagen, this paper classifies the capital maintenance as rechtshindernde Einrede (rechtsverhindernde Einwendung) and aufschiebende Einwendung, considers the principle of "equal shares enjoying equal rights" as the elements of Anspruch, and then discusses the issues of burden of proof and judgment mode.

Keywords: valuation adjustment mechanism (VAM); capital maintenance; equal shares enjoying equal rights; financial constraints; rechtshindernde Einrede (rechtsverhindernde Einwendung)

Litigating Dignity: A Human Rights Framework

Based on the Jurisprudence of American Courts

Author: Johanna Kalb

Translator: Leng Jianbing

Proofreader: Ye Huicheng

Abstract: Since the promulgation of the Universal Declaration of Human Rights, the notion of a right to dignity not only has appeared in domestic litigation in the United States, but also has assumed a prominent role in many international human rights instruments as well as in the laws of other nations. Despite the parallel development of the dignity concept in the domestic and international realms, only rarely have they explicitly overlapped. Scholars and human rights advocates have sought to amplify this connection as part of a broader attempt to situate the resolution of domestic legal claims within an international human rights framework. First, this essay would trace the origins of dignity to highlight the historical connection that ties the international conceptions of this term with its domestic manifestations. Then, it will document the appearance of the dignity concept in state court jurisprudence to demonstrate the breadth of opportunity that litigating dignity presents. Finally, it will consider how advocates could use the dignity concept as a channel through which to introduce a human rights-based framework into the consideration of a broad variety of substantive legal claims.

Keywords: personal dignity; human rights; litigating dignity; international human rights law

稿约

中国政法大学法学方法论研究中心始终以"追踪国际法理学研究前沿"为己任，于2012年创办《法学方法论论丛》，至今已走过了九载岁月。如今我们拓宽视野、砥砺前行，为更加契合学界的知识诉求、对接读者的阅读需要，我中心特联合北京市天同律师事务所，将《法学方法论论丛》改版为一个新的刊物——《法理：法哲学、法学方法论与人工智能》。

本刊定位为公开出版的、聚焦于法理学和法哲学理论研究的专业学术刊物，重点关注法学方法论、人工智能等议题的最新研究进展，设有"专题研讨""特色栏目·人工智能与计算法学""论文""书评""案评"五个版块。投稿请登录本刊知网云协同采编系统注册账户，按照操作提示顺序完成。本刊目前授予"中国知网"等数据库以电子版权，并可能通过"法理杂志"微信公众号、"法学学术前沿"微信公众号等媒体进行对外传播。凡向本刊投稿的作者，均视为同意上述传播。如有异议，请在来稿时注明。

来稿规范说明

1. 来稿论文应包括题目、内容提要（200字左右）、关键词（3—5个）、作者简介、正文等。

2. 引用文献、对正文的注释性文字说明，一律用脚注。外文文献不译成中文。

3. 参考文献的书写格式分完全格式和简略格式两种。

4. 参考文献第一次出现时，应用完全格式。完全格式的构成：

4.1　著作：作者、著作名、出版者、出版年、页码

① 朱光潜：《变态心理学派别》，商务印书馆 2015 年版，第 35 页。

② J. Lacan, *Écrits*, Éditions du Seuil, 1966, p.53.

③ Ronald Dworkin, *Taking Rights Seriously*, Harvard University Press, 1977, pp.6−7.

④ Ronald L. Cohen (ed.), *Justice: Views from the Social Sciences*, Plenum Press, 1986, p.31.

4.2　译作：作者、著作名、译者、出版者、出版年、页码

① 古斯塔夫·拉德布鲁赫：《法律智慧警句集》，舒国滢译，中国法制出版社 2001 年版，第 47 页。

② 孟德斯鸠：《论法的精神》上册，张雁深译，商务印书馆 1961 年版，第 91 页。

③ S. Freud, *Two Case Histories ("Littles Hans" and The "Rat Man")*, Trans. by Anna Freud, Assisted Alix Strachey and Alan Tyson, The Hogarth Press, 1955, p.100.

4.3　文章

4.3.1　期刊／报纸中的文章：作者、文章名、报刊名、年代、期数

① 张千帆：《从管制到自由》，载《北大法律评论》第 6 卷第 2 辑，北京大学出版社 2005 年版。

② 贺卫方：《"契约"与"合同"的辨析》，载《法学研究》1992 年第 2 期。

③ 贾林男：《银商与中国银联商号之争》，载《中华工商时报》2007 年 5 月 23 日。

④ Heath B. Chamberlain, "On the Search for Civil Society in China", *Modern China*, vol. 19, no. 2 (April 1993), pp.199−215.

4.3.2　编辑作品中的文章：作者、文章名、主编人、编辑作品名、出版社出版年、页码

① 陈弘毅：《从福柯的〈规训与惩罚〉看后现代思潮》，载朱景文主编：《当代西方后现代法学》，法律出版社 2002 年版，第 223 页。

② H. L. A. Hart, "Positivism and the Separation of Law and Morals", in H. L. A. Hart (ed.), *Essays in Jurisprudence and Philosophy*, Clarendon Press, 1983, pp.57−58.

4.4　网络资源：作者、文献名、访问日期、网址

① 杨德明：《西双版纳的傣家斗鸡》，2015 年 11 月 2 日，http//xschina.org/show.php?id=10672。

② The Council of Australia Governments, *Water Reform Framework*, http:// www. disr. gov. au/science/pmsec/14meet/inwater/app3form.html, last visited 21/07/2003.

5. 参考文献在文中第 2 次及其后出现时，可采用如下 2 种简略格式：

①只写作者、书（文）名、页码（文章无此项），这几项的写法同完全格式，如：

朱光潜：《变态心理学派别》，第 35 页。

J. Lacan, *Écrits*, p.53.

Robert J. Steinfeld, "Property and Suffrage in the Early American Republic".

②紧接同一条文献，中文只写"同上。"字样，西文只写"ibid."字样。

6. 翻译作品注释规范保留原文体例。

著作权使用声明

本刊已许可中国知网等网络知识服务平台以数字化方式复制、汇编、发行、信息网络传播本刊全文。所有署名作者向本刊提交文章发表之行为视为同意上述声明。如有异议，请在投稿时说明，本刊将按作者说明处理。